四川省农业科学院"天府农科"智库蓝皮书（2023）

四川水产产业发展报告

主　编　牟锦毅

中国农业科学技术出版社

图书在版编目(CIP)数据

四川水产产业发展报告 / 牟锦毅主编. --北京：中国农业科学技术出版社，2023.12
　　ISBN 978-7-5116-6637-6

　　Ⅰ.①四… Ⅱ.①牟… Ⅲ.①渔业-产业发展-研究报告-四川 Ⅳ.①F326.4

中国国家版本馆 CIP 数据核字(2023)第 256049 号

责任编辑　穆玉红
责任校对　王　彦
责任印制　姜义伟　王思文

出 版 者	中国农业科学技术出版社
	北京市中关村南大街 12 号　邮编：100081
电　　话	(010) 82106626（编辑室）　　(010) 82106624（发行部）
	(010) 82109709（读者服务部）
网　　址	https://castp.caas.cn
经 销 者	各地新华书店
印 刷 者	北京建宏印刷有限公司
开　　本	185 mm×260 mm　1/16
印　　张	21.75
字　　数	450 千字
版　　次	2023 年 12 月第 1 版　2023 年 12 月第 1 次印刷
定　　价	98.00 元

◆◆◆ 版权所有·翻印必究 ◆◆◆

《四川省农业科学院"天府农科"智库蓝皮书(2023)》编委会

主 任 委 员　牟锦毅

副主任委员　钟　毅　张　雄　杨武云　丁明忠　刘永红
　　　　　　蒲宗君　李　晓

委　　　员　(按姓氏笔画排序)

　　　　　　王自鹏　王　嘉　邓汉眉　朱永清　朱　宇
　　　　　　宋　梅　杜　军　杜红宇　何志平　何　鹏
　　　　　　陈沧桑　吴银明　邱云桥　杨胜廷　张　鸿
　　　　　　张小军　张友洪　罗　凡　罗永红　胡容平
　　　　　　赵黎明　侯　雪　高方远　黄　平　黄芳芳
　　　　　　常　伟　蒋开锋　蒋浩宏　谢红江　蒲志刚
　　　　　　鲜小林　雷晓葵

编委会挂靠部门　四川省农业科学院"天府农科"智库管理委员会办公室
　　　　　　　　四川省农业科学院农业信息与农村经济研究所

《四川水产产业发展报告》
编委会

主　　编　牟锦毅

执行主编　李　晓

副 主 编　段晓明　杜兴端　郭耀辉　杜　军　漆乾余
　　　　　　何　川　郑华章　曾开虎　徐垚峰　李　强

编　　委（按姓氏笔画排序）
　　　　　　邓永强　龙安平　刘　亚　刘雪漪　刘霍秋
　　　　　　许　丽　苏安玲　李　华　李　军　杨育梅
　　　　　　邱孟璐　何　忠　况嘉欣　汪　鑫　张　露
　　　　　　陈　兵　陈春娜　林　珏　罗昭均　赵　瀚
　　　　　　段元亮　施　佳　黄志鹏　赖见生

序 言

"菜篮子""米袋子""果盘子",事关千家万户,是最基本的民生。水产养殖业使用较少的资源能生产出更多的优质蛋白质,水产品是"菜篮子"的重要组成部分,是多元化食物的重要来源之一。四川推动水产产业高质量发展,是贯彻"大农业观""大食物观",向山水林田湖草要食物的重要举措,对带动农民持续增收、繁荣农村经济发挥了重要作用。

四川水系发达、河湖众多,被称为"千河之省",是长江上游重要的水源涵养地和我国重要的淡水鱼类种质基因库。近年来,四川水产产业快速发展,规模不断壮大,结构持续优化。2022年,水产养殖产量达到172.15万吨,比2017年增长18.43%,累计建成稻渔综合种养基地494.42万亩,居全国第4位,捕捞产量由5.38万吨减至0,真正实现水产品全部来自养殖生产,在落实党中央、国务院长江"十年禁渔"决策部署的同时有力地保障了水产品供给。在名优产品养殖方面,全省有10个品种养殖产量居全国前5位,有18个品种养殖产量居西部第1位,其中,鮰鱼、鲶鱼、长吻鮠稳居全国第1位。"雅鱼"被评为省级优秀农产品区域公用品牌,"通威鱼""芙思塔""资中鲶鱼""新津黄辣丁"等水产品牌闻名全国,鲟鱼鱼子酱、烤鳗等产品远销俄罗斯、欧美等地。

四川省农业科学院是全省农业科技进步的排头兵、农业科技创新的主力军、"三农"工作的重要智库、农业发展的重要人才基地。坚持服务国家战略与推动四川农业农村发展,是省委省政府赋予我院的重大职责使命。为了更好地服务四川农业农村发展,"天府农科"智库紧紧围绕四川现代农业产业体系建设要求,牢固树立"大农业观""大食物观",在国家现代农业产业技术体系四川创新团队和四川省"十四五"农作物及畜禽育种攻关项目的支持下,聚焦四川省水产产业高质量发展,基于全产业链视角,从水产种业创新、水产养殖、水产品加工、水产品冷链物流和品牌建设等重要环节展开深入研究,针对性地分析和提炼解决方案与应对之策,形成了《四川水产产业发展报告》,以期为推进四川水产产业关键核心技术攻坚和产业绿色转型提供有益参考和借鉴。该书是我院"天府农科"智库(蓝皮书)系列成果之一,是智库2023年的一项重大任务和成果,是我院围绕省委省政府中心工作开展决策研究的具体体现,充分彰显了四川农科人的政治担当与责任担当。

四川省农业科学院将深入贯彻党的二十大和习近平总书记对四川工作系列重要指示精神,全面落实省委省政府决策部署,锚定"国内一流、国际知名"强院建设目标,坚持新时期强院建设"十个以"总体谋划,加快发展农业新质生产力,为打造新时代更高水平"天府粮仓"、加快农业强省建设和乡村全面振兴提供强有力的科技支撑,奋力推进农业产业高质量发展,继续谱写四川农业科技事业发展新篇章。

四川省农业科学院党委书记、院长,正高级农艺师

2023 年 12 月

目 录

第一部分 总 报 告

四川水产产业高质量发展总报告 …… 漆乾余 刘霍秋 郑华章等（3）

第二部分 专题报告

四川水产种业发展报告……………… 刘雪漪 徐垚峰 周 剑等（25）

"以渔控草 以渔抑藻 以渔净水"推进大水面生态养殖发展…………
…………………………………… 李 华 刘 钊 曾开虎（39）

四川省稻渔综合种养产业发展报告…………………………………
…………………………………… 张 露 杜 军 周 剑等（56）

水生生物多样性保护专项报告 …… 苏安玲 李 洪 龚 全等（75）

四川省水生动物疫病防控技术研究报告 ……………………………
…………………………………… 邓永强 黄小丽 林 珏等（105）

四川省特色水产产业集群专项报告…………………………………
…………………………………… 许 丽 徐垚峰 刘雪漪等（143）

水产品质量安全及品牌建设专项报告 ………………………………
…………………………………… 李 晟 江 雨 施 佳等 丁登虎（155）

四川省流水养殖产业发展报告……… 赖见生 杜 军 曾开虎等（165）

四川水产养殖保险发展报告………… 何 川 王 艳 刘 霞等（179）

四川省设施渔业发展调研报告……………………… 何　忠　王　俊（192）

四川省水产品加工发展报告 ………… 罗昭均　郑华章　曾开虎等（201）

四川省水产市场分析 ………………… 杨育梅　耿　毅　陈家荣等（218）

四川休闲渔业发展报告 ……………… 李春葵　徐垚蜂　刘雪漪等（230）

四川池塘养殖现状与发展策略研究……………………………………………
……………………………………… 陈春娜　曾开虎　梁云灿等（246）

稻渔互促　稳粮增收
　　——隆昌市稻渔产业发展经验交流 …………………………………
……………………………………… 赵　瀚　黄志鹏　曾永燕（276）

核心品牌促发展　梓江鳡鱼天下闻
——盐亭梓江鳡鱼产业发展经验交流 ……………………………………
……………………………………… 段元亮　李　强　黄志鹏等（286）

科技创新提质　标准引领增效
　　——通威鱼经验交流 ………… 杜　军　杨　娟　李　强等（299）

生态保护促发展　长宁水产开新局
　　——长宁水产产业发展经验交流 …………… 龙安平　王　梁（311）

好山好水养好鱼　做优做强鱼子酱
　　——天全县鱼子酱产业发展经验交流 ………………………………
……………………………………… 李　军　王　泉　杜　军（318）

眉山水产种业集群发展概况 ………… 陈　兵　彭建安　刘雪漪等（331）

第一部分
总报告

四川水产产业高质量发展总报告

漆乾余[1]　刘霍秋[1]　郑华章[2]　曾开虎[2]　杨育梅[2]

徐垚峰[2]　任鑫汇[2]　李　晓[3]　郭耀辉[3]　况嘉欣[3]

(1. 四川省农业农村厅渔业渔政管理处，四川成都　610041；
2. 四川省水产局，四川成都　610041；3. 四川省农业科学院
农业信息与农村经济研究所，四川成都　610066)

摘　要：近年来，在省委省政府的正确领导下，四川水产产业快速发展，规模不断壮大，结构持续优化，对保障水产品安全有效供给、带动农民持续增收、繁荣农村经济发挥了重要作用。同时，四川水产产业存在消费市场大、供给能力不足、基础设施陈旧、养殖主体散小、规模化组织化程度低，名特优产品少、加工能力弱、水产品商标多、名牌少，金融支持少、养殖保险覆盖面小等问题。为此，在实地调研和查阅文献基础上，结合四川水产产业发展实际，提出了以下对策建议：紧紧围绕绿色高质量发展主题，聚焦"四带""一中心"布局，以实施"鱼米之乡"建设、水产现代农业园区建设、产业集群建设、渔业绿色循环发展试点、设施渔业建设、现代水产种业建设、水生生物资源养护重点工程为抓手，加强组织领导、强化投入保障、推动科技创新、强化质量安全、坚持依法兴渔，推动四川水产产业高质量发展。

关键词：四川省；水产产业；高质量发展；对策建议

一、水产产业发展历史

新中国成立后，四川逐步完成渔业社会主义改造，确立渔业社会主义集体所有制和全民所有制。在全省布局建设了一批国营渔场、鱼种站、水产技术推广站（所）、科研院校等企事业单位，奠定了水产养殖发展基础。渔业生产由过去的"以捕为主、就地培育"逐步转型为"养捕并举、以养为主"。到1959年，全省水产人工养殖产量首次超过天然捕捞量。

1981年,《四川省人民政府关于加速发展水产生产的决定》明确指出:"水产生产要以养殖为重点"。1985年3月,中共中央、国务院发出《关于放宽政策、加速发展水产业的指示》,水产率先走向市场化,敞开购销、随行就市,为整个中国经济的市场化改革铺石探路。四川乘着改革政策的东风,充分利用各种水面,实行"养殖、增殖、捕捞相结合"的生产方针,推进体制机制、经营方式、水产品流通改革,初步建立生产经营体系,建成了一批以池塘养殖为核心的商品鱼生产基地,到20世纪90年代初,全省彻底解决了"吃鱼难"问题。产业发展上,充分利用池塘、水库、稻田、湖泊等宜渔资源,建设商品鱼基地,改造老旧池塘,发展稻田养鱼、网箱养鱼、流水养鱼、大水面养鱼等,水产养殖品种不断丰富,产量和效益不断提高,渔业进入高速发展阶段。1983年7月,在成都温江县举办了第一届全国稻田养鱼现场经验交流会。科技推广上,1978—2012年,全省共有17项科技成果获省部级奖励,146项科技成果获地厅级奖励。资源养护上,实施禁渔制度,四川通过建立珍稀鱼类自然保护区和水产种质资源保护区,开展增殖放流,强化水生生物资源保护力度。

二、水产产业发展现状

(一)资源现状

1. 水资源

四川省水系发达,河湖众多,被称为"千河之省",全省共有河流8 596条、天然湖泊417个,水库8 109座,其中,流域面积50平方千米及以上河流有2 816条,多年平均水资源量2 616亿立方米,居全国第二。长江、黄河两大水系孕育了丰富的水资源,全省不仅有暖水性资源,还有盆周山区冷水性、攀西地区热水性资源,能够满足不同水产品的养殖需要。

2. 水产种质资源

四川是长江上游重要的水源涵养地,经济和珍稀特有鱼类丰富,是我国重要的淡水鱼类种质基因库。全省自然分布有鱼类240种,其中,国家一级重点保护水生野生动物5种(中华鲟、白鲟、达氏鲟、川陕哲罗鲑、普雄原鲵),国家二级重点保护水生野生动物36种,省重点保护野生动物31种,长江上游特有鱼类约100种,为四川省渔业发展提供了得天独厚的种质资源。

3. 宜渔稻田资源

四川是全国13个粮食主产省之一，稻田资源丰富。2022年，全省水稻播种面积2 811万亩，其中宜渔稻田1 000多万亩。特别是在川南的宜宾、泸州、自贡、内江和川东北的达州、巴中等地，有丰富的冬水田资源以及栽种再生稻的习惯，为四川省发展稻渔综合种养奠定了良好基础。

（二）产业发展现状及亮点

1. 渔业经济概况

四川省渔业积极转方式调结构，始终保持了水产品稳定供应，为"菜篮子"产品的稳价保供做出了突出贡献。2022年，水产养殖产量172.15万吨，比2017年增加26.79万吨，增长18.43%，年均增长3.44%；捕捞产量由2017年的5.38万吨减至零，全省水产品已实现全部来自养殖生产（图1）。

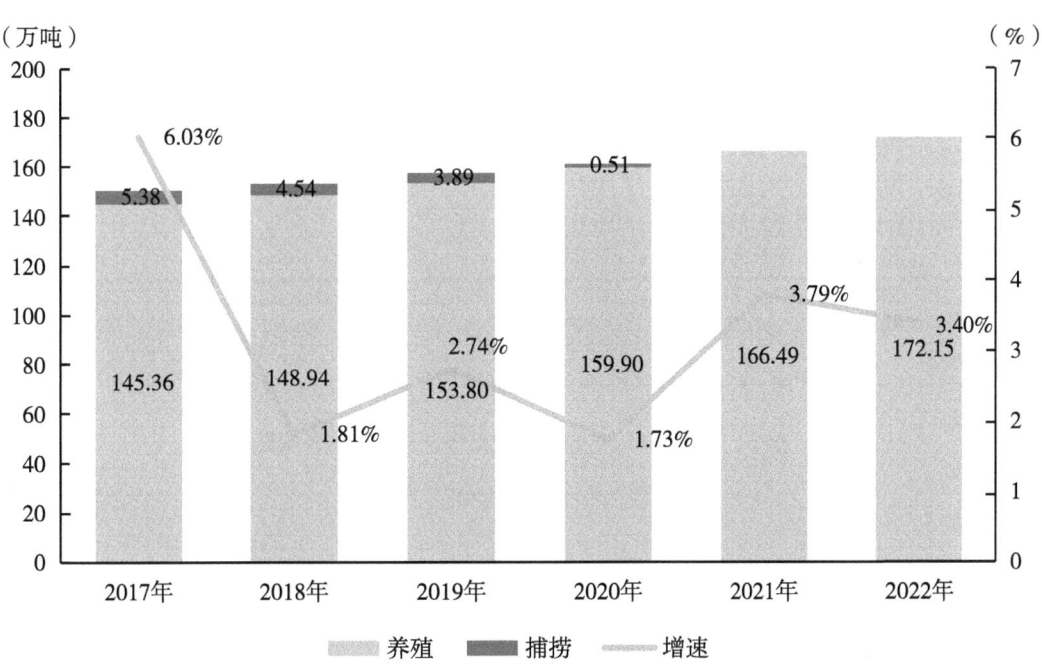

图1 2017—2022年不同生产方式水产品产量构成及增速

数据来源：四川渔业统计年鉴

除传统养殖生产外，增殖渔业、休闲渔业和加工流通业加快发展，产业结构持续调优，现代渔业体系格局初见雏形。2022年，一产（渔业）产值343.11亿元，比2017年增加108.19亿元，年均增长7.87%；二产中水产品加工产值2.58亿元，比2017年增加

1.14亿元，增长1.21倍，年均增长17.15%；三产中休闲渔业产值51.72亿元，比2017年增加17.73亿元，增长52.16%，年均增长8.76%；三产中，水产流通业产值224.04亿元，比2017年增加150.73亿元，增长1.06倍，年均增长25.03%。全省渔业经济总产值达到674.40亿元，比2017年增加289.56亿元，增长75.24%，年均增长11.87%，一二三产业产值比例由2017年的61.04∶6.86∶32.10调整为50.88∶5.15∶43.98，一产占比下降10.17个百分点，三产上升11.88个百分点（图2）。

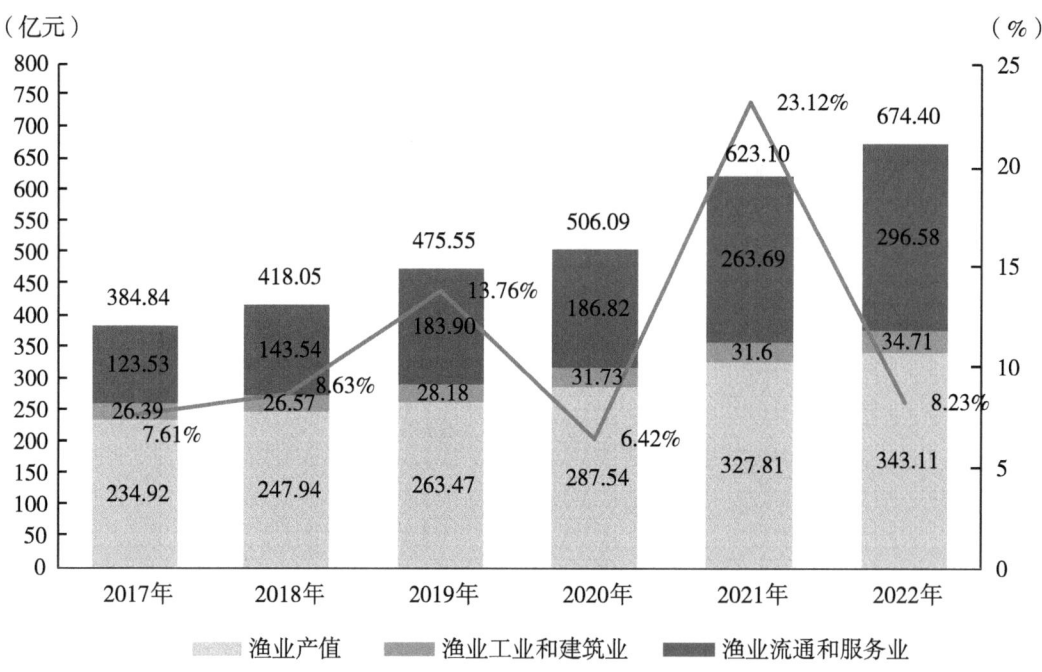

图2　2017—2022年四川渔业经济总产值构成及增速

数据来源：四川渔业统计年鉴

2. 名优水产品养殖

名优产品养殖各具特色，在统计的39个淡水养殖品种中，四川省有10个品种养殖产量居全国前5位，有18个品种养殖产量居西部第1位。其中，鲫鱼9.30万吨、鲶鱼7.20万吨、长吻鮠1.12万吨，均居全国第1位。2017—2022年四川省大宗鱼类和名特优水产品产量构成见图3。依靠池塘健康养殖、设施循环水养殖和稻渔综合种养等生态健康养殖模式，鲈鱼、小龙虾养殖异军突起，产量分别从2017年1.75万吨和0.78万吨快速增加至2022年的3.18万吨和6.47万吨，分别增长81.82%和7.25倍，分别年均增长12.70%和52.52%（图4）；鳗鲡和珍珠养殖零的突破，到2022年分别达到650吨和2.4万千克。"通威鱼""芙思塔""资中鲶鱼""新津黄辣丁"等水产品牌闻名全国。

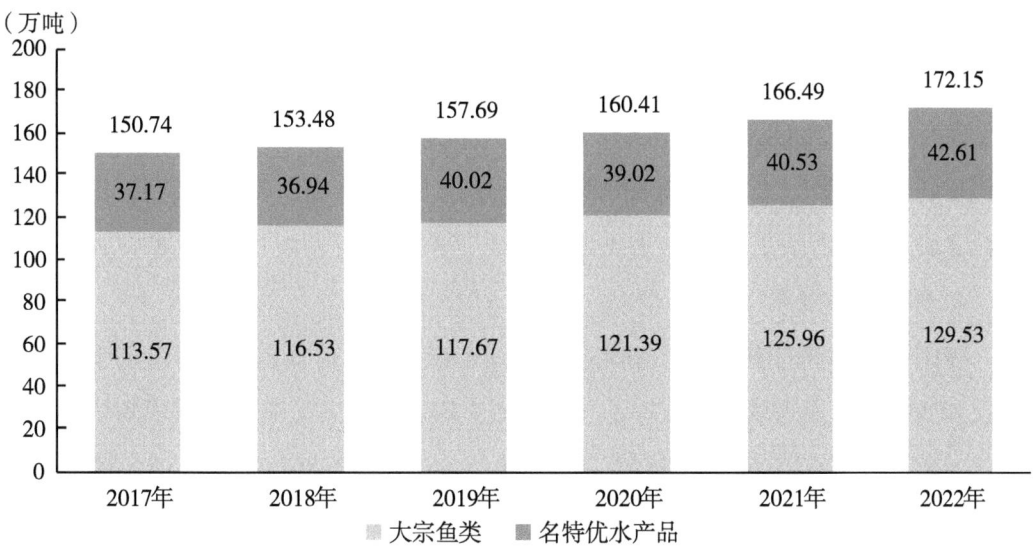

图3　2017—2022年大宗鱼类和名特优水产品产量构成

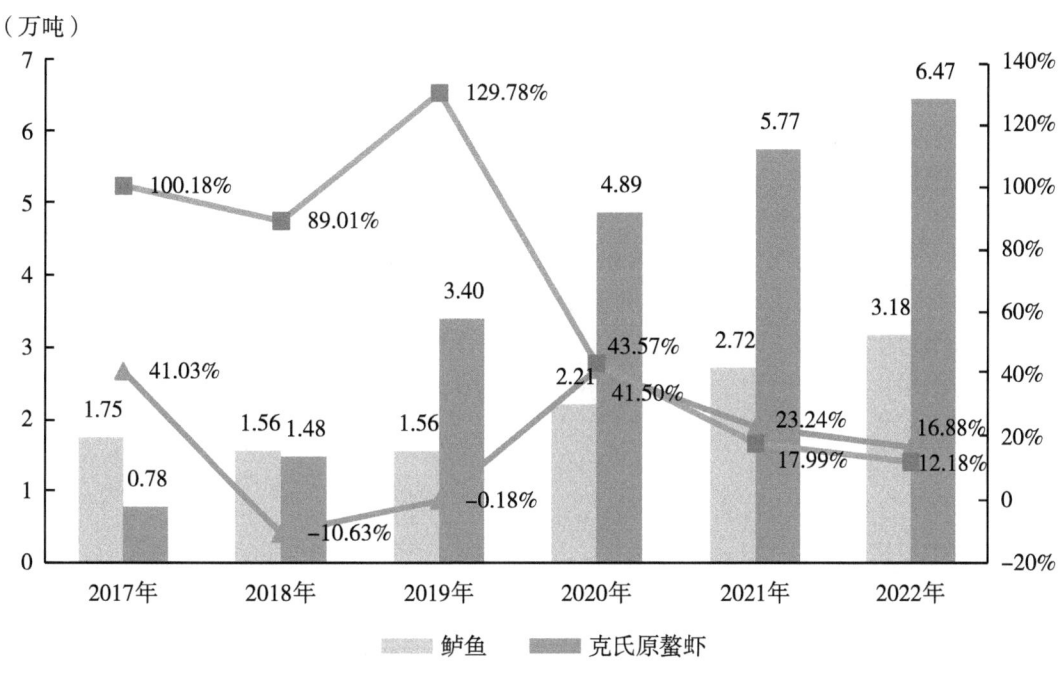

图4　2017—2022年鲈鱼和克氏原螯虾产量及增速

数据来源：四川渔业统计年鉴

3. 水产品加工

近年来，四川省突出发展名优特色水产品加工，翘嘴红鲌预制菜、芙蓉虾、乌鱼片、泥鳅酱、多鳞白甲鱼干、大鲵口服液、鲖鱼丸、甲鱼罐头等多种加工品深受群众欢迎，鲟鱼鱼子酱、烤鳗等产品远销俄罗斯以及欧美等地。据调查，2022年全省鲟鱼鱼子酱产量达到58吨、出口量49.3吨、出口产值1 322万美元；鳗鱼加工品410吨，产值超过0.41亿元。2022年全省水产加工品生产量3 875吨，产值2.58亿元，其中，名特优加工品生产量2 319吨、占比59.85%，产值1.82亿元、占比70.67%。

4. 休闲渔业发展

休闲渔业是现代渔业"五大产业"之一，在促进渔业提质增效、带动渔民就业增收和实施乡村振兴战略中发挥了重要作用。四川省休闲渔业总体呈现较快增长态势，经营主体不断增多，接待规模不断扩大，突出功能衔接和特色互补，强化休闲体验，发展质量不断提升。2022年，全省休闲渔业经营主体、游客接待人数和经营产值分别达到1.17万个、3 658.01万人次和51.72亿元（图5），年均增速分别为3.57%、6.85%和8.76%。

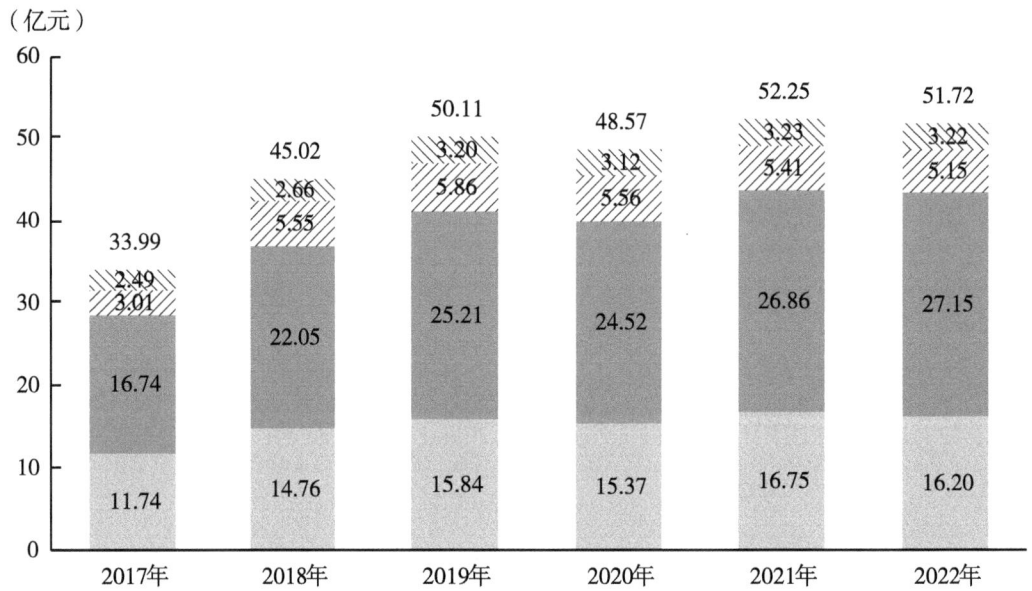

图5　2017—2022年休闲渔业产值构成

数据来源：四川渔业统计年鉴

从产业结构看,四川省休闲渔业分为4种类型,分别是:旅游导向型休闲渔业、休闲垂钓及采集业、钓具钓饵观赏鱼渔药及水族设备等和观赏鱼产业。其中,旅游导向型休闲渔业增长快速,占据产业发展的半壁江山,2022年产值比2017年增长62.18%,年均增长10.15%,产值占比52.51%(图6),比2017年提高3.25个百分点;休闲垂钓及采集业和钓具钓饵观赏鱼渔药及水族设备等营业联动发展,产值实现较快增长,年均增长6.40%,占比36.38%。主要针对中高端消费市场的观赏鱼产业占比较小(2022年为9.95%),观赏鱼产业在2020年前增长迅猛,2020—2022年产值连年下降,但与2017年比较,仍保持了年均11.33%的较快增速。

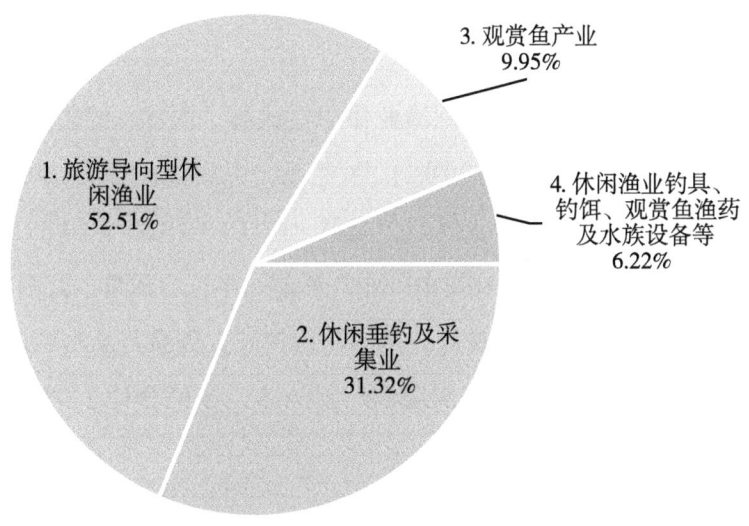

图6 2022年休闲渔业构成

数据来源:四川渔业统计年鉴

从产业分布区域看,四川省休闲渔业发展呈现区域分化趋势。成都平原和川南经济区是主要增长极,川东北经济区发展平稳;除凉山州利用独特旅游优势资源恢复增长外,攀西地区和川西北高原地区的其他市州休闲渔业发展相对滞后(表1)。

表1 2017—2022年分区域休闲渔业产值 (单位:亿元)

年份	成都平原经济区		川南经济区		川东北经济区		攀西经济区		川西北经济区	
	产值(亿元)	占比(%)	产值(亿元)	占比(%)	产值(亿元)	占比(%)	产值(亿元)	占比(%)	产值(亿元)	占比(%)
2017	19.79	58.24	6.54	19.23	7.02	20.65	0.51	1.51	0.13	0.38
2018	27.61	61.32	8.69	19.30	8.13	18.07	0.54	1.20	0.05	0.11

(续表)

年份	成都平原经济区		川南经济区		川东北经济区		攀西经济区		川西北经济区	
	产值（亿元）	占比（%）	产值（亿元）	占比（%）	产值（亿元）	占比（%）	产值（亿元）	占比（%）	产值（亿元）	占比（%）
2019	30.03	59.92	8.79	17.53	10.73	21.41	0.55	1.10	0.02	0.03
2020	27.59	56.80	9.01	18.55	11.52	23.71	0.46	0.94	0	0
2021	29.70	56.83	12.86	24.61	9.15	17.51	0.55	1.05	0	0
2022	28.86	55.80	13.21	25.54	9.12	17.63	0.53	1.03	0	0
年均增长（%）	7.83		15.11		5.37		0.71		−70.19	

数据来源：四川休闲渔业发展监测年报

从类型分布看，旅游导向型休闲渔业集中在成都、内江、绵阳、德阳和达州5市产值超亿元的地市，产值合计达到21.53亿元，占到全省的79.30%；各地休闲垂钓业有不同程度的发展，其中，绵阳、成都、内江、乐山和宜宾5市的产值合计9.56亿元，占全省的59.03%；观赏鱼产业产值超一半来自成都、宜宾和德阳3市，产值合计3.51亿元，占比68.21%；休闲钓具钓饵观赏鱼渔药及水族设备等休闲渔业发展较慢，集中在眉山、成都、绵阳和广元4市，产值合计1.93亿元，占全省总量的60.01%（表2）。

表2 2022年休闲渔业类型分布

产业类型	市（州）	产值（亿元）	占比（%）
休闲垂钓及采集业	绵阳、成都、内江、乐山、宜宾	9.56	59.03
旅游导向型	成都、内江、绵阳、德阳、达州	21.53	79.30
观赏鱼产业	成都、宜宾、德阳	3.51	68.21
休闲渔业钓具钓饵观赏鱼渔药及水族设备等	眉山、成都、绵阳、广元	1.93	60.01

数据来源：四川休闲渔业发展监测年报

5. 稻渔综合种养发展

聚焦"稳粮增收、以渔促稻"，通过纳入现代农业园区培育和成渝现代高效特色农业带建设，实施"鱼米之乡"项目等切实举措，大力支持发展稻渔综合种养产业，取得粮稳产、渔增收的良好成效。截至2022年，全省累计建成稻渔综合种养494.42万亩、居全国第4位，水产品49.28万吨，带动农民增收超过98.9亿元。一是以现代农业园区为示范，辐射带动稻渔综合种养发展。坚持"以稻养鱼、以渔促稻"，把川粮油、川鱼纳入现代农业"10+3"产业体系，大力建设以稻渔综合种养为主的现代农业园区，并开展省级星级园区创建认定。目前，四川省已创建以稻渔综合种养为主导产业的省星级现代农业园区8个，其中隆昌市和开江县先后纳入国家级现代农业产业园培育。二是以"鱼米之乡"为抓手，全面推动稻渔综合种养发展。截至2022年，省本级累计投入2亿资金在30个县市区布局，整县推进建设60万亩规模化稻渔综合种养示范基地。根据分析"鱼米之乡"核心区，水稻平均产量超过1 000斤/亩，粮食和渔业综合产值超过5 000元/亩，比单一种粮收入高出2倍以上。

6. 水产现代农业园区建设

2018年，省委作出决策部署，明确把发展现代农业园区作为推动四川农业高质量发展的"牛鼻子"强力推进，出台了一系列重大政策举措。水产产业紧紧抓住机遇，乘势而上，积极推进水产园区化发展，取得了良好成效。截至2022年，全省省级水产现代农业园区已达16个（表3），其中省星级园区14个。

表3 全省水产现代农业园区

序号	县（市、区）	园区类型	星级
1	隆昌市	稻渔	国家级、省五星级
2	开江县	稻渔	国家级、省五星级
3	新津区	稻渔	省五星级
4	天全县	集约化	省五星级
5	盐亭县	池塘	省四星级
6	内江市中区	池塘	省四星级
7	乐山市中区	池塘	省四星级
8	富顺县	稻渔	省三星级
9	营山县	稻渔	省三星级
10	西充县	稻渔	省三星级
11	江安县	集约化	省三星级
12	武胜县	稻渔	省三星级
13	大竹县	稻渔	省三星级
14	雁江区	稻渔	省三星级
15	龙马潭区	池塘	培育中
16	东坡区	水产种业	培育中

7. 水产绿色健康养殖

省本级、21个市（州）、108个县（市、区）按时完成养殖水域滩涂规划并发布实施，依法划定禁养区、限养区和养殖区。持续实施水产绿色健康养殖技术推广"五大行动"，大力推广池塘健康养殖、稻渔综合种养、设施渔业等健康养殖模式，重点打造了63个骨干基地，完成养殖池塘标准化改造和养殖业尾水达标治理16.17万亩。加强基层水生动物疫病防控体系建设，建立了522人的渔业官方兽医队伍和121个水生动物检疫申报点。全省水产品质量抽检合格率稳定保持在98%以上。

8. 设施渔业建设

全省重点推广陆基设施循环水、工厂化循环水、池塘流水槽、圈养等设施渔业养殖模式。2022年，全省设施渔业养殖容量95.47万立方米，养殖产量1.69万吨，较2017年增长了3倍多。调研中，课题组采集215个设施渔业养殖主体数据进行分析，陆基设施循环水、池塘流水槽循环水养殖、圈养、工厂化循环水养殖占比分别为67.58%、10.96%、1.89%、19.57%；养殖品种以鲈鱼为主，占57.60%，黄颡鱼、南美白对虾养殖点占6.51%、6.05%；设施渔业平均利润率比池塘养殖高138.87%。各市（州）设施渔业养殖容量见图7。

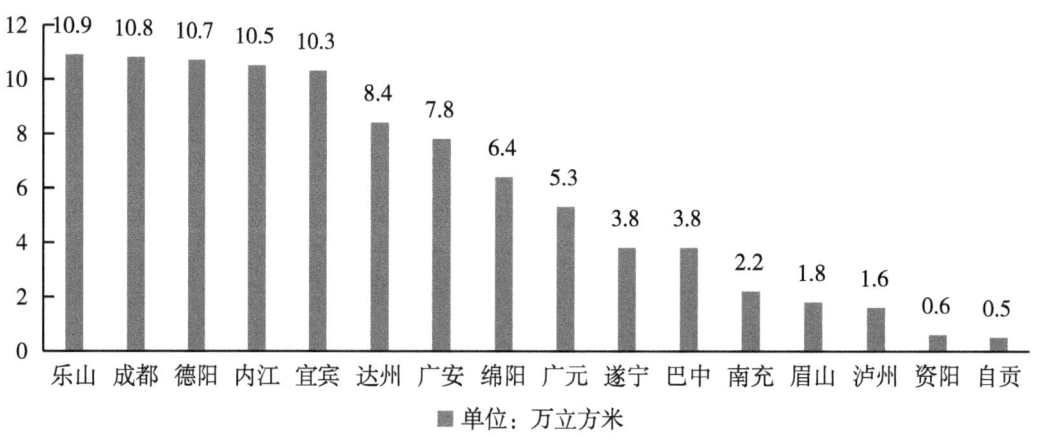

图7 各市（州）设施渔业养殖容量

9. 经营主体及品牌建设

集中政策资源、项目资源，扶持打造一批龙头企业，推动有特色有技术，且在水产领域中持久耕耘的龙头企业和合作组织形成多种模式的产业化联合体，集聚各类生产要素，形成规模化效益，示范带动四川水产产业高质量发展。截至2022年，全省渔业户39.82万，渔业人口135.85万，家庭渔场2 688家，水产专业合作社2 507家，规模以上水产养殖主体6 383个。其中，农业产业化国家级水产龙头企业4家、省级水产龙头企业25家。据统计，全省共申报地理标志水产品27个、水产绿色食品4个、有机水产品28个、水产区域公用品牌6个、名特优新水产品15个、农产品品牌目录（水产品）5个、地方特色优质水产品牌70余个。其中，"雅鱼""资中鲶鱼""苍溪鳖"入选中国地理标志农产品（水产）品牌声誉前100位，"新津黄辣丁"入围中国百强农产品区域公共品牌，"雅鱼"被评为省级优秀农产品区域公用品牌。

10. 科技支撑能力

截至2022年，全省现有省级水产研究所1个，市级水产研究所4个，省水产学校1所。四川大学、四川农业大学、西华师范大学等7所高校设有水产院系或涉渔专业。建有省级重点实验室2个、国家现代农业产业技术体系四川淡水鱼创新团队1个、国家产业技术体系大宗淡水鱼创新团队试验站2个、特种水产创新团队试验站1个。已成功培育白乌鱼"玉龙1号"、长吻鮠"川江1号"2个水产新品种，实现四川水产新品种零的突破。全省有水产技术推广机构数量906个，人员1 707人。水产技术推广科技成果显著，发布水产养殖主推技术12项，获得国家科技二等奖1项、四川省科技进步奖18项，其中一等奖3项，完成省级水产地方标准制定和修订39项。

11. 资源养护

深入实施长江十年禁渔措施，将长江禁捕退捕工作纳入市（州）政府政务目标考核、河湖长制工作考核和乡村振兴实绩考核，巩固禁渔成效。①规范开展增殖放流。每年与全国同步开展"放鱼日"增殖放流活动，2017年以来增殖放流经济物种及濒危物种3.21亿尾。②抓好珍稀濒危物种保护。科学开展长江鲟、川陕哲罗鲑等珍稀濒危物种的繁育研究，推进农业农村部长江上游珍稀特有鱼类保护基地和农业农村部宜宾长江鲟人工繁育基地建设。③构建全省水生生物资源监测体系。在长江流域重点水域设置132个监测点位，覆盖全省60%以上的水生生物关键栖息地。④加强水生生物保护区管理，依法查处保护区内非法捕捞、违法建设、挖沙采石等行为，切实保护了水域生态环境和水生生物资源。

三、水产产业发展面临的机遇和挑战

（一）面临的重要机遇

1. 政策环境更加优化

2022年，习近平总书记就树立大食物观作了全面系统的论述，指出"要向江河湖海要食物，稳定水产养殖""提高渔业发展质量"。2023年在中央农村工作会议上，习近平总书记再次强调："要树立大食物观，构建多元化食物供给体系，多途径开发食物来源"。2023年4月，习近平在广东考察时提出："水产品的营养价值很高，提高我们国民的身体素质，把水产搞上去，把蛋白质搞上去很重要""把渔业'种子工作'这一篇文章做精做好，对我们的粮食安全可以起到一个很重要的压舱石作用。"2023年全国农业农村厅局长会议提出"发展现代设施农业，建立健全多元化食物供给体系"。《2023年四川省人民政府工作报告》强调，持续开展长江"十年禁渔"。中共四川省委十二届二次全会提出：聚焦打造新时代更高水平的"天府粮仓"，着力构建粮经统筹、农牧并重、种养循环的现代农业体系，把农业大省金字招牌擦得更亮。省委一号文件2021—2023年连续三年对建设"鱼米之乡"提出明确要求，省政府把建设"鱼米之乡"纳入《四川省"十四五"推进农业农村现代化规划》。

2. 发展形势时不我待

2022年6月8日上午，习近平总书记来到眉山市东坡区太和镇永丰村考察调研时强调，成都平原自古有"天府之国"的美称，要严守耕地红线，保护好这片产粮宝地，把粮食生产抓紧抓牢，在新时代打造更高水平的"天府粮仓"。四川作为全国13个粮食主产省之一和西部地区唯一的粮食主产省，肩负着保障国家粮食安全的重大政治责任。当前种粮效益低、农民种粮积极性不高，水产是保障粮食安全的重要组成部分，具备天然的稳粮增收优势。水产产业经济效益较高，是农民就业增收的重要支柱产业。同时，养殖、加工、休闲渔业等提供大量就业岗位，为促进乡村振兴提供了有力支撑。2023年调研水产养殖类主体83个，2022年平均利润率64.26%，88.71%的水产养殖类主体在水产养殖中实现增收。

3. 发展潜力巨大

稻渔综合种养发展有潜力。截至2022年，全省现有稻渔综合种养面积494.42万亩，宜渔稻田开发利用率还不到50%，仍有很大空间。大水面生态渔业有发展潜力。据《四川渔情》测算，全省水库正常蓄水位相应水面面积约606万亩，已开展养殖113万亩，还有近500万亩待开发。设施渔业有潜力。2022年全省设施渔业水产品产量1.69万吨，仅占全省水产品产量的0.98%。调研结果显示，设施渔业具有节水节地、高产高效等优势。215家设施渔业主体中有206家盈利，平均单位水体产量为17.69千克/立方米，盈利水平和生产量都远高于传统养殖，市场发展需求迫切。

4. 消费需求力巨大

水产品营养丰富，是优质动物蛋白，逐步被人民深刻认识和接受，近年来消费需求呈刚性增长，约占动物蛋白消费量的30%，但人均水平仍低于《中国居民膳食指南（2022）》推荐的水产品摄入量（每周300~500克）。根据2023年调研的成都市5个规模以上水产品批发市场情况来看，5个市场年交易量合计达到82.15万吨，占全省规模以上水产市场年交易总量的81.65%，其中来自省外的水产品占比62.08%。这深刻说明了四川省水产产业拥有巨大的消费市场，水产产业还有较大发展空间。

（二）面临的主要挑战

1. 养殖主体散小，规模化组织化程度低

全省以小业主分散养殖为主，50亩以下养殖池塘面积占比65.6%，100亩以上养殖池塘面积仅占21.1%，养殖的标准化、规模化程度还不高。全省现有水产企业1 711家，其中，省级以上龙头企业29家，国省级龙头企业仅占水产企业的1.33%。2023年调查商品鱼养殖主体45个，2022年盈利的只有22个，年利润在30万以下的18个。企业规模小、抗风险能力低，制约了产业发展。

2. 基础设施陈旧，制约了生产能力

根据《全国池塘养殖尾水治理专项建设规划（2021—2035年）》，2020年末四川省有约100万亩老旧池塘需要改造，到2022年已实施池塘标准化改造和尾水处理13.56万亩，还有约86.44万亩需要改造。从调研情况看，如眉山市东坡区是中国西部最大的水产种苗繁育基地，有种苗繁育场450家，但多数池塘为十年前建成，基础设施老化，影响了亲本更新迭代和亲鱼质量。洪雅县有养殖水面4 700余亩，水产养殖主体330个，单口池塘面积平均14.24亩，单口面积小、水深较浅、淤泥较厚，进排水系统和水处理设施不完善，不利于单产的提升。

3. 金融支持少，养殖保险覆盖面低

2020—2022年，全省只有宜宾、成都、绵阳、南充、泸州、内江、达州和资阳8个市开展渔业保险试点，投保户共有18 894户（次），占全省渔业养殖户的12.68%。调研中收集水产养殖主体问卷298份，其中购买养殖保险的只有17家、占比5.68%。养殖户均强烈建议政府加大对水产产业的补贴和支持力度。

4. 名特优产品少，加工能力弱

2022年淡水养殖中，大宗鱼类年产量占比75.30%，长吻鮠、鲈鱼等名特优水产品仅占24.70%。二产方面，全省只有加工企业13个，年加工能力3.12万吨，仅占水产品总产量的1.87%，远低于我国内陆地区加工量占总产量10%的平均水平。产业链条短，养殖主体盈利水平低。

5. 水产品商标多，名牌少

目前，全省有各类水产注册商标180多个，但仅有"通威鱼""资中鲶鱼""新津黄辣丁""芙思塔鱼子酱"等为数不多的水产名牌比较响亮知名。

四、水产产业高质量发展的对策建议

以习近平新时代中国特色社会主义思想为指导，全面贯彻落实党的二十大精神和习近平总书记对四川工作系列重要指示，深入贯彻落实省委十二届二次、三次全会精神，坚持"讲政治、抓发展、惠民生、保安全"工作总思路，落实"四化同步、城乡融合、五区共兴"战略部署，完整准确全面贯彻新发展理念，牢固树立大食物观。以建设新时代更高水平"天府粮仓"为引领，深化渔业供给侧结构性改革，健全完善现代水产产业体系、生产体系、经营体系，挖掘水产增长潜力，补齐发展短板，做强特色优势，厚植发展动力，不断推动水产产业绿色高质量发展，为加快建设农业强省贡献水产力量。

（一）优化产业区域布局，着力建设"四带""一中心"

根据全省水域资源、渔业资源环境和条件，紧密结合各地水产经济发展实际，着力实施"四带""一中心"建设，推动水产产业集群发展，实现水产产业的转型升级。

1. 稻渔综合种养产业带

利用稻田资源丰富优势，依托"鱼米之乡"和产业集群建设，以川南宜宾、泸州、内江、自贡等地为中心，重点推广"稻田+小龙虾"综合种养模式，大力发展川南早虾；以川东达州、广安、南充等地为中心，重点推广"稻田+虾/蟹"等综合种养模式，大力发展小龙虾、大闸蟹；以成都平原和川北绵阳、广元、巴中等地为中心，重点推广稻渔综合种养和稻渔种养循环，因地制宜开展稻田养鱼。

2. 长江上游特色渔业产业带

利用四川水质优良和水产种质资源丰富优势，依托渔业绿色循环发展试点、现代农业园区和产业集群建设，以成都、眉山、内江、乐山、绵阳、南充、宜宾、达州、泸州等水产产业基础条件好，产量超过10万吨的地区为中心，大力发展黄颡鱼、长吻鮠、鲶鱼、鲈鱼、斑点叉尾鮰、泥鳅、蛙等名优品种养殖。

3. 冷水鱼产业带

利用四川盆周山区冷水资源丰富优势，依托渔业绿色循环发展试点、现代农业园区和产业集群建设，打造"一核三带"冷水鱼产业带。一核指的是以雅安、成都为核心，三带指以绵阳、德阳、广元为主，以乐山、凉山、攀枝花为主，以眉山、宜宾、泸州为主的三个冷水鱼产业带。

4. 大水面生态渔业产业带

利用四川大水面资源丰富优势，以成都、内江、绵阳、广元、眉山、南充为中心，探索形成一批管理机制完善、经营机制高效、利益连接紧密的大水面生态渔业发展模式，推动四川省"以渔控草、以渔抑藻、以渔净水"大水面生态养殖。

5. 建设四川省珍稀特有鱼类保护与利用中心

充分依托四川省长吻鮠、川陕哲罗鲑、黄颡鱼等鱼类资源和繁殖技术优势，建设四川省珍稀特有鱼类保护与利用中心，为四川省水产产业发展和水生生物资源保护提供优质种源和种苗。

（二）持续推进"鱼米之乡"建设，实现稳粮增收

继续坚持"稳粮增收、以渔促稻"，在全省稻田资源丰富地区实施"鱼米之乡"项目，建设稻渔综合种养产业带，推进稻渔综合种养、稻渔种养循环。积极联动重庆，在泸州、宜宾、遂宁、内江等成渝毗邻地区共同建设"巴蜀鱼米之乡"。

（三）加快推进水产现代农业园区建设，展现水产发展样板

2023年四川省政府《工作报告》明确要重点打造1 000个国、省、市级现代农业园区。继续坚持"立足园区育水产，发展水产壮园区"理念，着力建成一批特色鲜明、加工水平高、产业链条完善、设施装备先进、生产方式绿色、品牌影响力大、农村一二三产业融合、要素高度聚集、辐射带动有力的现代水产园区，初步构建起以国家级和省级星级水产园区为核心、市级为主体、县级为支撑的梯次水产园区发展格局。

（四）全力推进产业集群建设，实现产业强链补链

2022年12月，四川省委省政府深入贯彻党的二十大精神和习近平总书记来川视察重要指示精神，出台了《建设新时代更高水平"天府粮仓"行动方案》，明确提出建设新时代更高水平"天府粮仓"，要按照"一带、五区、三十集群、千个园区"布局整体推进。其中三十集群，是指围绕优势特色产业，按照全产业链开发、全价值链提升的思路，集中打造30个国家和省级现代农业产业集群。水产产业作为"四川省"10+3"现代农业产业体系的重要组成部分，纳入了国家和省级现代农业产业集群统筹布局。按照"两保一补"工作思路，围绕建设新时代更高水平的"天府粮仓"要求，充分挖掘四川省水产资源优势，依托稻渔综合种养优势和冷水鱼、鲶鱼、鲖鱼、长吻鮠等产业发展特色，在现有基础上，集中力量打造四川长吻鮠黄颡鱼鲖鱼产业集群、川南早虾产业集群、天府鱼子酱产业集群和内资鲶鱼鲖鱼白乌鱼产业集群。

（五）稳步推进渔业绿色循环发展试点，稳定水产养殖基本盘

池塘养殖是水产养殖基本盘，是做好水产品稳产保供的"牛鼻子"。到2022年，全国池塘养殖贡献了2 706.64万吨水产品，占养殖水产品总产量的48.63%，四川省池塘养殖产量95.40万吨，占养殖总量的55.42%，毫无疑问，池塘养殖是四川省水产品稳产保供的主力军、压舱石、定盘星。持续实施渔业绿色循环发展试点，以保障水产品安全有效供给和改善养殖池塘生产环境为中心，以养殖尾水资源化利用、达标排放为目标，坚持和把握"属地负责、生态优先、源头防控、分类施策"的原则，按照规划布局合理、美观实用高效、分类推进实施、科技优化提升、多元投入支撑的要求，优先对集中连片50亩及以上水产养殖池塘或养殖场进行标准化改造和养殖尾水治理，加强水产养殖池塘基础设施改造，配套尾水治理设施设

备，巩固提升池塘养殖生产能力，提高养殖尾水资源化利用率和尾水治理设施覆盖率，探索建立池塘标准化改造及尾水治理运管维长效机制，切实维护良好的养殖水域生态环境，推动水产养殖业绿色高质量发展。

（六）积极推进设施渔业建设，拓展水产养殖空间

党的二十大报告提出"树立大食物观，发展设施农业，构建多元化食物供给体系"。2023年6月，农业农村部、国家发改委、财政部和自然资源部印发《全国现代设施农业建设规划（2023—2030年）》，制定了现代设施渔业建设专项实施方案，明确了发展目标、重点任务等。2023年省委一号文件提出"实施设施农业现代化提升行动"，省委省政府印发《建设新时代更高水平"天府粮仓"行动方案》，要求"全方位多途径开发食物资源，深入落实大食物观，稳步发展设施渔业"，设施渔业已成为现代渔业转型升级的重要方向。今年，省农业农村厅将农民合作社、家庭农场等新兴经营主体设施渔业纳入项目补助范围，省财政将设施渔业尾水处理相关设施设备纳入补助范围，为四川省设施渔业发展提供了有力支撑在发展基本条件好的县（市、区），遴选养殖用地手续合法齐全、生产条件优越、有技术支撑单位的业主发展设施渔业，重点推广工厂化循环水养殖、陆基设施循环水养殖、流水池塘养殖、流水槽循环水养殖、圈养、及"鱼稻（菜）共生""渔光一体"等设施渔业。

（七）扎实推进现代水产种业建设，做强产业发展芯片

种业是现代化农业的基础，农业发展的"芯片"。我国作为世界第一水产养殖大国和用种大国，总产量和养殖量连续22年居世界第一位。但四川省水产种业起步较晚，水产创新育种能力非常薄弱，与四川省当前及未来水产养殖业发展的实际需求还存在着较大差距，应当继续加强水产种业园区建设，重点开展种质资源保护与利用、育种创新、品种测试（性能测定）评价、良繁基地四大建设。加强育种攻关，加快培育具有自主知识产权的突破性新品种。实施水产种苗供给能力提升行动，建设一批名优水产种质资源保护场和水产苗种良种繁育基地。

（八）加强水生生物资源养护，实现产业可持续发展

《中华人民共和国渔业法》《中国水生生物资源养护行动纲要》等渔业法律法规都将保护水生生物资源作为生态文明建设的重要内容、作为建设长江上游生态屏障的重要抓手。严格落实长江、黄河禁渔制度，加强四川省长江、黄河流域水生生物资源保护。持续开展水生生物监测和增殖放流，开展长江鲟、川陕哲罗鲑等珍稀濒危水生生物保种和人工繁育研究，指导完成农业农村部长江上游珍稀特有鱼类保护基地和宜宾长江鲟人工繁育基地建设。

（九）完善政策保障体系，服务产业健康发展

1. 加强组织领导

水产产业是全省现代农业"10+3"产业体系的重要组成部分，是保障粮食安全和重要农产品供给的重要方面。推进水产产业高质量发展是一个系统工程，涉及面很广，面临的困难也较多，工作任务艰巨。农业农村部门要提高政治站位，认真履行职责，切实加强组织领导，全面落实各项保障措施。要把水产产业纳入农业农村经济发展和乡村振兴全局统一规划、统筹发展。主要领导要亲自抓，分管领导要具体抓采取有力措施，调动各方面支持现代水产产业的积极性；及时帮助企业和农民解决发展中的资金、技术、信息、人才等困难和问题；动员社会各界关心水产产业、支持水产产业、参与水产产业建设，形成强大的水产产业发展合力。

2. 强化投入保障

积极争取将四川水产产业纳入农业生产发展、现代农业发展工程支持渔业发展等环节的项目支持。积极争取各地党委和政府的重视，在现代渔业装备设施、渔业基础公共设施建设、渔业绿色循环发展、渔业资源养护等项目加大投入。积极探索金融支持水产产业的方式方法，不断创新服务模式，构建"政府扶持+农担公司+金融机构+产业主体"的融资担保防范体系，促进解决"不敢投"和"融资难"等问题。创造符合四川和渔业行业特点的险种，推广水产养殖保险，激发农户和农业生产经营组织积极参加保险，建立健全渔业保险风险保障体系。

3. 推动科技创新

深入推进渔业科技创新，依托高校、科研院所和广大渔业科技人员，针对四川水产产业特点组织开展品种培育、生态高效养殖、病害防控、营养与饲料、精深加工等产业技术研发。建立科研单位、协会、合作社、市场主体共同参与的多元化技术推广体系，通过科技下乡、从业人员技术培训等活动，加快新技术、新模式、新品种推广，实现产学研结合。加强设施装备和信息化建设，强化水产原良种体系、养殖池塘标准化、养殖尾水治理、渔业安全生产等设施装备建设，加快机械化、智能化设施设备和5G、物联网、大数据等信息技术在生产中的应用，提高劳动生产

率和水产品质量。

4. 强化质量安全

认真贯彻落实《中华人民共和国农产品质量安全法》，加强例行监测（风险监测）、专项抽检、监督抽查、飞行检查等日常监测，持续推进"治违禁、控药残、促提升"、水产养殖用投入品、养殖水产品中使用地西泮等专项整治行动，加大从业人员宣传培训，强化水产苗种、市场准入等重点环节监管，加强大口黑鲈、乌鳢、鳊鱼、泥鳅、蛙类等风险隐患大的重点品种的动态监管，提升水产品质量安全水平，助力质量安全省建设。支持品牌培育打造，发挥品牌示范带头作用，积极推介有实力的水产品品牌进入四川省农业品牌目录和"天府粮仓"精品（培育）品牌名单。

5. 坚持依法兴渔

建立健全学法用法制度，加强《中华人民共和国长江保护法》《中华人民共和国渔业法》《四川省〈中华人民共和国渔业法〉实施办法》等法律法规宣传教育，推进渔业相关法规修订工作，不断完善渔业法律法规体系，坚持依法办事、依法行政，保障渔业生产者的合法权益，促进水产产业的发展。

第二部分

专题报告

四川水产种业发展报告

刘雪漪[1] 徐垚峰[1] 周 剑[2] 龚 全[2] 许 丽[1] 郑华章[1]
罗昭均[1] 李春葵[1] 康 涵[1] 曾开虎[1]

(1. 四川省水产局,四川成都 610041;

2. 四川省农科院水产研究所,四川成都 610041)

摘 要:四川是淡水养殖大省,水产种业起步较早,建有国家级原(良)种场和省级原(良)种场、省级种质资源保护场,初步形成了以眉山及周边地区为核心的长江上游名特优水产苗种繁育区,以攀西地区为核心的名特优水产苗种早繁区,建立了以1个省级现代水产种业园区及4个国家级水产种业阵型企业为引领,48家省级及以上水产原(良)种场为骨干,800余家苗种场为支撑的现代水产苗种繁育体系。但是,四川水产种业还存在着政策扶持不够、个别珍稀濒危鱼类种质资源保护难度大、水产育种创新能力较弱等主要问题,因此,本文从推进现代水产种业园区建设、支持种质资源场、水产良繁基地建设、加强优良品种的选育推广等6个方面进一步推动水产现代种业发展。

关键词:四川省;水产种业;发展;对策研究

"十三五"以来,四川省水产种业迅速发展,2015年全省淡水鱼苗产量为231.5亿尾、鱼种产量16万吨、水产苗种产值为18.87亿元,2020年全省淡水鱼苗产量达287.32亿尾、鱼种产量18.71万吨、水产苗种产值达30.19亿元。2022年全省淡水鱼苗产量达302.2亿尾、鱼种产量19.84万吨、水产苗种产值达33.58亿元,较2015年分别增长30.5%、24%和77.9%,较2020年分别增长5.2%、6%和11.2%。

目前,四川省苗繁品种高达136种,其中黄颡鱼、长吻鮠、鲤鱼、鲢鱼、鳙鱼、克氏原螯虾、大口黑鲈等为四川省主要繁育品种,斑点叉尾鮰、鲟鱼、虹鳟等优势品种苗繁也逐步壮大。据估算,四川省每年黄颡鱼苗产量均超过100亿尾,黄颡鱼、长吻鮠鱼苗产量常年保持全国第一，具有极高的市场定价权；鲈鱼苗繁反季节生产，逐步进入全国市场。四川省水产种业西南第一，全国较有影响力。

一、四川省水产种业现状

（一）种质资源开发利用

1. 种质资源基础

四川省地处长江上游和青藏高原东缘，河流水系发达，水生动物资源丰富，珍稀、特有种类众多，渔业资源具有鲜明的特色，种质资源保护处于国内淡水渔业的领先水平，建有国家级水生动物自然保护区2个，国家级水产种质资源保护区31个。主要保护水生动物包括国家一级保护动物白鲟、长江鲟、川陕哲罗鲑，国家二级保护动物胭脂鱼、似鲇高原鳅、长薄鳅、红唇薄鳅、稀有鮈鲫、鯮、圆口铜鱼、长鳍吻鮈、鲈鲤、多鳞白甲鱼、四川白甲鱼、细鳞裂腹鱼、重口裂腹鱼、厚唇裸重唇鱼、骨唇黄河、极边扁咽齿鱼、岩原鲤、金氏䱗、青石爬鮡、大鲵、水獭等。在青衣江下游（城东电站—千佛岩电站）建立了首个长江鲟野外试验性放归小区，在长江干流建设了长江鲟超声波监测网络，对放归成体长江鲟的跟踪监测。在马尔康市建立了首个川陕哲罗鲑驯养基地，首次在大渡河、青衣江水系试验性放流川陕哲罗鲑。雅砻江下游锦屏大河湾段系统首次开展鲈鲤、短须裂腹鱼放流跟踪监测和放流效果评估。针对这些种类开展的资源与生境调查、遗传种质检测与保护、人工驯养与繁殖、放流增殖、跟踪监测及效果评估等研究工作也在国内处于领先水平。

2. 种质资源普查

2021年，四川省启动了第一次全国水产养殖种质资源普查，利用3年时间，摸清了四川省水产养殖种质资源种类、群体数量、区域分布、保护利用等状况，进行特色资源收集与保护，发布全省水产养殖种质资源种类名录，促进种质资源保护与利用。目前完成了21个市（州）162个县（市、区）24 653个水产养殖主体的711 140条普查数据收集和分析。据分析，四川省养殖有淡水鱼类、虾类、蛙类等11类水产品，养殖的种质资源有长吻鮠、罗氏沼虾、黑斑侧褶蛙等450种。（表1）全省共有繁育主体943个，其中，国家级水产（原）良种场2个，省级水产（原）良种场46个，省级水产种质资源保护单位26家，公司企业102家，另有苗种标粗场276家。（表2）用于繁育的种质资源有鲫鱼、克氏原螯虾、牛蛙等136

个，其中原种90个，引进种22个，新品种24个，繁育分布前三的品种为克氏原螯虾、黄颡鱼和鲤。

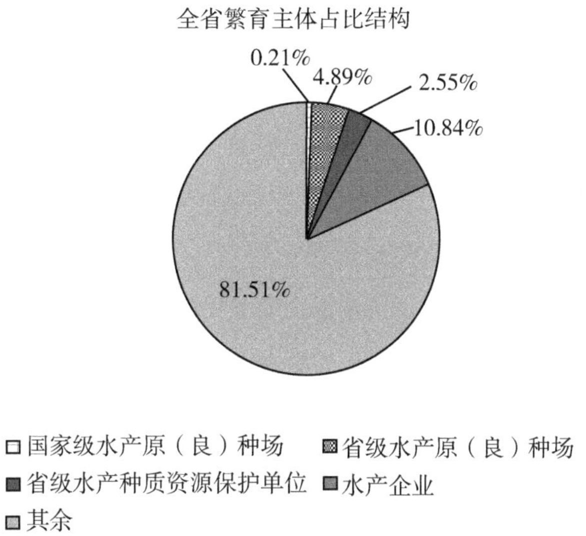

全省繁育主体占比结构

- 国家级水产原（良）种场
- 省级水产原（良）种场
- 省级水产种质资源保护单位
- 水产企业
- 其余

图1　全省繁育主体占比结构

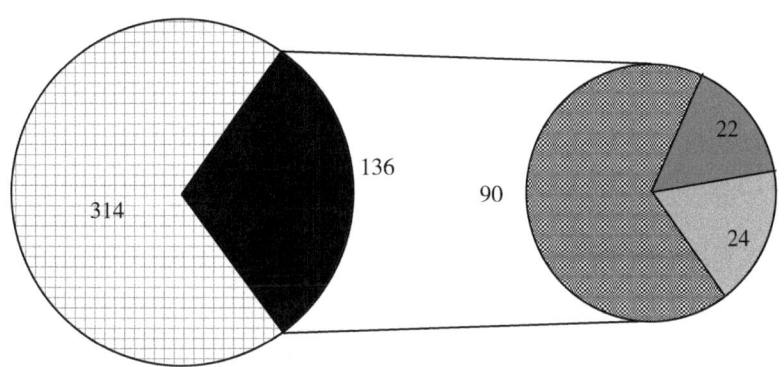

- 养殖种质资源
- 繁育种质资源原种
- 繁育种质资源引进种
- 繁育种质资源新品种

图2　全省种质资源数量

3. 种质资源开发利用

四川省始终坚持开发与保护并重的原则，逐步实现了胭脂鱼、南方鲇、长吻鮠等品种的移养驯化和人工养殖。"十三五"以来，四川省陆续开发并成功推广了白甲鱼、岩原鲤、齐口裂腹鱼等品种，依托水利工程的增殖放流站等开展了长薄鳅、鲈鲤、圆口铜鱼、红尾副鳅、中华金沙鳅、泉水鱼、黄河裸裂尻、厚唇裸重唇鱼等品种的保种育种技术研究；其中，长薄鳅、鲈鲤、中华金沙鳅等品种人工繁殖技术已获成功，在国内具有领先地位。四川省农业科学院水产研究所联合四川农业大学、四川润兆渔业有限公司等单位对鲟鱼选育了1个"优质、速生、耐温、抗病、耐运、低应激"的杂交品系，制定了1套"微创取卵、精准配比、科学脱粘、规模孵化"的繁殖技术流程；创新了1套"营养控制、保温培育、极化筛选、产前停食、减光降温、低温刺激"的性腺调控技术，实现同一地区的全年人工繁殖。内江市农业科学院建立了国内唯一的遗传稳定的白乌鳢人工保种种群，改进了白乌鳢生态高效早繁技术，优化白乌鳢苗种人工孵化技术，提升了白乌鳢苗种生态高效培育技术。四川省农业科学院水产研究所联合内江师范学院首次揭示了中华沙鳅遗传进化史，确定了中华沙鳅染色体核型，建立了种质保存、人工繁育和苗种培育等种质繁育与资源保护技术体系。四川农业大学、中国水产科学研究院珠江水产研究所与攀枝花赉贝渔业有限公司揭示了大口黑鲈性腺发育与温度调控启动机制，研发了大口黑鲈性腺发育调控、亲本营养强化技术，筛选了适合四川地区的品系，创建了调温诱导产卵技术。成都市农林科学院、四川农业大学、四川省农业科学院水产研究所等单位共同实现了泥鳅早繁、夏繁并集成了规模化高效育苗技术。雅砻江流域水电开发有限公司、四川农业大学与四川大学经过十余年研究，攻克掌握了短须裂腹鱼、细鳞裂腹鱼、长丝裂腹鱼和四川裂腹鱼的人工繁育技术，构建了完整的裂腹鱼生态繁育技术体系，提高了人工繁育效率。另外，似鲇高原鳅、鲈鲤、多鳞白甲鱼、重口裂腹鱼、岩原鲤、大鲵等珍稀水生动物的利用得到一定程度的发展，相关的基础性研究也逐渐受到关注。

（二）育种创新攻关

四川省鱼类育种攻关自"十三五"以来，从高品质鱼类选育与育种材料创新上入手，在鲟鱼、黄河裸裂尻鱼、泥鳅、黄颡鱼、鳅类、虾类品种选育上取得了阶段性的进展。"鲟鱼高效健康养殖及鱼子酱加工技术创新与应用""泥鳅高效繁育及健康养殖关键技术研究与应用""长江上游鳅科典型鱼类种质保护和利用关键技术创新与应用"等获得四川省科技进步奖。选育白化乌鳢获批为中国水产新品种"玉龙1号",实现了四川省选育水产新品种零的突破,培育长吻鮠"川江1号"认定为国审水产新品种,是四川省第二个自主培育新品种。培育有新品系杂交鲟"蓉鲟1号"和杂交瓦氏黄颡鱼"江黄Ⅰ号",为四川省水产种业振兴,产业供给侧结构性改革、产业结构优化、可持续发展以及乡村振兴做出了重要贡献。

1. 品种特性研究

通过多组学联合分析、分子生物学、基因组学等先进技术,围绕黄颡鱼、鲟鱼、泥鳅、长吻鮠、青虾等品种的"种质不清""抗逆性差""抗病弱"等重点生产问题进行深入研究,在保育群体的基础上,构建了5个种质资源基因库,筛选和确定相关的分子标记20余个,解析生长、饲料转化相关的数量性状位点,筛选了特定性状的分子遗传标记5个;建立鲟鱼高遗传质量育种家系15个、选育黄河裸裂尻家系10个、建立泥鳅基础繁育家系5个、培育黄颡鱼优良家系8个等;深度分析了多种环境胁迫因子下鲟鱼、黄河鱼、泥鳅等的分子机制及特有抗逆代谢通路。

2. 核心技术攻关

针对鲟鱼种质资源退化及引种难度,利用蛋白组学和代谢组学深入探索了鲟鱼生长差异的分子机制及调控机理,构建分子育种体系1套,获得分子调控通路4个,性状关联优势基因40余个,筛选保育核心种群1 000组;利用杂交选育、分子育种、全基因组技术,创建基于遗传标记和遗传距离的亲本选配技术2套,制备了具有生长和抗逆性状的泥鳅、黄金泥鳅、金黄色似鲐高原鳅优良超纯品系5个。

采用转录组测序技术,分析和挖掘黄颡鱼优势生长性状的分子标记10个,开发了黄河鱼11个微卫星分子标记;鉴定西伯利亚鲟、施氏鲟及杂交鲟的系列分子鉴定标记2个;发掘与抗逆、体色关联基因15个;开发与营代谢、生长、免疫、抗病等相关功能基因20余个。采用群体继代选育技术构建不同家系、群体选育结合家系选育、多组学联合分析筛选关键效应基因,利用全基因组进行选育。收集整理了黄颡鱼、长吻鮠、鲟鱼、泥鳅、虾类亲本资源材料3 000余份。

3. 新品系选育

杂交鲟"蓉鲟1号":通过将经过连续3代选育后的花鲟与经过连续3代选育

后的唇䱻进行远缘杂交而成。花䱻相对怀卵量大、但体型较小，唇䱻繁殖率低，苗种供应有限，直接影响着养殖户的经济收益，为此成都市农林科学院联合湖南师范大学、蒲江县华昱水产养殖场等单位根据花䱻和唇䱻各自特点，解决了苗种的批量供应和提高生长速度两大问题。在相同养殖条件下，杂交䱻"蓉䱻1号"与花䱻相比具有体色佳、生长速度快、适应性强及亩产效益高等优势。养殖的杂交䱻比养殖花䱻可提前1个月出塘，每亩产量可达2 000公斤，比花䱻增产500公斤，亩产值可增加1万余元。目前，杂交䱻"蓉䱻1号"正在积极筹备申报国家水产原良种审定委员会审定。

杂交瓦氏黄颡鱼"江黄Ⅰ号"：由长江水域泸州段瓦氏黄颡鱼经过群体继代选育后获得的子三代为母本与长江水域泸州段长吻鮠经过群体继代选育后获得的子二代为父本，经属间杂交而成。在相同的池塘养殖条件和养殖密度下，杂交瓦氏黄颡鱼"江黄Ⅰ号"与母本瓦氏黄颡鱼相比表现出了明显生长优势，存活率大幅提高。目前，该品种已报送国家水产原种和良种审定委员会进行审定，有望成为四川省主持培育的第三个国审水产新品种。

4. 新品种选育与认定

乌鳢"玉龙1号：2004年内江市中区政府在永安建设集白乌鳢繁殖、养殖为一体的省级水产良原种场，内江市成为我国白乌鳢养殖的主要区域。随着白化乌鳢市场需求量的不断增大，其养殖规模不断增大，2010年12月3日，原国家质检总局批准对"永安白乌鱼"实施地理标志产品保护。但由于白乌鳢野生群体数量较少，白乌鳢野生亲本获得难度大，多数苗种场是利用养殖商品鱼作为亲本进行育苗，亲本种质混杂，近亲交配情况难以避免，导致白乌鳢群体种质退化，出现体色不稳定、个体小型化、生长速度降低以及畸形率升高等一系列问题。

自2008年起，内江市农业科学院水产研究所、四川省农业科学院水产研究所、中国水产科学研究院淡水渔业研究中心、四川省浙新农业科技发展有限公司等多家单位合作，围绕白乌鳢种质资源保护、新品种选育、基因组测序、品种种质测试等内容进行科技攻关，积极开展优质白乌鳢新品种培育工作。2008年从四川乌龙河收集的966尾野生白乌鳢为基础群体，以体重和体色为目标性状，通过群体继代选育技术，从2010年的子Ⅰ代到2018年的子Ⅴ代，经连续5代选育，繁育出的白乌鳢终于具有了较快的生长速度、体表白色等稳定的特征。选育出的乌鳢"玉龙1号"

成活率在原基础上大幅提升了28%，生长速度提高16.4%。在相同养殖条件下，乌鳢"玉龙1号"24月龄体重比野生白乌鳢提高24.8%；体表白色无黑斑且鳍条金黄色的个体比例提高13.7%，占比达96.7%。适宜在全国水温15～30℃的人工可控的淡水水体中养殖。2022年7月，四川省主持选育的水产新品种乌鳢"玉龙1号"正式通过国家审定，水产新品种登记号为GS-01-005-2022，实现了四川省主持选育水产新品种零的突破，对四川省种业发展具有重要意义。目前，四川白乌鱼产业发展主要以内江市永安镇、朝阳镇、凌家镇为核心区，辐射带动龙门镇、白马镇、全安镇3个镇18个村，养殖面积约6 500亩，实现产值1.12亿元，取得了较好的社会效益和经济效益。

长吻鮠"川江1号"：长吻鮠自20世纪80年代人工养殖成功以来，已经在湖北、四川、重庆、广东和江苏等省市广泛开展人工养殖。2021年四川省养殖产量达11 153吨，占全国产量一半。据不完全统计，目前长吻鮠苗种供应量约占全国苗种供应总量的80%以上，俨然成为全国长吻鮠苗种供应地。但近几年长吻鮠人工养殖亲鱼种质混杂，近亲繁殖的情况严重，种质资源退化，子代品质下降，经济价值下跌，很大程度的制约了长吻鮠产业的发展。

四川省农业科学院水产研究所自20世纪80年代便开始了对长吻鮠的研究，1995—1998年，四川省农业科学院水产研究所从长江泸州至宜宾段陆续采捕野生长吻鮠作为长吻鮠野生亲本群体，以生长速度和规格整齐度为目标指标，采用群体继代选育技术开始进行长吻鮠选育工作。在长吻鮠新品种选育期间，四川省农业科学院水产研究所联合中国水产科学研究院淡水渔业研究中心、四川省珍稀特有鱼类保护与利用中心（原四川省长吻鮠原种场）、西南大学和中国科学院水生生物研究所共同开展长吻鮠选育工作，在长吻鮠繁育技术、养殖技术、生长性能、繁殖性能、疾病防治、营养需求和遗传学特性等多个方面开展了深入研究。2018年，长吻鮠"川江1号"经过连续4个世代的选育，生长性能和遗传特征均达到稳定。2023年7月，长吻鮠"川江1号"正式通过国家审定，水产新品种登记号为GS-01-003-2023。在相同养殖条件下，长吻鮠"川江1号与未经选育的长吻鮠相比，18月龄体重提高25.84%，适宜在全国水温16～32℃的人工可控的淡水水体中养殖。长吻鮠"川江1号"是川渝地区联合攻关自主培育的第一个通过国审的水产新品种，新品种的选育成功为成渝地区双城经济圈现代水产种业高质量发展提供了有力的支撑

(三)原(良)种场建设与管理

"十三五"以来,四川省高度重视原(良)种场建设,认定省级以上原(良)种场48家,拥有国家级四川省长吻鮠原种场和国家级四川省斑点叉尾鮰良种场各1家,其余46家为省级原(良)种场,分布在四川省成都市、眉山市等14个市,其中繁育品种涵盖长吻鮠、斑点叉尾鮰等37个,每个品种对应的生产企业从1个到6个不等。生产企业数量排名前四的品种类别是中华鳖、长吻鮠、鲢、鳙,其中,中华鳖生产企业6家,长吻鮠生产企业5家,鲢生产企业5家,鳙生产企业5家。生产企业数量4个及以上的品种有中华鳖、长吻鮠、鲢、鳙、齐口裂腹鱼、鳜、黄颡鱼。生产企业只有1家的品种有鲟、花䱘、唇䱘、多鳞白甲鱼、大口黑鲈、大鲵等16个品种(表1)。

为加强省级原、良种场建设和管理,保障水产原、良种供给和质量安全水平,根据《〈中华人民共和国渔业法〉实施办法》《水产苗种管理办法》《四川省水产种苗管理办法》《水产原良种场生产管理规范》《国家级水产原、良种场资格验收与复查办法》等有关规定,结合四川水产苗种体系建设实际,2021年四川省重新修订了《四川省省级水产原、良种场资格验收与复查,进一步强化原(良)场管理。

表1 四川省级及以上原(良)种场

市(州)	县(市、区)	主体名称	级别	品种
成都市	崇州市	四川省长吻鮠原种场	国家级	长吻鮠
成都市	崇州市	四川省斑点叉尾鮰良种场	国家级	斑点叉尾鮰
成都市	高新区	四川省水产研究所	省级	岩原鲤
成都市	彭州市	四川润兆渔业有限公司	省级	鲟
成都市	彭州市	彭州涌泉冷水渔业有限公司	省级	齐口裂腹鱼、重口裂腹鱼
成都市	蒲江县	蒲江县华昱水产养殖场	省级	花䱘、唇䱘
自贡市	富顺县	富顺县鱼种站	省级	鲢、鳙
泸州市	合江县	合江县万发渔业有限公司	省级	南方大口鲶
泸州市	泸县	泸县水产良种场	省级	中华倒刺鲃
绵阳市	涪城区	四川子非现代农业开发有限公司	省级	鳜、四大家鱼
绵阳市	游仙区	绵阳市金汇丰水产养殖专业合作社	省级	中华鳖

(续表)

市（州）	县（市、区）	主体名称	级别	品种
绵阳市	安州区	绵阳时新水产生物技术发展有限公司	省级	南方大口鲶
绵阳市	江油市	四川森林雨农业科技有限公司	省级	中华鳖、齐口裂腹鱼
绵阳市	盐亭县	四川孝廉农业发展有限公司	省级	白甲鱼、优鲈3号、鳜
绵阳市	盐亭县	盐亭西部水产种业有限公司	省级	鳜
绵阳市	盐亭县	盐亭县华腾水产养殖专业合作社	省级	鳜
广元市	利州区	广元市生态渔业发展有限公司	省级	鲢、鳙
广元市	利州区	四川金宜玉生态渔业发展有限公司	省级	大口黑鲈
广元市	苍溪县	苍溪县白驿镇盛达水产养殖家庭农场	省级	中华鳖
广元市	剑阁县	剑阁县翠云湖大鲵养殖有限公司	省级	大鲵
广元市	旺苍县	广元市隆华渔业有限公司	省级	多鳞铲颌鱼、中华裂腹鱼
广元市	旺苍县	旺苍县鑫龙渔业开发有限责任公司	省级	鲤、鲫
广元市	苍溪县	苍溪县博胜水产养殖有限公司	省级	中华鳖
广元市	青川县	四川龙洋渔业有限公司	省级	多鳞白甲鱼
内江市	市中区	四川省浙新农业科技发展有限公司	省级	乌鳢
内江市	资中县	资中县志国水产养殖有限公司	省级	南方大口鲶
南充市	高坪区	南充市高坪区鑫鑫阳农业有限公司	省级	大鳍鳠
南充市	营山县	南充市营渔水产科技有限公司	省级	中华倒刺鲃、翘嘴红鲌
南充市	蓬安县	蓬安县农业技术推广站	省级	四大家鱼
乐山市	市中区	乐山市市中区石龙跃红鱼种场	省级	四大家鱼、长吻鮠
乐山市	峨眉山市	四川巨海渔业科技有限公司	省级	似鲇高原鳅
乐山市	马边县	四川边河渔业科技有限公司	省级	齐口裂腹鱼、重口裂腹鱼
宜宾市	南溪区	宜宾市海德水产科技有限公司	省级	克氏原螯虾
广安市	武胜县	武胜县双星淡水良种鱼场	省级	长吻鮠、黄颡鱼
广安市	广安区	广安阳明水产养殖专业合作社	省级	泥鳅、鲫
广安市	华蓥市	华蓥市绿源甲鱼生态养殖专业合作社	省级	中华鳖
达州市	达川区	达州绿水源渔业有限公司	省级	鲤
达州市	大竹县	四川百岛湖生态农业开发有限公司	省级	克氏原螯虾

(续表)

市（州）	县（市、区）	主体名称	级别	品种
巴中市	平昌县	平昌县道生渔业有限公司	省级	华鲮
雅安市	天全县	天全县川泽渔业有限公司	省级	西伯利亚鲟、齐口裂腹鱼、重口裂腹鱼
眉山市	东坡区	东坡区苗相旺水产种苗繁育场	省级	黄颡鱼、优鲈3号、江丰1号
眉山市	东坡区	眉山伟继水产种业科技有限公司	省级	黄颡鱼、鲈、斑点叉尾鮰
眉山市	东坡区	眉山市东坡区鱼太子鱼苗繁育场	省级	斑点叉尾鮰、长吻鮠
眉山市	东坡区	眉山市东坡区津川江渔场	省级	中华倒刺鲃
眉山市	东坡区	东坡区彭氏特种水产种苗场	省级	岩原鲤、长吻鮠、胭脂鱼、大鳍鳠
眉山市	东坡区	东坡区五星水产养殖场	省级	黄颡鱼
眉山市	仁寿县	四川荣森渔业有限公司	省级	岩原鲤、胭脂鱼、白甲鱼
眉山市	仁寿县	四川乐活龙湖鳖业有限公司	省级	中华鳖

（四）种业企业培育

截至2023年，全省共有水产种业企业131家，其中眉山市东坡区建有一个省级水产种业园区，有4家水产种业企业于2021年被选为国家级水产种业阵形企业，省级龙头企业1个，培育四川省浙新农业科技发展有限公司、四川润兆渔业有限公司、攀枝花赉贝渔业有限公司等10家"水产育繁推"一体化企业，23家企业被评为省级农业种质资源保护单位（表2）。

眉山市东坡区作为四川省名特优鱼苗繁育和集散地，拥有全省唯一省级水产种业园区，省级良种场6家，国家级水产种业阵形企业2家，水产种业企业29家，繁育主体300个，前东坡区名特优水产苗种繁育能力100亿尾以上，是全国最大的黄颡鱼和鲶科鱼类苗种繁育基地，已形成完善的水产苗种产销体系。攀枝花赉贝渔业有限公司等水产苗种企业不断提升不同品系水产种苗育繁推能力。

表2 第一批省级水产种质资源保护单位名单

序号	所在地	单位名称
2	成都市温江区	成都市农林科学院

(续表)

序号	所在地	单位名称
3	成都市彭州市	彭州涌泉冷水渔业有限公司
4	绵阳市江油市	四川森林雨农业科技有限公司
5	绵阳市盐亭县	盐亭西部水产种业有限公司
6	广元市旺苍县	广元市隆华渔业有限公司
7	广元市利州区	四川金宜玉生态渔业发展有限公司
8	广元市青川县	四川龙洋渔业有限公司
9	广元市苍溪县	苍溪县博胜水产养殖有限公司
10	广元市利州区	广元市生态渔业发展有限公司
11	内江市东兴区	内江师范学院
12	内江市隆昌市	隆昌汇优农业科技有限公司
13	内江市市中区	四川省浙新农业科技发展有限公司
14	乐山市马边县	四川边河渔业科技有限公司
15	眉山市东坡区	眉山市东坡区盛丰家庭农场
16	眉山市东坡区	眉山伟继水产种业科技有限公司
17	眉山市东坡区	东坡区彭氏特种水产种苗场
18	眉山市东坡区	眉山市东坡区津川江渔场
19	宜宾市翠屏区	宜宾珍稀水生动物研究所
20	雅安市天全县	天全县川泽渔业有限公司
21	巴中市平昌县	平昌县道生渔业有限公司
22	巴中市通江县	通江县水产良种场
23	凉山州喜德县	喜德县正源水产有限公司
24	凉山州木里县	雅砻江锦屏·官地水电站鱼类增殖放流站

(五) 种业市场监管与质量安全

一是按照新的《四川省省级水产原、良种场资格验收与复查办法》要求，下发《四川省水产局关于开展2022年省级水产原（良）种场资格验收的通知》，对已经到期的省级原（良）种场进行开展复查。二是加强水产苗种质量安全监管，"十三五"期间，四川省水产种业质量监管得到进一步发展。在2017年四川省设立检疫申报点并实现电子联网出证的基础上，2021年四川省将苗种产地检疫作为行政许可事项纳入省一体化政务服务平台，实现"一网通办"和"全程网办"，2023年，将渔业官方兽医纳入全国兽医卫生综合信息平台统一管理，实现渔业官方兽医与畜牧官方兽医同要求、同考核、同管理，渔业官方兽医申报、审核、确认等程序更加规范高效。新增"四川水产检疫"微信公众号检疫申报渠道，服务群众更加便捷高效。截至目前，全省已有水生动物检疫申报点128个，渔业官方兽医419名。定期举办全省水产苗种产地检疫工作培训，对18个市（州）、128个县（市、区）水生动物检疫申报点负责人、渔业官方兽医进行培训，有效提升了基层苗种产地检疫工作开展水平；定期组织申报点负责人、渔业官方兽医参加全国水产苗种产地检疫知识培训班；组织技术推广人员、养殖户参加共水生动物主要疾病防控技术培训，有效提升业务人员病害检疫能力。加大水产苗种质量安全监测，强化用药指导，严厉打击违法使用禁用药物等行为。三是依法依规执行水产苗种产地检疫制度。全年开具水生动物检疫合格证明1 857份，其中跨省1 344份、省内513份。组织475人参加全国水产苗种产地检疫知识培训班，382人通过线上考试取得合格证书；组织技术推广人员、养殖户参加3期水生动物主要疾病防控技术培训。

二、四川省水产种业存在的问题

（一）政策扶持不够

支持水产种业发展的政策不多，特别是支持水产科技创新、选育能力建设的政策比较少；四川省水产种业基地建设偏重于一般性生产设施建设，对选育培育所需的选种、配种、标记等功能设施、设备建设不足。财政资金投入和企业资金较少投入在选育种环节，选育培育基础设施老化陈旧，全省约60%苗种场繁育基础设施老化陈旧，装备落后，综合生产能力低，制约水产种业发展。

（二）原产地种质资源保护较为困难

四川省境内流域由于经济发展和人工增殖放流、洪灾等因素，导致目前天然水域鱼类品系不纯，珍稀特有经济鱼类原种难以捕捞。国家一级保护水生生物川陕哲罗鲑，生境已从成都平原水域退到了阿坝州脚木足河等岷江、大渡河支流，野生种已很难捕获。近年来，四川省加大了保护研究力度，也仅实现人工驯养，繁育一直处于探索阶段。

（三）水产育种创新能力较弱

水产业是最早走向市场的农业产业，四川省水产育种虽然开展得较早，但是水产育种是一项长期性、连续性和综合性的系统工程，时间长，投入多，难度大，企业难以支撑科研投入，科研院所与水产企业联结不紧密，导致四川省水产商业育种能力短缺，极大程度制约了四川省现代水产种业快速发展。

（四）良繁体系建设与于苗种需求量存在差距

目前四川省共有繁育单位947个，其中省级及以上原（良）种场48家，仅占5%，普遍繁育单位存在规模小、实力弱的问题。原（良）种场无法覆盖全省水产良种需求，繁育单位的亲本来历不明，种质资源退化较为凸显，四川省还需要向外省购入大量水产苗种。

三、四川省水产种业发展建议及展望

进一步发挥四川省长江上游种质资源丰富的优势，积极推动鲢鱼、草鱼、鲫鱼等大宗水产品和黄颡鱼、鳜鱼、克氏原螯虾等名优水产品苗种繁育，充分发挥种业"芯片"作用，为四川省水产业高质量发展提供有力支撑。

（一）探索扩宽引种渠道，加强良种选育

加强与海关、自然资源等相关部门的沟通合作，探索多渠道引种可能，积极支持科研院所与企业联合引进优质经济原种、先进繁育设施设备和先进的繁育技术。坚定"引种为辅，育种为主"的种业繁育思路，加强相关品种的良种选育和开发，对新品种申报评选给予政策扶持，促进种业科研成果的推广和示范，建立"育种、扩繁、推广"一体的现代水产种业体系。

（二）加强科研攻关，加强品种创新攻关

发挥水产种业龙头企业的资金和渠道优势，助推企业与科研院所建立互惠、利益共享、风险共担的水产种业技术创新合作机制，开展特有经济鱼类保种、育种和养殖技术研究、攻关和推广，开展大宗淡水鱼类和长江上游经济鱼类保种、育种技术研究，加强有市场前景的水产新品种选育，加强对珍稀濒危水生野生动物的人工繁育研究，全面提升育种创新能力。

（三）加大财政投入，推动良繁体系建设

加大财政资金支持力度，引导社会资本投入，以省级及以上水产种质资源保护

区、水产种质资源保护单位、水产原（良）种场为重点，实施水产种质资源保护场建设、水产种苗良种繁育基地建设、水产种苗扩繁示范建设，推动水产种业现代农业园区提档升级、提质增效，把眉山市东坡区打造为中西部最大的长江上游名特优水产苗种供给基地。

（四）加强优良品种示范推广

加强省级以上水产种质资源保护区基础设施建设，提高保护区管理能力；摸清四川省水产种质资源保护区资源情况，对四川省长江流域"五河"及水产种质资源保护区开展资源监测调查，掌握四川省各水系水生野生动植物资源状况。依托"鱼米之乡"和现代农业园区等水产项目建设，积极推进省内名优鱼类品种育繁推一体化企业发展，提高四川省良种占有率。

（五）全面实施苗种产地检疫制度

加强水生动物检疫申报点规范管理，补充认证一批渔业官方兽医，依法依规开展水产苗种产地检疫，实现应检尽检。全面升级省政务服务一体化水产苗种产地检疫管理系统，提高办事效率和服务水平。加强官方兽医队伍建设，继续开展渔业官方兽医资格确认和检疫申报点设置，进一步提升检疫能力和覆盖范围；开展官方兽医技能培训，全面提升检疫人员综合素质；深化检疫法律法规宣传，加强与农业综合执法部门沟通联动，推动全民检疫意识。

"以渔控草 以渔抑藻 以渔净水"
推进大水面生态养殖发展

李 华[1] 刘 钊[1] 曾开虎[2]

(1. 四川省农业科学院水产研究所，四川成都 611731

2. 四川省水产局，四川成都 610000)

摘 要：大水面生态养殖是四川省水产养殖的重要组成部分，为保障市场水产品安全有效供给作出了积极贡献。随着资源与环境约束日益加大，大水面渔业发展空间大幅度萎缩，对水产产业发展、生态环境保护、渔民增收致富等方面产生了重大影响。因此，如何将四川省大水面资源优势与生态文明建设相结合，推动生态保护和产业发展相得益彰，实现人与自然和谐共生，成为摆在四川省水产行业从业者面前亟待解决的重大课题。本报告以四川省大水面养殖为落脚点，分析目前存在的主要问题，有针对性的提出对策和建议，可为四川省大水面生态养殖的发展提供参考。

关键词：四川；大水面；生态养殖

四川省位于长江、黄河上游，水系发达，号称"千河之省"，河流总计 8 596 条，水库 8 109 座，重要渠道 5 602 条，其中拥有流域面积 50 平方千米及以上河流 2 816 条，具有发展大水面生态渔业得天独厚的优势。养护和合理利用省内的大水面水生生物资源，对于促进渔业高质量发展、保障粮食安全具有重要意义。但近年来，随着资源与环境约束日益加大，大水面渔业发展空间大幅萎缩，对水产产业发展、生态环境保护、渔民增收致富等方面产生了重大影响。

2018 年 9 月，习近平总书记在吉林省查干湖考察时强调："要把保护生态环境摆在优先位置，坚持绿色发展。"《关于推进水产养殖业绿色发展的若干意见》《关于推进大水面生态渔业发展的指导意见》《关于推进大水面生态渔业发展的实施意见》和《关于加强水生生物资源养护的指导意见》等相关文件业也对发展大水面生态渔业提出了明确要求。同时，川鱼作为全省现代农业"10+3"产业体系的重要组成部分，如何将四川省大水面优势资源与生态文明建设相结合，推动生态保护和产业发展相得益彰，实现人与自然和谐共生，成为摆在四川省水产行业从业者面前亟待解决的重大课题。

一、四川省大水面养殖的基本情况

（一）大水面渔业的定义

大水面渔业概念最早于1979年提出，广义上指利用内陆湖泊、水库、河沟水域发展的增养殖，狭义上指在此基础上限定了333.4公顷及以上的水域范围。相应的，大水面生态渔业的概念和内涵可概括为：以生态环保为基础的（5 000亩[*]及以上）河湖水库增养殖渔业，关键特征是"生态"。其判断标准不在于是否存在"三网"、投喂，而是渔业促进水域改善甚至无负面影响，即以"生态环境"的内在标准而非是否投喂、有无"三网"的外在标准判断。全国大水面渔业先后经历了20世纪70年代的施肥养鱼和80年代"三网"养殖（网箱、网围、网栏），为解决吃鱼难作出了重要贡献，但是也间接造成了水环境污染、藻华爆发等不利影响。21世纪以来，大水面渔业开始从集约化养殖向生态养殖转型，"养鱼"发展为"养水"。

（二）四川省水域资源概况

四川省水域资源丰富，境内有大小江河千余条，湖泊、水库星罗棋布，发展大水面生态渔业具有得天独厚的优势。2022年，全省水库可养水面面积合计12.95万公顷，已养水面面积合计7.38万公顷，占比56.98%。全省除北部、若尔盖北流的黑、白河属黄河水系外，其余河流均属长江水系。长江上源金沙江、川江及其支流雅砻江、岷江、沱江、嘉陵江，与次一级支流大渡河、青衣江、涪江、渠江等，流域面积均在$2.5×10^5$平方千米以上，河长均超过600千米。四川天然湖泊多在西部，其中，以川滇界湖的泸沽湖为最大，其次为邛海、马湖、小南海、新路海等。

全省多年平均降水量约$4\,889.75×10^9$立方米，水资源总量约$3\,489.7×10^9$立方米，其中：多年平均天然河川径流量$2\,547.5×10^9$立方米，占水资源总量的73%；

---

[*] 1亩≈666.7平方米，全书同

上游入境水 $942.2×10^9$ 立方米，占水资源总量的27%。地下水资源量约 $546.9×10^9$ 立方米，可开采量 $115×10^9$ 立方米。境内遍布湖泊冰川，有湖泊1 000余个、冰川200余条，在川西北和川西南分布有一定面积的沼泽，湖泊总蓄水量约 $15×10^9$ 立方米，加上沼泽蓄水量，共约 $35×10^9$ 立方米。

总的来说，四川省水域资源特征表现为：总量丰富，人均水资源量高于全国，但时空分布不均，呈现区域性缺水和季节性缺水；水资源以河川径流最为丰富，但径流量的季节分布不均，大多集中在6—10月，洪旱灾害时有发生；河道迂回曲折，利于农业灌溉；天然水质良好，但部分地区有污染。

（三）四川省大水面开发利用情况

1. 大水面养殖概况

大水面生态渔业发展在四川省历史悠久，河流和湖泊自古以来就是淡水渔业的主体。据统计，2022年四川省湖泊和水库的养殖面积约占总淡水养殖面积的41.5%。需要特别指出，虽然四川省河流众多，但天然湖泊面积较少，仅占淡水养殖面积的2.4%，但由于长期以来四川省大兴水利工程建设，形成了众多水库，水库养殖面积占比达到了37%，具有举足轻重的地位。经过多年深入发展探索，大水面生态养殖在生态净水、抑藻控草等方面发挥了重要的生态调节功能，也成为了各地重要的渔业生产基地。比如，省内大名鼎鼎的三岔湖水库，通过发展大水面生态渔业，水质从Ⅴ类净化到了Ⅱ、Ⅲ类水质。

简阳的三岔湖、眉山的黑龙滩、南充的升钟湖均采取大水面生态养殖模式，鱼类的价格远远高于市场价格，且供不应求；而且还带动了一二三产融合发展，成为当地旅游业的金字招牌，用实际行动践行了"绿水青山就是金山银山"的理念。

四川省大水面养殖起于1981年，全省水库已养水面 $5.35×10^4$ 公顷，利用率83.65%，总产成鱼 $6.79×10^4$ 千克，全省水库渔产值1 068.89万元。养殖方式上开始推广网箱养鱼，多以人工投草和施肥为主，全省水产工作划归水电部门领导，设置水产局管理全省水产行政业务。20世纪90年代初期，全省水库9 095座，可养鱼水面达 $7.7×10^4$ 公顷，全省水库约有近百种淡水鱼品种，其中经济鱼类20多种，全省小型水库以化肥养鱼为主，全省水库养鱼水面已达 $6.13×10^4$ 公顷，水面利用率为89%，水库成鱼产量达到 $1.92×10^4$ 吨。到2015年，全省水库渔业养殖面积 $8.1×10^4$ 公顷，产量 $2.36×10^5$ 吨，水产健康养殖大力推行，网箱逐步拆除，到2022年全省大水面养殖

面积已达 8.83×10^4 公顷，产量 2.5×10^5 吨，占全省水产养殖总产量的15%。

2. 四川省大水面养殖模式

近年来，四川省坚持生态优先、保护与发展并重的原则，积极发展大水面生态渔业。在全省发展湖泊、水库、河沟等大水面生态养殖132.4万亩，其中湖泊养殖面积5.4万亩，占比4.1%；水库养殖面积113万亩，占比85.4%；河沟养殖面积14万亩，占比10.5%（表2）。2022年，大水面渔业养殖产量25万吨、约占全省水产养殖产量的15%（网箱养殖取缔前最高产量达30.7万吨，占比达40%）。其中，水库大水面生态渔业发展独占鳌头，主要利用模式有以下两种。

表2 四川省（2016—2022年）大水面渔业面积及产量

年份	产量（吨）			面积（公顷）		
	湖泊	水库	河沟	湖泊	水库	河沟
2016	993	237 081	78 815	4 611	81 684	20 046
2017	966	225 666	80 296	4 750	70 470	17 405
2018	1 009	213 910	71 864	4 750	70 332	16 511
2019	1 062	211 622	68 625	4 750	72 207	15 997
2020	1 077	207 395	61 798	4 750	71 792	15 460
2021	977	209 530	39 368	4 087	73 807	10 432
2022	1 210	211 905	34 513	3 599	75 330	9 314

数据来源：《中国渔业统计年鉴》

（1）"人放天养"模式。开展库区生态渔业，投放滤食性鱼类、经济性鱼类，实行"人放天养"模式。如：四川省裕丰投资有限公司在黑龙滩、鲁班等4座水库发展12万余亩大水面生态渔业，年产优质生态品牌鱼2万余吨，实现直接销售收入6 000万元以上，纯收益1 800余万元。该模式达到了以渔控草、以渔抑藻、以渔净水的效果，水体水质大多稳定在Ⅱ类或Ⅲ类水质标准，实现了经济效益和生态效益的有机统一。

（2）休闲垂钓观光模式。充分利用大水面资源，依山就水建设休闲垂钓观光设施，发展各具特色的休闲渔业。例如：升钟水库配套完成渔博馆2 000平方米、国际比赛钓场，已成为全国唯一可同时举办淡水库钓、池钓、舟钓三大钓鱼法的世界级赛场；三岔湖钓鱼基地被农业农村部评定为"全国休闲渔业示范基地"。三岔湖、黑龙滩和鲁班水库年均休闲游钓收入就达到600余万元，纯收益500余万元。

（四）大水面生态渔业发展成效

1. 政策导向明确

2005年8月，"绿水青山就是金山银山"理念在浙江安吉余村首次提出，形象地揭示了环境保护和经济发展之间的关系，更为大水面生态渔业指明了发展方向。2019年底，农业农村部、生态环境部、林草局三部门联合发文《关于推进大水面生态渔业发展的指导意见》。其后各省市也相继出台了地方大水面渔业发展实施意见，吉林、广西、山东、贵州等地已出台省级大水面渔业规划，四川内江发布了首个《大水面净水渔业技术规程》，四川省委省政府也对川鱼产业振兴作出了基本要求。各级政府的政策支持，给大水面渔业的长远发展起到了引领作用。

2. 空间布局优化

2016年12月，农业部关于《养殖水域滩涂规划编制工作规范》的相关文件下发，各县市州省相继颁布了地方养殖水域滩涂规划，划定了禁止养殖区、限制养殖区和养殖区，并设定了相关要求，进一步保障了不同类型水体的主要功能和渔业发展。2020年12月，《四川省养殖水域滩涂规划（2019—2030年）》公布，其中养殖区中明确划定了湖泊、水库养殖区，对大水面渔业的生产方式进行了优化管理。

3. 生态效益显著

草食性或滤食性鱼类、藻类、贝类具有净水、抑藻、固碳等功能。实验发现，1千克滤食性鱼类可转化氮25克、磷2克，有效抑制水体出现富营养化。2003年，刘其根基于千岛湖利用鲢、鳙来控制蓝藻水华的渔业实践，提出了"保水渔业"的概念。徐跑等自2007年起在无锡市蠡湖实施了"净水渔业"技术后，到2010年总氮下降了80%、总磷下降了88%，水质由Ⅴ类上升为Ⅲ类，生态修复的同时，新增渔业产值179.72万元。大水面生态渔业通过合理放养滤食性水生生物，达到"以鱼控草、以鱼抑藻、以鱼净水"的目的，是新时代满足居民对优美水域、生活休闲需求的有效途径。

4. 典型案例带动

广元两湖亭子湖和白龙湖水面面积186.6平方千米，可利用面达160平方千米。2016年8月，广元市成立了生态渔业发展有限公司，在"两湖"探索发展大水面生态渔业，实现了"统一投放、统一捕捞、统一标准、统一品牌、统一销售"，目前白龙湖水质保持在Ⅰ类标准，亭子湖水质保持在Ⅱ类标准，两湖"有机鱼"荣获"四川省优质品牌农产品"，累计实现销售收入近1 000万元。绵阳三台县鲁班水库以及成都的三岔湖、眉山仁寿县黑龙滩，近年主要以增殖渔业方式实施大水面生态渔业，年产各类优质生态品牌鱼超2万吨，年销售额6 000余万元，三产收入达600余万元，注册的品牌包括："鲁班湖郏海鱼""三岔湖野生鱼""黑龙滩天然鱼"，实现了渔旅结合的有机融合，三岔水库每年都会举办"中国简阳三岔湖钓鱼节""国际钓鱼赛事运动会"，通过各类大型活动传播影响力。

二、四川省大水面养殖存在的主要问题

大水面生态渔业具有显著的生态、经济、社会等多功能效应，是渔业高质量发展的重要推动力量，是渔业供给侧结构性的有效抓手，有利于化解新时代渔业发展不充分与居民对于优美水域和优质水产品需求增长的主要矛盾。然而，当前我国大水面生态渔业发展面临着内外两方面，以及技术管理、产业融合等和认知偏见等问题。

（一）外部方面问题

四川省具有丰富的水资源，境内大小江河千余条，湖泊1 000多个；全省塘坝水利工程库容达26.5亿立方米，测算水面133万亩；全省水库测算水面约356万亩。虽然大水面资源丰富，但利用率不高。目前，全省发展湖泊、水库、河沟等大水面养殖面积仅137万亩，大水面利用率仅占可利用资源的1/3，至少350万亩大水面资源有待利用，具有较大的发展潜力。

部分地方政府对大水面养殖搞"一刀切"等过度反应。2017—2018年，迫于环保压力各市州全面取缔大水面网箱养殖，但大水面增殖渔业仍在政策允许范围内。有的地方政府片面认为大水面养殖会造成污染，一禁了之，将对外承包的水库统一收回，多数处于闲置状态；同时，一些承包经营业主处在观望状态，不敢贸然增加投入，这些都制约了大水面养殖健康发展。

一方面，将合理范围内的"三网"和"防逃""截污网"设施一并拆除，未经合理评估的盲目禁止影响了经营主体的渔业生产，导致了大水面渔业规模大幅缩减，同时未经科学论证的全面拆除也易导致公众认知的偏差。另一方面，禁渔禁捕范围扩大，也导致大水面渔业衰退严重。此外，随着建设用地的扩张，水产养殖空

间也受到进一步挤压，渔民失去工作，养殖水域面积减少，加剧了水产品价格波动风险，影响了居民正常消费，连锁反应增加了水产行业的不确定性。

（二）内部方面问题

湖泊、水库等大水面水域，通常涉及多个县市级行政区，部分水域的管理权限在省级部门，行政管理上受农业、水利、环保、自然资源等多个部门管辖，同时还有河长制、湖长制等多重管理，缺少跨地区和跨部门的共同管理共识，未形成合力，水域间渔业生产经营纠纷易发，经营主体的生产积极性受打击，导致部分大水面资源未合力开发利用，"一水多用，多方共赢"的格局尚未形成。

受到跨行政区域范围和管理体制上的局限，大水面渔业往往存在"地方共管不管、行业想管难管"的局面，大水面渔业发展的基础条件十分薄弱，公共设施配套缺位，水、电、路、网往往受阻于"最后一公里"，形成"水难近，路难行、网难通、港难进、货难卖"的窘境；渔政管理装备缺位，很多大水面渔政管理还存在岸上无车、水上无船的情况，不具备渔政管理必需的基本执法装备；管理队伍建设缺位，部分地区还存在渔政队伍"缺编缺人、在岗无编，混岗混编"甚至"自收自支"的现象；渔政执法人员素质缺位，传统渔政管理的模式限制了渔政人员能力拓展的空间，距离渔政人员必须具备的政治品德、知识水平、个人能力、执法效率和工作作风"五过硬"的要求还有一定差距。

（三）技术管理待提高

大水面生态渔业的技术核心是鲢、鳙等滤食性鱼类以及贝类、螺类等摄食天然饵料，把水体中过多的氮磷等营养物质转化为优质水产品，需要对水生生物资源进行定期监测以合理开展鱼种增殖投放，但部分地区缺乏相关技术指导，导致投放的品种、密度等不合理，水面未合理充分利用，同时影响了水域生态平衡，造成原生珍稀品种的生境受损，导致外来物种的侵害。另一方面，渔业基础设施不够完善，休闲渔业发展滞后。大水面涉及范围广，管理难度大，个别地方还有电鱼、毒鱼、炸鱼等违法活动发生，进一步影响了产业发展。

据不完全统计，四川省部分市州已经完全将水库统一收回。大水面如长期闲置，没有鱼类形成完整的生物链，必然会导致水体迅速富营养化，水质也出现持续恶化趋势。同时，大水面养殖较常规水产养殖来说，对从业者的技术、经营和管理环节要求都很高，需要花费大量的人力、财力捕捞鱼类和打击偷捕行为，目前还没有形成可复制的成功模式经验。

（四）产业融合程度低

1. 产销融合成本高

相对于普通水产品，大水面生态渔业的水产品更加优质，多为绿色或有机食品，其生产成本较高，一般存在产地与市场空间错位的难题，加上现有水产品保鲜、加工和冷链、鲜活物流运输技术有待提升，目前其水产品运输成本较高，明显约束了大水面渔业经营主体的盈利能力。

2. 产业融合层次低

传统的大水面渔业大多是对小农经济模式的复制，"依水而居、以渔为生"的传统渔民，既缺乏与时俱进的社会认知，也无力延伸产业链，往往延续长期形成的"捕靠老天、养靠资源、卖靠小贩、买靠送货"的生产经营方式，因捕捞产品上市的相对随机性和养殖产品上市的高度集中性，捕捞户和养殖户往往受到资金压力和产品无法囤积的局限而无法待价而沽，形成买方市场一家独大的局面，导致水产品的出水价与市场实际销售价相差较大。

大水面生态渔业经营主体的业务集中于初级环节，即使个别企业拥有加工、流通等业务，大多也仅是产业链的简单延伸，在具有高附加值的餐饮、体验、休闲、观光、游憩与文化等业态方面挖掘不足。自 20 世纪 80 年代提出大水面渔业概念以来，大水面渔业与休闲渔业等三产融合发展较慢，据推测，近 10 年大水面生态渔业为主的休闲渔业年均增长率远低于全国旅游业，甚至不抵休闲渔业同期蓬勃发展的势头。

目前，四川省内大水面渔业生产仍以第一产业为主，加工流通、休闲垂钓、渔旅结合等二三产业融合发展不足，仍然有不少地区大水面产业链条较短，在具有高附加值的餐饮、体验、休闲、观光、游憩与文化业态等方面挖掘不足。品牌建设工作依旧任重道远，现有品牌"两湖"生态有机鱼、"三岔湖野生鱼""黑龙滩天然鱼"等虽然有了一定的地方知名度，但和全国知名品牌相比还有很大的差距。

3. 市场意识不足、产品优势不足

大水面渔产品因其生长环境更优良、品质更安全、营养更丰富，而更受消费者追捧。然而，优质未必优价。一方面，鱼类外表区分度低，同样新鲜的鱼虾一般在售卖过程中难以辨别是来源于大水面还是普通池塘。另一方面，品牌优势难以彰

显。一般而言，渔产品因其同质化程度高而使得消费者对品牌认同感处于次要地位。即使是精加工的水产品，也容易在包装和宣传上造成雷同，导致大水面渔产品在市场上难以取得价格优势。当大水面生产商无法获得合理收益，他们就会失去渔业生产与打造品牌的动力，造成大水面渔业的产品优势不能得到充分彰显。

（五）对大水面生态渔业的部分认识"偏见"

部分公众对渔业和"网箱、围网、拦网"存在严重的偏见，认为只要存在"三网"与投饵甚至定量投苗和"三不投"（不投饵、不投肥、不投苗）等也一定会污染水体。但是，这种认识完全忽视了科学评估、合理投苗、生态调控、技术创新等可以实现生态优先下较好的生态与经济效益。

1. 对渔业生态功能的"偏见"

因地制宜选择鱼类品种（鲢、鳙），科学评估容量，控制鱼苗投放量与产出（年产鲜鱼 5~15 千克/亩），实施"三不投"（不投饵、不投肥、不投苗）、人放天养和"有序轮捕"，合理混养（适量投放鲫、草鱼等），会取得三产融合带动区域经济发展和渔民增收、生态保护等效应。但在现实中，仍有不少利益主体忽视鱼是水域环境的重要部分和作为水生生物的生态功能，更忽略了滤食性、草食性鱼类的净水、抑藻类、固碳等效应，坚持认为放养鱼类就必然增加水体污染的偏见。

2. 以"三网"等外在标准判定污染的"偏见"

四川白龙湖的实践表明，生态"三网"不仅不会给环境带来负担，还可以实现多重效应。然而"三网"都不同程度受到了环保督察的"一刀切"影响，认为只要是"三网"，投喂就必然污染水域环境。大水面生态渔业发展的社会认知不足和氛围需要大幅改进，扩大宣传、提高认知，对于大水面生态渔业而言仍任重道远。

三、四川省大水面养殖发展的对策建议

在新时代的发展步伐中，应充分发挥大水面生态渔业的多功能效应，践行"绿水青山就是金山银山"理念，对助推渔业高质量发展、乡村振兴等具有重大意义。针对四川省大水面生态渔业发展面临的问题，提出以下对策建议。

（一）坚持生态优先，保障发展空间

坚持生态优先的原则，促进大水面生态渔业切实遵循生态优、环境美发展方向，在环境风暴下顺利前行。

1. 生态优先，保证大水面环境美

深入研究大水面渔业发展与生态环境保护之间的协同效应，以科学增殖、配额捕捞为手段，大力发展大水面生态渔业，全面建立大水面水生生物资源"养护、增殖、利用"之间的动态平衡，在确保大水面水生生物资源生物多样、系统完整、结构优化的前提下，实现渔业与生态的协同发展；充分考量水质环境、水文条件和渔业对生态的综合影响，全面建立生态系统与养殖对象在食物链和生态层级上的适配机制，根据不同的大水面生态承载力，确定不同生产方式的适宜发展水域，确保大水面生态渔业发展不影响水域环境和生物多样性。充分发挥滤食性鱼类食藻、草食性鱼类食草、土著贝类（蚌、螺等）控藻等净水功能，科学设定养殖模式，密切监控养殖过程，严格管理投入品使用，全面构建鱼水和谐的良性互动机制。不断促进大水面渔业能量有序流动、生物丰富多样、生境不断优化、产业持续发展，努力实现生态美、产业强、渔民富的有机统一。

2. 科学合理划定大水面生态养殖发展区域

各级渔业主管部门应会同水利、自然资源等部门，抓紧制定本地区大水面生态渔业发展规划，精准定位大水面主要功能，合理规划禁养区、限养区和养殖区，研究确定大水面增养殖可利用空间，将禁养区内水域设定为自然繁保区，打造成大水面天然苗种繁殖、培育和输出基地；有限利用各类保护区实验区等限养区水域，将其设定为专属渔业区，适度安排原住户或所在地专业渔民从事水产养殖和捕捞；根据水情、渔情和民情特点，按照保护环境、适度开发、永续利用的绿色高质量发展的要求，高起点规划重点渔业功能区，合理配置增殖渔业区、生态养殖区、捕捞作业区、休闲渔业区、生态修复区等，充分拓展大水面渔业发展空间。严格界定大水面生态渔业发展模式，明确提出大水面渔业发展必须采取的管理措施，充分彰显大水面渔业的生态服务功能，不断优化水生生物资源结构和养护策略，广泛建立跨行业多部门协调机制，尽快履行当地政府批准发布程序，超前固化大水面渔业发展空间，努力开创大水面生态保护与渔业发展协调推进的新局面。

加强顶层设计，联合资源、环保、林草、水利等部门出台大水面生态渔业的结合区域空间国土规划和大水面渔业发展事实，推动渔业与环保、资源等部门的职责协作，科学评估大水面增养殖类型及其容量，因地制宜、分类施策，重点以生态内涵而非以是否在保护区、禁捕区、有无拦网等作为进行环保督察处置的核心标准，减少忽视"渔业净水、抑藻类、固碳"的非科学拆围、拆网行为。

严格保障养殖水域滩涂规划中划定的渔业水域空间，加强滩涂养殖证的发放和管理工作，做到应发尽发，对于集体承包经营的，加强统一登记，建立完善登记信息共享机制，稳定长期租赁关系，保障渔业生产经营者的合法权益。对于明确划定为养殖区的大水面，禁止占用或擅自改变用途，确保大水面渔业的发展空间。

在保护好生态环境的前提下，坚持宜渔则渔，严格按照《养殖水域滩涂规划》落实大水面发展空间。除法律法规明确禁养区以外；要合理发展大水面生态养殖，防止一刀切、不加区分地禁止所有渔业活动；经水域主管部门审批同意和生态环境部门审查后，可根据水资源水环境承载能力科学布设网箱围网；鼓励发展不投饵"人放天养"生态增殖渔业；加快新型浮式生态圈养设施的升级改造和推广应用。

3. 严格遵循生态渔业标准与规范

苗种环节因地制宜选择品种，重点选择滤食性、草食性鱼类和贝类等水产品种。增养殖环节，应科学评估增养殖容量，严格控制投苗，优先选择"人放天养"模式，严禁过度投苗与投喂饲料、违禁药品。捕捞环节，应采取轮捕轮放、抓大留小与保护水生野生动物的方式实现大水面渔业资源永续利用。加工与营销环节，积极开展水产品副产物综合利用，注重打造与获取"生态"溢价。此外，注重生态保护与污染治理，提升精准、智能管理水平，配备水质监测设备，加强与渔业、环保、水利、湿地等相关部门的数据共享、分析及应用。

（二）完善管理机制

农业、环保、资源、林草、水利、公安等部门要形成合力，明确分工、加强执法监督力度，加强大水面水生生物多样性保护，维护良好的水域生态环境，严防外来种、种质退化和疫病传播。协调大水面承包经营关系，建立健全退出补偿机制，鼓励企业、合作社等机构开展大水面渔业规模化经营，引导成立大水面生态渔业产业化联合体、行业协会、商会和研究中心。

稳定大水面承包经营关系，培育壮大经营主体，鼓励企业、合作社等对大水面生态渔业进行组织化、规模化经营。积极探索建立合作共享机制，鼓励政府和业主方共同参与管理，健全"企业+村集体+农民"分红机制，在盘活地方资产的基础上，带动农民增收，振兴乡村经济。

渔政管理承担大水面渔业生态安全、生产安全和水产品质量安全等重要职能，同时，还肩负着为渔业产业健康发展和渔民生产生活提供综合服务与保障的重要使命。新时代对大水面渔业生存和发展提出了更高要求，能否真正实现生态与渔业同频共振、协调发展，实行更加严格的渔业管理是满足这一要求的前提和保证。将渔区、渔业和渔村纳入乡村振兴总体战略布局，完善配套大水面渔业路、电、水、网和渔港等基础设施建设，为大水面渔业产业发展、渔民脱贫致富提供支撑；按照"合法、在编、参公、专岗"的要求，尽快解决渔政队伍规范化、专业化的问题，加强渔政人员素质提高和能力培养，促进渔政管理人员工作水平和综合素质的全面提升。根据不同的管辖范围、管理层级和管理需求，逐步改善和提升渔政管理装备水平。在"编少、岗少、人少"的情况下，应创新管理方式，力争"变道超车"，大力推进"智慧渔政"建设，提高渔业管理信息化、智能化、高效化水平，实现由"人防"向"技防"转变。

（三）加强科技研发

聚焦大水面渔业提质增效和转型升级面临的重大科技问题，组织开展大水面渔业重大共性关键技术研发，着力破解资源养护增殖、水体环境控制、产品质量安全等技术难题，以实现大水面渔业从增量到提质的转变。

建立大水面综合信息动态数据库，深入研究大水面生态系统中各类资源环境因素间相互作用机制，完善水域生态风险评估方法，制定广泛认可的大水面渔业养殖容量标准，准确测算渔业可开发利用的生态容量；构建大水面资源与生态环境修复、水草恢复与水质改善、生物多样性保护、外来物种防控等新模式，实现湖泊环境保护与生态渔业的协调发展；研究探索"三网"生态养殖、生态多元化增殖新模式，科学评估大水面渔业包括养殖、增殖对生态环境的贡献度，逐步建立增养殖渔业生态效果评估制度体系，充分彰显大水面渔业的生态功能；开展大水面土著鱼类特别是小型鱼类的资源养护、种质保存、繁殖育种和增殖技术研究，确保经济价值较低、生态作用显著的小品种水生生物物种的保有量和种群量；集成鱼类多维度精深加工、贝类连续化加工与全效利用、虾蟹类高质化利用、特色资源加工与生物提取等新技术和自动化装备，构建大水面渔业资源高值化加工新模式，实现大水面渔业资源加工装备、技术的升级和产品的多元化；充分发挥互联网、大数据、云计算和区块链等信息化技术，着力构建大水面增养殖、捕捞、加工、冷链物流、电子商务、休闲餐饮等从原料供应到产品销售环环相扣、运行流畅的网络，以实现大水面渔业全产业链乃至与此相关业态的有效融合。

加大绿色、生态养殖关键技术与基础技术研究，包括生态养殖容量评估方法、水域生态保护技术、污染治理关键技术、智慧与精准管控系统、加工与物流成本降低技术等，为大水面渔业发展提供重要动力与重要保障。

加强对大水面生态渔业技术研发的支持力度，结合四川省淡水鱼创新团队项目，整合省内重点院所和企业，开展产学研联合研究，建立大水面生态渔业专家大院或研究中心，建立四川省大水面生态渔业和净水渔业复合技术及模式，加快形成相关标准和技术规范和著作，在加工、品牌、文化等方面形成技术支撑体系。

加强生态监测，根据水环境情况及水生生物监测结果合理评估养殖容量和水域承载力，在政策允许范围内科学布设网箱、网围，合理控制养殖规模和密度，加快推进环保型网箱设施设备升级改造。

（四）促进产业融合发展

1. 借鉴先进经验

借鉴省内外大水面渔业典型模式。千岛湖作为践行"两山"理论的行业标杆，目前湖区内鱼类资源达114种，水质长期保持在Ⅰ类水体，"鲢鳙治水"成为了全国生态典范，营造了"以鱼护水、以鱼名湖、以渔富民"的产业生态，中国科学院水生生物研究所在千岛湖设立的"中国大水面生态净水研究中心"，合力打造"产业+技术"的大水面生态净水渔业发展示范，为全国大水面渔业发展起到很好的借鉴作用。查干湖坚持"计划捕捞、永续利用"的原则，做到渔而不绝，形成了"育、投、管、捕、加、销"的完整产业链条，建设苗种培育基地，高标准、定向订单培育，实行线上线下多渠道销售。

2. 加强基础设施建设

各地加强管护及生产渔船建设，鲁班水库有47艘机动生产渔船和34艘非机动生产船；广元市亭子湖和白龙湖有47艘机动生产渔船和34艘非机动生产船，各库区配备了渔政执法船或快艇。

加强渔港建设，四川省申报建设的内陆渔港项目一半以上建设在大型的库区，武都水库、白龙湖、亭子湖等库区都配套建设了渔港，并完善捕鱼、起鱼、运输等设施装备。

加强渔业生产基础设施建设，白龙湖库区等配套完成苗种培育场、增殖放流站建设。通威公司投资1.6亿元在西昌市兴国寺水库将库区生态渔场建设与光伏发电20兆瓦相结合，开创了库区"渔光一体"探索道路。

加强休闲渔业设施建设。黑龙滩和三岔水库分别建有五星级天堂洲际酒店各1家，房间近1 000个，有各种农家乐、渔家乐500余家，配套休闲旅游船只近百艘。

3. 做好产业融合工作

坚持"以渔促旅、以旅促销"的理念，把旅游、娱乐、文化与生态渔业有机融合，大力发展"农家乐"，定期举办钓鱼赛事或旅游、品鉴、捕捞节等活动，实现了由过去单一的库区渔业生产管理到以休闲游钓为重点的一三产业融合发展。"中国简阳三岔湖钓鱼节""三岔湖国际钓鱼赛事运动会""CRAA中国·彭州莲花湖国际休闲垂钓大赛""两湖生态捕鱼节"等一系列的赛事和旅游活动应运而生。

4. 实行奖励机制

构建大水面生态渔业的水域、产品监督检查综合指标体系，实施定期评估考核机制，对不同生产活动类型进行选择性激励。

（1）正向激励。对严格遵循生态渔业标准生产活动的主体给予合理奖补，即奖励"做蛋糕"的行为主体以吸引和促进此类主体数量增加。

（2）负向激励。对破坏规则的行为主体进行适度惩罚，如通报、罚款、追究法律责任等，即通过增加违规的机会成本减少负面影响的行为。此外，可以倡导经营主体按照营业收入份额，通过自愿出资，成立大水面生态渔业发展基金，形成"惩劣奖优、以后偿先"的机制，促使个体行为与集体目标一致。

5. 鼓励大型经营主体的发展

大水面规模较大且水域重要的特点，与"小、散、乱"的小农户养殖主体相比，公司化的大型经营主体具有易管控、资本强、技术高的优势，更注重品牌、品质、责任、绿色，有利于形成规模化、产业化、集约化的生产方式，更有利于生态保护与污染治理，如吉林查干湖、浙江千岛湖、湖南大湖、重庆三峡、新疆天蕴等典型都是渔业大型经营主体，所具有的一个共同点是：公司化经营、管理规范，在内设机构上有专业法务部门、财会部门、人事部门等，提高了大水面经营主体正确定位的概率、运行的效率，是实现生态与经济的良好格局的重要条件。另外，构建合理的利益分配机制，通过在征收的承包费或资源增值税费等基础上，构建小农户（渔民）发展基金，用于渔民转产转业、生态补偿和生态修复与保护等。

加快培育和壮大大水面生态渔业经营主体，通过招商引资、成立专业合作社等方式，引导成立各种形式的涉捕捞、养殖、加工、流通等渔业企业、行业协会、经济合作组织、产业联盟等新型渔业经营主体，借鉴土地使用权流转的成功经验，鼓励捕捞许可权和养殖水面使用权"两权"对应的配额和水面，以出让、转租、入股等方式向新型经营主体流转，逐步建立"股份制企业+股东""渔业经营企业+渔户""合作社+社员""协会+会员"的产业化经营机制，聚焦捕捞"产无计划、品无卖相、销无市场、管难到位"、养殖"布局散乱、粗放养殖、分散经营、投入无控"问题，探索建立"计划性配额捕捞"和"湖泊围网养殖小区化"管理模式，达到"景观化布局、小区式管理、公司化运行、品牌化经营"的效果，实现管理对象的高度集约化，提高渔业综合管理能力。

6. 优化大水面生态渔业政策支持

大水面生态渔业发展有利于水域生态修复、水生生物和水产种质资源保护，具有明显的正外部性，应构建和完善大水面生态渔业发展的一揽子支持政策体系。首先，加大水产品物流体建设，降低流通成本，提升专业化分工与产业效率。增强水产品流通绿色通道建设，提升水产品冷链保鲜技术，降低长距离运输损耗及成本。其次，充分发挥先进经验与技术的外溢效应，积极推进示范基地创建与推广。开展大水面生态渔业绿色发展三产融合发展先进模式试点，积极推进典型经验总结与示范推广。最后，以构建有效的生态保护补偿制度为契机，针对大水面渔业的生态正外部性，开展财税与金融支持政策。具体可将大水面生态渔业的生产（增养殖、捕捞、加工、休闲等）活动纳入大农业支持政策系统，给予三产融合的大水面渔业项目、信贷、资金等重点倾斜，试点与推进水产品加工进项税增值税抵扣政策改革。

7. 提升产业内部竞争力

大水面生态渔业应打造与拓展价值链。一是创新融合发展模式。文旅产业的需求与发展潜力巨大，对休闲渔业具有重要启示意义，作为增养殖渔业的规模化经营主体，大水面生态渔业主体更应充分挖掘渔文化、体验、旅游等产业潜力。所以，大水面生态渔业应是以市场为导向，以"渔"为底色，打破渔业一产边界，围绕区域景观与特色，探索引入文化、旅游、休闲、垂钓、观光、康养等业态或内容，转变"养殖+加工+销售"简单加总的产业链纵向模式，通过促进大水面生态渔业向"一产体验、娱乐；二产简便、优质；三产休闲、文旅"深度融合发展。学习借鉴吉林查干湖围绕冬捕项目，通过文化、体验、餐饮、特产、住宿等，形成了享誉国内外的大水面生态渔业三产融合发展经验。二是注重品牌打造与营销。以绿色生产和"生态"产品为中心，运用电商、自媒体等现代营销管理要素，打造"优质、安全、健康"品牌标签，扩大大水面生态渔业品牌知名度和影响力，获得应有的市场价格，学习浙江千岛湖（大鱼头）、新疆天蕴（虹鳟鱼）等，通过基于产品品质和打造品牌，赢得消费者认可与良好市场溢价，保障产业价值链顺畅循环。

8. 积极创建大水面渔业品牌

按照"一水一品""一湖一牌"的要求，整合政府、部门、行业协会、企业、科研、媒体和渔民等各种资源，打造大水面渔业区域公共品牌，着力形成"区域公共品牌""自主品牌"优势互补、相得益彰的良好格局。

着力推介大水面渔业品牌。通过节庆引领、概念创新、渠道联动、场景营造、媒体聚焦、展会亮相、"朋友圈"点赞、人文融合、电商销售等多种形式，建立走进社区、走进超市，采取现场销售、解答问题的推介模式，全方位、立体化、多渠道提高品牌的知名度。

全力保护大水面渔业品牌。加强品牌知识产权保护，规范市场竞争秩序，取缔假冒伪劣商品和品牌，建立举报与惩戒机制，杜绝假品牌"搭便车"的现象。

切实加强大水面品牌质量管理，开展"可追溯认证""三品一标""绿色产品认证""有机认证"，建立健康产技术标准化体系，健全"药残检测""病害预报""环境监测""国检监控""产品溯源"的质量控制体系，构建基地景观化、布局规范化、设施标准化、过程生态化、质量溯源化的生产模式，真正实现水产品从生产到餐桌的全过程监控。

塑造品牌，确保优质。各地先后注册了"三岔湖野生鱼""黑龙滩天然鱼""鲁班湖郪海鱼"等品牌，白龙湖水产基地被农业农村部列为中国绿色食品示范区绿色水产品生产示范基地，鲢鳙鱼等取得有机产品认证证书，嘉桓白龙湖亭子湖有机鱼被评为四川省优质品牌农产品。然后做好营销，保障优价。实行定点销售、配送销售等多种营销模式，保证优质产品新鲜供应，赢得口碑。如黑龙潭鱼头直销"龙森缘""谭鱼头"等知名餐饮店，嘉桓牌有机鱼配备质量追溯标志、有机鱼标识牌。积极参加"西博会"、优质农产品展销会、扶贫对接展销会等，加强宣传力度。

（五）提升公众科学认知

1. 加大科学宣传

应加强大水面生态渔业的基础研究与科学宣传，包括基础概念与内涵、生产模式与效应、标准与应用、经验总结与推广等。扩大科学概念与内涵的宣传认知，减少部分群体对大水面生态渔业的"偏见"。

2. 总结与宣传具有生态效应影响力的典型事实

总结查干湖、千岛湖、新疆天蕴等树立经济与生态典型的经验做法，以成功案例数据为基础，深入分析大水面生态渔业的经济效应、生态效应、社会效应等。充分运用现代化宣传媒介，加强大水面生态渔业科普宣传力度，扩大与提升公众甚至生态环境部门对大水面的客观认识，减少与避免以环保名义"拆网、拆围"和拆"截污网、防逃设施""一刀切"的简单粗暴做法。

3. 对大水面养殖生态价值和经济价值进行宣传引导

深刻认识大水面养殖在乡村振兴中的重要意义，大力宣传大水面养殖的生态价值和经济价值，把发展大水面养殖作为实现产业振兴的重要抓手。积极宣传推广先进典型经验，宣传好"以渔控草、以渔抑藻、以渔净水"，渔业碳汇和渔业生态修复功能。加强生态渔业品牌及各类赛事休闲旅游活动宣传，扩大知名度，提升群众的参与度。

一方面，加强对水面生态渔业的科学宣传，普及相关的基础知识、产业发展及技术核心，厘清少部分群体对于"三网"、投饵等的"偏见"，宣传滤食性以及草食性鱼类的净水、抑藻、固碳等效应，提升大众甚至生态环境部门对大水面生态渔业的客观认识。另一方面，要积极推动渔、文、旅的多方面融合，打造全产业链，利用物联网、大数据等实现"大水面+"的综合发展，集成水产品电子商务、展览贸易、品质检测、大型拍卖、科普宣传等于一体的综合旅游体验中心。通过渔业体验、民俗文化、特色餐饮、休闲住宿等形成三产融合发展模式。

参考文献

李青芝，李华，龚全，等，2022. 四川省大水面生态渔业发展及对策[J] 四川农业科技，（12）．

四川省稻渔综合种养产业发展报告

张 露[1] 杜 军[1] 周 剑[1] 李 强[1] 刘 亚[1] 曾开虎[2]
徐垚峰[2] 杨雪松[2] 王 俊[2] 邓红兵[2]

(1. 四川省农业科学院水产研究所，四川成都 611731；
2. 四川省水产局，四川成都 610041)

摘 要：四川省是我国水产大省和水稻主产区，具有悠久的稻田养鱼历史。近年来，四川省坚持生态优先、稻渔互促、稳粮增收的发展思路，依托新技术新模式向传统稻田资源要效益，大力发展稻渔综合种养产业，高质量推进"鱼米之乡"建设。2022 年四川省稻田养殖面积达 32.96 万公顷，稻田养殖产量达 49.28 万吨，稻田养殖面积和产量均居全国第四位。本报告简述了在我国稻田养鱼发展历史背景下四川省稻田养鱼的发展历程；分析了近年来四川省稻渔综合种养产业发展现状，包括四川省稻渔综合种养面积和产量变化趋势，稻虾、稻鱼、稻蟹、稻鳖、稻鳅、稻蛙六大类技术模式的发展情况，稻渔综合种养产业集群和"鱼米之乡"建设情况，品牌打造、休闲农业和乡村旅游发展现状，以及稻渔综合种养相关的扶持政策和取得的成效。并针对四川省稻渔综合种养发展中存在的问题进行了探讨，并提出了相应的发展建议，旨在为进一步推动稻渔综合种养产业的高质量发展提供参考。

关键词：稻渔综合种养；种养模式；产业发展

稻渔综合种养是为适应新时代现代农业农村发展要求，在传统稻田养鱼的基础上，继承并创新发展的一种生态循环农业发展模式。稻渔综合种养将养殖与种植有机结合在一起，稻鱼共生互利，有利于改善农田生态系统的结构与功能。稻渔综合种养可以增加稻田蓄水保水功能，为缺水地区农业生产生活提供水源，同时能更好发挥人工湿地作用。稻渔综合种养在稳定水稻产量、降低农药和化肥使用量，以及增加稻田产出方面具有显著优势。规范化稻渔综合种养通过一定的工程措施，最大限度地提高稻田产出，是当前调动农民种粮积极性、稳定粮食生产面积和产量、促进农民增收的最直接有效途径。

四川地处长江上游，稻田资源十分丰富，水稻常年种植面积在 2 800 万亩左右，是全国水产大省和水稻主产区。2022 年四川省稻田养殖面积达 32.96 万公顷，稻田养殖产量达 49.28 万吨，稻田养殖面积和产量均居全国第四位，西部第一位。近年来，四川坚持生态优先、稻渔互促、稳粮增收的发展思路，积极指导各地利用高标准农田、冬囤水田等资源，依托新技术新模式向传统稻田资源要效益，大力发展稻渔综合种养产业，充分发挥"一田多用、一水多用、一季多收"的效果，为渔业扩面增量、提质增效提供了新动能、开辟了新空间。稻渔综合种养已成为稳定水稻生产、拓展渔业发展空间、促进乡村产业振兴的重要抓手。

一、稻田养鱼主要发展历程

我国稻田养鱼历史悠久，诸多历史遗迹及文字记载证明了早在 2 000 多年前，我国陕西和四川一些地区便出现了稻田养鱼。传统的稻田养殖主要为人放天养、自给自足的粗放型生产模式。中华人民共和国成立后，我国稻田养殖有所发展，家鱼人工繁殖的成功，也为稻田养殖提供了苗种基础，有利地推动了稻田养鱼的发展。中华人民共和国成立以来，我国稻田养鱼产业从零星零散的传统稻田养鱼模式到现有的规模化、产业化、绿色高效发展的稻渔综合种养模式，其发展历程大致可归纳为恢复发展、技术形成、快速发展、转型升级四个阶段。

1. 恢复发展阶段

1949 年至 20 世纪 70 年代末，这一时期可粗略归纳为我国稻田养鱼恢复发展阶段，稻田养鱼产业得到了国家的重视，稻田养殖从丘陵山区扩大到平原地区，我国传统的稻田养殖业得到了迅速恢复和发展。但该时期稻田养鱼主要以传统的粗放养殖模式为主，养殖和管理水平较低，家鱼人工繁殖技术普及率低，稻田养鱼苗种来源困难；加之 20 世纪 60 年代初至 70 年代中期，农药在水稻生产上大量推广使用，稻田养鱼模式没有与迅速发展的双季稻匹配，稻鱼共生出现冲突，极大限制了稻田养鱼产业的发展。

2. 技术形成阶段

20 世纪 70 年代末至 90 年代初，随着我国农村家庭联产承包责任制的建立和完善，政府也采取了有效措施大力发展稻田养殖，我国稻田养鱼得到了进一步发展。这一时期，科研力度不断加大，我国稻鱼共生理论体系不断完善。稻田养殖模式和品种多样化发展，全国各地开始因地制宜探索发展适合小丘块的沟凼模式、适合丘陵区的沟塘模式、适合平原区的深沟模式等；养殖品种也由原来的鲤、鲫、草鱼，增加了罗非鱼、革胡子鲇、泥鳅等种类。此外，稻田养鱼由依靠稻田中天然饲料发展到结合人工投喂饲料，单产水平大幅提高。在该阶段四川省的稻田养鱼得到了蓬勃发展，成都市"六五"期间开展各种类型稻田养鱼面积约10万公顷，水产养殖产量达0.9万吨，占水产品总产量的30.28%，为全国稻田养鱼的发展提供了诸多成功经验。1986年，全国稻田养鱼面积发展至近100万公顷，其中四川省稻田养鱼面积13.3万公顷，居全国第1位。

3. 快速发展阶段

20世纪90年代中期至21世纪初，随着鱼类人工繁殖技术的不断发展，稻田养鱼理论体系的不断完善，以及市场对稻鱼产品需求量的不断加大，国家进一步加大了对稻田养鱼产业的扶持力度，稻田养鱼产业发展快速。在这一阶段，农业科研机构和大学加强了对鱼类品种选育、饲料配方、病虫害防治等方面的研究，为稻田养鱼提供了更科学的技术支持。四川省也开始不断加强对稻田养鱼的科研和技术创新，推动了稻田养鱼模式的发展和产业化进程。2000年，我国稻田养鱼面积已由1994年的85万公顷快速发展到133.33万公顷，成为世界上稻田养鱼规模最大的国家。这一时间四川省稻田养鱼快速发展，2000年，四川省稻田养殖产量已达11.39万吨，稻田养成鱼和鱼种面积分别为29.24万公顷和2.63万公顷，其中稻田养成鱼面积居全国第一位，产量居全国第2位。

4. 转型升级阶段

进入21世纪后，随着我国经济快速发展和人民生活水平的提高，生产者对单位面积土地产出以及食品优质化的要求不断提高，我国稻田养鱼更加注重稻渔综合种养的生态效益、质量效益和全程产业融合发展。2001年12月，中国加入WTO组织，人民的环保安全意识整体上升等因素，农业的重心也开始由"高产"向"高质"转变，开始积极探索绿色、生态、高效、可持续的生产模式。2007年，"稻田生态养殖技术"被选入2008—2010年渔业科技入户的主推技术以来，稻田养殖产业快速发展，不断转型升级，在传统的稻田养鱼的基础上继承并创新发展了稻渔综合种养模式，实现了"稳粮增收、渔稻互促、绿色生态"。近年来，国家高度重视稻渔综合种养产业发展，《关于推进稻渔综合种养产业高质量发展的指导意见》指出，要树立大食物观，以保障优质农渔产品安全有效供给为目标，优化种养结构布局，协调农业生产生态，推动科技创新引领，促进三产深度融合，稳步推进稻渔综合种养产业高质量发展，为保障粮食安全、推进乡村振兴、加快农业农村现代化提供有力支撑。稻渔综合种养产业由数量增长型向质量效益型转变，进入高质量发展新阶段。这一时期，四川省稻渔综合种养不断转型升级，稻田养殖产量和面积均稳步发展，在发展过程中新技术、新模式不断涌现，有力推动了我国稻渔综合种养产业的发展。

二、四川省稻渔综合种养产业发展现状

（一）稻渔综合种养面积和产量稳定增长

随着人们对环境保护和食品安全关注度的增加，通过具有良好环境效益的方式生产出高品质和健康安全的水稻和水产品成为现今稻田养殖发展的焦点。由于兼具稳粮、增效、环境友好等作用，稻渔综合种养得到各地政府的高度重视和广大农渔民的积极响应，近年来在全国掀起了新一轮发展热潮，稻渔综合种养面积和养殖产量稳定增长。根据中国渔业年鉴数据显示，2022年全国开展水产养殖的稻田面积已达286.37万公顷，生产生态水产品387.22万吨。我国稻渔综合种养水产品产量占淡水养殖水产品产量比重已由2013年的5.69%提升至2022年的11.77%，所占比重不断提高。四川省是我国发展稻田养鱼的重要区域，具有悠久的稻田养鱼历史，四川省稻田养鱼面积远高于池塘、水库、湖泊等养殖面积，占全省淡水养殖总面积的62.76%（图1）。稻田养殖水产品产量次于池塘养殖，占全省水产品养殖总产量的27.97%，稻田养殖水产品产量所占比重约为全国平均水平的2.38倍，在四川省水产养殖业中占据着重要地位（图2）。

近年来，四川省各级农业部门抢抓机遇力促稻田养鱼加快发展，在科研、推广单位、新型经营主体等多方合作的基础上，共同推进稻渔综合种养科技的创新，促进产业规模和发展水平提升。2022年，四川省稻田养殖面积已达32.96万公顷，稻田养殖产量达49.28万吨，同比增加2.72万吨，增长5.83%；与2018年相比，稻田养殖产量增加10.94万吨，增长28.52%。随着四川地区稻渔综合种养的大力推

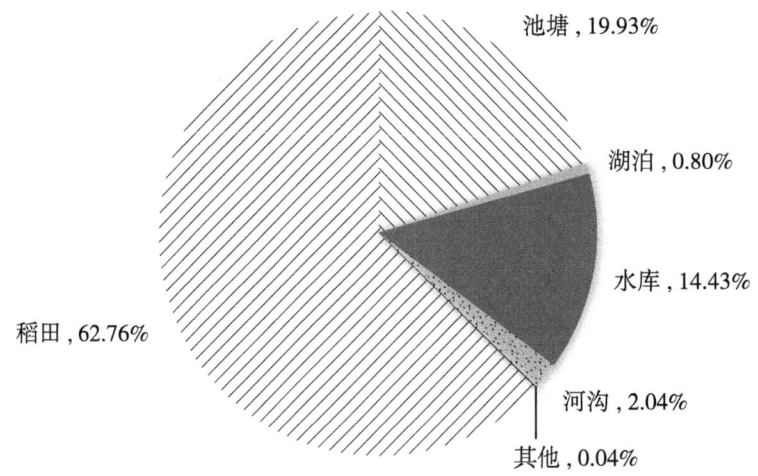

图 1　2021 年四川省淡水养殖不同水域类型面积占比

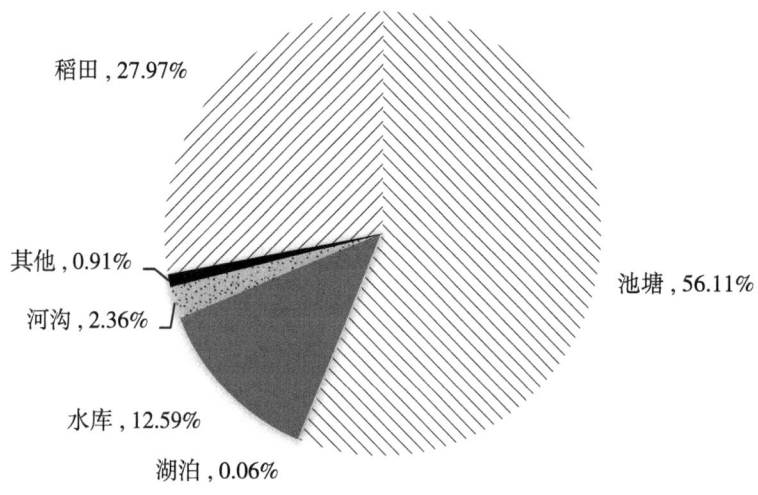

图 2　2021 年四川省淡水养殖不同水域类型水产品产量占比

广，四川省稻渔综合种养面积和水产品产量均稳步发展（图3）。

就区域分布来看，四川省的稻田养殖区域主要集中在川南、川东北和成都平原区域，川西地区稻田养殖面积相对较少。截至2021年，四川省除甘孜藏族自治州和阿坝藏族羌族自治州以外，其他市（州）均开展了稻田养殖。2021年，稻田养殖面积排名前五的地区依次为宜宾市、泸州市、达州市、内江市和南充市，这些地区稻田养殖面积均超过了3万公顷，稻田养殖面积占全省稻田养殖总面积的62.72%（图4）。四川省稻田养殖产量相对较高的地区主要是内江市、泸州市、宜

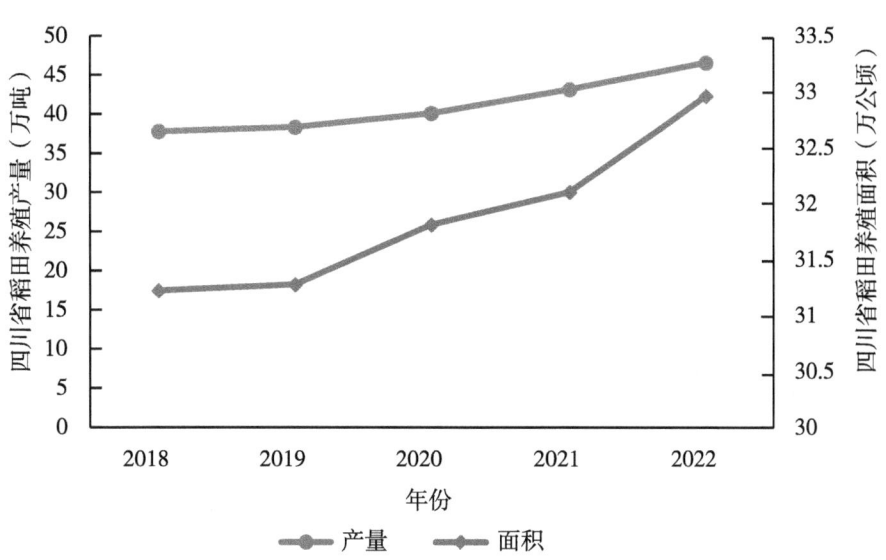

图 3　2018—2022 年四川省稻田养殖面积和产量

宾市和乐山市，这些区域稻田养殖产量均超过 5 万吨，其次为南充市、达州市和自贡市，这些区域稻田养殖产量均超过 3 万吨，稻田养殖产量占全省稻田养殖的 77.96%（图 5）。

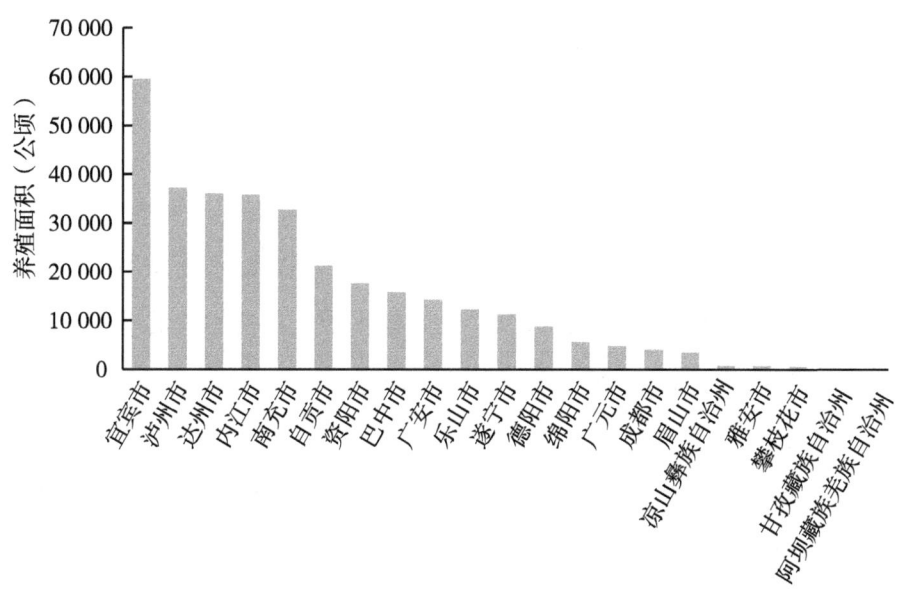

图 4　2021 年四川省各市（州）稻田养鱼面积

61

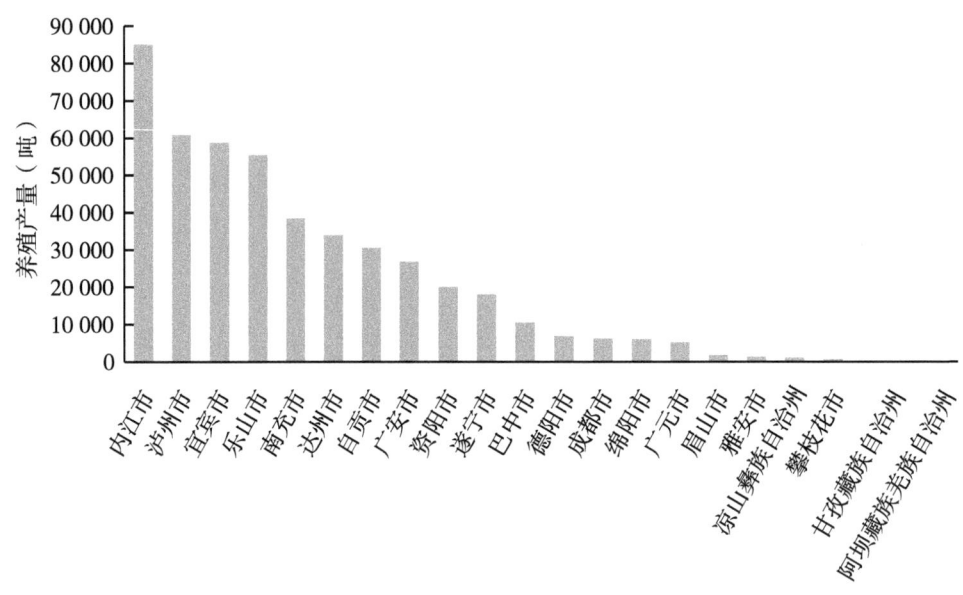

图 5　2021 年四川省各市（州）稻田养鱼产量

（二）稻渔综合种养模式不断创新

在全面实施乡村振兴战略、保护生态环境和确保国家粮食安全的时代背景下，稻渔综合种养技术模式不断推陈出新，赋予产业发展新内涵。《中国稻渔综合种养产业发展报告（2023）》按养殖对象将我国稻渔综合种养划分为稻虾、稻鱼、稻蟹、稻鳖、稻鳅、稻蛙、稻螺七大类主要的技术模式，其中稻虾、稻鱼、稻蟹 3 种模式种养面积合计 4 110 万亩，占全国稻渔综合种养面积的 95.68%。近年来，四川省积极探索发展了稻虾、稻鱼、稻蟹、稻鳖、稻鳅、稻蛙等多种稻渔综合种养模式，其中以稻鱼和稻虾模式为主。随着稻渔综合种养模式的不断发展，稻渔综合种养田间工程模式也出现了多样化的发展，在传统平板式和沟凼式的基础上，因地制宜探索发展了高位池+稻田、流水槽+稻田等鱼稻异位共生模式。

1. 稻鱼模式

我国稻田养鱼历史悠久，进入 21 世纪以来，经过现代水稻种植、水产养殖技术的改进和融合，以及田间工程等配套技术的支撑，我国稻田养鱼发展为稻鱼种养。2022 年，全国稻鱼种养面积 1 500 万亩，占全国稻渔综合种养面积的 34.92%。其中，四川、贵州、湖南、云南、广西 5 省（区）面积共计 1 200 万亩，占全国稻鱼模式应用面积的 80%，四川省稻鱼种养规模在全国具有领先优势。

近年来，四川省稻鱼种养模式逐渐多样化和综合化发展。四川省稻鱼模式已由传统的"人放天养"的粗放式种养模式创新发展形成了"稻鱼共作""稻鱼轮作"和"稻鱼鸭共作"等种养模式。稻鱼模式的主养品种由鲤逐渐转变为鲫、草、鲢、鳙、黄颡鱼、泥鳅、乌鳢等多个品种，并创新延伸出多种具有更高养殖效率的模式，如以鲫为主，搭配鲢、鳙或以本地泥鳅、台湾泥鳅等为主，搭配鲢、鳙。稻田鱼类混养可充分利用饵料，在人工投喂饲料时，主要养殖鱼类的残饵可以被其他小规格鱼种吞食，粪便又可以育肥浮游生物以供鲢、鳙等滤食性鱼类摄食。不同鱼类处在水层不同，鲢、鳙等在上层，草鱼、鲫鱼等在中下层，不同鱼类混养可以充分利用养殖鱼沟的整体空间。同时，农民也更加注重生态效益和品质安全，推动了有机稻田养鱼和优质稻田养鱼的发展。

为充分利用稻田资源，提高资源利用效率和生产效率，四川省开始积极探索稻鱼综合种养新模式——鱼稻异位共生模式。通过实施田间工程改造，开展设施水产养殖，融合现代水稻种植和水产养殖技术，推动传统稻鱼模式向绿色高效模式转变。鱼稻异位共生模式是把水稻生产放在第一位，充分利用设施渔业拓展水产养殖空间、保障粮食安全，将设施渔业与稻渔综合种养有机结合的新型种养技术。设施渔业中养殖产生的尾水流入稻田内分级消纳处理后，再通过尾水池，集中收集稻田循环后的水体，进一步消纳吸附后再进入养殖设施内往复循环再利用。该技术解决了稻渔综合种养模式下养殖产品起捕难，以及稻渔综合种养过程中片面追求水产品产量造成沟坑面积过大，占用耕地等问题；同时也解决了水产养殖尾水处理设施改（扩）建不易、尾水处理成本高、现有尾水处理设施不利于大规模推广应用的难题。利用该技术既可满足生态和环保要求、保障粮食安全、促进农民增收，又符合当下"藏粮于地、藏粮于技"的产业发展要求。2020年在成都市邛崃高埂街道光明村水稻种植基地示范建设结果显示新型稻田高位池生态种养平均亩产值达到15 200元，平均亩利润达到5 200元，收益远高于水稻单产和传统稻鱼种养模式，经济效益提升非常显著。目前，四川省探索发展了高位池+稻田、流水槽+稻田等鱼稻异位共生模式，该模式已在四川省成都市、眉山市、乐山市、内江市、泸州市等多地进行推广应用，养殖品种主要以鲈、鳜、黄颡鱼等名优鱼品种为主，随着农业现代化和农业产业化的推进，该技术有望逐渐得到更广泛的应用。

2. 稻虾模式

随着人们生活水平和消费能力提高，对虾类水产品的需求也逐渐增加，市场需求的增加极大地推动了虾类养殖产业的发展，养殖者开始不断探索虾类养殖新模式，我国稻虾种养模式开始不断得到推广应用。2015年，《农业部关于进一步调整优化农业结构的指导意见》明确提出"因地制宜推广稻田养鱼（虾、蟹）"。此后一段时间内稻虾种养模式得到了快速推广，我国稻虾种养面积由"十二五"末的570万亩，快速增长至"十三五"末的1 892万亩，增加了约1 322万亩，而同期稻渔综合种养总面积增加了1591.40万亩，稻虾种养对稻渔综合种养面积的增长贡献率高达83.07%。近年来，稻虾种养生产规模迅速扩大，2022年全国稻虾种养面积2 350万亩，占全国稻渔综合种养面积的54.71%，种养面积已超过稻鱼种养模式，一跃成为我国稻渔综合种养第一大模式。

近年来，在全国稻虾种养模式快速发展浪潮的推动下，四川省养殖虾类品种不断多元化，种养品种包括小龙虾、青虾、罗氏沼虾、红螯螯虾等，其中主要以小龙虾为主。相较于湖北、安徽等小龙虾养殖大省，四川起步较晚，但起步便瞄准稻虾共生的生态养殖模式，小龙虾养殖得到了快速发展。根据《四川省小龙虾产业发展报告》数据，2022年全省小龙虾综合经济总产值为111.98亿元。四川小龙虾产量从2018年的14 813吨快速增长到2022年的64 681吨，产量居全国第6位，主要产区集中在内江市、泸州市、宜宾市、达州市、成都市、巴中市及绵阳市等地。从产量看，四川省小龙虾产量排名前五的县份依次是内江市隆昌市（10 670吨）、泸州市泸县（10 151吨）、宜宾市兴文县（6 000吨）、达州市大竹县（3 700吨）、内江市资中县（2 550吨）。然而相对于湖北、安徽、湖南等主产区四川省小龙虾产量还处于较低水平，省内实际消费量远超过产量，需从省外调运以满足市场需求，四川省小龙虾养殖市场前景广阔。

近几年，四川小龙虾市场价格走势呈现出两头高中间低的"V"形曲线，即每年的3月为一年中价格最高的时候；4—8月是湖北、安徽、湖南等小龙虾主产区开始集中上市的旺季，小龙虾的价格持续走低；从9月到11月中旬，随着外地小龙虾的下市，价格又开始逐渐升高。但四川地区具有明显的气候优势，小龙虾上市时间比湖北等主产区上市早，下市时间比湖北等主产区下市晚，具有"春提前，秋延后"的上市特点，具有早期和晚期的高价格优势。随着小龙虾繁育技术的提高和稻虾种养模式的不断升级，四川省在借鉴湖北、安徽等小龙虾养殖大省成功养殖经验的基础上，持续探索适宜四川省的稻虾种养模式，在传统稻虾连作模式基础上，因地制宜积极发展了"稻虾连作+共作""繁养分离"等模式。四川省创新探索了"双稻双虾"模式，利用四川东南部地区开春早、入冬晚，稻虾生长期长的优势，通过合理选择规划进行"一季中稻+一季再生稻"种植，在4—9月养殖罗氏沼虾，在10月至翌年4月养殖小龙虾，实现了"一田四收"。此外，该模式利用气候优势，实现了小龙虾的错峰上市，大大提高了稻虾种养的经济效益。目前，该模式已在川南的内江市、泸州市、宜宾市等地迅速发展，2022年内江市实现稻虾养殖面积18.66万亩，产量1.24万吨；泸县稻虾综合种养面积达到12万亩，产量达到了1万吨，产值超过4亿元；宜宾市实现稻虾面积10万亩，小龙虾产量8 325吨，同比增长51.03%。川南早虾已经成为水产产业发展的亮丽名片。

3. 稻鳅模式

除稻鱼、稻虾模式外，四川省稻鳅模式也得到了较好的发展。稻鳅模式是我国稻渔综合种养传统模式之一，四川省内养殖对象主要为本地泥鳅、台湾泥鳅等。2018年，四川省稻鳅种养面积和产量均居全国第一位，养殖区域主要分布在内江、宜宾、乐山、资阳、成都等地，面积约15万亩，水产品产量约2.85万吨，占稻渔综合种养水产品总产量的7.43%。近年来，四川省不断探索创新稻鳅种养模式，除了传统的"稻鳅共作"模式外，还探索发展了"稻+鳅+鲫"模式，该模式泥鳅和鲫鱼亩产量突破200千克，亩产值达7 000元、效益3 000元以上。2022年，四川省泥鳅养殖总产量31 276吨，占全国泥鳅总产量的8.34%，是我国泥鳅的重要产地之一。近年来，泥鳅价格常年波动较小，市场稳定性较好，开展稻鳅种养能取得较稳定的经济效益。

4. 稻鳖模式

近年来，生态鳖价格不断攀升，市场需求量持续加大，四川省开始积极探索稻鳖种养模式。2018年，四川省稻鳖种养面积居全国第四位，产量居全国第三位。四川省稻鳖模式养殖对象主要为中华鳖，养殖模式主要以"稻鳖共作"模式为主，部分养殖者还采用了"大棚+稻田"种养模式，利用大棚温室培育大规格鳖种，放养到稻田以缩短养殖周期，提高养殖产量。稻鳖模式具有良好的经济效益，例如在德阳市开展稻鳖种养，6月中旬左右放养大规格鳖种150斤/亩，到10月中上旬可收获鳖约 240 斤/亩，在全程"零施肥""零用药"种植条件下，中华鳖、大米质量大幅提高，均可达到了绿色食品标准，亩收入高达 3.5 万元以上，亩利润高达 1 万元以上。

5. 稻蛙模式

由于稻蛙模式经济效益突出，近年来四川省部分地区开始积极探索和尝试稻蛙种养，2022 年四川省蛙养殖总产量 13 074 吨，居全国第 6 位。四川省稻蛙模式养殖对象主要为虎纹蛙、黑斑蛙、牛蛙、美国青蛙等，其中以黑斑蛙为主。养殖区域为乐山、眉山、遂宁、内江、宜宾等地，养殖模式主要为"稻蛙共作"。目前，四川省蛙类消费市场需求较大，稻田养殖的黑斑蛙市场价格通常可达 30~40 元/千克，每亩产量按 100~150 千克估算，可产生收益 3 000~6 000 元，有效提高稻田经济效益。

6. 稻蟹模式

稻蟹模式是我国稻渔综合种养第三大模式，2022 年全国稻蟹种养面积 260 万亩。稻蟹模式养殖对象为中华绒螯蟹（河蟹），养殖区域主要分布在我国的辽宁、天津、黑龙江、吉林等地，四川省稻蟹模式发展相对缓慢。近年来，稻田蟹价格持续攀升，四川省泸县、合江等多地稻蟹模式得到了较好发展，养殖对象主要以河蟹为主，养殖模式主要以传统的"稻蟹共作"为主。2022 年，四川省河蟹养殖总产量约 1 209 吨，相对于不断增长的市场需求，河蟹的稻田生态种养模式发展潜力较大。

（三）产业融合发展进程不断加快

1. 积极打造稻渔综合种养产业集群

四川省根据各区域资源禀赋、区位条件，结合经济社会发展条件，统筹布局产业链功能板块，推动产业形态由"小特产"升级为"大产业"，空间布局由"平面分布"转型为"集群发展"，打造形成了一批各具特色的稻渔综合种养产业集群。

一是以成都市、德阳市为核心的平原稻渔产业带，建设了 30 万亩平原稻渔综合种养示范基地。形成了崇州市"土地股份合作社+农业职业经理人+农业综合服务"三位一体的"农业共营制+稻渔综合种养"模式。邛崃市建设了国家级稻渔综合种养示范区，积极探索发展了"稻田+高位池"稻渔种养循环模式，有效带动了周边农民增产增收。

二是以内江市、宜宾市、泸州市为核心的川南稻渔产业带，利用川南开春早、入冬晚气候优势，实施"早虾出川南"行动，打造川南了稻虾综合种养产业带。2022年，内江市、宜宾市、泸州市三地实现稻虾养殖面积超40万亩，产量超3万吨，形成了以川南早虾为特色的稻渔综合种养产业集群。

三是以达州、广元、南充为核心的川东北稻渔产业带，建设了超20万亩稻渔综合种养示范基地。依托"农业园区+稻渔综合种养"模式，达州开江稻渔现代农业园区入选2022年国家现代农业产业园创建名单。广元市昭化区采取"政府+龙头企业+专合组织+农户"的模式，实现了"亩产九百斤优质稻，二百斤生态鱼"目标，户均年增收5 000余元，带动昭化、苍溪、剑阁三县区2 143户贫困户7 218名贫困人口发展稻渔综合种养。

2. 高水平推进"鱼米之乡"建设

四川积极推进以粮为主、粮经统筹、种养循环、"五良"融合的"鱼米之乡"建设。通过建设"鱼米之乡"，指导有条件的区域利用资源优势，挖掘和拓展稻渔综合种养产业的多功能性，将稻渔综合种养的第一产业与农事体验、休闲娱乐、科普教育、特色美食、观光等产业融合发展。同时推动加工、仓储等产业链条发展，使农业功能的单一价值转化为农业的多功能价值，推动四川省农业产业高质量发展，为乡村振兴奠定坚实基础。《四川省"十四五"推进农业农村现代化规划》在粮食等重要农产品安全保障重大工程中提出"鱼米之乡"试点工作以来，四川省2021年开展了10个"鱼米之乡"项目县建设，2022年开展了20个"鱼米之乡"项目县规划建设。四川和重庆规划将稻渔综合种养融入成渝现代高效特色农业带建设，四川隆昌与重庆荣昌共建40万亩"双昌"稻渔综合种养产业带，四川合江、泸县与重庆江津、永川共建100万亩"巴蜀鱼米之乡"。截至2023年，全省已安排资金2亿元，在30个县开展"鱼米之乡"建设，建成稻渔综合种养基地62.35万亩。2022年度全省"鱼米之乡"核心区水稻平均产量超过1 000斤/亩，粮食和渔业综合产值超过5 000元/亩，比单一种粮收入高出2倍以上，为全国保障粮食安全、促进水产产业高质量发展贡献了"四川经验"。

3. 不断加强品牌建设

四川省深入实施品牌强农战略，积极打造稻渔综合种养区域公用品牌、企业和产品品牌，已培育"王家贡米""巴灵台稻香米""巴蜀香米"等稻渔米绿色有机品牌 18 个,"富利香鳅""江口青鳙"等水产品牌 10 个,创建"隆昌稻田虾""中江黄鹿湖"等稻渔公共区域品牌 11 个,形成了一批在国内或区域内具备一定知名度的品牌。

4. 大力发展休闲农业和乡村旅游

稻渔综合种养产业功能不断拓展,"稻渔+旅游""稻渔+文化体验"等在一定区域发展,改善了农村生态环境,促进了农耕文化与渔文化的融合,推动了产业融合发展。全省已发展各类休闲渔业基地超过 1 500 家,其中全国休闲渔业示范基地 20 家。2021 年,四川省休闲渔业总产值达 52.25 亿元,其中休闲垂钓及采集业营业额达 16.75 亿元,旅游导向型休闲渔业营业额近 26.86 亿元。为了提升渔业附加值,各地因地制宜发展了不同形式的休闲农业和乡村旅游,例如四川隆昌县依托稻渔综合种养,推进"产村融合、文旅融合",打造了普润镇印坝村、圣灯镇三台村、响石镇青龙村、古湖街道古宇村等一批省级农业主题公园。泸县是稻虾种养的主要区域,依托"中国龙文化之乡"和龙城名片的文化资源优势,深挖"龙文化"产业效益,让龙虾、龙眼与龙文化快速融合,在玄滩镇泸永高速连接线规划建设小龙虾美食一条街,带动农业、餐饮、旅游、服务业产值的快速递增,促进泸县旅游业的提档升级,全力推动小龙虾一、二、三产业融合发展。绵阳市涪城区打造了"湖光山色"稻渔亲水湿地农业主题公园,已建有稻虾综合种养产业示范基地 2 000 余亩、优质水果基地近 2 000 亩,建成吴家镇现代农业产业孵化园和主题公园农产品展示(销)馆和稻渔文化科普馆,积极推动农科文旅商"五态融合"。

(四)政策扶持力度不断加大

1. 政策引导

近年来,四川省在推动稻田综合种养方面提出了多项政策举措,包括《四川省渔业发展第十三个五年规划》,明确了"加大稻渔基地建设力度,建设一批千斤粮万元钱的稻渔基地,加大财政项目资金扶持力度"。《四川省农业厅关于加快发展稻渔综合种养的指导意见》提出了"发展稻渔综合种养,要不断完善稻渔综合种养模式和技术,充分调动农业新型经营主体积极性,并通过规模化开发、集约化经营、标准化生产、品牌化运作扎实推进"的目标任务。2019 年 7 月,四川省人民政府召开全省现代水产产业现场推进会,提出要在川北、川东、川南和川中等水稻主产区，对100万亩示范基地改造升级；9月，四川省委、四川省人民政府出台的《关于加快建设现代农业"10+3"产业体系推进农业大省向农业强省跨越的意见》提出要在60个渔业产业优势明显和宜渔稻田资源丰富的重点县，打造稻渔综合种养示范基地150万亩。2021年，《四川省"十四五"推进农业农村现代化规划》提出要紧密结合现代农业园区、高标准农田等项目建设，在全省稻田资源丰富的地区，创建"鱼米之乡"100个以上，建设一批稻渔综合种养示范基地。《四川省农业农村厅关于印发〈四川省"十四五"渔业发展推进方案〉的通知》将"积极开发利用全省丰富的宜渔稻田和冬水田资源，大力建设以稻渔综合种养为主导产业的'鱼米之乡'，促进粮稳产、渔增效"作为全省渔业发展的重点任务。《四川省农业农村厅关于印发〈2023年全省水产工作要点〉的通知》提出要持续推进以稻渔综合种养为主导产业的"鱼米之乡"建设，川渝联动共建"巴蜀鱼米之乡"。这一系列文件的发布和实施，为全省加快发展稻渔综合种养产业提供了良好的政策支撑和保障。

2. 资金扶持

四川省将稻渔综合种养纳入农业用水、用电、用地等方面优惠政策范围，享受农业领域政策性贷款优惠政策；省级财政通过高标准农田建设、现代农业推进工程、健康养殖示范场创建等项目引导，地方财政给予稻渔综合种养相应配套资金，改善和提升基础设施条件；各级地方财政纷纷采取以奖代补、民办公助等形式，鼓励和支持民间资本发展稻田综合种养。2018年，省委省政府出台了《四川现代农业园区建设考评激励方案》，明确把稻渔综合种养作为现代农业园区建设的主导产业之一，纳入了发展规模考核指标范围；明确从2019年起，省财政每年给出5亿元，对认定的五星级、四星级、三星级省级园区分别给予一次性补助2 000万元、1 500万元、1 000万元，持续推进5年。2020年，四川省以6个县为重点，以稻渔综合种养为主导产业建设省级现代农业园区，每个落实了1 000万元先期培育资金。广元市昭化区通过集体经济和产业扶贫资金投入发展稻渔种养，实现"千斤稻、三千元产值"目标，以财政扶贫资金形成的固定资产，每年按6%的比例向贫困户保底分红，带动周边农户和贫困户户均增收5 000元左右，走出了山区发展稻渔种养致富增收的新路子。为了高水平推进"鱼米之乡"建设，省政府还设立"鱼米之乡"省级财政专项资金，每年投入1亿元，每县支持1 000万元建设"鱼米之乡"。

这一系列举措出台和落地，为全省加快发展稻渔综合种养产业提供了良好的政策支撑和保障。

3. 示范引领

四川坚持"以稻养鱼、以渔促稻"，把川粮油、川鱼纳入现代农业"10+3"产业体系，大力建设以稻渔综合种养为主的现代粮油和水产园区，开展省级星级园区创建认定。截至2020年，四川省已建成以稻渔综合种养为主的国家级现代农业产业园1个、国家级示范区9个、省级星级园区3个；培育了以稻渔综合种养为主的家庭农场（渔场）7 156个，国家级龙头企业2个，水产合作社4 501个，千亩示范基地56个。近年来，四川省不断重视示范创建在引领产业发展中的作用，积极打造了一批特色鲜明、辐射带动能力强的示范样板，其中达州开江稻渔现代农业园区成功入选2022年国家现代农业产业园创建名单。截至2023年，全省在30个县开展"鱼米之乡"建设，建成稻渔综合种养基地62.35万亩，为全国保障粮食安全、促进水产产业高质量发展贡献了"四川经验"。

4. 科技支撑

近年来，四川省充分发挥科研院所和高等院校基础研究优势，利用水产龙头企业、科技园区等科研资源，断加强科技创新应用，聚焦稻渔综合种养技术和模式创新，适宜稻渔综合种养的水稻和水产品种筛选、新品种（品系）研发和推广应用等关键领域，加大关键核心技术攻关，强化科技成果转化应用，为稻渔产业快速发展提供了有力支撑。

一是深入实施种业振兴行动，加快适宜稻渔综合种养的水稻和水产品种筛选、新品种（品系）研发和推广应用。随着我国育种技术和水生动物繁育技术的不断提高，优质的水稻和水产新品种不断涌现，水产苗种供应能力不断增强，为稻渔综合种养提供了更多的选择。通过不断优化水稻种植和水产养殖品种，能有效提高水稻产量和稻米品质，增加优质水产品种的养殖收益。四川地貌复杂，具有山地、丘陵、平原和高原地貌类型，不同生态区都需要选择与当地的生态环境相适应的水稻和水产养殖品种。在水稻种植方面，针对不同地区稻作方式、气候条件、水文条件以及套养水产生物的特性要求，筛选出了宜香4245、德优4727、宜香优2115、川优6203、宜香优7633，以及稻渔专用水稻新品种天泰优808等为代表的多种适宜四川地区稻渔综合种养的水稻品种。在水产养殖方面，四川在传统稻田养殖品种鲤的基础上，因地制宜地发展了克氏原螯虾（小龙虾）、日本沼虾（青虾）、罗氏沼虾、红螯螯虾、中华绒螯蟹、中华鳖、乌鳢、红田鱼、异育银鲫"中科三号"、泥鳅、大鳞副泥鳅（台湾泥鳅）、黄颡鱼、松浦镜鲤、黑斑蛙等多种优质水产品种。2022年，乌鳢"玉龙1号"通过国家审定，四川省主持选育水产新品种实现了零的突破，也为稻鱼种养模式提供了优质的水产新品种。

二是强化标准引领支撑，加快构建技术标准体系。为推进四川省稻渔综合种养有序、规范的发展，结合宜渔稻田资源和气候特点等，制颁了多项稻渔综合种养相关的四川省地方标准，包括《稻渔综合种养技术规范 稻田养蛙》（DB51/T 2911—2022）、《稻渔综合种养药物安全使用规范》（DB51/T 2912—2022）、《山区稻渔综合种养技术规范》（DB51/T 2750—2021）、《稻渔种养技术规范 稻虾》（DB51/T 2754—2021）、《稻渔种养技术规范 稻蟹》（DB51/T 2755—2021）、《稻渔综合种养技术 通则》（DB51/T 2494—2018）、《稻渔综合种养技术规范 稻田养鳖》（DB51/T 2495—2018）。这些标准结合不同种养模式的特点，对四川省主要技术模式、田间工程、水产养殖、水稻种植等关键技术环节进行了描述，覆盖了稻鱼、稻虾、稻蟹、稻鳖、稻蛙等主要技术模式，为四川省稻渔综合种养产业发展提供了有力支撑。

三是基础理论研究与技术集成创新不断加强。四川省开展了稻渔生态效应、稻渔产品品质和稻渔系统生产力等基础理论研究，以及水稻绿色高效栽培、水产绿色健康养殖、田间工程优化、控肥减药、绿色防控、精准管控等关键核心技术研究，集成创新了一套适宜四川省发展的稻田综合种养技术。稻田综合种养技术被列为2019—2020年四川省主推技术，稻—虾共作养殖技术被列为2020—2021年四川省主推技术，稻渔高位池生态种养循环关键技术被列为2022—2023年四川省主推技术。随着四川省稻渔综合种养技术的不断发展，稻渔综合种养相关成果《稻渔生态种养提质增效关键技术创新与应用》获得了2020年四川省科学技术进步奖一等奖。成果《稻渔生态种养关键技术创新与应用》获得了第五届中国水产学会范蠡科学技术奖一等奖、2020年度中国水产科学研究院科技进步奖一等奖、2020—2021年度神农中华农业科技奖科学研究类成果一等奖。2022年，成果《稻渔生态种养提质增效关键技术集成与推广应用》获全国农牧渔业丰收奖二等奖。

三、四川省稻渔综合种养产业发展中存在的主要问题

1. 规模化、产业化配套水平参差不齐

目前,四川省多数地区还是小生产的经营体制,养殖规模小,分布分散,缺乏统一的指导和规划,抵御风险能力差,从一定程度上限制了稻渔种养产业的发展。稻渔综合种养产业的发展离不开模化发展和产业配套。由于现代化、标准化的田间工程投资大,许多稻渔综合种养片区水、电、路、信等配套设施还不够完善,稻渔综合种养产业配套病虫害监测设施、水质检测设施设备、智能化管理系统使用覆盖率低,难以提高稻渔综合种养效益。

2. 良种良苗支撑不强

随着稻虾模式的快速发展,许多养殖户开始大量投入小龙虾养殖,由于小龙虾具有自然繁殖的习性,大多数养殖户均采取了一次放种,捕大留小,多年养殖的养殖模式,导致了小龙虾近亲繁殖,出现种质退化,养殖小龙虾出现体型不断缩小,生长速度减缓等问题。尽管部分从业者探索发展小龙虾繁养分离养殖模式和引入外来群体从一定程度上改善了小龙虾种质退化问题,但小龙虾种质资源混乱,亲代归属地不明确,杂交、回交现象严重,加之小龙虾具有一雌多雄交配方式、怀卵量小、生长发育不同步、底栖等生物学特性,加大了小龙虾新品种选育和工厂化繁育难度。由于水产苗种繁育技术要求高,资金投入大,目前全省稻渔综合种养区域及周边水产良种繁育中心覆盖率较低,良种良苗供应有限,严重制约了稻渔综合种养产业的发展。

3. 品牌影响力还有待进一步提升

在稻渔种养产业发展中,品牌的打造通常需要较长的周期和足够的资金,造成品牌打造难度大。虽然四川省已打造了一批稻渔综合种养区域公用品牌、企业和产品品牌,但大部分品牌在国内知名度较低,影响力还不够高,稻渔共生产品知名度和美誉度还有待进一步提升。

4. 交叉学科科技支撑不足,技术服务不配套

由于各行业缺乏相互支持和协调(如渔农矛盾、渔业与水利的矛盾、渔业与旅游业的互补等),缺乏多行业、多学科的相互渗透,待加强交叉学科和产业的沟通和互补。目前,稻渔综合种养产业的生产实践较多,模式也得到创新发展,但一些

创新的模式其相关科研理论还没有匹配。

四、发展建议

1. 合理规划稻田综合种养布局

四川省稻田宜渔稻田面积较大、较广，可以通过土地流转，合理规划，将分散的土地集中起来，统筹区域化布局、进行适度规模化开发、开展标准化生产、产业化经营，采用现代经营模式，不断提高农业综合生产能力。根据地貌、气候、经济等条件的不同，因地制宜地合理规划项目推广区域和模式布局，采用多种模式、多个品种、多种配套技术同时推广。同时，加大稻渔综合种养扶持力度，结合高标准农田建设项目对稻渔综合种养田间工程进行标准化改造，对基础建设和配套设施进行提档升级，提高稻渔综合种养效益。

2. 推进良种规模化繁育

针对小龙虾良种短缺、种质退化等关键核心问题，加强小龙虾种质资源调查、收集和保护，以"头小尾大"、生长速度快、抗逆等性状为目标开展新品种选育攻关。加强水产良种繁育中心建设，加大良种良苗的供应，做到产前、产中、产后从种苗到产品的供给，延伸产业链。加大科研投入，加强水产良种繁育技术研究应用，扶持优势种业企业发展，推进产学研结合和商业化育种体系建设。

3. 强化营销宣传，打造精品品牌

不断优化种养品种，加强标准化生产和质量监管，扶持和引导有实力的合作社和龙头企业着力打造优质绿色生态品牌，提升产业品牌价值。充分挖掘稻渔的历史、地理、传统、风俗等文化资源，形成具有各地特色文化的中高端产品，通过寻找品牌传统文化与现代文化的结合点，实现稻渔产品与消费者之间的情感沟通。把稻渔共生"优质、生态、无农残"理念和地方特色文化融合到产品宣传、包装设计中。加大营销推广和产销衔接，充分运用"互联网+"、农旅营销等手段，积极宣传推介稻渔综合种养公共品牌和产品品牌，提升产品的知名度和影响力，扩大市场份额。

4. 切实加强科技支撑能力建设

加快培育适宜稻渔综合种养的优质水稻和水产新品种，统筹建立苗种培育基地、保证苗种质量降低苗种成本。开展配套技术研究，不断进行技术创新与优化，更加合理利用稻田资源。推动产业结构创新，创新研究和大力推广适应产业化发展要求的新兴模式，促进三产融合，打造稻渔综合种养新的经济增长点。充分发挥"产、学、研、推、用"的优势，构建跨学科、跨领域的专家团队和联合协作机制，针对稻渔综合种养产业发展中的关键问题，开展联合科技攻关，加快主导模式和配套关键技术的集成与示范切实解决稻渔产业发展中的关键技术和理论问题。

参考文献

杜军，刘亚，周剑，2018. 稻鱼综合种养技术模式与案例（平原型）[M]. 北京：中国农业出版社.

蒋芳，龙祥平，韦先超，等，2021. "稻田高位池"稻渔综合种养内循环生态养殖新模式建设初探 [J]. 科学养鱼，12：18-19.

李良玉，何舜，蒋波，等，2018. 适宜成都市稻田综合种养模式的水稻品种试验研究 [J]. 南方农业，12（7）：49-51.

刘亚，周剑，吴晓雲，等，2023. 四川省稻渔综合种养产业发展现状及建议 [J]. 四川农业科技，3：67-70.

马红菊，王闵霞，刘亚，等，2021. 稻田里的金山 [M]. 北京：中国农业出版社.

全国水产技术推广总站和中国水产学会，2022. "十三五"中国稻渔综合种养产业发展报告 [J]. 中国水产，1：43-52.

四川省农业农村厅，2020. 发展稻渔综合种养大力建设鱼米之乡 [J]. 中国水产，10：4.

四川省农业农村厅，2020. 四川省稻渔综合种养发展成绩喜人 [J]. 渔业致富指南，3：6-9.

唐建军，李巍，吕修涛，等，2020. 中国稻渔综合种养产业的发展现状与若干思考 [J]. 中国稻米，26（5）：1-10.

王丹，吴反修，宋丹丹，等，2023. 2023中国渔业统计年鉴 [M]. 北京：中国农业出版社.

徐乐俊，吴反修，郭毅，等，2019. 2019中国渔业统计年鉴 [M]. 北京：中国农业出版社.

于秀娟，郝向举，党子乔，等，2023. 中国稻渔综合种养产业发展报告（2023）[J]. 中国水产，8：19-26.

中国稻渔综合种养产业发展报告（2019）[R]. 中国水产，2020.1：16-22.

朱泽闻，李可心，王浩，2016. 我国稻渔综合种养的内涵特征、发展现状及政策建议 [J]. 中国水产，10：32-35.

水生生物多样性保护专项报告

苏安玲[1]　李　洪[1]　龚　全[2]　李　华[2]　杨佰维[1]

何　浩[1]　李　洋[1]　张晓露[1]

(1. 四川省水产局，四川成都　610041；

2. 四川省农业科学院水产研究所，四川成都　611731)

摘　要：四川地处长江、黄河上游，是长江经济带发展、黄河生态保护和高质量发展及成渝地区双城经济圈建设三大战略重要支撑区，在国家生态安全和高质量发展中具有独特战略地位。近年来，四川省水生生物多样性保护工作取得了明显成效，但水生生物资源衰退趋势尚未得到有效扭转，长江流域重点物种保护形势依然严峻。本报告旨在总结分析四川省水生生物多样性保护工作取得的成效与存在的主要问题，并提出推进提升四川省水生生物多样性保护水平的一些思路，助力维护全省重点水域水生生态系统的完整性和自然性，筑牢长江、黄河上游生态屏障。

关键词：四川省；水生生物多样性保护；现状

生物多样性是人类赖以生存和发展的重要基础，四川是长江、黄河上游重要的水源涵养区和生态建设核心区，水生生物资源十分丰富，为内陆渔业的可持续发展奠定了良好基础，对保障粮食安全、改善人民群众膳食营养和维护国家生态安全有着重要意义。近年来，四川省深入贯彻习近平生态文明思想，认真落实省委省政府决策部署，以养护水生生物资源为重点任务，以可持续发展为主要目标，实施好长江十年禁渔，促进渔业绿色转型，进一步完善制度体系、强化养护措施、加强执法监管，提升渔业发展的质量和效益，全面推进水生生物多样性保护各项工作持续向好。

一、四川省水生生物资源及保护概况

四川水系发达，水资源丰沛，河湖众多，素有"千河之省"之称。省内鱼类资源丰富，有鱼类240余种，其中长江上游特有鱼类约100种。同时分布有国家一级保护水生野生动物中华鲟、白鲟、长江鲟、川陕哲罗鲑、普雄原鲵等5种，国家二级保护水生野生动物有胭脂鱼、圆口铜鱼、岩原鲤、重口裂腹鱼、大鲵、水獭、小爪水獭等36种，省重点保护水生野生动物31种，是我国重要的淡水鱼类种质基因库。

目前，全省共有长江流域水生生物保护区45个，其中水生动物自然保护区7个，国家级和省级水产种质资源保护区38个，涉及全省15个市（州）50个县（市、区）。另有黄河流域国家级水产种质资源保护区1个。

四川省始终坚持将水生生物资源保护作为生态文明建设的重要内容，多措并举，持续发力，扎实推进长江十年禁渔，开展资源监测与效果评估，狠抓渔业资源养护，科学开展增殖放流，强化水产种质资源保护区等水生生物重要栖息地管理，实施珍稀濒危物种保护，加强外来入侵物种防控，严格规范水生野生动物保护管理，落实涉渔工程生态补偿措施。目前，全省重点水域水生生物资源量总体呈恢复态势，水生生物多样性水平正逐步提升。

二、四川省水生生物多样性保护工作

（一）打好长江十年禁渔持久战

长江十年禁渔是以习近平同志为核心的党中央从全局计、为子孙谋的重大决策部署。四川作为长江上游重要生态屏障和水源涵养地，根据国家统一安排，于2016年在泸州市合江县赤水河流域启动禁捕退捕试点，2017年1月1日起，赤水河流域全面禁捕；2018年率先启动长江流域45个水生生物保护区禁捕工作，2020年1月1日起在水生生物保护区范围内实施永久禁捕；2020年9月底，国家核定的10 257艘退捕渔船全部回收处置，16 480名退捕渔民全部转产上岸；2021年1月1日零时起，全省长江流域重点水域全面开启十年禁渔。禁捕范围主要包括长江、岷江、沱江、赤水河、嘉陵江、大渡河干流及其一级支流和45个水生生物保护区所在河流及其一级支流；涉及21个市（州）、177个县（市、区）、331条河流，河流总长度约3.6万千米。其他天然水域的禁捕范围由市（州）、县（市、区）渔业行政主管部门根据实际情况依法确定。

长江十年禁渔实施以来，四川省及时学习传达习近平总书记关于长江十年禁渔的重要指示批示特别是来川视察重要指示精神，认真贯彻落实党中央、国务院的各项决策部署，按照"一年起好步、管得住，三年强基础、顶得住，十年练内功、稳得住"的总体思路，切实把长江十年禁渔任务放在心上、责任扛在肩上、工作落到实处，持续健全禁捕退捕长效机制、巩固退捕渔民安置保障成果、严厉打击各类涉渔违法行为，不断取得长江禁捕退捕阶段性成效，奋力推动生命长江再现水清岸绿、鱼跃虾欢的美好景象。

一是坚持高位推动，强化禁渔工作组织保障。省委省政府高度重视长江十年禁渔工作，始终将长江十年禁渔作为重大政治任务来推动落实。四川连续两年在国家禁捕退捕年度考核中获良好等次，其中，2021年主体责任单项考核结果为优秀，2022年安置保障单项考核结果为优秀，高规格成立工作机构，印发《关于成立四川省长江流域重点水域禁捕和退捕渔民安置保障工作领导小组的通知》，成立以省长为组长、分管副省长为副组长、14个省直部门（单位）为成员单位的"省长江流域重点水域禁捕和退捕渔民安置保障工作领导小组"（以下简称省领导小组），下设禁捕退捕、安置保障、打击非法捕捞、市场监管4个工作专班，省领导小组办公室设在农业农村厅；各市、县参照省领导小组，均成立了由政府主要负责同志任组长的领导小组和工作专班。系统谋划部署推动，2021年以来，省委主要领导主持召开省"总河长"全体会议，听取长江禁捕工作汇报，要求严格落实长江流域禁捕制度。省政府主要领导组织召开省长江禁捕退捕工作领导小组会议和省政府常务会议，专题研究长江十年禁渔工作。分管副省长多次召开专题会议，对抓好长江十年禁渔工作提出工作要求。省政府办公厅印发《关于做好全省长江流域禁捕有关工作的通知》，制定退捕渔民安置保障、打击非法捕捞、打击市场非法销售等专项行动方案，详细安排了长江禁捕退捕重点工作。压紧压实属地管理责任，把禁捕退捕工作作为市、县各级政府必须完成的"硬任务"，每年组织开展长江禁捕退捕专项考核，对排名靠前的市（州）进行奖补，目前，已对11个市进行了奖补，其中，5个市连续两年得到奖补，每次50万元；同时，将长江十年禁渔纳入每年的市（州）政府政务目标考核、河湖长制工作考核和市（州）党政领导班子领导干部推进乡村振兴战略实绩考核等考核体系，充分发挥考核"指挥棒"作用，压紧压实地方政府主体责任。严格落实禁捕退捕专项资金，为保障长江禁捕工作顺利实施，按照中央奖补、地方为主的原则，积极筹措各项资金用于长江禁捕退捕工作。农业农村厅、财政厅、人力资源社会保障厅联合下发《关于进一步加强四川省长江流域退捕转产渔民生活保障工作的通知》，要求按照保护区内市（州）、县（市、区）财政累计投入不低于 3.3 万元/艘，保护区外市（州）、县（市、区）财政累计投入不低于 4.7 万元/艘的标准落实财政配套。截至 2023 年 9 月底，全省已累计落实禁捕退捕财政资金 19.7 亿元（其中：中央 11.75 亿元、省级 2.74 亿元、市级 0.6 亿元、县级 4.46 亿元、其他 0.15 亿元），累计支出 18.33 亿元（其中：直接补助渔民 7.28 亿元、就业保障 0.56 亿元、养老保险保障 5.54 亿元、其他支出 4.95 亿元）。指导各地严格按照资金管理要求，规范使用监管，确保资金使用安全、规范、合理。

二是健全长效机制，凝聚工作合力常抓不懈。省领导小组办公室切实履行牵头抓总职责，统筹力量协同推进全省长江禁捕退捕工作，确保全省禁捕退捕工作有力有序。健全协调推进机制，农业农村厅、省检察院、省发展改革委、公安厅、财政厅、人力资源社会保障厅、交通运输厅、水利厅、省市场监督管理局等 9 部门联合印发《关于健全四川省长江流域禁捕长效管理机制的意见》，严格落实省、市、县、乡、村五级抓长江十年禁渔的工作机制，巩固提升"政府统筹协调、部门协同配合、运转高效顺畅"的工作格局。印发《四川省长江流域重点水域禁捕和退捕渔民安置保障工作领导小组办公室工作规则》，坚持定期调度动态掌握并通报全省禁捕退捕工作推进情况，截至 2023 年 9 月底，共编印《禁捕退捕工作简报》34 期；不定期召开省领导小组办公室会议和全省长江十年禁渔推进视频会议等专题会议，研究部署推动全省长江禁捕退捕工作。建立约谈暗访机制，印发《四川省长江"十年禁渔"工作约谈办法（试行）》，对责任履行不到位、工作推进不力的地方或部门负责同志开展约谈，严肃指出问题、开展谈话提醒、提出整改措施，确保各项工作落实到位。印发《四川省长江禁捕暗查暗访工作方案》，明确采用"四不两直"工作方式，每半年对 21 个市（州）开展一次暗查暗访工作，持续传导责任压力，截至 2023 年 8 月底，已组织开展 3 轮全省长江禁捕暗查暗访工作，累计发现问题线索 156 条；针对暗查暗访发现问题线索，及时移交各地开展核查整改，并将核查整改情况纳入年度考核内容，确保整改到位不走过场。完善执法协作机制。制定《四川省长江禁捕执法联席会议制度》，在省、市、县三级建立起由农业农村、市场监管、公安、检察院等多部门组成的禁捕执法联席会议制度，定期召开禁捕执法联席会议，全省禁渔联合协同监管机制已初步建立并有效运行。省检察院、公安厅、农业农村厅联合印发《四川省非法捕捞案件行政执法与刑事司法衔接工作指引》，进一步强化行刑衔接，健全案件移送和联动执法机制，依法惩治非法捕捞等违法犯罪行为。印发《关于转发〈农业农村部 水利部关于建立完善长江流域禁捕水域网格化管理体系的通知〉的通知》，提出贯彻落实意见，指导各地充分依托河湖长制平台，以各级河湖长所辖河段流域为基础构建单元网格，督促各级河湖长和巡河人员担负巡河护渔职责，构建权责明确、规模适宜、运行有力、管护有效的禁捕网格化管理体系。目前，全省建有约2.6万个网格。搭建禁捕政策体系，省级相继出台《四川省长江流域禁捕水域休闲垂钓管理办法》《关于发布四川省天然水域禁用渔具和禁用捕捞方法名录的通告》《"三无"船舶联合认定实施意见》等重要制度文件，对休闲垂钓、禁用渔具和禁用捕捞方法、涉渔"三无"船舶管理等进行了规范和明确规定。制作了全省长江流域重点水域禁捕范围示意图、"一江五河"（长江、岷江、沱江、赤水河、嘉陵江、大渡河）禁捕范围示意图、长江流域45个水生生物保护区范围示意图，为禁捕执法工作提供重要支撑。

三是抓好转产安置，巩固退捕渔民上岸基础。将退捕渔民安置保障作为禁捕工作关键环节，围绕渔民"退得出、稳得住、能致富"工作目标，出台《关于做好退捕渔民转产转业和生活保障相关工作的通知》等政策文件，按照发展产业安置一批、务工就业安置一批、支持创业安置一批、公益岗位安置一批和低保托底安置一批等措施，分类制定转产转业安置方案，想方设法拓宽就业渠道，持续保持了退捕渔民转产就业率和养老保险参保率两个百分之百，实现"应补尽补、应保尽保、应帮尽帮"。抓实社会保障，全面落实退捕渔民养老保险缴费补贴政策，鼓励引导退捕渔民按时缴费、长期缴费，有条件的按高标准缴费；及时为符合困难群体代缴养老保险条件的退捕渔民代缴养老保险费。深耕就业服务，持续开展退捕渔民转产就业跟踪帮扶，动态掌握退捕渔民培训、就业等需求信息，建立就业帮扶台账，常态化为退捕渔民提供至少1次政策宣讲、1次就业指导、3次职业介绍和1次职业培训机会的"1131"就业服务，对残疾、低保、特困、零就业家庭、存在致贫返贫风险的退捕渔民重点关注，优先提供帮扶。坚持跟踪帮扶，组织开展"十省百县千户"长江退捕渔民调研，对19个县（市、区）的513名样本退捕渔民生产生活情况进行跟踪监测，把符合条件的退捕渔民纳入防止返贫动态监测对象,动态掌握退捕渔民生产生活情况。针对生活困难的退捕渔民,及时开展救助兜底,对遭遇特殊重大困难的采取"一事一议"方式提高救助金额,对意外致残的积极救助帮扶。

四是开展专项打击,全力维护禁捕管理秩序。全省各级各有关部门持续加大对涉渔违法行为的打击处置力度,坚持水上打、陆上管、市场查,基本实现水上不捕、市场不卖、餐馆不做、群众不吃的良好局面,全省禁捕管理秩序保持总体稳定。农业农村系统,省级牵头与云南、贵州、重庆、青海、陕西、甘肃签订联合执法合作协议。省内相邻市、县之间也紧盯交界水域、多发高发水域等重点区域开展联合执法行动,逐步建立起长江流域上下游、左右岸、干支流协同执法管理机制。印发《四川省长江流域跨省交界水域及非法捕捞高发水域专项行动方案》等行动方案,分年度开展"渔政亮剑""护渔百日"执法行动,聚焦重点时节,相继开展"五一""国庆"期间长江流域重点水域禁渔专项行动。公安系统,印发《全省公安机关打击长江流域非法捕捞犯罪专项行动工作方案》等系列工作方案,切实开展打击长江流域非法捕捞专项整治行动。市场监管系统,印发《打击市场销售长江流域非法捕捞渔获物专项行动实施方案》等系列行动方案,扎实开展"长江禁捕 打非断链"专项行动,对市场销售非法渔获物等违法行为进行重点打击。交通运输系统,印发《"三无"船舶专项整治工作方案》等文件,积极开展涉渔"三无"船舶清理整治工作。

五是强化能力建设,持续提升渔政管理水平。将渔政执法队伍建设作为"三年强基础"的重中之重,出台《四川省关于加强长江流域渔政执法能力建设的指导意见》,要求各地按照"六有"(有健全执法机构、有充足执法人员、有执法经费保障、有专业执法装备、有协助巡护队伍、有公开举报电话)工作要求,持续加强渔政执法队伍和执法装备建设,全面构建"人防+技防"的现代化监管体系。建强渔政管理队伍,指导各地根据禁捕目标任务和渔政执法监管工作实际需求,整合各级农业农村主管部门与相关职能部门,以及乡镇(街道办)的行政监管与执法力量,用好用活农业综合行政执法机构及人员,选强配优与工作任务相适应的执法队伍。组建协助巡护队伍,农业农村厅、人力资源社会保障厅、财政厅联合印发《四川省组建长江流域渔政协助巡护队伍工作实施方案》,指导有禁捕任务的县(市、区)按照长江、嘉陵江沱江岷江、大渡河赤水河三类水域,每15、20、35公里配置1名基础巡护队员，各市（州）、县（市、区）结合本辖区禁捕范围增配巡护队员，做到测算有据、配置有序。配强配齐执法装备，及时转发农业农村部《渔政执法装备配备标准》，高质量、高标准推进"亮江"工程、长江生物多样性保护工程等项目建设，继续配备渔政艇、无人机、执法车辆、执法记录仪等基础装备，推进智慧巡防，加快形成与新形势新需求相适应的渔政执法力量。加大业务培训力度，落实常态化培训制度，积极开展全国渔政执法骨干人员能力提升活动，认真举办全省渔政执法能力建设项目培训会等专题培训活动，组织参加农业农村部内陆渔政执法能力培训班等，切实提升渔政执法人员和渔政协助巡护队员理论水平和执法水平。

六是广泛宣传引导，营造良好社会舆论氛围。印发《关于加强我省长江流域禁捕宣传工作的通知》，指导地方通过新闻媒体等广泛宣传相关法律法规，全方位、高密度、多层次开展禁捕退捕宣传工作，积极引导全社会关注禁捕、理解禁捕、支持禁捕。召开新闻发布会，连续三年召开长江十年禁渔新闻发布会，及时向社会大众通报全省长江十年禁渔新进展、新动向，解读最新禁捕政策和文件，适时公布一批执法典型案例，回应社会公众关切。邀请人民日报、新华社、四川日报、农民日报等主流媒体参加新闻发布活动，持续提升活动覆盖面、影响力和群众知晓度。多渠道开展宣传，2021年，组织四川广播电视台乡村频道每天分5个时段滚动播放长江禁捕公益广告，全面宣传禁捕退捕有关政策和《长江保护法》等法律法规。抓好传统媒体和新媒体的结合，利用微信公共号、抖音、快手等新媒体平台，全方位、广角度、多形式宣讲禁捕退捕重大意义和相关政策措施。在水生生物保护区等重点水域设置一批警示牌，在农贸市场、餐馆等涉渔场所张贴禁捕通告和宣传标语，在学校、社区等重点场所开展政策宣讲，做好禁捕宣传全覆盖。制作一批禁用渔具宣传手册和宣传折页，在全省范围进行发放，推动政策深入人心。禁捕以来，全省累计开展媒体宣传数十万余次，印发宣传资料上百万份。举办系列宣传活动。每年组织21个市（州）与全国同步开展水生野生动物保护科普宣传月活动，通过走进社区、学区、渔区和景区等方式，向公众特别是青少年群体传递水生野生动物保护理念。2022年10—11月在成都极地海洋公园举办四川省长江水生生物专题展，展出长江生物标本近百件，通过多维科普、标本展览等丰富形式让公众认识和了解长江水生生物的多样性，全面提高水生生物多样性保护意识。完善应急处置预案，印发《四川省长江流域禁捕退捕工作突发事件应急处置预案》，进一步提高应对突发事件处置协调管理能力，建立健全风险隐患排查和突发情况应急处置机制，认真梳理风险隐患点，妥善处置部际专班反馈信访件，及时落实应急处置措施，最大程度预防突发事件的发生和减少突发事件造成的影响，维护社会正常秩序。

（二）开展水生生物及其栖息地保护

1. 建设水产种质资源保护区

从2007年开始，四川省组织市、县各级渔业行政主管部门积极开展水产种质资源保护区的划定和申报工作，通过农业农村部和四川省政府批准，建立一批国家级和省级水产种质资源保护区。2011年根据原农业部《关于开展水产种质资源保护区规划编制工作的通知》要求，组织水产科研力量编制完成了《四川省水产种质资源保护区规划（2011—2020年）》，使四川省水产种质资源保护区的划建工作更加规范和合理。截至目前，全省共建有水产种质资源保护区39个，其中国家级31个、省级8个，保护区总面积24 343公顷，保护对象包含了国家一、二级（表1）和省重点保护水生野生动物（表2），以及长江上游重要经济鱼类。

表1　四川省分布的国家重点保护水生野生动物名录

序号	物种名称	繁殖及洄游特性	分布状况	保护价值
1	白鲟（*Psephurus gladius*）	栖息于长江流域的中下层，有时也进入沿江大型湖泊。肉食性鱼类，以鱼、虾、蟹、等动物为食。3—4月为生殖季节，在卵石底质的河床上产卵。卵圆形，黑色，沉性，卵径约2.7毫米。白鲟为中国特有的大型濒危珍贵鱼类。2003年1月，在长江上游四川南溪江段误捕救护放流白鲟成体1尾，是最后1尾关于白鲟活体的记录。被列入《世界自然保护联盟濒危物种红色名录》（IUCN）ver3.1——灭绝（EX）	金沙江下游、长江干流	功能性灭绝

(续表)

序号	物种名称	繁殖及洄游特性	分布状况	保护价值
2	中华鲟（Acipenser sinensis）	中华鲟是一种溯河洄游性鱼类，繁殖群体上溯到川江产卵。生殖季节在10~11月，水温17~20℃，盛产期在10月中下旬。怀卵量依鱼体年龄和个体大小而异，常见的18~30龄，体重190~300千克个体怀卵量为40万~130万粒	长江干流	中华鲟既是介于软骨鱼类与硬骨鱼类之间的类群，又是硬骨鱼类中较原始的类群，在研究生物进化以及地质、地貌、海侵、海退等地球变迁方面均具有重要的科学价值
3	长江鲟（Acipenser dabryanus）	性成熟较早，雌鱼6~8龄，体重4~10千克，雄鱼较雌鱼为早，一般为4~5龄。怀卵量较大，生殖季节在春季，产卵场多分布在屏山到合江间的河段，常在水流湍急，底质为卵石的河滩上产卵，受精卵具黏性，黏附在石砾上孵化	金沙江下游、长江干流上游	长江鲟是中国长江流域特有的珍贵鱼类，有"水中大熊猫""水中活化石"之称，具有重要的科研价值和生态价值。研究长江鲟生物学特性和人工繁殖技术，对恢复长江鲟自然种群，保护生态环境和进行商业开发具有重要意义
4	川陕哲罗鲑（Hucho bleekeri）	生殖时期约在惊蛰到春分季节。产卵场多在深水潭附近滩口处的浅水区，水流稍缓，河底多砾石和砂质。产卵前亲鱼先在适宜的河底挖掘圆形或椭圆形的浅窝，然后再行产卵。受精卵无黏性，在窝内发育孵化	大渡河上游	川陕哲罗鲑是哲罗鲑属中分布纬度最低的物种，在动物地理学、鱼类系统发育与气候变化等方面具有重要的学术研究价值
5	普雄原鲵（Protohynobius puxiongensis）	繁殖期在4月中旬到5月下旬，不同栖息地、不同个体产卵时间有所不同。偶有集中繁殖的现象，雄性滞留产卵场，有护卵行为。繁殖期成体在终年流水环境的产卵场活动，繁殖期结束后，成体离开。秋季曾在产卵场附近的竹根、灌丛根下挖到普雄原鲵成体	越西县	普雄原鲵的栖息地主要分布在高海拔人烟稀少的大凉山区，由于普雄原鲵独特的分类地位，中外科学家对其颇为关注
6	水獭（Lutra lutra）	水獭是半水栖兽类，喜欢栖息在湖泊、河湾、沼泽等淡水区。水獭的洞穴较浅，常位于水岸石缝底下或水边灌木丛中。以鱼为食。没有明显的繁殖季节，在夏季或秋季产仔，全年均可繁殖。通常1胎2仔	分布于全国大部分地区，四川主要分布在青川县、通江县、天全县、色达县	具有较高经济价值，目前野生种群数量剧减

（续表）

序号	物种名称	繁殖及洄游特性	分布状况	保护价值
7	小爪水獭（Aonyx cinerea）	全年繁殖，无明显的繁殖季节，妊娠期60~64天，每年产胎，每胎1~2仔，多可达6仔。小爪水獭发情期通常在9—10月，但会受到自然条件、地区环境的相应影响而有所差异，发情期15~30天	凉山州、攀枝花市干热河谷	小爪水獭的存在通常意味着一个完整而健康的湿地生态系统，体现了该区域重要的生态地位和价值
8	巫山巴鲵（Liua shihi）	繁殖期2—5月。在此期间，成鲵多进入溪内或泉水洞内寻偶配对。体外受精，每一雌鲵产出卵鞘袋两条，一端结成柄状，并固着在石壁或水草上，另一端游离，漂于水中。卵鞘袋坚韧，长90~270毫米，直径9~20毫米，每条有卵13~50余粒，单行或交错排列	万源市	巫山巴鲵分布范围小、且对环境要求较高，因此巫山巴鲵的分布能说明该地区生态系统较为健康，有重要的科研价值
9	秦巴巴鲵（Liua tsinpaensis）	繁殖期，雌鲵产卵袋一对，一端相连成"柄"，黏附在石块底面，另一端漂于水中。卵袋长39~79毫米，中段直径10~11毫米，其自然弯曲似香蕉状形；卵粒单行排列在卵袋内，每一袋内有卵6~11粒，每一雌鲵产卵13~20粒。幼体全长达60毫米以上时，外鳃逐渐萎缩至变态成幼鲵	万源市，旺苍县	秦巴巴鲵独特的地理分布格局可为探讨秦巴山区的地史变迁与相关生物类群演化历史间的相互关系提供线索
10	龙洞山溪鲵（Batrachuperus londongensis）	体背面颜色变异大，黑褐、褐黄或橙黄色等，腹面浅紫灰色。栖息于海拔1 300米左右的泉水洞以及下游河内。主要营水栖生活，成鲵多蜷曲在石下，翻石后一般静伏不动。在水中捕食虾类和水生昆虫及其幼虫等	峨嵋山市、洪雅县、汉源县、荥经县	为我国特有的珍稀两栖动物，其野生资源量急剧减少，且对其的研究尚缺乏系统性
11	无斑山溪鲵（Batrachuperus karlschmidti）	3—4月为繁殖盛期。水温4~10℃时，少数个体延至5月产卵。体外受精。卵大，色乳白，一般5~16粒单行排列在卵鞘袋内。卵鞘袋长65~125毫米、直径8~19毫米，有的长达200毫米以上，表面有细纵缢纹。一端贴附在流溪石块下，另一端悬于水中。幼体在溪水中生长发育，完成变态	木里县、稻城县、九龙县、理塘县、康定市、新龙县、白玉县、炉霍县、色达县、壤塘县	无斑山溪鲵为我国珍贵、稀有的濒危水生野生动物，具有很高的科研和生态价值，俗称"接骨丹""娃娃鱼""羌活鱼"等。近年来，由于人为的过度捕捉、物种栖息地环境的污染、旅游开发等原因，导致该属种群数量急剧减少

（续表）

序号	物种名称	繁殖及洄游特性	分布状况	保护价值
12	山溪鲵（*Batrachuperus pinchonii*）	4—7月，在成鲵生活环境中，水温8℃左右时，可采到略弯曲的卵胶袋，呈"C"形或香蕉状。成对的卵胶袋基部一端相连成柄状粘贴在石块下或枯枝上，另一端游离于水中，随水摆动；孵化出的幼体从游离端逸出，幼体一般均分散活动，多在溪边缓流处	山溪鲵分布状况中"四川西部"改为"马尔康市、小金县、宝兴县、石棉县、大邑县、峨眉山市、洪雅县、喜德县、冕宁县、越西县、北川县、绵阳市安州区、彭州市	为我国特有的珍稀两栖动物，其野生资源量急剧减少，且对其的研究尚缺乏系统性
13	西藏山溪鲵（*Batrachuperus tibetanus*）	该鲵产卵期在4月，产卵期平均气温5.8~9.7℃，水温4~7℃。每条雌体产卵袋两条，卵胶袋似螺旋形，每条卵袋含有8~20粒卵，卵袋以其基部共同的基柄牢固地黏附于水中大石块底面、枯枝或水草，其余部分游离于水中。卵袋中的每一枚卵粒外层包围着一层透明的卵膜，刚产出时为白色且透亮，随后其表面因环境因素而显得微微发黄	若尔盖县、九寨沟县、理县、小金县、平武县、南江县	为古老的有尾两栖动物，西藏山溪鲵的进化潜力已经很小。加之人为的干扰和破坏，其分布范围不断萎缩，资源状况不详，因此具有重要的保护价值
14	弱唇褶山溪鲵（*Batrachuperus cochranae*）	成鲵吻部高，眼突出，唇褶弱；颈褶甚明显，并在该部位形成一深的凹陷；口大，口角位于眼后角下方，其间距为眼前角至鼻孔的长度；上、下颌骨较发达，掌、蹠部无角质鞘；尾呈圆柱状，向后逐渐侧扁	小金县、汉川县	弱唇褶山溪鲵为我国特有种，分布区狭窄但现阶段对此物种的研究较少，保护研究尚为空白
15	盐源山溪鲵（*Batrachuperus yenyuanensis*）	雌鲵一般在3月下旬（春分前后）开始产卵；产出一对卵胶袋附着于沟中石块下，全部或大部没于水中；3月下旬至4月下旬（水温4~10℃）可发现大量卵胶袋，5月底至6月大部分孵化后的幼体在水中营独立生活	盐边县、盐源县、冕宁县、普格县、德昌县	盐源山溪鲵被认为治疗腰痛、风湿病等效果良好，具有一定的药用价值，但此阶段对此物种的研究较少，保护研究尚为空白

(续表)

序号	物种名称	繁殖及洄游特性	分布状况	保护价值
16	大凉螈（*Liangshantriton taliangensis*）	大凉螈的繁殖季为每年的4月下旬到7月下旬，雌雄间具明显性二型性，雌性个体的头体长、体重及肥满度均大于雄性，而雄性的尾高和尾长占全长的比例则大于雌性。对比自然抱对雄性和非抱对雄性个体发现，抱对个体在头体长、体重和尾高等体征方面显著大于非抱对个体，暗示这些形态特征可能在雄性竞争配偶的过程中起到关键作用	汉源县、石棉县、冕宁县、美姑县、甘洛县、越西县、昭觉县、布拖县、九龙县、马边县	作为大凉山区特有的两栖动物，仅分布于四川西南部，具有重要的进化地位和保护关注度
17	川南疣螈（*Tylototriton pseudoverrucosus*）	繁殖期在6—7月，此期成螈昼夜出外活动，常聚集于沼泽地水坑和静水塘中交配或产卵	宁南县	川南疣螈为四川特有的疣螈属物种之一，因此有一定的保护价值
18	文县瑶螈（*Yaotriton wenxianensis*）	该螈生活于海拔约940米的林木繁茂的山区，繁殖季节为5月，在繁殖季节成螈到静水塘附近活动和繁殖	青川县、旺苍县、剑阁县、平武县	文县瑶螈为四川特有的瑶螈属物种，其野生资源量急剧减少，且对其的研究尚缺乏系统性
19	鯮（*Luciobrama macrocephalus*）	具有江湖半洄游习性。雄性4冬龄、雌性5冬龄达性成熟。生殖期为4—7月，成熟亲鱼上溯至江河水流较急的场所进行繁殖，产浮性卵。性凶猛，幼鱼期至湖泊中肥育，仔幼鱼阶段食枝角类和鱼苗；成鱼转为食鱼类，常以其管筒状的长吻在石缝或水草丛中觅食小型鱼类	长江上游、金沙江下游	曾经由于过度捕捞、江湖阻隔、饵料鱼类减少等原因，导致种群个体数量显著减少，已很难见到其野生个体
20	长鳍吻鮈（*Rhinogobio ventralis*）	产卵期为3月下旬至4月下旬，产卵水温17~19.2℃。生殖群体集群在浅水滩处产卵，产卵场底质为沙、卵石，水深0.5~1米。其成熟卵粒呈灰白色，卵径0.5~1毫米。受精卵膜透明，无黏性，产卵类型和特性与铜鱼相似，属漂流性卵类型，受精卵随水漂流发育	金沙江下游，四川境内长江干流及支流	受水质污染和人工过度捕捞的影响，数量大幅减少，有一定的保护价值

(续表)

序号	物种名称	繁殖及洄游特性	分布状况	保护价值
21	四川白甲鱼（*Onychostoma angustistomata*）	底栖性鱼类，喜生活于清澈、有砾石的流水中。常以具锐利的下颌角质边缘在岩石及其他物体上刮取食物；食物以着生藻类及沉积的腐殖质为主。亲鱼待成熟后，即上溯至多砾石及沙滩的急流处产卵，卵常黏附着在水底砂石上进行孵化。短程洄游	分布于长江上游干支流	恢复种群数量，保护物种的多样性和种质资源基因库；待开发利用获取良好的经济效益和社会效益
22	金氏䱀（*Leptobotia elongata*）	2龄可达性成熟，怀卵量较小，通常为500~2 000粒，V型卵巢的卵子呈黄色，卵粒较大，1.5~2.0毫米	会东县、会理县、宁南县	分布区狭窄，作为一种特有的小型、无鳞、冷水性底栖鱼类，有一定的科研保护价值
23	青石爬鮡（*Euchiloglanis davidi*）	卵多产于急流的乱石缝中。排出的卵常黏连成片地附于石块和砂粒上。为中小型底栖鱼类，常匍匐在河流砾石滩上生活，食水生昆虫及其幼虫。无明显洄游性	分布于长江上游的各支流中	肉味鲜美，经济价值高，种群数量小，有待保护和利用
24	骨唇黄河鱼（*Chuanchia labiosa*）	喜在河流干支流清冷水域的缓流区的上层水体中活动，也能进入附属水体静水环境中生活。主要以水生无脊椎动物和硅藻为食。于5月繁殖。个体不大，体长一般为150~250毫米	若尔盖县、阿坝县、红原县黄河流域	为我国特有鱼类，野生种群较少，具有科研和保护价值
25	大鲵（*Andrias davidianus*）	大鲵栖息于山区的溪流之中，在水质清澈、含沙量不大，水流湍急，并且要有回流水的洞穴中生活。雌鲵每年7—8月间产卵，卵产于岩石洞内，每尾产卵300枚以上。无明显洄游性	分布于长江支流的山涧溪流中	肉嫩味鲜，因长期遭到捕杀和生存环境丧失，野生种群数量锐减
26	虎纹蛙（*Hoplobatrachus chinensis*）	虎纹蛙繁殖期为5—9月。其生殖、发育和变态都在水中进行，蛙没有交配器，产卵前在稻田、池塘或水沟里先行交配，然后才开始产卵。雌蛙产卵的同时，雄蛙排精，在水中进行受精（体外受精）。根据其性腺发育情况，虎纹蛙为多次产卵类型，虎纹蛙卵为多黄卵，动物极黑色，植物极乳白色或淡黄色。产出的卵粒黏连成小片浮于水面，每片有卵十余粒至数十粒，卵多产于永久性的池塘或水坑内	南充市高坪区、岳池县、蓬安县交界处金城山	虎纹蛙也是生物多样性保护的一个重要研究对象，关注虎纹蛙的生态、行为和生殖机制可以为人们更深入地了解自然界的规律和蛙类的生态行为提供很好的范例。因此具有科研保护价值

（续表）

序号	物种名称	繁殖及洄游特性	分布状况	保护价值
27	乌龟（Mauremys reevesii）	卵生，体内受精。5龄、体重250克以上达性成熟。一般在9—10月，气温20~25℃时交配。雌龟一年可产3~4批卵，每批产卵3~7枚。龟卵孵化时间需60~80天。无明显洄游性	除甘孜州、阿坝州、凉山州高寒山区外均有分布	野生种群数量很少，具有保护价值
28	潘氏闭壳龟（Cuora pani）	每年7—8月为产卵期，卵椭圆形，每次产1~9枚，可分批产卵。卵重10~20克，卵平均长径35~45毫米，卵平均短径18~25毫米	广元市昭化区、利州区、剑阁县、通江县	潘氏闭壳龟属爬行纲龟鳖目淡水龟科闭壳龟属，是我国闭壳龟属中分布最北的种，具有重要的保护价值
29	胭脂鱼（Myxocyprinus asiaticus）	每年2月中旬性腺接近成熟的亲鱼上溯到上游，于3—5月在急流中繁殖。长江的产卵场在金沙江、岷江、嘉陵江等地。亲鱼产卵后仍在产卵场附近逗留，直到秋后退水时期，才回到干流深水处越冬。胭脂鱼一般6龄可达性成熟，体重约10千克。洄游性鱼类	金沙江下游、长江干流及支流均有分布	长江上游重要经济鱼类，生长较快，现野生种群数量较少
30	稀有鮈鲫（Gobiocypris rarus）	繁殖季节为3—11月，在人工授精条件下可周年繁殖。在适宜的水温和充足的饵料条件下，孵出后4个月左右即可达性成熟并产卵，一般每尾雌鱼一次可产卵300粒左右	汉源县流沙河，金堂县沱江及支流毗河、青白江，彭州市湔江流域，都江堰市柏条河值	本种为我国特有种，分布范围狭窄，野生资源量较少。
31	圆口铜鱼（Coreius guichenoti）	下层鱼类，栖息于水流湍急的江河，常在多岩礁的深潭中活动。产漂流性卵，产卵期从4月下旬到7月上旬，最大个体可达3~4公斤。	分布于长江上游干支流和金沙江下游以及岷江、嘉陵江、乌江等支流中	肉质细嫩、富含脂肪，是长江上游重要的经济鱼类。因水利工程建设和捕捞过度，资源量下降明显。
32	多鳞白甲鱼（Onychostoma macrolepis）	雄鱼3龄、雌鱼4龄达性成熟，怀卵量0.60万~1.20万粒，一次产卵型，产卵期在4月下旬至7月下旬。在沙砾底质的溪流中产卵，初排出的卵子饱满游离，橙黄色或淡黄色，附着于砂砾上孵化	嘉陵江上游及支流东河，渠江上游支流	多鳞白甲鱼是秦巴山区山溪河流重要的野生名贵经济鱼类。但因为人类活动对其生境的影响导致多鳞白甲鱼野外数量下降，因此需要开展一定的保护措施

(续表)

序号	物种名称	繁殖及洄游特性	分布状况	保护价值
33	金沙鲈鲤（*Percocypris pingi*）	幼鱼多在河流的沿岸，成鱼则在敞水区水体的中上层游弋。行动迅速，为凶猛性鱼类，专门猎食小型鱼类。3冬龄鱼达性成熟，生殖期约在6月间，产卵地点都在上游的急流水中。产卵时间为每年的2—4月	金沙江中下游、长江上游	金沙鲈鲤具有肉质鲜美、低胆固醇、低脂肪、高蛋白质等特点，并有很高的药用价值，由于生态环境恶化，加上近年来大量水利水电工程建设等原因，金沙鲈鲤的自然种群资源量锐减，濒临灭绝，亟须保护
34	极边扁咽齿鱼（*Platypharodon extremus*）	栖息环境为水底多砾石、水质清澈的缓流或静水水体，常喜在草甸下穴居。以刮食水底附着藻类为食。生殖期在5—6月，产卵场在水深1米以内的缓流处。常见个体重为1.5~2.0千克。短程洄游	黄河四川段	仅分布于黄河上游高原的宽谷河流。具重要经济价值，因捕捞过度资源量急剧下降
35	细鳞裂腹鱼（*Schizothorax chongi*）	冷水性底层鱼类，喜聚集成群，栖息于缓流处的石穴内，水质清澈时，常活动在底质为砾石的急流环境中，以角质缘在石块上刮食着生藻类。短程洄游	金沙江下游、雅砻江中下游、安宁河下游	有一定经济价值，现野生种群数量剧减
36	重口裂腹鱼（*Schizothorax davidi*）	重口裂腹鱼属冷水性鱼类，平时多生活于缓流的沱中，摄食季节在底质为沙和砾石、水流湍急的环境中活动，秋后向下游游动，在河流的深坑或水下岩洞中越冬。生殖季节一般在8—9月，产卵于水流较急的砾石河床中。以动物性食料为主食，短程洄游	分布于长江上游的各支流中	肉味鲜美，经济价值高。现种群数量较少。
37	厚唇裸重唇鱼（*Gymnodiptychus pachycheilus*）	多栖息于水流湍急的河流中，以水生昆虫的幼虫为食，生殖季节为4—5月	黄河上游，雅砻江中上游	重要经济鱼类，目前野生资源减少，有待建立水产种质资源保护区重点保护
38	岩原鲤（*Procypris rabaudi*）	岩原鲤大多栖息在水流较缓、底质多岩石的水体底层，经常出没于岩石之间，冬季在河床的岩穴或深沱中越冬，立春后开始产卵。最小成熟年龄为4龄，产卵期在2—4月，产卵盛期在2—3月。产卵场一般分布在支流急滩下，底质为砾石的流水体中	在长江上游均有分布	其经济价值较高。由于水质污染和水利工程的建设，产卵环境遭到破坏，野生种群的资源量亟待补充

（续表）

序号	物种名称	繁殖及洄游特性	分布状况	保护价值
39	红唇薄鳅（Leptobotia rubrilabris）	生殖期在5—7月，怀卵量较小，体长75毫米，怀卵量约885粒，Ⅳ期卵巢的卵呈黄色，直径约1.0毫米	金沙江下游、长江上游支干流	由于水电开发破坏其栖息地和产卵场的环境，加之环境污染和过去长期过度捕捞等原因，其天然资源量锐减，亟须保护
40	长薄鳅（Leptobotia elongata）	生活于江河中上游，水流较急的河滩、溪涧。常集群在水底砂砾间或岩石缝隙中活动，为底层鱼类，有溯水上游的习性。是一种肉食性鱼类。生殖期在3—5月，卵黏附在石上孵化。短程洄游	金沙江下游，长江干支流	因栖息环境破坏和捕捞强度过大，种群数量减少
41	似鲇高原鳅（Triplophysa siluroides）	常喜潜伏于干流、大支流等水深湍急的砾石底质的河段，也栖息于冲积淤泥、多水草的缓流和静水水体，营底栖生活。7—8月产卵。为鳅科鱼类中最大的种，常见个体体长150~480毫米，最大个体体长482毫米，重1.5千克。短程洄游	黄河上游	资源量急剧下降，具重要经济价值

表2 四川省重点保护水生野生动物名录

序号	物种名称	繁殖及洄游特性	分布状况	保护价值
1	西昌高原鳅（Triplophysa xichangensis）	西昌高原鳅属冷水性鱼类，常年生活在12~20℃清澈的河底多砾石的溪流中，自然产卵繁殖在每年的3—5月和11月份，产黏性卵，卵径0.76~0.87毫米	安宁河、鳊鱼河	作为攀西地区特有的高原鳅，具有重要的进化地位和保护关注度
2	大桥高原鳅（Triplophysa daqiaoensis）	体型中等大小。栖息于多碎石、急流清澈的流水环境中，4—6月繁殖，卵径小，0.5毫米左右	安宁河	作为攀西地区特有的高原鳅，大桥高原鳅仅分布于四川安宁河，因此具有重要的进化地位和保护关注度
3	多带高原鳅（Triplophysa polpyfasciata）	麻鱼，长江上游特有鱼类	岷江、青衣江、宝兴河、涪江	资源量较少，具有较大保护价值

（续表）

序号	物种名称	繁殖及洄游特性	分布状况	保护价值
4	黄河高原鳅（*Triplophysa pappenheimi*）	一种体型较大的鳅科鱼类。头及体前躯较平扁，尾柄低而长。口裂大；唇狭窄，唇面光滑或具浅皱褶。体无鳞，皮肤具短杆状皮质棱突。生活于砾石底质急流河段，肉食性。每年4—5月河道融冰时即逆水上溯产卵繁殖	黄河上游干、支流	一种体型较大的鳅科鱼类。有一定经济价值
5	短须高原鳅（*Triplophysa brevibarba*）	生殖季节为6—8月，成熟卵巢卵粒较大，呈黄色	安宁河、雅砻江下游	仅分布在四川境内，且数量较为稀少，有一定的保护价值
6	小眼薄鳅（*Leptobotia microphthalma*）	生殖季节为7—8月，成熟卵巢卵粒较大，呈淡黄色	岷江中下游、大渡河下游	仅分布在四川境内，且数量较为稀少，有一定的保护价值
7	成都鱲（*Zacco chengtui*）	成熟卵呈圆球状，平均卵径1.04毫米，为沉性卵。在平均23.0℃（17.1~28.0℃）水温条件下，从受精卵到孵化经历了73小时1分钟，积温为1 682.3度时；孵化后6.5天进入弯曲期仔鱼	沱江上游湔江流域	为四川特有的鱼类，其野生资源量急剧减少，且对其的研究尚缺乏系统性
8	鳡（*Elopichthys bambusa*）	性成熟后生长较慢，第一次性成熟年龄一般为3~4龄，其怀卵量随个体的增大而增加。产卵期在5—6月，5月为盛期，集群产卵，产漂流性卵，受精卵随水漂流发育和孵化	长江及支流、长江干、支流	鳡为江河、湖泊中的大型经济鱼类之一，其肉质鲜美，一向被列入大型上等食用鱼类，具有较高的经济价值
9	西昌白鱼（*Anabarilius liui*）	1月至翌年3月为其繁殖期。繁殖期成群活动，在水流较平缓，河床为沙砾石质的河湾处产卵繁殖	安宁河	为四川特有的鱼类，其野生资源量极少，且对其的研究尚缺乏系统性并长时间无相关资源调查数据
10	邛海白鱼（*Anabarilius qionghaiensis*）	邛海是该物种的模式产地，栖息于湖泊中上层，3—5月静水产卵，无洄游性	分布于邛海	邛海特有鱼类，资源量明显减少，亟待保护
11	短臀白鱼（*Anabarilius brevianalis* Zhou et Cui）	繁殖期在5—6月，Ⅳ期卵巢的卵径为0.9~1.2毫米	长江上游、金沙江支流鲹鱼河	分布范围狭窄，资源量极少，有必要重点保护。
12	邛海鲌（*Culter mongolicus qionghaiensis*）	雌性3龄，雄性2龄成熟，6—7月产卵，幼鱼喜栖湖泊进岸水域或河道	西昌邛海	邛海特有鱼类，资源明显减少，亟待保护

（续表）

序号	物种名称	繁殖及洄游特性	分布状况	保护价值
13	长体鲂（*Megalobrama elongate*）	繁殖期为4—7月，盛期为4—5月。该物种的模式产地在四川	分布于长江干流上游	资源量显著下降，栖息地范围缩小，有必要重点保护
14	彭县似鮈（*Belligobio pengxianensis*）	体长，略侧扁。口角须1对，较短。臀鳍无硬刺，分枝鳍条6根。背鳍末根不分枝鳍条细软分节。下咽齿3行，1、3、5~5、3、1。侧线鳞44~45。下唇具2侧叶，颏部中央有小三角形突起。吻较圆钝，口呈圆弧形，胸部鳞片变小且隐埋于皮下。体侧侧线上方具5~9个圆形大黑斑。体长约110毫米。小型鱼类	沱江	沱江特有种，原数量较大，现资源明显减少，亟待保护
15	裸体异鳔鳅鮀（*Xenophysogobio nudicorpa*）	5—9月是异鳔鳅鮀的繁殖期，6—7月是其繁殖盛期，异鳔鳅鮀偏向于分批产卵类型	雅砻江中游、金沙江下段、长东上游	水产种质区重点保护，资源明显减少，亟待保护
16	大渡白甲鱼（*Onychostomadaduensis*）	栖息于水流较急、底质多砾石的江段，冬季在岩穴深处或深坑中越冬。常以下颌刮取藻类为食。雌鱼体重约1斤开始性成熟。3—5月，在多砂石的急流滩上产卵。个体较大，最大能长至7斤。短程洄游	长江上游、大渡河中游、金沙江下段	地区性经济鱼类。目前种群数量减少
17	隐鳞裂腹鱼（*Schizothorax cryptoleipis*）	2—4月产卵	雅安市晏场河	分布区狭窄，资源量很少，有必要重点保护
18	长丝裂腹鱼［*Schizothorax（Schizothorax）dolichonema*］	系高原流水底栖冷水性鱼类，主要以底栖动物、植物为食。每年5—6月为主要产卵季节	大渡河中上游，雅砻江干支流	重要经济鱼类，目前野生资源减少
19	异唇裂腹鱼［*Schizothorax（Racoma）heterochilus*］	以底栖动物、浮游植物为食。每年4—6月为主要产卵季节	青衣江上游	四川特有种，原数量较大，现资源明显减少
20	松潘裸鲤（*Gymnocypris potanini potanini*）	主要以底栖动物为食，黑水县和理县地区生活的种群，一般在6—7月繁殖	岷江上游	有一定经济价值，现种群数量减少

（续表）

序号	物种名称	繁殖及洄游特性	分布状况	保护价值
21	宝兴软刺裸裂尻鱼（Schizopygopsis malacanthus baoxingensis）	多在山谷河流中有砾石底的河段生活，4—5月繁殖	仅分布于宝兴河支流东河	青衣江特有种，省级保护动物，现资源暂且不明，有必要开展相关资源监测保护
22	嘉陵裸裂尻鱼（Schizopygopsis kialingensis）	约5龄性成熟，性成熟最小型雄鱼体长142毫米，体重34克，雌鱼144毫米，体重32克。生殖季节为6—7月	嘉陵江上游	嘉陵江特有种，现资源量较少
23	邛海鲤［Cyprinus（Cyprinus）qionghaiensis］	底栖杂食性鱼类，3—5月静水产卵，无明显洄游性	邛海	个体大，味道鲜美，具有较高经济价值
24	侧沟爬岩鳅（Beaufortia liui）	3—5月产卵，5年达性成熟	岷江、安宁河、嘉陵江	四川特有种，主要分布于岷江、大渡河，经济价值高
25	窑滩间吸鳅（Hemimyzon yaotanensis）	3—4月产卵	长江上游、干支流	原数量较大，现资源明显减少
26	中华鮡（Pareuchipoglanis sinensis）	食物主要是动物性饵料。在四川生殖时期多为6—8月	大渡河支流瓦斯沟	原数量较大，现资源较少
27	四川鮡（Pareuchipoglanis sichuanensis）	生活在山区多砂石，水流较急的溪河底层	岷江上游，大渡河下游	原数量较大，现资源较少
28	天全鮡（Pareuchipoglanis tianquanensis Ding）	生活在山区多砂石，水流较急的溪河底层	天全河	天全河特有种，省重点保护鱼类，现资源较少
29	四川吻鰕虎鱼（Rhinogbius szechuanensis）	繁殖期在4—6月，体长28毫米以上的1龄鱼开始性成熟，产卵群体以体长40~60毫米（雄性体长35~55毫米）的2龄鱼为主，还有少量70毫米左右的3龄鱼	长江上游、嘉陵江	由于栖息范围萎缩和曾经过度捕捞，资源量已经呈显著下降趋势

(续表)

序号	物种名称	繁殖及洄游特性	分布状况	保护价值
30	成都吻鰕虎鱼（Rhinogbius chengtuensis）	繁殖期在冬天到春天之间，雄鱼先成熟，其口部变得宽大，由侧面看，嘴角成方形。鰕虎鱼在贝壳、石头下或在蟹、虾所掘的洞穴中产卵，也有的在自己掘的穴洞中产卵，枳鰕虎鱼的巢，呈"Y"字形，上面两较窄的入口，中间相连且渐宽阔，最底部凹陷，可供产卵。卵长5毫米，呈茄子状，具有黏着力，通常黏在沙、石头或水草等东西上	岷江中游及南河流域	四川特有种，省重点保护鱼类，现资源较少
31	中华鳖（Pelodiscus sinensis）	鳖性成熟较晚，一般四龄性成熟。体内受精，水温达20℃以上时开始发情交配。产卵期为5月中旬到8月中旬。雌鳖一年中可产卵3~4次，每次产卵10~40枚，1千克重的雌鳖年产卵50~100枚。由卵到稚鳖孵出需60天左右。无明显洄游性	除甘孜州、阿坝州、凉山州高寒山区外均有分布	原数量较大，现资源明显减少

四川省已建水产种质资源保护区基本情况见表3。

表3 四川省已建水产种质资源保护区基本情况

序号	保护区名称	重点保护对象	保护区级别	保护面积	建立年份	所在地
1	黄河上游特有鱼类国家级水产种质资源保护区若尔盖县段	似鮈高原鳅、厚唇裸重唇鱼、扁咽齿鱼、花斑裸鲤、黄河裸裂尻鱼、骨唇黄河鱼和黄河高原鳅	国家级	1 320公顷	2007	阿坝州若尔盖县、阿坝县
2	大通江河岩原鲤国家级水产种质资源保护区	岩原鲤、中华鳖、华鲮等	国家级	979.5公顷	2008	巴中市通江县
3	郪江黄颡鱼国家级水产种质资源保护区	黄颡鱼、鳜、中华鳖	国家级	520公顷	2008年建，2015年调整	遂宁市大英县、德阳市中江县、绵阳市三台县

(续表)

序号	保护区名称	重点保护对象	保护区级别	保护面积	建立年份	所在地
4	渠江黄颡鱼白甲鱼国家级水产种质资源保护区	黄颡鱼、白甲鱼	国家级	1 299.3公顷	2008	广安市广安区、前锋区和达州市渠县
5	嘉陵江岩原鲤中华倒刺鲃国家级水产种质资源保护区	岩原鲤、中华倒刺鲃	国家级	1 400公顷	2008	广安市武胜县
6	梓江国家级水产种质资源保护区	鳜、黄颡鱼、中华倒刺鲃	国家级	800公顷	2009	绵阳市盐亭县、三治县
7	仪陇河特有鱼类国家级水产种质资源保护区	中华鳖、乌龟	国家级	977公顷	2009	南充市仪陇县
8	濛溪河特有鱼类国家级水产种质资源保护区	南方鲇	国家级	232公顷	2009	内江市资中县
9	构溪河特有鱼类国家级水产种质资源保护区	中华倒刺鲃、四川白甲鱼、中华鳖、鳜、南方鲇、黄颡鱼	国家级	1 420公顷	2010	南充市阆中市
10	嘉陵江南部段国家级水产种质资源保护区	中华倒刺鲃、黄颡鱼、南方鲇、四川白甲鱼	国家级	5 996公顷	2010	南充市南部县
11	通河特有鱼类国家级水产种质资源保护区	中华倒刺鲃、华鲮	国家级	1 970公顷	2010	巴中市平昌县
12	巴河特有鱼类国家级水产种质资源保护区	岩原鲤、中华鳖、南方鲇、鳜、黄颡鱼、中华倒刺鲃、白甲鱼、华鲮	国家级	650公顷	2010	达州市达川区、通川区
13	龙潭河特有鱼类国家级水产种质资源保护区	中华裂腹鱼、重口裂腹鱼、中华纹胸鮡、白缘鱼央、黑尾鱼央、大鲵	国家级	701公顷	2010	达州市万源市
14	后河特有鱼类国家级水产种质资源保护区	岩原鲤、南方鲇、黄颡鱼、华鲮、中华鳖、中华倒刺鲃	国家级	840公顷	2010	达州市宣汉县
15	渠江岳池段长薄鳅大鳍鳠国家级水产种质资源保护	长薄鳅、大鳍鳠,其他保护物种包括岩原鲤、白甲鱼、华鲮、黄颡鱼、中华倒刺鲃、南方鲇、鳜、胭脂鱼、鲤、鲫	国家级	1 307公顷	2011	广安市岳池县

(续表)

序号	保护区名称	重点保护对象	保护区级别	保护面积	建立年份	所在地
16	李家河鲫鱼国家级水产种质资源保护区	鲫、中华鳖	国家级	492公顷	2011	南充市西充县
17	西河剑阁段特有鱼类国家级水产种质资源保护区	乌鳢、翘嘴鲌	国家级	900公顷	2011	广元市剑阁县
18	南河白甲鱼瓦氏黄颡鱼国家级水产种质资源保护区	白甲鱼、瓦氏黄颡鱼	国家级	370公顷	2011	广元市利州区
19	焦家河重口裂腹鱼国家级水产种质资源保护区	重口裂腹鱼、中华裂腹鱼、大鲵、南江角蟾	国家级	618公顷	2011	巴中市南江县
20	清江河特有鱼类国家级水产种质资源保护区	重口裂腹鱼、中华裂腹鱼、大鲵	国家级	721公顷	2011	广元市青川县
21	岷江长吻鮠国家级水产种质资源保护区	长吻鮠、南方鲇、瓦氏黄颡鱼	国家级	615公顷	2011	乐山市市中区和眉山市青神县
22	硬头河特有鱼类国家级水产种质资源保护区	翘嘴鲌、南方鲇	国家级	729公顷	2011	广元市昭化区
23	濑溪河翘嘴鲌蒙古鲌国家级水产种质资源保护区	翘嘴鲌、蒙古鲌	国家级	1 880公顷	2011	泸州市泸县
24	巴河岩原鲤华鲮国家级水产种质资源保护区	岩原鲤、华鲮	国家级	1 278公顷	2011	达州市渠县和达川区
25	消水河国家级水产种质资源保护区	中华鳖、四川白甲鱼、大鳍鳠	国家级	492公顷	2012	南充市营山县
26	大洪河国家级水产种质资源保护区	中华倒刺鲃、大鳍鳠	国家级	980公顷	2012	广安市邻水县
27	凯江国家级水产种质资源保护区	鳜、黄颡鱼、中华倒刺鲃	国家级	660.93公顷	2012	绵阳市三台县
28	镇溪河南方鲇翘嘴鲌国家级水产种质资源保护区	南方鲇、翘嘴鲌	国家级	679.8公顷	2012	自贡市富顺县
29	插江国家级水产种质资源保护区	中华鳖、岩原鲤、黄颡鱼	国家级	579公顷	2012	广元市苍溪县

(续表)

序号	保护区名称	重点保护对象	保护区级别	保护面积	建立年份	所在地
30	平通河裂腹鱼类国家级水产种质资源保护区	重口裂腹鱼、中华裂腹鱼、细痣疣螈、大鲵、青石爬鮡、黄石爬鮡、刺鲃	国家级	1 918.9公顷	2014	绵阳市平武县、北川县、江油市
31	恩阳河中华鳖国家级水产种质资源保护区	中华鳖、岩原鲤	国家级	560公顷	2011年建，2014年调整	巴中市恩阳区、巴州区
32	阿拉沟高原冷水性鱼类省级水产种质资源保护区	厚唇裸重唇鱼、齐口裂腹鱼、重口裂腹鱼、软刺裸裂尻鱼、青石鮀鮡、黄石鮀鮡	省级	631公顷	2008	炉霍县
33	雅砻江鲈鲤长丝裂腹鱼省级水产种质资源保护区	鲈鲤、长丝裂腹鱼	省级	530公顷	2008	凉山州冕宁县
34	琼江翘嘴红鲌省级水产种质资源保护区	翘嘴鲌、蒙古鲌、乌鳢、黄颡鱼	省级	540公顷	2009	遂宁市安居区
35	东河上游特有鱼类省级水产种质资源保护区	细鳞斜颌鲴、中华裂腹鱼、鳡、大鲵	省级	620公顷	2009	广元市旺苍县
36	嘉陵江南充段省级水产种质资源保护区	大鳍鳠、鳜	省级	2 400公顷	2011	南充市高坪区、顺庆区
37	龙溪河省级水产种质资源保护区	厚颌鲂、黄颡鱼、中华鳖	省级	203公顷	2011	泸州市龙马潭区
38	潼江河省级水产种质资源保护区	云南鲴、大鳍鳠、宽口光唇鱼、中华倒刺鲃、大眼鳜、中华鳖等	省级	469公顷	2018	绵阳市梓潼县
39	鲹鱼河省级水产种质资源保护区	重口裂腹鱼、短须裂腹鱼、青石爬鮡、前鳍高原鳅等	省级	443.7公顷	2018	凉山州会理县

按照原农业部的统一安排，对每个创建成功的国家级水产种质资源保护区一次性给予10万元的工作补助，用于保护区的勘界立标。保护区建成后，根据当地实际情况，开展保护区的基础设施建设，主要是设置界碑、界桩、标识牌和宣传牌等，建立远程监控系统，并对保护区管理部门配备执法装备。同时，依托当地涉水

工程作业渔业资源补救措施的落实，通过近几年的努力，基本完成了保护区的在线监控设施和巡护队伍的建设，大大提高了保护区的管护水平。

一是加强保护区管理机构和执法队伍建设，落实专人负责管理；二是开展保护区基础设施建设，设置保护区界碑、界桩、标识牌和宣传牌等，建立远程监控系统，配备一定的执法装备；三是加强对保护区的法律法规宣传和科普知识宣讲，印发宣传资料和张贴标语等；四是开展保护区日常巡护和重点检查，特别是在禁渔期重点加强对水生生物保护区内珍稀特有水生野生动物的监管和检查，严厉打击偷捕、贩卖水生野生动物的违法行为；五是开展保护区珍稀水生动物和特有经济鱼类的增殖放流，逐步恢复保护区水生生物资源；六是开展涉水工程对保护区及珍稀特有水生动物影响的专题评价，督促落实渔业资源补救措施，减小对保护区的不利影响。

每年按照农业农村部的统一部署，在全省范围内开展为期一个月的水生野生动物保护科普宣传月活动。利用报纸、广播、电视、标语等形式广泛宣传水生野生动物保护法律法规，加大对珍稀濒危水生野生动物的宣传力度，通过走进"学区、社区、渔区、景区"开展水生野生动物科普宣传，普及水生野生动物保护科学知识，取得了预期效果。

2. 开展珍稀濒危物种保护

自 2019 年以来，四川省重点开展了长江鲟、大鲵、胭脂鱼、岩原鲤、重口裂腹鱼、金沙鲈鲤、乌龟、中华鳖等珍稀水生动物的驯养繁殖研究和培育，为开展人工增殖放流提供了充足的苗种。初步掌握了川陕哲罗鲑、圆口铜鱼、长薄鳅、厚唇裸重唇鱼、多鳞白甲鱼等濒危水生动物的人工繁殖技术，为下一步开展人工增殖放流打下了一定的物质基础。同时开展长江鲟拯救行动计划，建立了农业农村部长江上游珍稀特有鱼类保护基地和农业农村部宜宾长江鲟人工繁育基地，2023 年 3 月在长江干流江安段成功开展了长江鲟野外网箱繁育科学试验，以逐步恢复长江鲟野外资源和达到自然种群重建。在阿坝州马尔康市和崇州市文井江镇分别建立了川陕哲罗鲑人工驯养繁育基地，同时 2023 年 6 月在雅安市荥经县荥河镇苦蒿沟启动了四川省冷水性鱼类保育中心建设项目，并且 2020 年 10 月在芦山县大川河开展了第一次川陕哲罗鲑人工放流试验，2022 年 6 月和 2023 年 6 月在阿坝县茸安乡阿柯河段连续开展了 2 次川陕哲罗鲑人工放流试验，2022 年，联合青海省开展川陕哲罗鲑栖息地种群重建活动，有望在 2024 年突破川陕哲罗鲑人工子二代的繁育难题。

3. 加强水生野生动物利用管理

随着人们生活水平的提高，人工繁育和经营利用水生野生动物的越来越多，为保护好四川省水生野生动物资源，将人工繁育和经营利用国家、省重点保护水生野生动物纳入规范化管理，实行许可证制度，通过省政务中心集中受理审批。为加快推进"放管服"改革，自 2021 年 7 月 1 日起，《国家重点保护野生动物名录》和《〈濒危野生动植物种国际贸易公约〉附录水生动物物种核准为国家重点保护野生动物名录》中标有"仅限野外种群""仅野外种群"和列入《人工繁育国家重点保护野生动物名录》的水生野生动物，以及省重点保护动物中华鳖等，对其人工繁育种群及制品，凭已获得的人工繁育许可证办理专用标识，不再办理水生野生动物经营利用许可证。大大方便了群众办事，使四川省水生野生动物利用管理逐步进入规范化、法治化轨道。

（三）开展涉渔工程生态补偿

党的十八大将生态文明建设纳入"五位一体"的总体布局后，把建立生态补偿机制摆上了前所未有的高度。近年来，在农业农村部、省委省政府和农业农村厅党组的正确领导下，四川省水产系统严格执行相关法律法规，不断强化对涉渔工程的管理，依法开展涉渔工程专题评价，有力推进渔业资源补救措施落实，完善相关生态补偿机制，促进水生生物重要栖息地的保护与修复，践行习近平生态文明思想。

依照《中华人民共和国渔业法》第三十二条的规定，"在鱼、虾、蟹洄游通道建闸、筑坝，对渔业资源有严重影响的，建设单位应当建造过鱼设施或者采取其他补救措施"。2002 年，省人大修订通过了《四川省〈中华人民共和国渔业法〉实施办法》（以下简称《实施办法》），《实施办法》第二十九条明确规定了四川省水下工程作业影响渔业资源补救措施相关内容，自 2002 年 5 月开始探索建立四川省涉渔工程生态补偿机制。2005 年，当时的渔业行政主管部门四川省水利厅下发了《四川省水利厅关于建闸、筑坝或其他水下工程作业对渔业资源造成影响应依法采取相应补救措施有关问题的通知》，对生态补偿相关规定进行了细化，并将水下工程作业渔业资源补救措施审批纳入了四川省行政审批事项，明确了省、市两级审批权限。

随着《中华人民共和国长江保护法》《中华人民共和国黄河保护法》和《水产

种质资源保护区管理暂行办法》《长江水生生物保护管理规定》等法律法规的公布实施，四川省进一步规范了水下工程作业渔业资源补救审批管理，使四川省渔业资源影响专题评价工作得以有法可依、强力推进、规范开展。通过多年的探索，已逐步建立起较为完善的涉渔工程生态补偿体系。

自2022年起，对全省水下工程作业渔业资源补救措施落实情况加强督促检查，对落实进度实施月调度，并将落实情况纳入了当年对市（州）政府政务目标考核、河湖长制工作考核和市（州）党政领导班子领导干部推进乡村振兴战略实绩考核等考核体系，指导各市（州）农业农村部门切实履职尽责，督促业主单位按时完成渔业资源补救措施，切实保护水生生态环境。

（四）科学开展增殖放流

近年来，为巩固长江十年禁渔成效，有效促进水生生物资源恢复，四川省认真贯彻落实国务院办公厅印发的《关于加强长江水生生物保护工作的意见》和《水生生物增殖放流管理规定》相关要求，组织各地科学、规范开展水生生物增殖放流。每年6月6日全国"放鱼日"，组织全省各地与全国同步开展增殖放流活动。同时，四川省、市（州）和县（市、区）渔业行政主管部门不断加大舆论宣传，鼓励公众参与，多渠道普及增殖放流科学知识，规范民间增殖放流行为，切实发挥增殖放流活动在水生生物资源恢复中的作用，努力提升放流效果。

1. 不断完善增殖放流体系，增殖放流逐渐规范化

按照农业农村部下发的指导意见，四川省农业农村厅对省内重要江河、湖泊分别确定适宜放流的品种，指导当地渔业行政主管部门科学制订放流方案，选择本区域适宜放流的种类，逐步加大珍稀濒危物种放流数量，严格禁止放流外来物种、杂交种、转基因种。要求放流珍稀濒危物种的，须在农业农村部审定公布的珍稀濒危水生动物苗种供应单位中选择。同时，用于增殖放流的苗种须经县级以上水生动物检疫机构检疫合格，并出具检疫合格证明；采购和放流苗种时当地渔业行政主管人员到场监督，抽查规格、数量，确保放流苗种的质量和数量。

2. 不断规范增殖放流行为，增殖放流逐渐科学化

近年来，四川省农业农村厅抓住长江十年禁渔的有利时机，结合国家相关部委要求，不断规范增殖放流行为，着力改变放流乱象，引导公众科学放流，不断满足和适应广大人民群众的精神需求。四川省、市（州）和县（市、区）渔业行政主管部门依照相关法律法规，不断规范社会公众的放流活动。严禁从农贸市场、观赏鱼市场等渠道购买、放流水生生物，加强对社会放流活动监管，依法处罚擅自投放外来物种的行为，同时，加强科普宣传教育，向公众宣传科学的增殖放流知识，预防和减少可能导致的不良生态影响。

3. 积极争取增殖放流资金，放流资金逐渐得到保障

2019—2022年，全省已落实中央财政资金5 364万元，在全省21个市（州）组织实施增殖放流活动，向天然水域放流各类经济物种和珍稀濒危物种（胭脂鱼、岩原鲤、大鲵等）1.66亿尾，其中珍稀濒危物种1 401.25万尾。

（五）开展水生生物资源监测

2021—2022年，连续在四川省长江流域重点水域开展渔业资源监测和禁捕效果评估，从监测情况看，全省"一江五河"鱼类种类平稳增加，长江鲟、圆口铜鱼等保护鱼类出现频率大幅提升，性成熟周期短的鱼类恢复较快，全省累计监测到鱼类203种、占历史分布鱼类总数的84.58%，资源恢复趋于向好。

三、四川省水生生物多样性保护工作存在的主要问题

1. 长江十年禁渔工作需要长期推进

长江十年禁渔工作需要长期推进。一是违法违规行为出现新的变化。当前，长江非法捕捞犯罪呈现团伙作案向个人随机作案转变、干流作案向支流及偏僻水域作案转变、水面作案向水下潜水作案转变、传统的电毒炸作案向利用新型禁用渔具作案转变的四个明显趋势，给执法打击带来了新的挑战。二是执法监管能力还需进一步提升。四川省禁捕水域广、战线长，重点水域沿岸高清视频监控等"技防"能力建设仍需加强，"人防+技防"一体化协作机制还需完善。

2. 保护区管理需要不断加强

由于大多数水产种质资源保护区无专门的管理机构和专项经费，由现有渔业行政主管管理部门实行"两块牌子一套人马"的管理模式，给水产种质资源保护区的管理带来一定困难，不利于下一步水生生物多样性保护工作的开展。

3. 珍稀濒危物种保护科研需加大投入

目前没有珍稀濒危物种专项科研经费，导致珍稀濒危物种的人工驯养繁殖得不到保障，一些两栖、爬行类动物的资源调查和人工繁殖还是空白。川陕哲罗鲑、圆

口铜鱼、长薄鳅、厚唇裸重唇鱼、多鳞白甲鱼、长鳍吻鮈、西藏山溪鲵等濒危水生动物的人工繁殖技术还有待进一步完善，提高人工培育的数量。青石爬鮡等濒危水生动物的人工繁殖技术还有待突破。

4. 增殖放流工作质量需进一步提档升级

一是放流种类需进一步优化。过去四川省开展增殖放流主要以经济鱼类为主，主要目的是为了增加经济鱼类产量，以保障渔民增收。实施长江十年禁渔后，增殖放流种类的选择需要更加科学合理，从恢复鱼类自然种群的角度，针对不同水域选择适宜放流和急需补充种群的鱼类，特别是当地的土著鱼类和珍稀濒危鱼类，逐步加大珍稀濒危鱼类放流数量，以更快恢复水生生物资源多样性。二是社会放生活动需进一步规范引导。部分基层群众对增殖放流操作规范缺乏了解，误将"放流"等同于"放生"，未按要求进行报备，或者放流地点和放流方式较随意，对放流种类缺乏科学认识，有的放流苗种未经检疫检验，甚至放流巴西龟等外来入侵物种。三是资金投入需进一步加大。除每年中央财政投入资金开展增殖放流外，地方财政投入增殖放流资金较少，社会资金除利用水下工程作业渔业资源补救措施资金进行增殖放流外，缺少其他资金投入渠道。增殖放流是一项复杂的系统性工程，因缺乏专项科研投入，对增殖放流的规划论证、苗种培育、种质鉴定、效果评估等方面的能力建设不足，难以保证增殖放流效果。

四、四川省水生生物多样性保护的对策建议

1. 深入推进长江十年禁渔

长江十年禁渔，非一朝一夕之功，还需持续发力、久久为功。一是要进一步完善长效工作机制。要优化统筹推进机制，持续强化各级禁捕退捕工作领导小组及办公室运行机制，适时调整完善工作协调机制和专班运作模式，确保队伍不散、工作不断。要强化执法协作机制，认真总结推广前阶段协作经验，常态化开展联合执法，努力实现联合巡查、联合接警、联合指挥等制度化规范化；严格落实交界水域联合执法协议，努力消除监管盲区。要落实好网格化机制，用好暗查暗访、电话抽查、考核激励等手段，建立健全非法捕捞案件倒查机制，督促网格长、网格员履行护渔职责，切实发挥好群管作用。二是要进一步提升退捕渔民转产就业质量。要积极引导退捕渔民投身农业现代化发展，抓住打造新时代更高水平"天府粮仓"、推

进农业强省建设的历史契机，支持组建家庭农场、农民专业合作社，强化农业社会化服务，鼓励发展稻渔综合种养、休闲渔业等，把退捕渔民引入现代农业发展轨道。要优先吸纳退捕渔民从事"护渔员""巡河员""护林员""乡村保洁员"等公益性岗位，让就业困难的退捕渔民有工作兜底，解决后顾之忧。要用好东西部劳务协作机制，通过职业培训让其掌握1~2项就业技能，用好企业吸纳等就业平台，帮助提高就业质量，增加劳务收入。三是要进一步加大违法违规行为打击力度。聚焦重点时段，紧盯重点区域、重点对象，持续开展系列专项行动，让涉渔违法人员无机可乘、违法行为无所遁形。要定期开展涉渔风险隐患排查，坚决消灭增量，遏制存量。要持续保持高压严管态势，深入开展"渔政亮剑""两个打非"专项执法行动，强化日常执法监管，坚决打压违法违规行为反弹势头。适时举办非法捕捞案件公开审理、非法捕捞器具集中销毁等活动，以案释法，做到查处一案、教育一方、震慑一片。要规范强化垂钓管理，坚持疏堵结合、打防并举、综合治理，既要满足垂钓爱好者正常的娱乐需求，也要加大对一人多杆、锚鱼等生产性垂钓行为的打击整治力度。要加强宣传引导，用好有奖举报手段，努力把休闲垂钓爱好者发展为禁渔执法的"义务巡护员"和"情报信息员"。四是要进一步提升渔政执法装备建设水平。要加强对各地的工作指导力度，进一步加大渔政执法装备的资金投入力度，认真对照"六有"标准，全力推进渔政执法能力建设。要加快推进"亮江工程"和长江生物多样性工程建设进度，全力保障中央资金足额拨付，进一步优化拨付流程、减少中间环节，确保资金按期拨付；按照完工一项、验收一项的标准，分级抓好验收，确保项目建成后及时投入使用，尽早发挥作用。

2. 加强保护区管理

一是积极争取编办和财政的支持，建立水产种质资源保护区管理机构或增挂保护区管理机构牌子，落实水产种质资源保护区专项经费，强化水生生物多性保护。二是争取专项资金，持续开展对水产种质资源保护区本底调查和资源监测。

3. 加大珍稀濒危物种保护科研投入

强化四川省珍稀濒危物种保护科研工作，加大投入，提升科研力量，提高川陕哲罗鲑、圆口铜鱼、长薄鳅、厚唇裸重唇鱼、多鳞白甲鱼、长鳍吻鉤、西藏山溪鲵等濒危水生动物人工繁殖苗种的数量，扩大增殖放流量。开展两栖、爬行类动物的本底资源专项调查，摸清全省两栖、爬行类动物的资源状况，开展小物种保护小区的建设试点。

4. 建立科学、规范的增殖放流资金投入机制和科技支撑机制。

建议中央财政增加增殖放流资金投入,地方财政将增殖放流资金纳入财政预算,积极鼓励企业、民间个人资金投向增殖放流。逐步建立以财政资金投入为主,生态补偿资金、企业赞助、个人捐助等为补充的多元化资金投入机制。同时,建议安排科研专项,为川陕哲罗鲑等珍稀濒危水生生物人工繁殖关键技术研究提供支撑,并建立科学的增殖放流效果评估体系,对全省珍稀濒危水生生物增殖放流进行全面、系统、长期的效果评估,评估增殖放流的综合效益,根据评估结果及时调整和优化增殖放流对策,协调各相关机构,在全社会形成科学开展增殖放流,保护水生生物资源的良好氛围。

四川省水生动物疫病防控技术研究报告

邓永强[1]　黄小丽[2]　林琚[1]　杜军[1]　刘森月[2]
刘洪李[2]　徐铭[2]　王俊[3]　莫茜[3]　熊梅[3]

(1. 四川省农业科学院水产研究所，四川成都 611731；2. 四川农业大学，
四川成都 611100；3. 四川省水产局，四川成都 610041)

摘　要：本报告主要介绍了四川省水生动物疫病防控体系基本情况、存在的问题和不足，及四川省水生动物疫病防控发展的对策和建议。分析了四川省主要养殖水生动物品种主要病害及特征、相关研究进展，指出了当前水产养殖业所面临的主要挑战，包括疾病种类增多、病原体变异、混合感染增加以及致病源耐药性上升等。为了解决这些问题，报告提出了一系列解决方案，包括深化从业人员专业技术培训、构建水生生物疫病防控体系、加大水生动物疫病专项科研经费投入、加强水生动物病害防治官方职能部门等。本报告为指导水产养殖从业者、加强政府的监管和扶持力度、引导四川省今后水生动物疫病防控思路提供支持。

关键词：四川省；水生动物疫病；防控策略；水产养殖

四川省作为中国西部的水产大省，根据2022年的统计数据显示，2022年水产养殖面积达285万亩、养殖产量172万吨、渔业经济总产值708亿元，均居西部第一。在39个淡水养殖品种中，四川省有12个品种的养殖产量位列全国前5位，其中鮰鱼、鲇鱼和长吻鮠的产量更是位居全国第1位，分别占据全国总量的25.18%、22.44%和50.16%。池塘养殖、稻田养殖和大水面养殖等多种养殖模式在四川省得到广泛应用。

然而，随着水产养殖业的迅速发展，水生动物疫病防控问题日益突出。草鱼出血病、鲤鱼烂鳃病、鲫鱼疱疹病毒病以及其他病害给这些养殖品种带来了巨大威胁。近年来，四川省水产养殖业因病害遭受了严重损失。据统计，仅2021年病害

直接导致的经济损失就约为 4.32 亿元人民币,而间接损失更为严重。

因此,加强水生动物疫病的防控工作,对于确保水产品质量、养殖户收益和行业可持续发展至关重要。

一、四川省水生动物疫病防控基本情况

(一) 四川省水生动物疫病防控研究体系概况

四川省水生动物疫病防控研究体系是为了保障水产产业的健康发展和提高养殖效益而建立的一套研究机构和工作系统,由省内多个研究机构、实验室、监测站点等组成,致力于水生动物疫病的预防、监测、诊断和治疗等方面的研究工作,主要由四川省农业科学院水产研究所(四川省水产研究所)、四川农业大学、内江师范学院、成都市农林科学院、四川省水产学校等从事水生动物疫病研究的相关专家组成。

四川省农业科学院水产研究所始建于 1977 年,位于成都和宜宾两地,是四川省唯一的省级专业水产研究机构,是以淡水渔业应用和开发研究为主的科研单位。主要开展名特优鱼类的生物学、移养驯化、品种选育、鱼病防治研究、营养与饲料研究、渔业环境、水生生态影响评价等。该所设有鱼类资源保护研究室、渔业环境资源研究室、水生生态保护研究室等 5 个研究室,现有职工 134 名,其中高级职称专家 18 人、国务院政府津贴专家 4 人、全国农业劳动模范称号 1 人、全国农业科技推广标兵 1 人、全国优秀科技工作者 1 人、四川省学术和技术带头人 1 人、四川省有突出贡献的优秀专家 4 人、四川省学术和技术带头人后备人选 5 人、现代农业产业技术体系综合试验站站长 2 人、四川省淡水鱼创新团队岗位专家 4 人;专业技术人员 52 人,其中博士 8 人。该所在鱼类移养驯化、人工繁育、饲料及饲料添加剂、鱼药研究等领域取得了重大成果。自建所以来,先后获得省部级重大科技成果奖 30 多项,其中神农中华农业科技成果一等奖 1 项,全国农牧渔业丰收奖二等奖 1 项,农业部农业技术推广成果三等奖 1 项,省政府科技进步一等奖 2 项,二等奖 3 项,三等奖 4 项。参与《中国工程院院士建议》1 期,制定国家、地方行业标准 40 余项,发表科技论文 450 余篇,出版科技著作 28 部,获国家发明专利 20 项,实用新型专利 50 项。该所从建立之初就陆续有一大批科研人员先后从事水生动物疫病相关工作。最早于 20 世纪 80 年代由张素芳、赵云芳、陈德根、张泽芸、吴江、黄寄夔、杜军等开展了长吻鮠、黄鳝、革胡子鲇、乌鳢等水产品种的病害研究，撰写了《鱼病看图防治》等水生动物疫病专著，为四川省水产养殖业的规模化发展奠定了重要基础；之后一大批科研人员陆续开展了长薄鳅、厚唇裸重唇鱼、白甲鱼、黄河裸裂尻鱼、花斑裸鲤、胭脂鱼、岩原鲤、匙吻鲟、圆口铜鱼等名特优水产品种的病害研究，进一步提升了四川省水生动物疫病的研究水平，为四川省水产养殖品种朝品质化、多元化方向发展作出了重要贡献。

  四川农业大学作为我国水产养殖领域的重要研究机构，其对于水生动物疫病的防控研究具有重要的影响力。该单位水生动物疫病研究团队最早于20世纪90年代由汪开毓教授建立，该团队主要聚焦于我国主要水产品种重大疫病的病原、致病机制、药物研发、疫苗和防控措施研究。最早利用病理学技术、分子生物学技术等首先开展了鳖红脖子病研究，之后陆续开展了鲤鱼氧化鱼油中毒、鲤鱼维生素E和硒缺乏等系列研究，为四川省水生动物疫病研究体系的建立，人才培养奠定了重要基础。开展的喹乙醇对鲤鱼的毒理学影响等研究结果为农业部（现农业农村部）及《中国兽药典》（2005版）将喹乙醇在水产饲料中禁用提供了重要参考。随后，陆续开展了大口鲇溃疡综合征、斑点叉尾鮰传染性肠套症、海南文昌罗非鱼无乳链球菌、大口鲶锥体虫病、黄颡鱼拟态弧菌病、大鲵蛙病毒病、鲫鱼鳃出血病、鲤鱼疱疹病毒病、中华绒螯蟹肝胰腺病变综合征、鲟鱼链球菌病等重大病害的系列研究工作，研发了系列疫苗及佐剂，如斑点叉尾鮰嗜麦芽寡养单胞菌疫苗、罗非鱼链球菌疫苗、细胞因子佐剂，挖掘到系列杀虫、保肝、增强免疫力等绿色中草药，如独活、扯根菜、垂盆草、无花果多糖、香菇多糖、玛卡提取物等，提升了四川省水产病害研究水平。团队水生动物疫病的检测能力连续多年通过农业农村部水生动物检疫实验室能力测试，且撰写的多部专著在我国水生动物疫病领域均具有填补空白的作用。获省部级奖励11项，出版水生动物疫病专著19部，授权专利20余项，发表SCI论文200余篇，为四川省水生动物疫病研究工作做出了巨大贡献。尤其是四川农业大学水生动物病理学教授汪开毓和黄小丽主编的专著《鱼类病理学》，于2022年由国家出版基金支持，中国农业出版社正式出版发行。该书是四川农业大学水生动物病理学团队的重要成果，凝聚了团队近40年的研究心血，涵盖了鱼类营养性、病毒性、细菌性、真菌性和寄生虫等疾病的病理学研究成果。该书对于水生动物疫病防控研究体系具有重大的推动作用，不仅推动了鱼类病理学的发展，更为四川省水生动物疫病防控体系的建立和发展提供了重要的参考和借鉴。此外，由汪开毓教授牵头，于1999年在四川农业大学动物科技学院下设水产养殖专业，并于2010年获得水产一级学科硕士授权点，现已成为"国家级一流专业"，开辟了四川省水产高级人才培养的新篇章。

(二) 四川省水生动物疫病发生概况

与其他动物疾病类似，水生动物疫病亦是水产健康养殖中的主要阻碍。到目前为止，国际兽疫局（OIE）规定的必须上报的水生动物疫病（2019年）29种，其中鱼病10种。我国农业农村部也发布了《一、二、三类动物疫病病种名录》（2022年），其中一类水生动物疫病为零；二类水生动物疫病14种；三类水生动物疫病22种。四川省近年检测出的二三类水产疫病中，鲤春病毒血症最近于2017年曾有检出，锦鲤疱疹病毒病2021年有检出，传染性造血器官坏死病2016年有检出。

根据《2022我国水生动物重要疫病情况分析》显示，2021年全国水产养殖因病害造成的经济损失约539亿元，比2020年减伤约50亿元，约占渔业产值的3.6%。四川省2021年检测到22种水产类疾病，包括病毒性疾病（草鱼出血病），细菌性疾病（淡水鱼细菌性败血症、溃疡病、赤皮病、细菌性肠炎病、柱状黄杆菌病、打印病、竖鳞病、鮰类肠败血症、斑点叉尾鮰传染性套肠症、弧菌病），真菌性疾病（水霉病、鳃霉病），寄生虫性疾病（车轮虫病、锚头鳋病、小瓜虫病、三代虫病、黏孢子虫病、指环虫病），非病原性疾病（缺氧症、肝胆综合征）以及一例不明病因疾病，其中以细菌性和寄生虫性疾病为主。就危害性情况而言，四川省全省疾病平均发病面积比例为3.13%，平均监测区域死亡率为0.35%，平均发病区域死亡率为10.18%。草鱼出血病发病面积最大，达到38.46%，但监测区域和发病区域死亡率并不高；鮰类肠败血症、斑点叉尾鮰套肠症、不明病因病监测区域死亡率超过1%；鮰类肠败血症、缺氧症、指环虫病、不明病因疾病、斑点叉尾鮰套肠症、鳃霉病、黏孢子虫病、竖鳞病、打印病、淡水鱼细菌性败血症的发病区域死亡率超过10%，发病死亡率较高。各养殖品种中总发病面积比例值最高的是草鱼，为16.21%，鮰、鲢、鲫的总发病面积也较高，均值在10%以上。从鱼类疾病的占比来看，危害最严重的为细菌性败血症，占比为18.04%，其次为柱状黄杆菌病，占比为16.49%。

就疾病暴发时间而言，全年均有疾病发生，春季气温逐渐上升，水产养殖正式进入生产旺季，大多数养殖品种已进入正常摄食生长期，养殖水体中各种细菌、寄生虫开始滋生繁殖易引发鱼病，4月常爆发细菌性烂鳃病、细菌性败血症、鳃霉病、白斑综合征；夏季是水产养殖最重要的生产季节，将迎来小暑和大暑两个节气，当月气温一般在22~32℃，养殖水温为24~29℃。随着鱼类活动量加大，饲料、渔药等养殖投入品增多，气温炎热，雷雨天气频繁等多种因素影响，养殖水质容易恶化，极易发生水产养殖病害，包括锚头鳋病、细菌性肠炎、细菌性烂鳃病、鲖类肠败血症、淡水鱼细菌性败血症等疾病易暴发；秋季气温渐下降，应注意防范昼夜温差变大、池塘载鱼量加大和天气变化等对水质的不利影响，易爆发细菌性败血症、细菌性肠炎病、鲖类肠败血症；冬季天气将由凉爽向寒冷过渡，伴随着水温的下降，鱼类活动量相应减少，耗氧量也相应降低。由于低温，鱼的发病率逐渐降低部分涉及过冬的鱼种应预防鱼类过冬综合征。从近几年水产养殖情况看，四川省面临水生动物疫病种类多而复杂的局面，由于药物使用不当或盲目用药，细菌耐药性增强，养殖环境恶化，常见病毒病、细菌病、寄生虫病、营养性疾病等都将直接影响水产养殖生产。

（三）四川省水生动物主要疫病研究

1. 大宗淡水鱼主要疫病研究

（1）草鱼出血病研究。

草鱼（*Ctenopharyngodo nidellus*）属鲤形目鲤科草鱼属，与鳙、青鱼、鲢并称我国四大家鱼，具有养殖成本低、生长速度快等特点，是我国重要的淡水鱼养殖品种。但是随着草鱼养殖规模不断扩大，养殖草鱼也一直受到病害的困扰，其中由草鱼呼肠孤病毒（Grass carp reovirus，GCRV）引起的草鱼出血病（Grass carp hemorrhagic disease，GCHD）对我国养殖草鱼的危害最严重。在2022年四川水生动物重要疫病状况分析中显示，2021年四川各养殖品种中总发病面积比例最高的是草鱼，为16.21%，其中草鱼出血病发病面积最大，达到38.46%。

草鱼呼肠孤病毒感染后潜伏期一般在5~7天，临床上主要表现为体表发黑，皮肤、鳍条以区内脏等不同组织器官的出血症状。根据出血部位的不同可以分为三种类型：红鳍红鳃盖型、红肌肉型、肠炎型。三种症状可混合或单独出现。病毒主要经鱼鳃进入鱼体。人工感染病鱼的肝、脾、心脏和肌肉组织并未观察到病毒粒子，而在肾脏组织细胞内观察到大小约为50纳米的病毒，分布于细胞质内，在肠组织细胞内观察到大小为70~78纳米的病毒粒子，形态与离心提纯的病毒粒子相同。因此无外衣壳的未成熟病毒存在于肾脏，成熟的病毒粒子在肠道内。各脏器的血管和微血管内皮细胞也可以观察到病毒。

草鱼出血病流行的季节性很强，一般在夏秋气温高的季节爆发流行，发病水温主要在25~30℃，主要危害两个阶段的草鱼，第一个发病高峰期是6月初到7月初，主要危害养殖2龄草鱼；第二个高峰期是9—10月，主要侵害1龄草鱼，即当年草鱼种，死亡率可达90%以上。由于GCHD的流行范围广，发病季节长，病死率高等特点，根据调查显示，该病毒本病在我国温暖的南方地区广为流行，主要流行于湖北省、江苏省、河南省、广东省、福建省、上海市、四川省、河北省、浙江省、广西区等养鱼区域。每年对我国草鱼养殖业造成巨大的经济损失，因此，2008年农业部将GCHID列入《一、二、三类动物疫病病种名录》中的二类动物疫病，2015年农业部将GCHD列入全国水生动物疫病监测计划。为了规范草鱼出血病监测工作，提高监测数据的准确性和可比性，水产行业标准《草鱼出血病监测技术规范》（SC/T 7023—2021）于2021年批准发布。

我国对草鱼出血病的防控措施主要包括监测阻断和免疫预防两种。监测包括国家、省级草鱼出血病专项监测计划、苗种产地检疫，以及在第三方检测机构进行的病原检测，对监测和检测到的阳性样品采取消毒等措施实现病原阻断，防止草鱼出血病的传播和减少草鱼出血病发生。早期研制的草鱼出血病土法灭活疫苗有效控制了GCHD的发生和传播；中国水产科学研究院珠江水产研究所研制开发的草鱼出血病弱毒疫苗，由于稳定的品质、良好的安全性、高效的保护率在GCHID预防中发挥了重要作用；为了简化免疫程序、提高大水面养殖草鱼疫苗接种率，有效控制草鱼出血病的传播，尹纪元等先后研制了草鱼出血病芽孢杆菌口服疫苗和草鱼出血病乳酸菌口服疫苗，制备具有特定病原颉颃能力的功能性益生菌，通过饲料拌喂的方式进行免疫，在实验室评价中获得了良好的免疫保护效果，为下一步推广应用奠定了基础。如养殖区发生草鱼出血病，严格按照二类动物疫病处理。

（2）鲫造血器官坏死病研究。

鲤疱疹病毒Ⅱ型（CyHV-2）感染养殖鲫（*Carassius auratus*）引起的鲫造血器官坏死病是我国严重的淡水鱼类传染性疾病之一。四川农业大学汪开毓教授曾长期开展了鲫疱疹病毒Ⅱ型研究工作。患病鲫的主要临床症状为：体表广泛性充血或出血,鳃丝肿胀、充血或出血,剖检发现患病鲫主要内脏器官充血严重。该病致死率高,给我国鲫鱼养殖产业造成了巨大的经济损失,严重威胁鲫养殖业健康发展。近年,国内外围绕 CyHV-2 主要开展了病原学与流行病学、致病与防御机理、诊断技术、防控技术等方面的研究。

鲫造血器官坏死病是一种高度传染性的疾病,主要感染鲫鱼、鲫鱼的变种、观赏金鱼及其普通变种。该病的传播途径和介质尚未完全明确,温度被认为是其关键影响因素。研究表明,其他鱼类如鲢鱼、鲫鱼、草鱼、罗非鱼和鲈鱼等与患病异育银鲫混养时,长时间接触携带病毒的水体会导致它们携带微量病毒的可能性。此外,该病也可通过鱼卵、鱼苗、鱼种、亲鱼等进行传播,且健康鱼从感染到死亡的时间较短,死亡率与养殖密度有关。鲫造血器官坏死病主要在 4—11 月广泛发病,其中 5 月和 10 月为高峰期,一般在 15~25℃ 的温度范围内发病率较高。温度对该病具有关键影响,高于 25℃ 时发病率明显减少,提高至 27℃ 时死亡现象几乎停止。而在低于 15℃ 的低温环境中,死亡率也会显著下降。然而,若将处于低温环境中的疑似感染鲫造血器官坏死病的鱼放入适宜温度的水中,这些鱼将迅速出现典型症状并死亡。可见,温度是该病发病的关键因素。目前,关于鲫造血器官坏死病的传播途径和介质还需要进一步深入研究。尽管病毒存在潜伏期,但温度被认为是限制该病大规模传播的唯一因素。因此,需要更多的研究来揭示该病的传播途径和介质。

鲫造血器官坏死病的病理特征包括精神沉郁、昏睡,食欲不佳或厌食,呼吸频率加快,病鱼聚集在底部。外观方面,病鱼鳃部出血,分泌黏液增多,眼睛凸出,体表有水泡状脓包和出血点。解剖学上,可见肝脏发白肿大,肾脏、脾脏等器官出现出血症状,体腔内有大量腹水。细胞学观察显示细胞核肿大,含有成熟和形成中的病毒粒子,且成熟的病毒粒子散布于细胞浆中。这些病理特征有助于诊断鲫造血器官坏死病的相关病例。

鲫造血器官坏死病是对养殖鲫鱼构成严重威胁的疾病,因此预防和控制至关重要。为了有效防控鲫造血器官坏死病,我们需要采取一系列综合的措施。首先,定期进行鱼类病毒检疫,特别是检疫亲鱼和鱼苗,以杜绝病原传播和购买携带病毒的鱼苗。其次,重视养殖水环境管理,保持健康的水质和底质,减少病原体滋生的机会。最后,在日常管理中,可以投喂天然植物抗病毒药物并适量添加营养补充剂,提高鱼体的免疫力和抗应激能力。对于病死的鲫鱼,应采取无害化处理方式,避免病原进一步传播。此外，对于操作工具和池塘水体，要进行高效消毒，减少交叉感染的风险。加强监测和统计工作，增加样本采集数量，连续监测阳性养殖场，并进行测序分析，掌握流行株的信息，为未来的免疫防控提供支持。

（3）鲤疱疹病毒病研究。

近年来，鲤疱疹病毒Ⅰ、Ⅱ、Ⅲ型（Cyprinid herpesvirus Ⅰ、Ⅱ、Ⅲ）病毒给我国鲤科鱼的养殖造成了严重的经济损失。四川农业大学欧阳萍长期开展了鲤疱疹病毒相关研究。

①鲤疱疹病毒Ⅰ型。鲤科疱疹病毒Ⅰ型（Cyprinid herpesvirus Ⅰ, CyHV-Ⅰ）常引起鲤痘疮病（Fish pox），因此又称为鲤痘疱疹病毒（Carp pox herpesvirus）或上皮癌疱疹病毒（Herpesvirus epithelioma）。

CyHV-Ⅰ引起的鲤痘疮病早在1563年就有记载，20世纪初该病曾流行于欧洲，朝鲜、日本均有发生。我国1957年在上海的一口鱼池中发现此病，目前该病已蔓延至我国湖北、河南、河北、四川等大部分地区。CyHV-Ⅰ主要危害1龄以上的鲤，对鲫、圆腹雅罗鱼、鲤与金鱼杂交种等也有危害，但对同池混养的青鱼、草鱼、鲢、鳙、赤眼鳟等鱼类没有危害。

CyHV-Ⅰ造成的痘疮病是一种在鲤科鱼中流行的慢性皮肤病。鱼体发病初期出现薄而透明光滑的灰白色小斑状增生物，并覆盖一层很薄的白色黏液；随着病情的发展，白色斑点逐渐扩大、增厚，数目逐渐增加，互连成片，形成表面平滑、呈乳白色、奶油色至棕色（随病灶处的色素而不同）在血管处则呈粉红色的"石蜡样或玻璃样"的痘疮增生物。这些增生物与鱼的体表结合十分牢固，需用小刀才能刮下。增生物为上皮细胞及结缔组织增生形成的乳头状小突起，不分层。增生的细胞有时也侵入真皮组织。增生物主要成分为胶原纤维，其不转移，既可自然脱落又能在原患部再次出现新的增生物。背部、头部、鳍条及尾柄是痘疮密集区，严重的病鱼全身布满痘疮，且病灶部位常有出血现象。当增生物蔓延扩大到鱼体的大部分时，会影响其生长发育，脊椎受到损害，骨骼软化，食欲减退，但一般不会致死。可通过改变某些环境因子来控制痘疮的产生与消失，如水质改善或温度升高时症状会自然消失，但影响鱼的生长和商品价值。将痘疮悬液用划痕法接种到健康鲤鱼后，可产生与天然发病时相同的症状。在自然条件下，水质变坏时，水中有毒物质刺激鱼体体表及鳃组织，分泌大量黏液，最后黏液脱落，被CyHV-Ⅰ感染而发病，病毒也可通过黏膜表面的接触和污染的水体传播。

针对鲤疱疹病毒Ⅰ型，为了预防和控制疾病的传播，可以采取以下措施：首先，要加强综合预防工作，包括执行严格的检疫制度以及改养对该病不敏感的鱼类。其次，升高水温和适当稀养也能起到预防的效果。同时，定期检查疾病发生情况，及时隔离治疗病鱼，避免疾病传播。最后，加强饲养管理，保持水质清洁、合理投喂饲料、加强鱼塘通风等，提高鱼类的免疫力，有助于减少病害的发生。如发生

②鲤疱疹病毒Ⅱ型。金鱼造血器官坏死病毒（Goldfish haematopoietic necrosis virus，GFHNV）也称为疱疹病毒性造血器官坏死病毒（Herpesviralhaematopoietic necrosis virus，HVHNV），因是第2个从鲤科鱼类中分离的疱疹病毒，故命名为鲤疱疹病毒Ⅱ型（Cyprinid herpesvirus Ⅱ，CyHV-Ⅱ）。

CyHV-Ⅱ首次发病是在日本养殖的金鱼中，目前在澳大利亚、新西兰均有发生，其流行情况分布全球。1995年CyHV-Ⅱ造成我国台湾某金鱼孵化场繁殖的金鱼鱼苗大规模死亡，究其原因可能是从进口的金鱼亲本中传入CyHV-Ⅱ。2011年、2012年，CyHV-Ⅱ引起我国养殖的异育银鲫出现严重的死亡，这也是我国异育银鲫发生该病的首次报道。而2013年在江苏、北京、武汉、广州等地养殖的异育银鲫中也均检测出CyHV-Ⅱ，证实CyHV-Ⅱ在我国已有较为广泛的分布。CyHV-Ⅱ的感染谱很小，仅感染金鱼、鲫及其普通变种如异育银鲫、金鱼和鲤的杂交体，不感染锦鲤等。CyHV-Ⅱ对鱼卵、鱼苗、鱼种、亲鱼等各个时期均有危害，而幼鱼较成鱼易受到感染，且更易引起小于1龄的幼鱼暴发性死亡。另外有研究证实CyHV-Ⅱ有垂直传播的现象。

同其他疱疹病毒一样CyHV-Ⅱ可形成潜伏感染并成为潜在的传播源，且温度是影响感染金鱼组织内病毒复制的关键因素。发病初期鱼出现昏死，食欲不佳或厌食，游动缓慢，停留在池塘或水箱底部。之后皮肤苍白伴有黏液，鳍上有脓疱出现。鳃丝从健康的红色到腐烂的白色，之后鳃严重坏死、一部分鱼腹部膨胀甚至有病鱼直肠脱出，两侧眼球突出，鳔上有瘀斑性出血、鳍上有水泡状脓疱、腹水等。解剖后可见鳃出血，肝、脾、肾呈苍白色且脾肾肿胀，肠道空；头肾和体肾中造血细胞出现明显的核固缩和核裂解性坏死，脾脏内的脾髓和小动脉大面积坏死，有时还伴有出血；胰腺、胸腺、肠道由多病灶发展到弥散性坏死，上皮细胞增生，口咽

和表皮细胞变性坏死，心脏出现病灶性坏死，其他组织器官包括肌肉组织、脑组织没有发现病理性变化。

鲤疱疹病毒Ⅱ型的诊断方法包括免疫学检测和分子生物学检测。免疫学检测可采用酶联免疫吸附测定技术和免疫荧光检测技术。分子生物学检测则包括普通PCR、双重PCR、巢式PCR、实时荧光定量PCR、环介导等温扩增以及鲤疱疹病毒Ⅱ型荧光原位杂交（FISH）技术。此外，细胞培养分离技术也可用于获得病毒悬液。在防治方面，可通过苗种检疫、免疫增强剂、改善养殖模式和疫苗应用进行综合防控。苗种检疫能预防苗种带毒；免疫增强剂提高鱼体免疫力；改善养殖模式、减少疾病风险；疫苗增强免疫力，预防疾病发生。以上方法的综合应用可有效防控鲤疱疹病毒Ⅱ型的传播和感染，提升水产养殖的经济效益和生态环境。

③鲤疱疹病毒Ⅲ型。Waltzek于2005年通过将锦鲤疱疹病毒（Koi herpesvirus, KHV）和CyHV-Ⅰ、CyHV-Ⅱ、沟鲶疱疹病毒（talurid herpesvirus 1, IcHV-1）等疱疹病毒的4个完整基因、编码螺旋酶、次壳体间三聚体蛋白、DNA聚合酶以及主要衣壳蛋白基因进行同源性分析比较，发现KHV与CyHV-Ⅰ、CyHV-Ⅱ密切相关，因此正式将KHV命名为鲤疱疹病毒Ⅲ型（Cyprinid herpesvirus Ⅲ，CyHV-Ⅲ）。CyHV-Ⅲ病毒颗粒为直径167~200纳米的二十面体，有囊膜。CyHV-Ⅲ对乙醚和TritonX-100敏感，对紫外线和温度也很敏感，$4.0 \times 10^3 \mu Ws/CM^2$的紫外线、50℃以上加热1分钟即可让病毒失活；200毫克/升的碘伏、60毫克/升洁尔灭溶液、30%乙醇20分钟或3毫克/升的含氯溶液也可使病毒完全失活。CyHV-Ⅲ毒力在-30℃或更低温度下处于稳定状态。

1997年CyHV-Ⅲ在以色列首次导致养殖动物发病，之后在瑞典、英国、德国、美国、南非、马来西亚、新加坡、印度尼西亚等地均有发生。而2012年在日本的河流里也检测出CyHV-Ⅲ的存在。我国暴发该病是在2000年的广东省。鲤除了幼鱼不易受CyHV-Ⅲ影响，其他所有龄期均对其敏感。不仅鲤能感染CyHV-Ⅲ，其他鲤科鱼、锦鲤和鲫的杂交后代、锦鲤和金鱼的杂交后代均对其易感。金鱼、鲟均可作为CyHV-Ⅲ潜在的携带载体。锦鲤疱疹病毒病一般发病于春秋季节，当春天水温升高时，在成鱼的繁殖栖息地CyHV-Ⅲ浓度明显增加，此繁殖栖息地成为CyHV-Ⅲ的传播热点。高温夏季、低温冬季不发病，发病温度为18~28℃，病毒最适增殖温度为15~25℃，低于10℃或大于30℃病毒不复制或病毒量很低，当恢复至适宜温度时，病鱼重新出现疾病的临床症状，并导致病鱼死亡，死亡率高达80%~100%。Minamoto 在 2011 年相关分析表明，CyHV-Ⅲ的复制和数量与轮虫纲有显著的正相关，说明浮游生物在自然环境中影响着病毒的生态环境。

CyHV-Ⅲ常使鲤发生间质性肾炎（Interstitial nephritis）、鳃坏死（Gill necrosis）。鱼体感染 CyHV-Ⅲ后，在其脑、眼、脾、鳃、肾、肠和肠内容物都能检测出 CyHV-Ⅲ。发病初期鱼体出现游动缓慢、打转，皮肤和鳃丝颜色变浅，之后出现鳍肿胀，有的出现腹部肿大、鳃丝腐烂出血、眼凹陷，有缺氧和水肿的表现，皮肤上出现苍白色的斑块与水泡，全身多处特别是嘴、腹部、胸鳍明显充血、出血，体表黏液增多增稠、组织坏死、产生直径 45~75 微米的异常巨细胞（Giant cell）肿瘤，鳞片有血丝，有些病鱼直肠脱出，有些病鱼的造血器官和组织受损。鳃上皮细胞出现不同程度水肿，次级鳃丝出现融合现象。CyHV-Ⅲ的潜伏期为 14 天，最适生活温度为 18~27℃。在限制存活的温度下，CyHV-Ⅲ能处于一种潜伏状态在鱼体内持续存活，当鱼转入到适合其生长的温度时 CyHV-Ⅲ会再次恢复活力。Fournier 在 2012 年发现 CyHV-Ⅲ可以通过皮肤和牙周咽黏膜感染进入鱼体。Stalin 于 2011 年发现清除皮肤黏液或者表皮损伤后会加剧 CyHV-Ⅲ进入鱼体，说明皮肤黏液具有先天免疫功能，可以阻止 CyHV-Ⅲ从表皮进入。鲤感染 CyHV-Ⅲ后肠道上皮组织有紧密连接蛋白的表达，使肠道上皮渗透性改变，从而在肠道上形成对 CyHV-Ⅲ的屏障。

鲤疱疹病毒Ⅲ型（CyHV-Ⅲ）的诊断方法包括细胞培养分离、分子生物学检测方法、免疫学检测技术、电镜观察和原位杂交技术等。细胞培养分离可以使用敏感细胞系来分离和培养 CyHV-Ⅲ。分子生物学检测方法包括 PCR 技术，如普通 PCR、双重 PCR、巢式 PCR、实时荧光定量 PCR 等。免疫学检测技术利用抗原抗体结合进行病毒检测，如酶联免疫吸附剂试验。电镜观察利用电子显微镜技术观察病毒形态和大小。原位杂交技术在细胞水平上检测病毒，具有高灵敏性和准确性。预防和控制鲤疱疹病毒Ⅲ型可采取水环境监控、疫苗接种、抗病品种选育与推广、RNA 干扰技术等措施。通过综合运用诊断方法和防治措施，可以有效预防和控制鲤疱疹病毒Ⅲ型的传播和感染。

（4）越冬综合征研究。

春季是万物复苏的季节。鱼类经过越冬，体重减轻，机体对疾病的抵抗能力较差。同时，随着温度的上升，多种病原体日益活跃。因此，春季也是鱼病，尤其是寄生虫病的一个高发季节。该类疾病目前尚无确定性病原，其病程长，处理难度大，多因素协同诱发，且与秋季及越冬期养殖管理有关，称为越冬综合征。近年来，由于水质环境日趋恶化；养殖密度集约化增多；鱼种的退化；不合理的饲料投喂（包括变质的饲料）。从2018年开始，在全国范围内不断出现开春后大量死鱼的情况，涉及品种有草鱼、鲫鱼、黄颡鱼、斑点叉尾鮰、乌鳢、大口黑鲈等。鱼类越冬综合征发病症状大致是：游动失常，上浮不下沉，行动呆滞，前期赤皮病状明显，皮肤溃烂、充血出血、鳞片脱落、鳍条坏死等，后期水霉病状明显，在鱼的头部、吻端、尾部、躯干或鳍条，有时甚至在鳃部都有水霉（即毛状体）寄生，最后衰竭而死。由于水温低，摄食差，治疗效果不显著，导致巨大的损失。

越冬综合征是大宗淡水鱼在秋冬季节容易发生的疾病。为了预防越冬综合征，需要采取一系列的措施。首先，在饲料投喂管理方面，根据水温调整投饵率，适时投喂，并控制投饵量在0.1%~0.2%。待水温达到18℃以上时，恢复正常投喂，并选择适当的高质量饲料。其次，在池塘底质处理方面，要定期进行改底和清塘操作，避免有害物质和病原菌的积累。同时，及时处理鱼体的轻度伤口，避免感染加重。最后，肠道保护也是重要的预防手段，可以使用优质发酵饲料或乳酸菌等有益细菌进行拌喂，减轻消化负担，保护和改善肠道健康，提升鱼的体质。另外，科学投喂免疫增强剂，如添加优质饲料和免疫增强剂，可以提高鱼的免疫力，增强疾病抵抗能力。针对治疗措施，目前还没有标准的治疗方法，但可使用外用和内服方式进行治疗，如对有水霉感染的池塘可先使用五倍子末加盐外泼，然后使用碘制剂进行泼洒，对于病情较重的池塘，可在饲料中添加抗生素进行内服治疗。治疗方案应根据具体情况进行调整，并在兽医的指导下进行治疗。通过以上防控措施，可以有效预防和减少越冬综合征的发生。

2. 特色淡水鱼主要疫病研究

（1）链球菌病研究。链球菌病是我国多种淡水鱼类的一种重要细菌性病害，常见的病原有海豚链球菌、无乳链球菌、副乳房链球菌、格氏乳球菌等。它是一种在养殖水体中广泛存在的条件致病菌，对水温比较敏感，主要流行于水温20℃以上的季节，水温30℃以上高发，温度是直接影响病害发生的主要因素。链球菌病主要感染的养殖品种有罗非鱼、金鲳、石斑鱼、真鲷等，其中，对罗非鱼养殖的威胁最大。在我国罗非鱼的主产区广东、广西、海南等地都有大量暴发，给罗非鱼养殖带来巨大损失。链球菌对感染鱼类的品种具有一定的选择性，与罗非鱼混养的四大家鱼，鲮鱼等，至今没有感染链球菌的报道。

感染链球菌的鱼类常见的症状有游泳异常、打转、反应迟钝，常在塘边、水面无方向性地缓慢游动，有时身体屈曲；眼巩膜白浊（单侧或双侧）、眼球突出以及出血等，但不是所有病鱼都出现眼部症状；有的病鱼在两侧前颊上出现2~3毫米的干酪样坏死灶病变，随后坏死灶破裂形成溃疡；有时在腹鳍的基部出现5毫米的干酪样坏死，在尾鳍基部可能出现10~20毫米的坏死灶；链球菌还可引起罗非鱼身体表面出血，表现在口周围、鳍条基部的点状出血，有时在肛门或生殖孔周围呈现出血斑。另外罗非鱼的急性链球菌病常见腹腔内有大量腹水，由于腹水的增多，引起肛门突出。由于病鱼不再摄取食料，所以胃和肠道空虚，无饲料残物。在急性链球菌病暴发的早期，病鱼胆囊肥大，比正常大数倍；内脏如肝、脾、肾、心、脑、眼和肠道出现大面积出血。

关于四川淡水鱼类感染链球菌的报道近年来有明显增多的趋势。2012—2013年，四川雅安汉源湖与青衣江齐口裂腹鱼网箱养殖场流行一种临床特征为突眼、体表出血和神经症状的传染病，在肝、肾涂片检查中发现了链状革兰氏阳性球菌，在脑心浸液培养基（BHI）平板上28℃培养48小时，形成白色圆形、表面光滑、边缘整齐的针尖大小菌落。根据分离菌株的形态学和生理生化检测结果初步判定其为无乳链球菌。2株无乳链球菌对多西环素、阿莫西林、先锋霉素Ⅴ、氧氟沙星和左氧氟沙星等均敏感，但在新霉素与丁胺卡拉霉素上存在差异。病理学观察发现，该菌株感染齐口裂腹鱼对多组织器官都造成明显的病理损伤，尤其是肝、肾、脑的损伤较为严重，表现为明显的变性、坏死以及炎症细胞浸润，且细菌侵入肝、肾、脾以及神经元细胞内，导致线粒体、内质网等细胞器损伤。2015年10月，四川农业大学动物医学院耿毅老师团队从雅安市某养殖场的黄河裸裂尻鱼（*Schizopygopsispylzovi Kessler*）中又分离鉴定了2株新型无乳链球菌。临床表现为神经症状，眼球、下颌和鳃盖等出血或无明显临床表现而突然死亡，内脏涂片见革兰氏阳性球菌。通过荚膜多糖血清分型和多位点序列分型技术对病原菌进行分子特征分析，结果表明2株病原菌荚膜多糖血清型均为致病性Ⅰ型；多位点序列分型均被鉴定为新的序列型ZST-1；药敏试验结果表明，2株病原菌对头孢类和喹诺酮类药物敏感，而对多西环素、氟苯尼考和阿莫西林等耐药。而罗非鱼感染链球菌多发生在广东、广西、海南等地。在四川地区流行的菌株呈现零星爆发的趋势。

（2）斑点叉尾鲴套肠病研究。该病曾在四川省广泛性暴发，损失惨重。经密集攻关，近年来多认为引起斑点叉尾鲴套肠病的病原是嗜麦芽寡氧单胞菌，为革兰氏阴性菌，极性多鞭毛、无荚膜、无芽孢。

自然情况下感染斑点叉尾鲴鱼苗、鱼种、成鱼，尤以鱼苗较多。一般发病时期为3月下旬到4月上旬，但以3—9月高发，发病水温多在16℃以上，并随水温的升高病情缩短。该病发病急，死亡快，病程短，一般病程在2~5天，发病率在90%以上，死亡率80%以上，严重的达100%。

病鱼游动缓慢，靠边或离群独游，食欲减退或丧失，鳍条基部、下颌及腹部充血，出血。腹部膨大，体表出现大小不等的圆形及椭圆形的褐斑，肛门处有脱肛现象，脱出的肠道肿胀，充血发红。腹腔内充满大量清亮或淡黄色或含血的腹水，胃肠道内没有食物，肠腔内含有大量含血的黏液，肠道发生痉挛或蠕动，常于后肠出现1~2个肠套叠，部分鱼还出现肠回缩入胃内的现象。长时间的套叠使套叠部位出现坏死，坏死组织硬实从而堵塞肠腔，胆肿大，肝脏颜色变淡、发白或发黄。

为预防和控制该疾病，可以采取以下措施。首先，定期检查鱼体的摄食情况，并对发现异常现象的鱼体进行解剖检测。其次，可使用药物治疗，如复方新诺明、氧氟沙星等，将药物制成药饵拌入饲料中投喂。最后，进行水体消毒也是重要的防控手段，可以使用漂白粉、漂粉精、二氯海因、溴氯海因等消毒剂来处理水体。免疫预防也是一种有效的方法，通过疫苗注射、浸泡、口服等方式提高斑点叉尾鲴对套肠病的抵抗力。综上所述，维护水质、合理饲养管理、加强观察等也是重要的防控措施，同时请专业兽医进行诊断和指导，以确保防控工作的效果。

（3）罗非鱼类立克次氏体病研究。立克次氏体（*Rickettsia*）是一类严格细胞内寄生的原核型微生物，在形态结构、化学组成及代谢方式等方面均与细菌类似：具有细胞壁，以二分裂方式繁殖，含有RNA和DNA两种核酸，由于酶系不完整所以需在活细胞内寄生。其中，Mohamed Z在1939年首次报道了寄生在鱼体内的立克次氏体。1975年，Ozel和Schwanz-Pfitzener研究虹鳟（*Oncorhynchus mykiss*）出血性败血症病毒（*Egtved virus*）时，在RTG-2细胞系（虹鳟性腺细胞系）中检测到立克次氏体。由于当时未能保存这种立克次氏体，因此没有确定它的致病性以及分类学地位。直到 1989 年，Fryer 等从大鳞大麻哈鱼（*Oncorhynchus tshaytscha*）CHSE-214 胚胎细胞系中分离到一种立克次氏体，并于 1992 年将其命名为鱼立克次氏体。

自从鱼立克次氏体被确定为鱼类病原以来，由其引发的鱼立克次氏体败血症（Salmonid Rickettsial Septicemia，SRS）和鱼立克次氏体综合征已经遍布 20 多个国家和地区，感染十几种经济鱼类，包括细鳞大麻哈鱼（*Oncorhynchus gorbuscha*）、银鲑鱼（*Oncorhynchus kisutch*）、大鳞大麻哈鱼（*Oncorhynchus tshawytscha*）、石斑鱼（*Epinephelus melanostigma*）和罗非鱼（*Oreochromis nilotica*）等。由于四川地区罗非鱼养殖并不普及，目前尚无四川地区立克次氏体病例的报道，这可能是由于该病原在淡水环境中不稳定。然而，在我国云南、广东、台湾等地已有该病爆发的报道。对鱼立克次氏体传播途径的研究较少，使目前对其传播方式的认识仍较混乱。Garces 等认为在池塘内注射了鱼立克次氏体病原而致死的银鲑鱼和其他没有注射病原的鲑鱼之间是没有水平传播的。Cvitanich 等报道在不流动的淡水和海水低密度养殖的银鲑鱼中，注射和没有注射病原的个体之间存在水平传播。导致不同结论的原因可能是因为试验的条件不同，前者平均水温为 10.5℃，且为流水，而后者的平均水温为 15℃，为不流动的水环境。但是这 2 个研究结果说明在一定的环境下鱼立克次氏体病的水平传播还是有可能发生的。因此，保持养殖水体的流动性及良好的水质在一定程度上可以控制疾病的传播。

罗非鱼类立克次氏体病的病理特征主要包括肉眼病变、显微病变和超微病变。在肉眼病变方面，感染罗非鱼的立克次氏体通常没有明显可见的病变，但个别情况下可观察到皮肤溃疡、出血和结节等症状。在内脏病变方面，脾脏、肾脏、肝脏、心脏和肠道等器官会出现多灶性的白色结节样变化。显微病变观察发现，脾脏和头肾中存在广泛的血管炎、肉芽肿样病变以及巨噬细胞浸润等病理特点。而在超微病理层面，电镜下可见感染立克次氏体的巨噬细胞内有大量的病原体，细胞结构被破坏并出现囊状物体。综上所述，罗非鱼类立克次氏体病的病理特征表现为血管炎、巨噬细胞浸润、肉芽肿样病变和细胞结构异常。

罗非鱼类立克次氏体病的防控方法包括预防和治疗两方面。针对预防，可通过清塘消毒、选择阴性苗种、控制养殖密度、定期调节水质底质、饲喂免疫增强剂等措施提高鱼体抵抗力，减少罗非鱼类立克次氏体病的发生。针对治疗，可通过内服药物如多西环素、氟苯尼考等，调节水质如活菌制剂等以及改良底质等方案进行治疗。同时，发病期间需采取捞出发病鱼、增加巡塘、增加溶氧、增加水体溶氧等管理措施，控制病情的进展。彻底的消毒方案、芽孢杆菌和 EM 菌等活菌制剂的调水方案以及增加底质改良等方法也能帮助减少罗非鱼类立克次氏体病的发生和传播。

（4）黄颡鱼拟态弧菌病研究。拟态弧菌（Vibrio mimicus）属于弧菌科弧菌属（Vibrio），是革兰氏阴性短杆菌，大小为（0.4~0.8）微米×（0.8~1.4）微米，具有极生单鞭毛，无荚膜和芽孢，广泛存在于海水和淡水水域中。拟态弧菌最适生长温度为 28℃，最适 pH 值为 7.5~8.0，在无 NaCl、3% NaCl 或 6% NaCl 的大豆酪蛋白琼脂（TSA）培养基中生长良好，为非嗜盐弧菌。

拟态弧菌的致病性是由多种毒力因子共同作用的结果。研究表明，其主要毒力因子包括黏附素和外毒素。黏附素是一种细菌表面结构分子，包括菌毛黏附素和非菌毛黏附素。菌毛黏附素通过分子量为 39 千道尔顿的外膜蛋白、分子量为 31 千道尔顿的不耐热胞外金属蛋白酶以及与胞壁脂多糖相关的血凝素来执行黏附作用；而不表达菌毛的拟态弧菌主要依靠血凝素外膜蛋白进行黏附。外毒素是拟态弧菌在黏附宿主细胞后向外分泌的毒力因子，其中包括胞外蛋白酶、溶血素、肠毒素和铁载体等。胞外蛋白酶能够帮助拟态弧菌分解宿主组织、扩大感染范围并使病情加重。溶血素能溶解红细胞，增加宿主的血管通透性。拟态弧菌产生的肠毒素是其致病性的主要原因之一，能导致宿主产生腹泻等症状。综上所述，拟态弧菌的致病性是由黏附素和外毒素共同作用的结果，使得该菌能够黏附并侵害宿主细胞，并对宿主产生毒性作用，引发一系列病症。

感染拟态弧菌的黄颡鱼主要临床症状为脱离鱼群独自靠近岸边游动，精神沉郁，厌食，头部浮在水面上，身体失去平衡。其体表症状常常为表皮有规则性溃烂，最为严重时全身皮肤发生溃疡，从而导致溃烂至全身肌肉，肛门红肿。患病黄颡鱼内脏器官表现为肝脏肿胀，颜色苍白常伴随出现出血点，部分鱼见脾、肾肿大，肠道和腹膜出血，腹腔内部也会出现淡红色腹水。在黄颡鱼拟态弧菌病病理损伤观察中发现真皮的纤维素坏死，炎症细胞大量浸润于结缔组织中，肝细胞肿胀，脾脏巨噬细胞聚集以及淋巴组织坏死，肾小球肿胀，肾小管变性坏死，肠道中肠绒毛严重的变性坏死并脱落于肠腔，鳃小片上皮细胞的坏死脱落。

为了有效防控黄颡鱼拟态弧菌病害，养殖者应遵循防治为先、防重在治的原则，并采取综合措施。首先，要做好清塘、晒塘和消毒工作，确保池塘彻底清洁，并利用自然条件使其干燥，以改善底质环境。其次，在选择优良的黄颡鱼苗种时，要控制合理的放养密度，提高苗种质量和存活率。投喂科学也是重要的一环，选用高质量的配合饲料，避免过度投喂，尤其是在春季水温不稳定时需要限制投喂量。秋冬季的管理也应重视，合理投喂有助于提高鱼体质量和免疫力。同时，定期使用抗菌制剂，如多维、多糖和纯天然植物提取物，提高黄颡鱼的免疫力。水质管理也至关重要，维持健康的藻相，定期使用微生态制剂调控水质，减少应激反应。在拟态弧菌爆发时，应迅速采取消毒措施，使用合适的消毒剂杀灭病原体，并改善水质溶氧。及时捞出病鱼和死鱼，进行灭菌处理后深埋，避免传播扩散。另外，研发和应用疫苗也是重要的防控手段，减少对传统药物的依赖和环境污染。通过以上综合措施的实施，能够有效防控黄颡鱼拟态弧菌，提高养殖效益和鱼类的健康水平。

（5）大口黑鲈虹彩病毒病研究。大口黑鲈虹彩病毒（LMBV）最早于1991年分离自美国的野生大口黑鲈，1996年被正式命名为大口黑鲈病毒，属虹彩病毒科，蛙病毒属。发病水温为25～32℃，最适发病水温为30℃。在高温期发病率达到30%，加州鲈发病后死亡率可达60%以上，死亡率与养殖密度、水质、天气及操作等密切相关，严重威胁加州鲈的正常养殖。该病毒不仅感染大口黑鲈，对太阳鱼、鳜鱼也有一定的致病力；鱼鳔、鳃和后肾是易受感染的器官。一般认为健康鱼感染LMBV主要是通过在水体里接触病原或者食入带病鱼饵，人工感染实验和孵化场还未发现垂直传播的病例。由于对 LMBV 天然宿主的范围缺乏系统调查，其通过水体传播病毒的作用仍然不能忽视。Shubhankar N 等也已经证实，荧光假单胞菌生物膜（*biofilm*）和池塘混合生物膜包裹的 LMBV，保留对 EPC 细胞的感染能力，并对次氯酸钠、碘复合物等消毒剂具有一定抵抗力。除了鱼类，实验室感染试验证实，LMBV 在两栖类和禽类中可以存活，水陆传播 LMBV 也就成为可能。国外有众多的垂钓俱乐部，大口黑鲈是主要的竞钓品种之一，因此通过垂钓者和船只传播病毒也是重要途径之一。LMBV 不仅可以导致大面积鱼暴发疾病死亡引起鱼灾，也可以是不表现任何症状的隐性带毒，这给疾病诊断带来困难。对该病的诊断必须综合流行情况、症状、剖检、病毒分离鉴定等进行判定。

2017年，牟维豪等为探究四川某养殖场黑斑蛙蝌蚪暴发传染病的病因，通过对患病蝌蚪进行病理学检查与病毒分离，并结合人工感染试验、电镜观察、PCR 检测和系统发育分析对分离的病原进行鉴定。黑斑蛙患病蝌蚪主要临床特征为体表出血、腹部肿胀、腹腔内淡黄色腹水；组织病理学上，患病蝌蚪肝、肾、脾与胰腺等组织器官受损，出现明显的变性与坏死病灶，且在一些病变细胞胞浆内见嗜碱性包涵体。患病蝌蚪组织匀浆接种鲤鱼上皮瘤（EPC）细胞，25℃培养4天后出现明显细胞病变效应（CPE），TCID50为108/毫升。电镜观察发现，病毒颗粒为正六边形，有囊膜，对角线直径（135±8）纳米，在胞质中呈晶格状排列或游离状。针对蛙病毒MCP基因的PCR检测显示，自然患病蝌蚪、饲养水源以及分离病毒均为阳性，基于MCP全序列的遗传进化分析发现，分离病毒与蛙病毒属病毒的相似性在99%以上，且与蛙病毒属FV3病毒类群聚为同一分支。2020年，四川农业大学耿毅老师团队对中国西南地区大口黑鲈虹彩病毒的流行情况进行了调查，一种大口鲈溃疡性疾病多年来严重损害了中国大口鲈产业。本文调查了中国西南地区该病的流行情况，并报告2016—2018年的典型病例。所有病鱼均表现为嗜睡和食欲不振；皮肤和肌肉出现严重出血、溃疡和炎症；肝、脾和肾出现坏死。经PCR检测和病原体分离证实，所有病例均与蛙病毒感染有关。通过大量的试验证实了感染毒株主要是大口黑鲈虹彩病毒。

3. 冷水鱼主要疫病研究

（1）鲑鳟鱼传染性造血器官坏死病研究。传染性造血器官坏死病（Infectious haematopoietic necrosis，IHN）是由弹状病毒科传染性造血器官坏死病毒（IHINV）引起的病毒感染，是极易对鲑鳟鱼养殖造成严重危害的鱼类急性全身性传染病，被世界动物卫生组织（OIE）规定必须申报的动物疫病，我国农业农村部列为二类动物疫病。该病的病原为弹状病毒科、诺拉弹状病毒属的传染性造血器官坏死病毒，其病毒形态为子弹状，有囊膜包被。IHN在世界多个国家地区均有分布，主要通过病鱼或被污染的鱼卵在不同地域传播，常以暴发流行或地方流行的形式发生，1953年，IHN首次被报道于美国华盛顿州和俄勒冈州某孵化场的虹鳟鱼苗。1985年，中国黑龙江省某虹鳟苗种场首次爆发IHN，导致约50 000尾虹鳟稚鱼死亡。随后，IHN在我国东北地区多次暴发。现如今，IHINV在全球范围内的野生和养殖鲑鳟鱼中广泛流行，严重制约了鲑鳟鱼养殖业的健康发展。我国鲑鳟鱼产业一直遭受传染性造血器官坏死病毒的致命打击，鱼苗死亡率高达100%，产业每年损失数亿元，严重威胁了我国鲑鳟渔业。四川地区鲑鳟鱼养殖也同样受到了IHN的威胁。2014年5月余泽辉等在四川都江堰市某鲑鳟鱼养殖场首次发现了IHN暴发，2017年10月刘韬等又在四川彭州市某鲑鳟鱼养殖场发现了IHN流行。此外，通过流行病学调查情况显示，目前四川省内IHN发病数呈逐年上升趋势，已暴发过疾病的养殖场及其周边养殖场再次暴发疾病的概率较高，传播速度快，传染面较广。

IHN主要感染对象为鲑科鱼类的幼鱼和鱼苗，能引起严重性的全身性疾病。稚鱼和幼鱼感染该病的早期，病毒会侵袭鱼体的肾脏、脾脏等器官并大量增殖，一般来说鲑鳟鱼在感染上IHN后3~4天，即可在造血组织中检测到该病毒。而后病毒逐渐感染鱼体的其他组织和器官，如在肝、脾、肾等造血组织中大量增殖，其后感染其他内脏器官或组织。进而引起全身性的病理变化，直至死亡。感染该病的病鱼通常呈现一些较为典型的症状，即感染初期表现为游动迟缓，精神萎靡不振，出现昏睡，有时表现为不愿活动，避开水流，离群独游，也会沉入水底；随着感染时间的逐渐延长，病鱼表现为眼球突出且肿胀，有时变成红色，鳃丝粘连在一起，颜色苍白，鳍基部充血，腹部膨胀，体表发黑，肛门处拖着一条不透明或者棕褐色的假管型黏液粪便，鱼鳍基部出血，背鳍等肌肉组织与鱼鳍的基部出现一个"V"形出血斑。剖检病鱼可以明显看到肝脏、脾脏及肾脏等器官颜色变白，呈现出贫血状态，鱼体的腹腔内有淡黄色的积液；肠道内有大量的淡黄色、浑浊的液体，挤压尾部流出淡黄色的液体，胃内常常出现乳白色的液体。镜检肝脏、脾脏及肾脏等器官出现出血、坏死，甚至出现病灶样坏死等病理变化；肾脏通常会出现大量坏死的造血细胞，并在脾脏和肝脏某些部位出现细胞堵塞。

IHN的传染途径分为垂直传播和水平传播。其一是携带IHN的亲鱼通过鱼卵和精液将病毒垂直传播给下一代。IHN对鲑鳟鱼幼鱼的致病力较高，成年鲑鳟鱼被IHN感染后，通常不会发病而大量死亡，但很有可能成为无症状的IHN携带者和传播者。随着世界各地鲑鳟鱼卵的贸易流通，将IHN由一个地区引入另一个地区。其二是通过患鱼排入水中的尿、粪及性腺分泌物，使同一水域的健康鲑鳟鱼幼鱼染上IHN。健康的鱼可能产生抵抗力不再发病，但终生携带病毒，条件适宜就会成为新的病毒传染源。IHN主要危害的宿主比较广泛，如大麻哈鱼属的红大麻哈鱼、大鳞大麻哈鱼、细鳞大麻哈鱼、大麻哈鱼、马苏大麻哈鱼、克氏鲑和玫瑰大麻哈鱼等多种鱼类均可以感染此病。自然条件下的野生鱼类和人工养殖的鱼类均可感染。随着该病在北美洲、欧洲和亚洲等多个地区的流行，已经发展成一种危害多个国家和地区鲑鳟鱼类养殖行业的病毒病,对多个国家的鲑鳟鱼类的养殖行业带来了极为严重的经济损失。该病主要侵害虹鳟和鲑鱼,最易感染的是刚孵化出的幼鱼,死亡率高达100%。发病水温4~13℃,8~10℃时发病率最高,15℃以上停止发病,2月龄以下鱼苗在水温10℃时死亡率达100%,2—6月龄鱼种死亡率大于50%,大于7月龄鱼种死亡率约为10%左右,近年发现7~100克鲑鳟也有发病案例。

目前对于鲑鳟鱼IHN的防治以防为主,应对鲑鳟鱼良种繁育场进行重点监测,尽早发现相关情况,及时进行处理,防止受感染的鱼苗进入养殖场。对引进的鱼卵和种鱼进行严格审查检疫。进出口检验检疫部分应对从具有风险地区引进的鱼卵和种鱼进行严格检疫,发现问题及时销毁,避免进入我国境内造成长远危害。对鲑鳟鱼养殖场定期进行消毒和检疫,加强管理,出现疫情及时隔离、捕杀和无害化处理。目前,防控IHN的主要有效手段是疫苗免疫。国外研究人员通过不同方式制备了多种类型的IHN疫苗,尤其是加拿大研究人员研制的DNA疫苗已经获得商业化批准。我国研究人员对国内的IHN病毒做了系统研究,研制出了相应疫苗,并通过注射、口服等方式对疫苗的免疫效果进行研究。当前IHN没有特效药物进行治疗,因此在感染风险比较大的地区和已有疫情出现的地区有必要使用IHN的灭活疫苗进行预防。对于鲑鳟鱼IHN的治疗目前以疫苗方向为主,然而,灭活疫苗、亚单位疫苗等疫苗高度纯化,存在免疫持续期较短、免疫效力不足等问题。

(2)虹鳟出血性败血症研究。病毒性出血性败血症(Viral haemorrhagicsepticaemia,VHS)是由弹状病毒引起鲑鳟鱼类的一种烈性传染病,能够导致很高的死亡率(致死率为90%~100%),其病原体为病毒性出血性败血症病毒(Viral haemorrhagicsepticaemia virus,VHSV)。本病主要流行于欧洲及北美洲,近年来随着水生动物进口贸易的增加,病毒性出血性败血症病毒已传入我国并在一些地区流行,造成了严重的经济损失。

病毒性出血性败血病病毒(VHSV)是VHS的病原体,分类上属弹状病毒(Rhabdoviridae)粒外弹状病毒属(*Novirhabdovirus*)。病毒形态呈子弹状,其螺旋状的核衣壳由脂质囊膜包围,囊膜表面有纤突,病毒粒子长约180纳米,直径约70纳米,其核心内部中空,直径为50~55纳米;核酸为一条单链RNA病毒,全基因组长度约为11千字节。病毒对氯仿、酸比较敏感、热稳定性较低,极易失活。

虹鳟出血性败血症(Viral Hemorrhagic Septicemia,VHS)是由鱼类病毒性出血性败血症病毒（Viral Hemorrhagic Septicemia Virus，VHSV）引起的一种严重的鱼类传染病。该病的病理学和临床特征表现为广泛的瘀斑，包括皮肤、肌肉组织和内部器官的瘀斑。骨骼肌可以观察到红细胞的聚集，而肌肉纤维未受损。内脏器官方面，肾脏在急性期呈现暗红色，脾脏肿胀，肝脏可见泛白或斑驳的灰色。此外，胃肠道和部分直肠段苍白，免疫组织学观察显示局灶性坏死。虹鳟出血性败血症可根据病程缓急和症状表现差异分为急性型（发病迅速、死亡率高）、慢性型（体色发黑、眼外突、鳃苍白发灰和肿胀）和神经型（病鱼运动异常）三种类型。

目前无有效的治疗方法。防治主要通过加强综合防治措施，严格执行检疫制度，掌握流行病学情况。禁止从发病区运出鱼与卵，避免购入患病鱼和卵。通过培育或引进抗病品种，提高抗病能力，防止环境、工具以及饲料等被病毒感染。

4. 其他水产品种疫病研究

（1）蛙歪头病研究。四川省蛙类养殖面积较大，主要包括黑斑蛙、牛蛙、棘胸蛙等养殖品种，具有养殖占地面积小，单产高，单位经济效益高的优点，是发展优质特种水产养殖的优良品种。近二十年来，随着蛙类人工养殖业的兴盛，在蛙类养殖中出现了一种以歪头、白内障为主要症状的新型疾病，这种传染性疾病俗称为蛙"脑膜炎""白内障"或"歪头病"，目前已成为蛙产业中的瓶颈性问题，如何有效防控该病是蛙产业健康持续发展的基石。该病一旦发生，传播十分迅速，死亡率极高，可达90%以上，且缺乏有效的治疗药物，已成为了现阶段蛙养殖的"绝症"，给蛙产业造成了毁灭性打击。

从20世纪90年代开始，歪头病的暴发从福建、海南等沿海地区逐渐向内陆地区扩散，近几年已蔓延到四川省几乎所有的蛙养殖场，受危害的养殖蛙类包括牛蛙（*Lithobates catebianus*）、虎纹蛙（*Hoplobatrachus chinensis*）、黑斑蛙（*Pelophylax nigromaculatus*）、棘胸蛙（*Quasaipaa spinosa*）和棘腹蛙（*Quasipaa boulengeri*）等重要的经济物种，在对养殖户造成巨大经济损失的同时，也带来新的食品安全问题。

已有的研究表明，蛙类歪头病的致病因子为细菌，目前已经从各类病蛙中鉴定出十几株病原菌，包括：米尔伊丽莎白菌（*Elizabethkingiamiricola*）、脑膜脓毒性伊丽莎白菌（*E. meningoseptica*）、肺炎克雷伯菌（*Klebsiella pneumoniae*）、醋酸钙不动杆菌（*Acinetohacter calcoaceticus*）等，并以伊丽莎白菌属最为常见。这些菌株多为多重耐药菌，其中一些菌株（如米尔伊丽莎白菌）与人类临床分离株（可引起新生儿脑膜炎)具有较高的亲缘关系。当前,虽然对于歪头病致病因子的鉴定工作取得了一定进展,但其病理机制却极少有研究。四川农业大学黄小丽教授长期跟踪并开展了该病的病原特征、致病机制、药物研发等研究。本病一年四季皆可发生,流行于春、夏和秋季,流行高峰为5—9月,流行水温为20~25℃。幼蛙和成蛙均可感染,对幼蛙的危害尤其严重,病程长且防治困难病蛙表现出歪头、运动平衡丧失、眼部晶状体混浊或充血、畏光、身体水肿等症状,继而发生爆发性地死亡。

蛙歪头病的防控措施包括引进无病优质品种、消毒杀菌、环境控制、定期预防和发病初期处理,目前尚缺乏高效治疗药物,是蛙产业中的瓶颈问题。首先,在引种时选择健康优质的种苗,并了解引种场的发病情况。其次,要进行科学清塘和消毒杀菌,以杀灭养殖池内的细菌、病毒和其他有害生物。最后,需要注意水体中适量的草,调节水质、控制放养密度并提供良好的环境。定期进行预防工作,使用增强抵抗力的中草药和保健产品等。如果发现蛙歪头病,应立即隔离治疗,初期可以选择庆大霉素注射治疗,并进行场地消毒。通过这些措施,可以有效预防和控制蛙歪头病的发生。

(2)大鲵蛙病毒病研究。大鲵蛙病毒(Chinese Giant Salamander Ranavirus,CGSRV)是近些年来发现的一种严重危害大鲵养殖的新型病原微生物,除了大鲵外,还发现其可感染鳄龟、似鲇高原鳅等。大鲵感染后主要表现为体表出现溃疡及大量的出血斑点,头部与四肢出现肿胀,有时形成溃疡灶,被人们称为"溃疡病或大脚病",一旦发病,很难治愈,死亡率高,甚至高达100%,故被养殖户们称为"大鲵的癌症"。

大鲵感染蛙病毒事件在四川省也有大量的报道研究。2011年,四川农业大学汪开毓团队对发生在四川等地的大鲵蛙病毒自然感染的病理形态学观察发现,镜检主要见全身组织器官广泛性水肿、出血、变性、坏死和炎症细胞浸润,特别是肾、肝、胃肠道、脾和皮肤肌肉的损伤较为严重,并在病变组织细胞见圆形或椭圆形嗜酸性胞浆包涵体。2013年3月成都市某海洋馆送检2只发病大鳄龟,经检测,发现是大鲵蛙病毒感染所致。临床特征表现为:精神状态萎靡,爬行无力,对外界刺激反应迟钝;颈部和四肢局部红肿,腹甲溃烂,严重部位甚至穿孔,最后死亡。为明确患病大鳄龟的病因,进行了细菌学、组织病理学和PCR检查。细菌学检查阴性;病理组织学观察发现,大鳄龟多组织、器官均发生严重病变,尤其是肾、肝、肺和心的损伤最为严重，表现为明显的变性、坏死和炎症细胞浸润，并在一些病变组织细胞浆内见嗜酸性或嗜碱性包涵体。针对蛙病毒（*Ranavirus*）病毒的特异性扩增片段的主要衣壳蛋白基因与大鲵蛙病毒同源性达 95%～99%。根据组织病理特点及 PCR 检测结果推测大鳄龟的死亡是感染大鲵蛙病毒所致。

2014 年 2—3 月，四川乐山某似鮈高原鳅养殖场暴发一种流行性传染病，死亡率达 30%，主要临床特征为体表褪色，皮肤多处溃疡，腹部出血，鳃丝充血、肿胀与断裂等；病理学发现皮肤、肌肉、鳃、脾脏、肾脏、肝脏、脑均出现一定程度的病变。为明确其病因，病原学检查确定其属于虹彩病毒蛙病毒属的成员。分别设计蛙病毒 MCP、DNApol、RNR-α 和 RNR-β 基因的 4 对引物特异性 PCR 扩增，分离病毒与中国大鲵蛙病毒、苏黎世侧褶蛙蛙病毒、梭鲈虹彩病毒和蛙病毒 3 型等聚类，其中与大鲵蛙病毒（CGSV）聚为一支。

（3）克氏原螯虾病害研究。克氏原螯虾（*Procambarus clarkii*）又名小龙虾，原产地为美国和墨西哥，由日本引入我国。尽管克氏原螯虾具有很强的抗病能力，但在 5—6 月高密度养殖过程中也会出现一些疾病，主要分为细菌性疾病、病毒性疾病、寄生虫性疾病、真菌性疾病、其他因素引起的疾病等。

目前四川省有关克氏原螯虾细菌性疾病的发生比较常见，对经济效益也会产生较大影响。细菌性疾病最显著的特点就是发病前期通常死亡数量较少，患病率通常会随着水温的上升而增加，错过最佳治疗时机，后期传染速度极快，会造成严重的损失。从病虾中分离出的致病菌有弗氏柠檬酸杆菌属、不动杆菌属、气单胞菌属、芽孢杆菌属、棒状杆菌属、黄杆菌属、微球菌属、假单胞菌属、葡萄球菌属和弧菌属 10 余种，其中以弗氏柠檬酸杆菌的感染最为常见。细菌性疾病有烂鳃病、甲壳溃疡病、烂尾病、细菌性肠炎、类立克次体、眼坏死病、菌血症、溶血弧菌病等。

螯虾科发现的病毒有双链 DNA 病毒（线头病毒科、杆状病毒科），单链 DNA 病毒（细小病毒科），双链 RNA 病毒（呼肠病毒科、全病毒科）及单链 RNA 病毒科等。其中又以白斑综合征病毒危害最大也最为普遍。病毒性疾病的特点是发病急、死亡率高，死亡速度快。

克氏原螯虾寄生虫性疾病主要有固着类纤毛虫病和聚缩虫病。引起纤毛虫疾病的寄生虫主要有累枝虫、杯体虫、聚缩虫、钟形虫等。当附着的寄生虫量少时，症状不明显；当大量寄生虫附着时，虾体表、鳃、附肢、眼柄及卵表面附着有白色棉絮状物,虾的鳃、附肢等外观呈黑色,病虾浮于水面,反应迟钝,不摄食,不蜕壳,生长受阻。该病主要影响虾的呼吸,因此在溶氧量低的情况下死亡更快。

克氏原螯虾瘟疫病是一种常见的真菌性疾病,是由变形藻丝囊霉(*Aphanomyces astaci Schikora*)引起的一种侵染性病害,感染几周后死亡,发病率为72%,死亡率高达66%。患病时,虾逐渐瘫痪,出现白天活动的异常行为,病虾体表有黑色或褐色的斑,在附肢及其基部可发现真菌的丝状体。

克氏原螯虾水霉病也常见,主要危害幼虾,一般发生于8~20℃。患病开始时在尾部及附肢基部有不透明的白色小斑点,呈现出消瘦乏力、行动迟缓以及摄食量降低的状态,并且常浮出水面或者依附于水草露出水外,伤口处的肌肉组织中长满菌丝,从而导致组织细胞逐渐死亡。

在克氏原螯虾的养殖过程中,必须坚持"预防为主,防重于治"的方针。为此,可以从以下几个方面进行防控措施。首先,合理选择养殖模式,如采用稻田养殖或虾稻共生等模式,可以降低疾病发生的风险。其次,要维持养殖环境的稳定,控制水温在适宜范围内,并提供良好的栖息场所和水生植物,以改善环境条件。此外,合理投喂饲料也是关键,选择优质饲料,并添加微量中草药或生物饲料,提高虾的抗病能力。最后,在疾病多发季节,要提前做好预防措施,包括杀菌、杀虫等处理,对病原进行科学诊断,并正确使用药物进行治疗。通过以上措施,能有效减少疾病的发生,达到克氏原螯虾养殖的良好效果。

(4)中华绒螯蟹肝胰腺病变综合征研究。中华绒螯蟹(*Eriocheir sinensis*)隶属于甲壳纲(Crustacea)、十足目(Decapoda)、弓蟹科(Varunidae)。由于人们喜爱食用中华绒螯蟹的"蟹黄"和"蟹膏"(即肝胰腺和性腺),因此其在我国拥有极大的市场前景和价值。目前,中华绒螯蟹作为我国主要经济蟹类,在江苏、安徽、湖南、湖北等多省大规模养殖。然而,随着高密度、集约化养殖的发展,疾病日益凸显,如弧菌病、颤抖病、孢子虫病等严重影响着中华绒螯蟹的养殖产业健康发展。21世纪初,养殖中华绒螯蟹出现以肝胰腺发白萎缩为主要表现的疾病,使蟹无"黄"可吃,严重丧失经济价值。由于病蟹看起来外形干瘪,养殖户称其为"水瘪子"病。"水瘪子"病最初被命名为"中华绒螯蟹肝胰腺白化症",2015年随着疾病暴发,被改为"中华绒螯蟹肝胰腺坏死综合征(Hepatopancreatic necrosis syndrome,HPNS)"。该病在江苏、浙江、安徽、湖北等我国河蟹主养区大规模发生，发病面积达30%以上，部分区域甚至高达90%~100%，累计已造成近百亿元经济损失，该病已成为制约蟹产业持续健康发展的关键病害。从2015年至今，该病一直在中华绒螯蟹主养区如江苏、安徽、湖北等省市流行，给我国中华绒螯蟹养殖造成了巨大的经济损失。四川农业大学黄小丽教授团队最早于2017年持续开展中华绒螯蟹HPNS研究，连续4年在江苏省兴化市、盐城市等中华绒螯蟹主养区共采集HPNS病蟹515例，发放调查问卷98份，在HPNS诊断标准建立、流行病学风险因子分析、主要示病症状等方面做了大量深入研究，证实了HPNS是一种非生物性因素引起的慢性渐进性能量消耗性疾病，饥饿和阿维菌素是导致该病的高风险因子。四川省蟹产业初具规模，但也面临HPNS的危害，因此，开展HPNS的防控对四川省蟹产业的持续健康发展意义重大。

5. 非传染性病害研究

（1）水质因子胁迫研究。环境胁迫是环境对鱼类所处的生存状态产生的压力。胁迫能打破鱼类与环境之间的平衡与协调引发鱼体正常生理机能出现紊乱。胁迫种类繁多不同种类的胁迫因子都会对鱼体造成一定程度的伤害，各种胁迫因子之间存在的耦合作用，加大了胁迫的危害性。因此深入研究环境胁迫对水生生物生理机能影响的过程与机制，可为集约化健康养殖技术的建立提供参考依据。

环境胁迫对养殖鱼类的影响在四川省有诸多科学研究。研究发现，温度对齐口裂腹鱼抗氧化酶活性和激素水平的影响，急性热胁迫能够一定程度上提高其抗氧化酶的活性及激素的水平；对稻田和池塘两种模式下养殖的泥鳅肠道黏膜中微生物分析发现大部分微生物均有显著差异，稻田养殖的泥鳅肠道及肝脏酶活性明显高于池塘养殖。黄小丽教授研究发现氨氮胁迫可导致黄颡鱼、鲈鱼鳃组织严重损伤，出现慢性增生性鳃病，缩小了呼吸面积，最终导致缺氧窒息是氨氮胁迫引发鱼类死亡的主要机制，为研发针对性靶向药物或抗高氨氮品种选育奠定了基础。

（2）营养性病害研究。水生动物营养的过剩和缺乏都可以引起营养性疾病的发生，继而引发细菌、病毒病的感染。由于各种原因人工配合饲料不可能时时按照最合理的方式和营养进行投喂，长期摄入营养不平衡的饲料就会出现营养性疾病。饲料中缺乏某种必需营养素，只是营养性疾病的一个重要因子，营养性疾病包括食物中营养素的缺乏、过剩和不平衡。

近年来，针对四川省营养性疾病的研究日益突出。19991年汪开毓教授团队最早开始了氧化鱼油对鲤鱼的影响研究，2001年开展了鲤鱼维生素E缺乏研究，2004年开展了幼建鲤硒缺乏研究，2006年开展了斑点叉尾鮰维生素E缺乏研究。2018姜俊教授团队发现，饲喂豆粕能够引起黄颡鱼肠损伤程度较高，消化和抗氧化能力降低，而补充赖氨酸和蛋氨酸可减轻这些对黄颡鱼的不良影响。2021年，周小秋教授团队研究发现，膳食胆碱的缺乏通过影响MAPK通路促进了肠道相关细胞的凋亡。2022年黄小丽教授团队研究发现饲料中高碳水化合物日粮可导致大口黑鲈严重肝病的发生，添加杜仲提取物可有效缓解。

（四）四川省水生动物疫病防治技术研究

1. 诊断技术研究

目前诊断技术正处于高速发展时期，各类创新技术不断取得突破，近年来分子诊断领域不断发展新的技术方法，应用范围也在不断拓展。诊断技术研究的发展对水生动物疫病的诊断、预防和治疗提供了有利的手段，并有极其重要的意义。

（1）多聚酶链式反应（Polymerase Chain Reaction，PCR）诊断技术建立。多聚酶链式反应简称PCR技术，以一对分别与模板5′末端和3′末端互补的寡核苷酸片段为引物（primer），在耐热DNA聚合酶的作用下，按照半保留复制的机制沿着模板链延伸直至完成新的DNA分子合成。重复这一过程，即可使目的DNA片段得以大量扩增。

该方法特异性强、操作简单，可快速识别检测样品中的微量病原菌，是水产病害快速检测中应用最为广泛和成熟的方法，包括普通PCR、qPCR和dPCR等。黄小丽教授团队建立了大口黑鲈鰤诺卡氏菌病的双重PCR检测方法，对鰤诺卡氏菌DNA检测下限可达1.8764×10^{-1}纳克/微升，灵敏度良好，特异性较强，具有可重复性。

（2）环介导等温扩增（Loop-mediated isothermal amplification，LAMP）检测研发。LAMP是一种新型的核酸扩增技术，引物是LAMP技术的关键，它们是由6个特异性序列和2个环状序列组成的，可以在恒温下扩增目标DNA。该方法在恒温（65℃左右）条件下就可以完成核酸扩增，反应结果可直接肉眼观察。

LAMP技术的应用非常广泛，可以用于病原体检测、食品安全检测、环境监测等领域。目前，LAMP已被用于多种淡水鱼虾细菌病原的检测，如嗜水气单胞菌、迟缓爱德华氏菌、副溶血弧菌、海豚链球菌和无乳链球菌等。

(3) 酶联免疫（ELISA）检测试剂盒研发。酶联免疫检测试剂盒是一种快速、方便、准确的检测样品中靶蛋白的研究工具，是将抗原或抗体结合在固相载体表面，利用抗原抗体的特异性结合以及抗体或者抗原上标记的酶催化特定底物发生显色反应，实现目标物检测的免疫分析方法。

ELISA 是目前水产病害领域应用最广泛的免疫酶技术。祝璟琳等建立了无乳链球菌的间接 ELISA 快速检测法，与海豚链球菌等其他常见水产病原菌无交叉反应。不仅能够检测已发病的罗非鱼，而且能够检测无症状的带菌罗非鱼，该方法的建立有助于快速准确地诊断由无乳链球菌引起的罗非鱼链球菌病。

(4) 胶体金试纸研发。胶体金免疫层析技术是 20 世纪 90 年代出现的一种快速免疫检测技术。其原理是将配体（抗体或抗原）先固定于硝酸纤维素膜等微孔滤膜的某一区带，胶体金标记另一配体，吸附于玻璃纤维上，然后固定于硝酸纤维素膜的某一特定位置，当干燥的硝酸纤维素膜一端浸到样品后，由于毛细作用，样品将沿着膜向上移动，当移动至胶体金标记物处时，如样品中含有带检受体，则发生第一步高度特异性的免疫反应，形成的免疫复合物继续移动至线状包被区时，发生第二步高度特异性的免疫反应，形成的免疫复合物被截留在包被的线状区，通过标记的胶体金而显红色（检测带），而游离标记物则越过检测带，与结合标记物自动分离。

胶体金免疫层析具有快速、简便、不需要专业仪器设备和结果肉眼可辨等优点，适用于生产一线养殖户临床及现场检测。有学者针对淡水鱼虾主要病原菌制备了多种胶体金免疫层析试纸条，如嗜水气单胞菌、豚鼠气单胞菌、迟缓爱德华氏菌、副溶血弧菌、柱状黄杆菌和海豚链球菌等。

2. 疫苗研发

随着水产养殖业高密度、规模化、集约化高速发展，病害已成为产业健康可持续发展的重大挑战。鱼类接种疫苗既可以防控水产病害发生、减少产业的经济损失，又可以减少或消除由于大量使用抗生素带来的健康危害、生态风险和水产品食品安全等问题，从而支撑水产养殖业健康、绿色发展。

鱼类疫苗主要可以分为灭活疫苗、弱毒疫苗、亚单位/合成肽疫苗和 DNA 疫苗等。目前，中国科研人员正在对不同类型的鱼类疫苗进行广泛的基础研究并取得了较好的突破，有 9 个鱼类疫苗产品获得了国家兽药注册证书，其中 5 个获得了由政府颁发的兽药生产文号。四川省多个科研人员均开展了系列鱼类疫苗的研发工作，取得了一定的效果。

3. 中草药研发

中草药在中国已有上千年的应用历史，天然和安全是其重要特征，含有的生物活性成分（如多糖、皂角苷、生物碱、蒽、植物精油和有机酸等）能显著增强动物的免疫力和抗病能力，增强机体对抗原的免疫应答。目前，伴随着各项法律法规的出台，鱼类健康养殖的日益重视和越来越多的化学物质的禁用，使得具备绿色、安全等特质的中草药逐渐替代化学合成药物成为新兴的渔用保健产品。研究表明，从绿茶提取物中得到的儿茶素能阻断草鱼呼肠孤病毒与细胞的层粘连蛋白受体结合，能有效抑制草鱼呼肠孤病毒感染草鱼肾细胞。厚朴、黄芪、金银花、槟榔叶等中草药提取物对金黄色葡萄球菌（*Staphylococcus aureus*）、无乳链球菌、嗜水气单胞菌（*Aeromonas hydrophila*）、肺炎克雷伯氏菌（*Klebsiella pneumoniae*）等也存在一定的杀灭或抑制作用。同时，雷公藤、使君子、蛇床子、苦参中提取的活性成分亦能有效防治小瓜虫、车轮虫、指环虫等。四川农业大学、四川省水产研究所、内江师范学院等多家单位均开展了渔用中草药药物研发工作，发表了大量研究论文，为四川水产病害防控提供了有效途径。

4. 渔用新兽药的研发

渔药，作为实现药物防治的直接载体，是指一类用于预防、控制和治疗水生动物的病、虫、害，能增强抗病能力，保障水生生物健康生长，改善养殖水体环境质量的物质。由于水产养殖对象及其生活习性、养殖模式和养殖环境等特殊因素，渔药作用于水体，又很难强制性给药，其在水体中的稳定性、对水生动物的适口性、对水体环境的影响等方面应具备更高的技术标准，才可保证其安全、有效和稳定。

我国渔药特点一是专用渔药较少，基本上由人药、兽药（畜禽用）或农药移植而来；二是剂型较单一，仅有粉剂、乳油剂、水剂、散剂等几种，粉剂和乳油剂所占比重最大，约占渔药剂型总量的80%以上。更重要的是，渔药虽有浸浴、注射、口服和泼洒等给予方式，但由于应用对象的特殊性，给药的限制因素很多。例如，浸浴和注射要捕捞水生动物处理，操作强度大，应用局限性较大，若水生动物患病，并伴随食欲下降甚至不采食时，口服法也难以实施，且药物在水体中会有部分溶失。泼洒是渔药最方便和常用的给予方法，但易对水生动物造成应激和对水环境造成不利的影响。因此，开发符合水产养殖特点的渔药是渔药科技工作者迫在眉睫的工作。

当前我国渔药研发存在一些问题和不足。尽管国家标准渔药制剂数量众多，但实际生产急需的有效药物却缺乏。滥用或错用导致了耐药性和药物残留等诸多问题，而缺乏水产养殖规范用药使用指南使得渔药管理与一些国家相比存在较大差距。此外，鱼用疫苗的研究与审批较为落后，还未形成真正的产业化。同样，缺乏专业的渔药研究机构和人才队伍，科研院所与高校的研究与生产脱节，渔药生产企业研发能力不足，而新渔药的产权保护也不够完善。当前的药物审批标准也未考虑到鱼药特殊性和行业需求。为了加快新渔药的注册申报，建议制定合理的水产科研评价政策，加大对渔药的科研支持力度，并建立专门的渔药研究平台。此外，应加大对渔药科研的投入立项，同时重点扶持渔用生物制品的产业化发展。在审批政策上，可适度放宽审批标准，允许日后补充完善数据，并对部分产品开展试产以满足实际生产需求。通过以上措施的实施，可以促进我国渔药研发的进步和提高，推动水产养殖行业的可持续发展。四川农业大学、四川省水产研究所等多家单位开展了渔用新兽药研发，陆续筛选到高效渔药药物多种，其中四川农业大学黄小丽教授团队以现代分子对接技术开展靶向药物研究，为四川省安全、高效渔用药物的研发提供了新思路。

5. 细菌耐药性研究

细菌耐药性是指细菌对抗菌药物不敏感的现象，是细菌自身生存过程中的一种特殊表现形式。自然界中耐药菌的大量出现是由于施加的药物选择压力而被选择出来的。自20世纪50年代起，国外将抗菌药物广泛用来防治鱼类疾病，其后果不可避免地导致耐药菌的出现。早在1957年，美国就观察到由耐磺胺药的杀鲑气单胞菌（*Aeromonas salmonicida*）引起的鳟鱼流行性感染。1971年在日本养殖的大麻哈鱼中发生由耐磺胺药和耐氯霉素的杀鲑气单胞菌引起的大规模流行性感染。此后，不仅从发病的鱼类中检测到耐药致病菌，而且从发病的虾蟹、龟鳖、蛙等水产养殖动物不断检出耐药致病菌，目前报道的主要有嗜水气单胞菌（*A. hydrophila*）、迟钝爱德华氏菌（*Edwardsiella tarda*）、鲶鱼爱德华氏菌（*E. ictaluri*）、杀鱼巴斯德氏菌（*Pasteurella piscicida*）、溶藻弧菌（*Vibrio alginolyticus*）、鳗弧菌（*V. anguillarum*）、哈维氏弧菌（*V. harveyi*）、副溶血弧菌（*V. parahaemolyticus*）、杀鲑弧菌

($V.\ salmonicida$)、鲁氏耶尔森菌（$Yersinia\ ruckeri$）等。由此可见，耐药菌引起的水生动物疫病越来越频繁，致使常规的抗菌药物难以控制。

（1）质粒介导的水生动物源细菌耐药性研究。自1959年日本学者证实耐药性质粒以来，耐药质粒在介导细菌耐药性中的作用愈来愈受到重视。在鱼类病原菌中的耐药质粒最早报道于1971年，研究发现通过接合试验，从嗜水气单胞菌和杀鲑气单胞菌中检出可转移的耐药质粒。后来，关于鱼类病原菌耐药质粒的研究逐渐增多，主要集中在鱼类致病菌嗜水气单胞菌、杀鲑气单胞菌、迟缓爱德华氏菌、杀鱼巴斯德氏菌、鳗弧菌、鲶鱼爱德华氏菌等，研究了这些细菌的R质粒组成、对应的耐药表型和相容性，分析了耐药质粒基因结构。国内，有关鱼类病原菌耐药质粒的报道很晚，李爱华报道了以耐氨苄青霉素、四环素和磺胺的嗜水气单胞菌CJ26株为供体菌，以E. coli K-12 RC85为受体菌，采用细菌接合试验，从中检测到可自身传递、耐四环素和磺胺的R质粒pWH9601。对来源于不同时期、不同地方的40株鱼源嗜水气单胞菌的质粒指纹图谱、质粒大小与其耐药性之间的关系进行分析，嗜水气单胞菌的耐药性与所携带质粒的数量和大小无直接关系，但来源相同、耐药类型相似的菌株质粒图谱及酶切质粒图谱相似。

（2）水生动物源细菌耐药基因研究。目前，关于水生动物源细菌耐药性基因的研究主要集中在四环素，已报道的细菌对四环素的耐药基因有40多种。有研究等报道了挪威和丹麦受污染海洋底泥分离菌株中，63%菌株含有tet（E）基因；从智利4个鲑鱼养殖场分离出25种不同的抗四环素革兰氏阴性菌，44%菌株携带tet（A）、tet（B）、tet（E）基因。某些菌株同时携带多个tet基因，有的会携带2~3个抗性机制不同的基因，这可能是与各种细菌共同生存在同一水环境中有关。除四环素抗性基因外，由于水产养殖多种抗菌药物交叉使用，还存在着其他不同类型的抗菌药物的抗性基因，水产养殖环境中抗菌药物耐药基因的污染已呈现出一定程度的复杂性。

（3）水生动物源细菌耐药性遗传学机制。研究质粒介导耐药是研究报道较多的遗传学机制之一，接合作用是耐药质粒在不同的细菌之间进行自由且快速转移的方式之一，接合现象广泛存在于各类细菌中。细菌质粒的接合转移使得细菌可以从周围耐药性细菌中获得耐药质粒而产生对特定药物的抗性，再加上药物的选择压力，导致耐药菌在某些区域流行，给疾病的防治带来很大的困难。我国早在1999年就将氯霉素列为禁用药物，但养殖环境中仍有大量氯霉素抗性细菌存在，推测其原因可能与氟氯霉素或者其他抗生素的使用有关，许多细菌是通过获得耐药基因而实现其耐药机理的。另外，整合子也成为研究耐药性遗传学机制的热点之一。整合子是一种遗传因素，包含一个能捕获外源基因的位点特异重组系统。完整的整合子包括5'端保守区、3'端保守区以及夹在中间的基因盒。它能够编码一种整合酶，具有调控位点和启动子，能够从环境中捕获基因盒，然后运用特有的整合位点进行整合，通常是位于细菌染色体和具有广泛宿主的可移动元件如接合型质粒、转座子、整合型噬菌体等，使细菌的耐药性得以广泛扩散。整合子是细菌尤其是革兰氏阴性菌多重耐药快速发展的主要原因。

二、四川省水生动物疫病防控存在的问题和不足

四川水产养殖体量较大，且已呈高密度、集约化发展，水产病害也已成为制约四川省水产养殖持续健康发展的瓶颈。当前水生动物养殖品种逐渐增多，新病不断增多，需要投入的科研力量巨大，而一些疑难病尚无有效的解决办法，使四川省水生动物疫病的防控面临诸多难题。

（一）水生动物疫病的自身特点决定了防控难度大

1. 鱼类发病原因复杂多样

鱼类患病多是鱼体与其生活的水环境不协调的结果。一方面鱼体体质差、抗病力弱；另一方面，水体水质不适合鱼类生活，并存在危害鱼类的病原体等致病因素。

（1）环境因素。

①物理因素。主要为水体温度和透明度。一般随着水体温度升高，透明度降低，病原体的繁殖速度加快，鱼病发生率呈上升趋势，但个别喜低温种类的病原体除外，如水霉菌、小型点状极毛杆菌（竖鳞病病原）等。

②化学因素。水化学指标是水质好坏的主要标志，也是导致鱼病发生的最主要因素。养殖池塘中化学因素主要为溶氧量、pH 值和氨态氮含量，在溶氧量充足（4毫克/升以上）、pH 值适宜（7.5~8.5）、氨态氮含量较低（0.2毫克/升以下）时，鱼病的发生率较低，反之鱼病的发生率高。如在缺氧时鱼体极易感染烂鳃病，pH 值低于7时极易感染各种细菌病，氨态氮含量高时极易发生暴发性出血病。

③池塘条件。主要指池塘大小和底质。一般较小的池塘温度和水质变化都较大,鱼病的发生率较大池塘高。底质为草炭质的池塘 pH 值一般较低,有利于病原体的繁殖,从而导致鱼病的发生率较高。底泥厚的池塘,病原体含量高,有毒有害的化学指标一般也较高,因而也容易发生鱼病。

(2) 生物因素。

一般常见的鱼病,多由各种生物传染或侵袭鱼体而导致。引起鱼类生病的有细菌、病毒、寄生虫等。另外,还有一些生物,如水网藻、水绵等,它们在池塘中大量繁殖时,消耗水体营养,使水质变瘦,同时影响鱼类活动,妨碍打网操作,甚至把鱼网死。水蚤、鸥鸟、椎实螺等是鱼类寄生虫的宿主,对鱼病的发生影响很大。水鸟、水蛇、水生昆虫、肉食性鱼类、青蛙等,能直接伤害和吞食鱼类。

(3) 人为因素。

在精养池塘,人为因素的加入大大加速了鱼病的发生,如放养密度过大、大量投喂人工饲料、机械性操作等,都使鱼病的发生率大幅度提高。有时由于拉网、运输操作不当,致使鱼体受伤严重,一时难以恢复,病菌乘虚而入,使鱼得病。

(4) 鱼的体质因素。

鱼的体质因素主要为品种和体质,是鱼病发生的内在因素,是鱼病发生的根本原因。一般杂交的品种较纯种的抗病力强,当地品种较引进品种抗病力强。体质好的鱼类各种器官机能良好,对疾病的免疫力、抵抗力都很强,鱼病的发生率较低。鱼类体质也与饲料的营养密切相关,当鱼类的饲料充足、营养平衡时,鱼的体质健壮,较少得病,反之体质较差,免疫力降低,对各种病原体的抵御能力下降,便极易感染而发病。同时在营养不均衡时,又可直接导致各种营养性疾病的发生,如瘦脊病、塌鳃病、脂肪肝等。

2. 病情发生复杂,新兴疾病不断出现

水生动物疫病发生复杂,受到温度、水体 pH 值、有机质等多种因素的影响,可能由一种病原导致,也可能由多种病原导致。病害早期发生时不易察觉,等一旦大规模发病几乎没有可用的防治办法,难以有效逆转病害的发展。再者,目前很多水生动物疫病可用药物有限或根本无药可用,对病害的防控提出了极大挑战。此外,由于养殖新兴品种不断增多,大量新病难病暴发,病害背景不清楚,相关研究十分缺乏,进一步导致防控措施捉襟见肘,最终导致养殖失败。

3. 病原体变异、流行毒株呈多样性、混合感染增加

病原体抗原结构变异和血清型复杂多变，使得水生动物疫病的预防与控制越来越困难。例如嗜水气单胞菌能够导致十几种动物发展成几十种不同的疾病，不仅它们之间的血清型有较大的不同，而且嗜水气单胞菌在抗原性上也会出现较多的变异。此外，弧菌属、爱德华菌属的一些细菌也有类似情况，给疾病的防治带来了极大的困难。

多种疾病在同一养殖对象中呈并发趋势，且多种疾病并发比单一疾病更为常见。在常规养殖鱼类疾病诊断过程中，常常发现寄生虫病并发细菌性疾病、多种细菌性疾病混合感染，以及与病毒性疾病、真菌性疾病混合感染，而且多种疾病并发已成为一种常态。例如，在每年春夏之交、夏秋之交，草鱼烂鳃病大多数情况下是细菌性疾病，但常与车轮虫、指环虫并发，低温期又常伴有鳃霉病的发生，有时也与赤皮病、肠炎、肝胆综合征并发，再加上水质不良、气候突变、营养失衡等，进一步加大了治疗难度和用药成本。

4. 致病源耐药性增加，疾病防控难度增加

在水生动物养殖过程中，很多养殖户不注重事前预防，只注重药物治疗，当水体中出现了患病动物，出现大量鱼类死亡之后，养殖户会增加药物的使用量和使用种类，常常混合使用多种抗生素，造成严重的危害。由于养殖户药物的不合理使用，造成了耐药基因产生，并将这种耐药基因传递给后代，大大增加了微生物的耐药性。近年来水产病虫害由单一的病虫害向着多种病虫混合感染，发生危害更为严重，造成的损失越来越大。由于不同病虫害所使用的药物不同，一旦多种病虫害混合发生，就需要使用多种药物进行防治，药物使用种类、使用剂量不断增加，形成了恶性循环，在对养殖环境造成严重危害的同时，病原的耐药性不断增加。

（二）养殖户疫病防控意识不足，养殖技术水平较低

1. 防控意识不足，诊疗手段落后

因为鱼类生活在水里，发病前携带的病毒和细菌极难发觉而常被忽视。鱼类疾病的早期诊疗恰恰又是防治传染病的关键。目前早期诊断方法极度欠缺，达不到早期诊断、早期干预的目的。后期诊疗主要靠目测，缺乏必要的仪器设备。在疾病并发症的情况下很容易误诊，延误治疗时机，影响治疗效果。

2. 忽视诊疗，滥用药物

水生动物疫病诊疗过程中，多数养殖者和技术人员诊断不仔细，只凭肉眼观察，不善于应用仪器如显微镜、解剖镜等进行镜检诊疗，常导致误诊；在治疗过程中常常不了解渔药的理化性质，随意复配药物，不注意药物的配伍禁忌；仅仅为节约用药成本，选择低价劣质的渔药，以及"三无"渔药，且盲目滥用，其结果是不但增长养殖成本，还使鱼类产生耐药性，或造成药物残留在体内大量蓄积，引起慢性中毒，对消费者健康亦极为不利。

3. 养殖技术落后，养殖模式不合理

在当前水产养殖生产中，水产养殖业者现有的养殖技术与集约化、多种类混合高密度养殖模式严重不相适应。例如，养殖布局不合理，养殖比例失衡，部分开发过度、无序；养殖密度超过水体负载能力，造成养殖水体超负荷运行，水体再生能力差，优良抗病品种比较匮乏；缺乏必要的专用配合饲料、饲料种类不齐全、饲料系数普遍偏高等。

（三）养殖场防控体系建设缺失

1. 养殖场防疫设施不健全

当前四川省大多数渔场，对鱼病的防控存在误区。如鱼是生活中水里，外来人员进出渔场，没接触到鱼，不担心鱼被感染。但是忽略了外来人员进出渔场污染了土地、工具、水源依然能造成传染病的暴发。当前四川省大部分渔场都未有进出场的消毒设施和设备，基本都是开放性的渔场，造成了四川省水生动物疫病极易传播扩散。

2. 对种源病原携带检测不足

种源病原携带检测是养殖成功第一步，很大程度上决定了后续是否发病。然而，四川省大多数养殖户还不具备种源病原检测意识，导致主动引入病原的情况普遍发生。如近年四川鲈鱼虹彩病毒病爆发、南美白对虾白斑综合征爆发都是从省外引进的带病种源造成的。

3. 养殖过程中病原监测不足

养殖过程中开展对特定病原的监测是保证养殖成功的另一重要手段。然而，四川省鲜有养殖户注重养殖过程中特定病原的监测管理工作，导致养殖凭经验，靠天吃饭，疾病暴发无法知晓潜在的原因，无法形成可复制的养殖管理体系，最终导致养殖失败。

(四) 防控药物研发滞后

1. 专用高效药物资源稀缺

渔药地标升国标后，原有的部分有效药物被废止或禁止后，又没有新的有效替代药物跟上，导致部分水产养殖动物疾病进入了无特效药可治的尴尬局面，如小瓜虫病、水霉病、车轮虫病等，对于名优水产养殖品种的疾病，没有进行系统化的研究，往往借鉴常规养殖鱼类疾病防治的方法与模式，同样造成了许多名优鱼类疾病无药可治与无法可治的局面。

2. 新渔药研发成本高、周期长

渔用兽药新药研发限制较多，成本较高，大部分渔药企业无法承受。新药审批申报周期长，程序烦琐，且通过率低，导致新药变"老药"，盈利预期风险较大，企业创新动力不足。此外，渔药创新缺少国家重大科技项目支持和相关政策支持，不利于激发渔药行业创新积极性。

(五) 科研经费投入严重不足

水产病害方面的经费投入是衡量一个地区水产养殖发展程度的最重要依据。以江苏省为例，每年政府财政资金仅在水产病害方面的直接和间接支持经费就高达1 000万元以上，为该省庞大的水产养殖产出提供了重要的经费和技术支撑。然而，四川省在水生动物疫病研究方面的经费投入严重不足，据不完全统计，由政府投入的年度科研经费不足50万元，对发生在省内的重大水产疫病亦缺乏官方组织的集体研究攻关，与四川省在全国的水产养殖地位极不匹配，极大阻碍了四川省水产产业的健康发展。

(六) 水产配套制度尚不健全

与我国水生动物防疫相关法律已有《中华人民共和国动物防疫法》《中华人民共和国渔业法》《中华人民共和国进出境动植物检疫法》《中华人民共和国农业技术推广法》《中华人民共和国农产品质量安全法》《中华人民共和国生物安全法》等6部，加上《重大动物疫情应急条例》《兽药管理条例》等国务院相关法规及规范性文件，水生动物防疫相关法律法规体系基本完善。但是当前我们关于水生动物疫病防控的相关法律，基本是沿用兽医，但水产病害与兽医还是有非常大的差异，因此更需要有针对性的配套制度，保障相关措施的落地实施。

三、四川省水生动物疫病防控发展的对策建议

四川省水产养殖中疾病防控问题一直是制约、影响和困扰四川省水产养殖的发展关键问题，在疾病频发的大背景下，唯有落实全国动植物保护能力提升工程，健全水生动物疫病防控体系，加强监测预警和风险评估，强化水生动物疫病净化和突发疫情处置，围绕水生动物疫病防控，着力做好水产苗种产地检疫和渔业官方兽医培训工作，加强渔业官方兽医备案和指导，壮大渔业官方兽医队伍，积极开展水生动物疫病监测预警，有效阻断水产养殖重大疾病的发生，落实病死养殖水生动物无害化处理，遵循水生动物的生物学特性，理性回归水生动物传染病的防控关键及着力点，通过系统综合的环境、营养、免疫、保健、治疗和生物安全等技术控制措施的集成和落实，才会使水产养殖产业发展走向一条绿色、健康、安全、高效、环保、生态的可持续发展道路。

（一）完善水生动物疫病防控体系建设，保障防控工作经费

一是会同有关部门继续指导各地依托现有机构编制资源，建立健全水生动物疫病预防控制和水生动物卫生监督机构，突出强化动物防疫执法力量，推动四川水产养殖大县及时足额选强配齐特聘水生动物病害检测专员。二是继续推动将水生动物防疫体系建设纳入公共卫生应急管理体系建设统筹研究、一体部署，加大人才和资金投入，加强科技创新和技术支撑，强化多部门信息共享和措施联动，增强早期监测、发现、报告和处置能力。三是加强县级水生动物疫病防控站建设。目前四川省多数县级水生动物疫病防控站未开展实验室计量认证、审查认可和实验室监测能力验证，实验设备配备不足，专业技术检测人员也不足。需要加大基层水生动物防疫机构建设，夯实疫病防控基础。

（二）深化水生动物疫病防控专业技术培训，提升从业人员素质

充分发挥在川高校、科研院所、水生动物疫控部门的平台优势，并整合水产协会和技术企业的行业引导优势，组建涵盖省级决策部门、相关高校、科研院所和企业的专家技术团队，通过新媒体、新平台构建常态化的水生动物疫病防控培训平台，建立水生动物疫病诊断平台和咨询系统，使基层管理人员、水产养殖从业人员等能够常态化地获取疫病防控知识，提高各级水产养殖从业人员的技术水平。

同时，搭建政府推动与社会支持相结合的专业人才培养体系，充分发挥省水产

局等部门、高校、科研单位和行业协会的优势，加快培养渔业科技领军人才、创新团队，整体提升全省水生动物疫病防控行业人才的素质和水平。加强单位复合型技术人才、高校科研型技术人才、企业技能型技术人才和基层服务型技术人才等培训，不断完善行业部门、企业、科研院校联动培养机制。

（三）加大水生动物疫病防控科研经费投入，攻坚水产疑难杂症

水生动物疫病已成为制约四川省水产养殖业发展的重要障碍，而不少影响比较大的疫病，由于缺乏经费支持，未进入深层次的研究，因此，未能有效认识该病，从而影响防控措施的实施，造成了巨大经济损失。四川作为中国水产养殖大省，为保障四川省水产养殖业的健康发展，助力乡村振兴战略，完成四川水产"十四五"规划，保障足够的水生动物疫病防控研究经费，就显得尤为重要。

参考文献

冯杨，段靖，黄小丽，等，2019. 斑点叉尾鮰暴发性出血溃疡症的病理学研究简［J］. 华南农业大学学报（1）：65-71.

冯杨，黄小丽，汪开毓，等，2019. 河蟹"水瘪子"病因与致病机制浅谈［J］. 海洋与渔业：水产前沿（9）：2.

黄小丽，冯杨，成霞，等，2018. 杂交鲟腹水症的病理学诊断［J］. 四川农业大学学报，36（1）：5.

李辰睿，徐荣亮，张小旭，等，2023. 病原哈维氏弧菌（*Vibrio harveyi*）TS-628 菌株基因组分析［J］. 渔业研究，45（5）：415-426.

李秋语，黄小红，郝贵杰，等，2022. 抗大口黑鲈（*Micropterus salmoides*）蛙虹彩病毒药效模型的构建及其抗病毒中药筛选［J］. 海洋与湖沼，53（6）：1513-1522.

李旭东，艾晓辉，刘永涛，等，2021. 克氏原螯虾"五月瘟"致病菌的分离鉴定与药敏试验［J］. 中国渔业质量与标准，11（4）：6.

刘春，马杰，孙菁阳，等，2022. 牛蛙米尔伊丽莎白菌的分离、鉴定与特性分析［J］. 仲恺农业工程学院学报，35（2）：8-14.

刘泽天，张馨，黄晓红，等，2022. 石斑鱼虹彩病毒病发生风险评估模型的建立和验证［J］. 水产学报，46（1）：85-94.

任婉莹，姜晓娜，葛彦龙，等，2023. TLR18 基因在鲤感染 CyHV-3 中的表达模式及信号通路［J］. 上海海洋大学学报，32（3）：500-509.

王彬，张其中，陈本亮，等，2017. 40 种中草药杀灭离体多子小瓜虫效果研究［J］. 广东农业科学，44（7）：7.

王兰梅，朱文彬，傅建军，等，2023. 越冬期体色变异红罗非鱼差异表达 miRNA 的鉴定［J］. 水产学报，47（4）：049602-049602.

吴琳娇，孙丽芳，朱春华，等，2024. 鲤疱疹病毒二型（CyHV-Ⅱ）疫苗研究进展［J］. Journal of Agricultural Science & Technology（1008-0864），26（2）.

肖昌伦，孙云飞，鹿珍珍，等，2022. 越冬期间投喂不同饵料对中华绒螯蟹扣蟹存活，营养组成，消化及免疫力的影响［J］. 水产学报，46（10）：1992-2006.

熊关庆，杨玉浔，冯杨，等，2020. 克氏原螯虾 WSD 的 PCR 诊断及组织病理损伤研究［J］. 江西农业大学学报，42（2）：331-337.

阎德平，2023. 基于全基因组重测序策略对三疣梭子蟹耐副溶血弧菌抗性相关基因进行挖掘［J］. 海洋科学前沿，10（4）：12.

杨玲，苏建国，2022. 草鱼呼肠孤病毒Ⅱ型自然发病与人工注射感染草鱼的病理症状和病毒分布研究［J］. 水产学报（2）：250-260.

四川省特色水产产业集群专项报告

许 丽 徐垚峰 刘雪漪 罗昭均 李春葵 曾开虎

(四川省水产局,四川成都 610041)

摘 要:建设特色水产产业集群是推动农业高质量发展的必然选择,是推动农民持续增收的现实需要,是推动乡村振兴的重要途径。四川是长江上游重要的生态屏障和水源涵养地,素有"千河之省"的美誉,经济和珍稀特有鱼类丰富,名优鱼类、冷水鱼产业、稻虾产业优势突出。要推进四川水产高质量发展,必须立足行业特色优势,发挥资源禀赋,做好土特产文章,以建设四川长吻鮠黄颡鱼鲫鱼产业集群、川南早虾产业集群、天府鱼子酱产业集群、内资鲶鱼鲴鱼白乌鱼产业集群为抓手,展示四川水产特色,建设四川水产品牌,更好满足人民群众对优质安全水产品的需要。

关键词:水产;产业集群;四川

习近平总书记指出,产业兴旺,是解决农村一切问题的前提,要集中力量打造更多专业化、规模化的产业集群。习近平总书记的重要论断,深刻揭示了乡村产业发展规律,为建设农业产业集群、促进乡村产业振兴指明了方向。2020年,中央一号文件提出,支持各地立足资源优势打造各具特色的农业全产业链,建立健全农民分享产业链增值收益机制,形成有竞争力的产业集群,推动农村一二三产业融合发展。同年,财政部、农业农村部全面启动了国家级农业优势特色产业集群建设工作。2021年,中央一号文件明确,构建现代乡村产业体系,打造农业全产业链,让农民更多分享产业增值收益。2022年,中央一号文件明确,推进现代农业产业园和农业产业强镇建设,培育优势特色产业集群,继续支持创建一批国家农村产业融合发展示范园。

2022年12月,四川省委省政府深入贯彻党的二十大精神和习近平总书记来川视察重要指示精神，出台了《建设新时代更高水平"天府粮仓"行动方案》（以下简称《行动方案》）。《行动方案》明确提出，建设新时代更高水平"天府粮仓"，要按照"一带、五区、三十集群、千个园区"布局整体推进。其中"三十集群"，就是围绕优势特色产业，按照全产业链开发、全价值链提升的思路，集中打造 30 个国家和省级现代农业产业集群。水产产业作为"10+3"现代农业产业体系的重要组成部分，纳入了国家和省级现代农业产业集群统筹布局。

一、四川省特色水产产业发展概况

（一）基础现状

四川，是长江上游重要的生态屏障和水源涵养地，水资源丰富，分属长江、黄河两大水系，素有"千河之省"的美誉。四川经济和珍稀特有鱼类丰富，是我国重要的淡水鱼类种质基因库。全省自然分布有鱼类 244 种，其中国家一级重点保护水生野生动物 5 种（中华鲟、白鲟、达氏鲟、川陕哲罗鲑、普雄原鮡），国家二级重点保护水生野生动物 36 种，省重点保护野生动物 31 种，长江上游特有鱼类 100 余种。已建立了水生动物自然保护区 7 个、国家级水产种质资源保护区 31 个、省级水产种质资源保护区 8 个，为四川省渔业产业发展提供了得天独厚的种质资源基础。2022 年全省水产品产量 172.15 万吨，渔业经济总产值 708 亿元，产量和产值位列全国淡水养殖第 7 位。

（二）优势亮点

1. 名优产品优势突出

一是名优鱼类养殖基础好。四川经济和珍稀特有鱼类品种十分丰富。根据 2022 年统计数据，在统计的 39 个淡水养殖品种中，四川省有 10 个品种养殖产量居全国前 5 位，有 18 个品种养殖产量居西部第一，其中鲶鱼 7.20 万吨、鲴鱼 9.30 万吨、长吻鮠 1.12 万吨，均居全国第 1 位。"资中鲶鱼""新津黄辣丁"等水产地标品牌闻名全国。2022 年全省水产品产量 172.15 万吨，其中名优鱼类产量 129.53 万吨，占比 24.75%。名优鱼类产量前五的市分别是：乐山、眉山、内江、成都、宜宾。

二是名优鱼类苗种生产体系较为完善。2021 年，农业农村部启动了第一次全国水产养殖种质资源普查，经普查数据分析，全省共有繁育主体 943 个，其中，国家级水产（原）良种场 2 个，省级水产（原）良种场 46 个，省级水产种质资源保护单位 26 家，企业 102 家，另有苗种标粗场 276 家。四川省省级以上原（良）种场分布在四川省成都市、眉山市、绵阳市等 14 个市，生产名优品种多，涵盖长吻鮠、斑点叉尾鮰、中华鳖、长吻鮠、鲢、鳙、齐口裂腹鱼、鳜、黄颡鱼、鲟、花䱻、唇䱻、多鳞白甲鱼、大口黑鲈、大鲵等 37 个。全省水产鱼苗产量 302.2 亿尾、产值 33.58 亿元。四川省黄颡鱼、叉尾鮰、长吻鮠繁育量有 100 亿尾，其中黄颡鱼苗占全国份额的 70% 以上，拥有极高的市场定价权，是全国最大的鲶科鱼类种苗生产基地。

三是名优鱼类品种选育持续突破。2022 年，由四川省内江市农业科学院牵头、四川省农业科学院水产研究所等多家单位参与选育的白乌鳢水产新品种乌鳢"玉龙 1 号"通过国家审定，实现四川水产新品种育种"零的突破"，有力促进了白乌鳢产业的长足发展。2023 年，由四川省农科院水产研究所牵头培育的长吻鮠"川江 1 号"，经全国水产原种和良种审定委员会验收认定，成为四川首个长吻鮠新品种。长吻鮠，又名江团，是长江中上游水系重要经济鱼类之一，也是四川人餐桌上非常受欢迎的一种淡水鱼。长吻鮠新品种的育成，改变了长吻鮠原生品种抗病性不强、生长速度不快，产量不稳定的局限。

2. 冷水鱼产业优势突出

一是四川冷水资源丰富。四川冷水性资源较好，非常适合冷水鱼养殖，全省流水养殖面积约为 100.08 万立方米水体。四川省雅安市冷水资源尤为突出，雅安市全域水力资源蕴藏量 1 601 万千瓦，全市水域总面积为 43 万亩，水温常年保持 10℃左右，其中适宜开展冷水鱼养殖开发的滩涂水域总面积约 13 万亩。雅安市境内天全县、荥经县、芦山县、雨城区、名山区水环境优良，河流无冰封，水质良好非常适合冷水性、亚冷水性鱼类的养殖。

二是冷水鱼养殖基础好。2022 年，四川鲑鱼年产量 371 吨、居全国第 3 位，鳟鱼年产量 1 640 吨、居全国第 7 位，鲟鱼年产量 6 403 吨、居全国第 8 位。青川、天全、彭州等县（市、区）冷水鱼产量位居前列。冷水鱼品种多而丰富。目前，四川省主要有 10 多个冷水鱼养殖品种，其中土著品种以雅鱼（齐口裂腹鱼）为代表，引进品种以鲑鳟鱼和鲟鱼为主。雅安市冷水鱼产业集聚初具雏形。目前，雅安市天全县成功创建省五星级冷水鱼现代农业园区；荥经县正在建设 300 亩鲟鱼生态养殖与休闲渔业示范园区，打造全球最大的鲟鱼子酱生产基地；芦山县启动了千亩冷水鱼产业园建设。

三是冷水鱼产品加工快速发展。在四川省冷水鱼产业深耕多年的四川润兆渔业有限公司、四川彭州涌泉珍稀鱼类养殖公司、都江堰新联水产养殖有限公司等在全国已经具有一定知名度，部分产品远销海内外。特别是鱼子酱已成为四川省优质水产品的一张靓丽名片，"芙思塔""诗芮"品牌优质鱼子酱已远销北美、欧盟、中东、俄罗斯、日本等众多国家和地区，享誉世界。2022年，全省鱼子酱产量达到58吨，居全国第二位，并有望在3~5年内占据世界鱼子酱产量20%~25%份额。

四是冷水鱼产业三产融合发展效益好。四川省休闲渔业1/3以上产值来自冷水鱼产业，都江堰虹口冷水鱼一条沟、彭州小鱼洞康养基地群、"雅鱼村"等产业融合发展的渔业新村已成为省内外游客避暑度假首选，极大程度带动了附近渔民增收致富，也为四川省冷水鱼一二三产业融合发展起到了示范作用。

3. 稻虾产业优势突出

一是地理气候优势突出。四川省南部地区年均气温高，无霜期长，日照充足，雨量充沛，四季分明，年平均气温17.1~18.5℃，1月、2月和12月平均气温在10℃左右，其余月份平均气温均高于10℃，具有"开春早、入冬晚"的特点，养殖的小龙虾比湖北、安徽等主产省上市早1~2个月，价格优势明显，养殖户增收效益明显。其中宜宾市、泸州市、自贡市、内江市是川南早虾气候优势最明显的地区，该地区冬水田资源丰富，有种植再生稻的习惯，适宜发展稻虾综合种养。

二是小龙虾产业基础好。2022年，全省小龙虾养殖面积75.03万亩，养殖总产量6.47万吨（图1），综合产值111.98亿元。2022年全省产量排名前五的地市依次是内江市、泸州市、宜宾市、达州市、成都市。从产量大县来看，产量排名前三的县依次是内江市隆昌市（10 670吨）、泸州市泸县（10 151吨）、宜宾市兴文县（6 000吨）。其中隆昌市和泸县养殖产量远高于其他县（市、区），两地小龙虾养殖面积达19.2万亩，养殖产量达20 821吨，分别占全省小龙虾养殖面积和养殖产量的25.59%、27.26%。省级财政已投入2 500万元在宜宾市（兴文县、长宁县、南溪区）、泸州市泸县和自贡市荣县实施"鱼米之乡"建设项目，主要发展川南早虾。内江市隆昌市以稻虾产业为主导产业创建省级五星级现代农业园区、并纳入国家现代农业产业园培育。

三是稻虾产业效益好。如宜宾市南溪小龙虾以"商品虾上市早"而闻名全国，

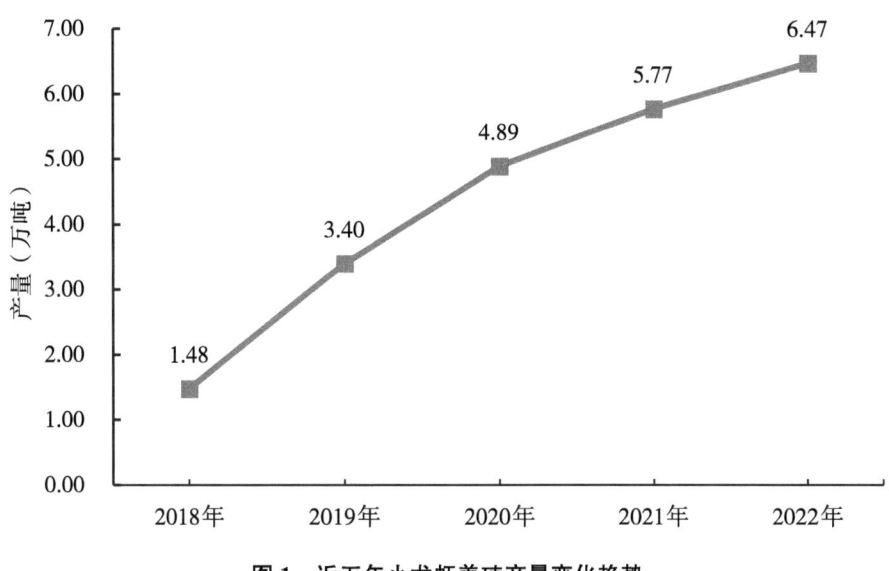

图 1 近五年小龙虾养殖产量变化趋势

利用上市时间差优势，抢占市场窗口错峰上市。截至 2023 年 5 月，小龙虾销售量达到 987 吨，同比增长 96%（2023 年有新冠疫情原因），平均收购价 60~70 元/千克，价格最高时达 160 元/千克。根据此次调研问卷主体分析，小龙虾养殖盈利率达 93%，养殖主体对于发展小龙虾养殖热情高涨。

四是产业发展受地方党委政府重视。宜宾市党委政府非常重视川南早虾发展，成立稻虾发展专班，由市委常委、宣传部长挂帅亲自抓，2022 年以来连续召开 3 次现场推进会，稻虾养殖面积同比翻了一番。泸州市正在研究制定推进川南早虾发展专项规划。泸州市、兴文县已建立了小龙虾批发交易市场。内江市培育"甜城味""隆昌稻田虾""蓉春虾小仙""八号小龙虾"等小龙虾品牌，逐步形成"区域品牌+企业品牌+产品品牌"的品牌体系。宜宾市已完成"兴文石海小龙虾""蜀南竹海早虾""竹海小龙虾""丘金子"等商标注册，部分获批国家地理标志证明商标。

五是技术服务有保障。稻虾是稻渔生态种养重要模式之一，四川省农业科学院水产研究所等单位主持研究的《稻渔生态种养提质增效关键技术创新与应用》获全省科技进步一等奖；四川省农业科学院水产研究所等单位主持研究的《稻渔生态种养关键技术创新与应用》获得神农中华农业科技奖一等奖。四川百岛湖生态农业开发有限公司承担省科技厅《小龙虾工厂化良种选育及规模化繁育关键技术应用示范》项目，获得 11 项国家专利。宜宾市海德水产科技有限公司创新探索出四川省川南浅丘地区不开沟稻虾综合种养新模式，减少田间工程投入、提高小龙虾品种和产量，该技术获得新型实用专利4项。

(三) 特色水产产业集群建设规划布局情况

根据中共四川省委 四川省人民政府出台的《建设新时代更高水平天府粮仓行动方案》，要按照产业优势突出、规模集中集聚、产业融合发展的原则，加快建成一批全产业链发展的现代农业产业集群。结合四川省水产产业实际，经过前期的广泛调研分析，为充分挖掘四川资源优势，做强做精四川水产优势特色，计划用三年时间，集中力量打造四个水产产业集群，其中国家级水产产业集群一个，暨四川长吻鮠黄颡鱼鮰鱼产业集群；省级水产产业集群三个，分别是川南早虾产业集群、天府鱼子酱产业集群、内资鲶鱼鮰鱼白乌鱼产业集群。

一是以成都市新津区、眉山市东坡区、仁寿县、青神县，乐山市市中区、井研县、犍为县7个区县为核心，大力发展长吻鮠、黄颡鱼、鮰鱼养殖，建设四川长吻鮠黄颡鱼鮰鱼产业集群。二是以宜宾市兴文县、长宁县，泸州市泸县、合江县，内江市隆昌市，自贡市荣县6个县（市、区）为核心，大力推广稻虾综合种养，发展川南早虾产业集群。三是以雅安市天全县、荥经县、名山区、芦山县、雨城区5个县（区）为核心，大力发展鲟鱼养殖，以鱼子酱及相关产品加工为重点，建设天府鱼子酱产业集群。四是以内江市市中区、资中县、东兴区，资阳市雁江区、安岳县、乐至县6个县（区），大力发展鲶鱼、鮰鱼、白乌鱼养殖，建设内资鲶鱼鮰鱼白乌鱼产业集群。

集群建设区域是全省相应水产品优势产区和核心区，按照项目生产园区化、经营规模化、服务专业化、产品优质化、业态多元化、品牌特色化全产业链的建设构想，着力补短板、强弱项，推动产业形态由"大"向"强"转变，产业业态由"单一"向"多元"转变，空间布局由"平面分布"向"集群发展"转变，主体关系由"同质竞争"向"合作共赢"转变，进一步促进产业横向跨度相融、纵向立体融合，走出有四川特色的水产产业集群发展路子。

二、推动特色水产产业集群建设面临的机遇

(一) 政策支持

天府鱼子酱产业集群方面：《四川省"十四五"渔业发展推进方案》明确建设

以雅安市为龙头，推进冷水鱼产业带建设。雅安市委、市政府高度重视鲟鱼等冷水鱼产业发展工作，将水产产业列入全市积极发展的三个特色产业之一，发布了《关于进一步推进特色冷水鱼产业发展的意见》《雅安市冷水鱼产业发展规划（2020—2030年）》等发展规划。雅安市县（市、区）政府也出台了一系列支持政策。雅安市天全县先后出台了《天全县养殖水域滩涂规划（2017—2030年）》《天全县冷水鱼产业发展规划》《天全县乡村振兴发展奖补办法》等一系列政策，对新发展水产产业给予补助，新建鱼池2 000~4 999（含）平方米奖补30元/平方米，5 000平方米及以上奖补40元/平方米。雅安市荥经县先后出台《荥经县养殖水域滩涂规划（2017—2030年）》《荥经县冷水鱼产业发展工作方案》《荥经县人民政府办公室关于印发〈荥经县农业产业奖补方案〉的通知》，整合资金7 000万元建设鲟鱼生态养殖示范园区引水工程，加强防洪堤、村道等基础设施配套建设，通过财政支持和金融、科技、人才扶持，促进冷水鱼产业良性循环发展。雅安市芦山县先后出台《芦山县养殖水域滩涂规划（2017—2030年）》《芦山县水域滩涂划分方案》《芦山县人民政府办公室〈关于印发芦山县农业特色产业奖补办法〉的通知》，给予新建冷水鱼基地按5 000元/亩的标准进行补助，引导支持发展特色冷水鱼养殖，鼓励水产渔业的持续健康发展。雅安市雨城区20世纪80年代就成立了"雅鱼资源保护管理委员会"，专门从事以雅鱼等冷水鱼为主的渔业资源保护利用和发展工作，目的就是可持续地保护和利用冷水鱼资源。近年来，雨城区奖补近1 000万元，撬动社会资本近4 000万元投入冷水鱼基地建设。

川南早虾产业集群方面：《"十四五"全国渔业发展规划》《四川省"十四五"渔业发展推进方案》都明确要求发展稻渔综合种养，稻渔综合种养是保障粮食安全、促进乡村振兴的重要抓手，为推进川南早虾产业集群建设，出台了《建设新时代更高水平"天府粮仓"行动方案》《关于印发四川省稻渔综合种养技术指南的通知》等重要文件，因地制宜推动稻虾综合种养发展，全面推进川南早虾产业集群向百亿级产业迈进。川南地区县（市、区）政府也出台了一系列支持政策。如隆昌市先后制定《隆昌市稻渔产业奖励扶持办法》《隆昌市内荣农高区现代农业产业示范园东北带产业扶持政策》，对从事"稻渔"产业的家庭农场、种养大户、农业企业、农民专业合作社等新型经营主体给予500~950元不等的奖励扶持。泸县出台了《泸县促进农业产业化发展奖励办法》《"巴蜀鱼米之乡"建设暨泸县早虾产业集群发展规划》《泸县稻虾产业高质量发展意见》，把稻虾产业作为优势产业支持和打造。兴文县出台了《兴文县农业农村产业扶持政策》，文件包含基地建设补助、虾苗补助、智慧化养殖设备补助、贷款贴息等多项产业扶持政策。

内资鲶鱼鲫鱼白乌鱼产业集群方面：《四川省"十四五"渔业发展推进方案》提出，推进养殖池塘标准化改造；鼓励和引导成渝毗邻县（市、区）充分挖掘渔业资源和生态优势，加强合作，统筹规划，推进长江上游渔业产业带建设；实施水产种苗供给能力提升行动；坚持品牌兴渔，把品牌建设作为四川渔业振兴的重要抓手。内江市、资阳市围绕推进方案，重点挖掘名优鱼类发展潜力，打造鲶鱼鲫鱼白乌鱼产业集群。县（市、区）政府也出台了一系列支持政策。内江市中区出台《市中区水产现代农业园区标准化渔业养殖及"稻渔产业"区级财政专项资金管理暂行办法》《关于进一步加快市中区白乌鱼全产业链发展的实施意见》等，争取园区财政贴息金融授信贷款额度1.5亿元打捆各类资金向园区聚集。内江市东兴区出台《关于加快推进东兴区现代水产产业发展的实施意见》、编制《内江市东兴区特色渔业产业发展规划（2021—2025年）》，大力推进黄颡鱼、鲫鱼、鲈鱼、小龙虾等特色渔业发展。资阳市雁江区制定了《资阳市雁江区乡村振兴农业产业发展贷款风险补偿金融资试点方案》，对渔业经营主体给予40%~70%不等的贷款贴息补助政策。乐至县编制《乐至县白乌鱼产业发展规划（2023—2025年）》，将白乌鱼发展纳入补助项目范围。

（二）项目资金支持

国家级产业集群申报创建成功后，由中央财政资金分三年补助支持；三个省级产业集群每年安排省级财政资金1.2亿元左右，连续支持3年。2023年已下达资金1.3亿元，在宜宾、泸州、内江和自贡的6个县（市、区）开展川南早虾产业集群建设，在雅安的5个县（区）开展天府鱼子酱产业集群建设，在内江、资阳的6个县（区）开展内资鲶鱼鲫鱼白乌鱼产业集群建设。

三、当前特色水产产业集群化发展面临的挑战

（一）从产业发展看共同面临的挑战

1. 养殖基础设施薄弱

名优鱼类养殖以池塘养殖为主，单口养殖池塘面积普遍偏小、淤泥较厚、建设

标准偏低，且进排水系统老化，单产水平普遍不高。川南早虾养殖基地绝大部分田块只是简单开挖了沟、凼，田埂加固、进排水系统改造、防逃防害等基础设施建设水平较低，其防逃、防害、保水能力较弱。苗种繁育场规模不大，控温、增氧、消毒、水处理设施落后。

2. 优势特色水产苗种供给能力不足

一些水产苗种繁育场（点）储备亲鱼质量退化，近亲交配现象严重，苗种生产性能下降。许多养殖种类如黄颡鱼、鮰鱼等表现出生长速度减慢、抗病抗逆能力下降等种质退化现象。鲟鱼优质种苗供应不足，主要是种质来源不清及大量杂交鲟种类的存在导致鲟鱼种质混乱情况比较严重，不利于鲟鱼选育及后期鲟鱼制品溯源。

3. 水产品加工总体偏弱

受市场消费喜食鲜货习惯影响，长期以来偏重养殖生产，水产品加工业发展滞后，初级加工停留在市场活鱼宰杀、冷冻、冷藏和预制包装等形式，除去鱼子酱、烤鳗、泥鳅酱等屈指可数的加工产品外，水产品精深加工业刚刚起步，同时，加工设施设备不够先进，较多依赖人工处理，效率低、成本高、用工难。

4. 水产品供给能力不足

一是水产品总体供给不足。四川水产品消费市场巨大，群众需求逐渐转向健康、营养、美味的名优鱼，特别是预制菜的兴起，鲶鱼、鮰鱼、乌鱼等肌间刺少的名优鱼潜力很大，调研数据显示 5 个成都市规模以上水产品批发市场分析，来自省外的水产品占比 57.56%，四川省的供应量还不足。二是冬春小龙虾供给不足。2022 年四川省小龙虾产量居全国第 6 位，但和排名前 5 位的湖北、安徽、湖南、江苏、江西 5 个小龙虾养殖大省相比，差距巨大。2022 年全国小龙虾总产量为 289.07 万吨，平均每月 24.09 万吨。1—4 月中旬，全国早虾市场主要由川南地区供给，目前川南地区小龙虾总产量为 3.71 万吨，小龙虾产量远不及主产省江苏省盱眙县 12.3 万吨，早虾产量还远远不能满足市场需求。三是鱼子酱供给能力不足。欧美地区每年消费增长达 10% 以上，同时国内市场也增长快速、需求庞大，目前四川省产量无法满足订单需求，养殖规模还不够。

（二）从品种上看特色产业面临的挑战

1. 天府鱼子酱产业集群

一是品牌鱼子酱销售及宣传推荐不够。鱼子酱产业在欧美已形成稳定且成熟的销售体系和渠道，消费者已形成品牌依赖，品牌忠诚度高，我国所有鱼子酱加工生产企业都未在海外建设分装工厂，自有品牌打开国外销路难度较大，主要以整装1千克及以上大包装出口国外贴牌销售。鱼子酱作为国内新兴消费品，大部分消费者特别高档酒店、西餐厅等对四川鱼子酱品牌未形成品牌认知，更倾向于使用进口品牌鱼子酱，消费习惯和市场还未真正建立。二是鱼子酱产业加工还存在短板，性成熟鲟鱼取了鱼子酱之后，利用率不高，加工产品比较单一，目前仅预制菜鲟鱼片和蒲烧烤鲟两种方式。

2. 川南早虾产业集群

优质虾苗供给能力不足。当前川南地区小龙虾苗种繁育以自繁为主，繁养分离、专池繁育、温室大棚繁育等方式暂无占比。自繁自育、多代同田导致长期近亲繁殖及捕大留小负向选择，造成小龙虾规格小、生长速度慢、抗逆性下降等种质退化问题。小龙虾苗种繁育规模化、工厂化程度低，商业化育种体系、品质改良体系建设滞后，难以对小龙虾养殖生产以及种质资源收集、保护和良种选育形成有力支撑。

四、推动水产产业集群发展的对策建议

（一）加强标准化生产基地建设

标准化生产基地是优质、充足水产品供给的根本保障，是产业集群建设的重中之重。推动水产产业集群建设，首要以市场需求为导向，挖掘资源优势，着力提升水产生产基地规模化、标准化、商品化生产水平，打造标准化的"原料车间"，提升养殖过程中的设施设备化、智能化和信息化，解决总体产量不够和单位产能不高的问题。对川南早虾集群，首先就是要加强标准化稻虾基地建设，解决好扩面增量问题，保障全国早虾市场需求，提升在早虾市场的话语权。对天府鱼子酱集群，同样要加强标准化鲟鱼养殖基地建设，进一步提升鲟鱼及鱼子酱产量，提升四川鱼子酱在国际市场的话语权。长吻鮠黄颡鱼鮰鱼集群和内资鲶鱼鮎鱼白乌鱼集群也必须加强标准化基地建设，扩大养殖面积、提高养殖产量，巩固这些名优品种在全国的地位，既要为市场提供优质的鲜活水产，更要为水产品加工企业提供稳定的原料供给。

（二）提升优质水产苗种供给能力

水产种业是渔业产业链中的核心环节，也是决定水产产业集群建设的关键要素。四川省水产苗种自给率较高，但也存在种苗品质不稳定，种苗基础设施落后等

问题，亟需提升优质水产苗种供给能力。一是要加强亲本更新，提升苗种生产主体更新亲鱼、提升苗种品质的意识，支持产业集群建设区县范围内苗种生产经营主体特别是规模以上养殖主体进行亲本更新。二是要加强良繁基地建设。在产业集群建设区县范围内布局建设一批小龙虾、鲟鱼、名优鱼类良种繁育基地，提升苗种繁育基础设施，为产业发展提供更加优质的苗种。

（三）补齐水产品加工短板

发展水产品加工是显著延长产业链、提升值链，增强水产养殖可持续健康发展能力的关键。各产业集群建设所在县（市、区）都应根据本地区产业发展实际及目标需求，合理布局产地型冷库、预冷设施、冷链物流建设，科学引导水产龙头企业，逐步形成水产品初加工、精深加工和综合利用的梯次加工体系。以市场需求为导向，量力而行发展水产品分级、清洗、去鳞、去头、去内脏、保鲜、腌渍、调理等粗加工及预制菜、调理食品、水产罐头等精深加工，促进水产品综合开发利用，延长产业链、提升附加值。加强加工技术应用和突破，如预制菜肴类水产食品加工技术，连锁餐饮、中央厨房、食材配送中心等所需的去内脏、去鳞或分割化产品的质构调理与保鲜技术，加工副产物的绿色、低碳高效利用技术，水产品冷链流通过程中的品质适时监控技术，加工水产品活性包装和智能化包装材料与技术，适合未来消费需求的主食替代水产食品加工技术等。同时，要切忌盲目上加工项目，不切实际发展加工，导致产能过剩或建成之日就是停工之时。

（四）积极发展设施渔业和大水面生态渔业

天府鱼子酱产业集群、川南早虾产业集群和内资鲶鱼鮰鱼白乌鱼产业集群都存在水产品供给量不够的问题。在耕地保护的政策形势下，传统的池塘养殖扩面几乎没有空间，因此亟须发展设施渔业和大水面生态渔业，提升水产品产量。产业集群建设县（市、区）可以因地制宜开展积极发展工厂化循环水养殖、陆基设施循环水养殖、流水池塘养殖、流水槽循环水养殖、圈养等设施渔业模式。充分利用各类水库、水电工程库区等大水面资源，发展大水面生态养殖，拓展渔业发展空间。

（五）不断完善水产产业经营组织体系

根据不同类新型农业经营主体的性质、规模及经营特点，有针对性加大培育力度，加强技术培训和技术服务，扬长避短，融合发展。对龙头企业，着力发挥其在开拓市场、品牌营销等方面的优势。对农民合作社，着力发挥其在生产组织、农资采购、技术指导等方面的优势，支持发展订单养殖。对家庭农场、农户，发挥他们在家庭经营生产方面的优势，积极参与组织化生产。不断完善联农带农利益联结机制，依托水产产业集群建设，积极引导村集体经济参与到集群发展中，带动农户参与产业发展中来，让农民分享水产产业发展红利。培育一批布局合理、功能互补的水产产业化联合体，做实利益联结。积极推广多种形式的利益联结形式，构建互惠互利、多方共赢的长效机制。

（六）健全完善产业发展支撑保障体系

紧紧围绕水产产业集群化发展需求，积极推动各类金融机构对接水产产业集群发展，完善支持和保障政策，引导和推动更多资本、科技、人才、土地等要素向产业集聚。积极探索金融支持水产产业的方式方法，不断创新服务模式，构建"政府扶持+农担公司+金融机构+产业主体"的融资担保防范体系，促进解决"不敢投"和"融资难"等问题。创造符合四川和渔业行业特点的险种，推广水产政策性保险，激发农户和农业生产经营组织积极参加保险，建立健全渔业保险风险保障体系。引导建立行业协会、健全社会化服务组织，搭建市场信息服务平台，实现服务设施互联互通、公共服务互惠共享。要充分统筹整合乡村振兴、地方债券、交通、水利等项目资金推动产业集群建设。

（七）加强品牌打造和宣传营销

目前，天府鱼子酱产业、川南早虾产业和内资鲶鱼鮰鱼白乌鱼产业还只停留在"养殖（加工）+销售"阶段，名优鱼、早虾、鱼子酱品牌建设有待加强，亟须加强品牌打造和宣传营销。积极加强产业集群区域公用品牌建设，支持企业参加"川字号"农产品"一带一路"行系列活动，参加国际、国内知名展会的四川农产品专场推介活动。对于鱼子酱产业，探索将四川鱼子酱加工企业作为在川召开重大国际国内会议、活动的食品供应方，进一步塑造和推广品牌形象。利用各类影响力大、覆盖面广的媒体和渠道加强四川鱼子酱品牌宣传，引导消费习惯，进一步拓展国内消费市场。鼓励鱼子酱企业对接高档酒店、西餐厅和大型超市等消费终端，完善销售渠道体系。

水产品质量安全及品牌建设专项报告

李 晟 江 雨 施 佳 丁登虎

(四川省水产局,四川成都 610041)

摘 要:水产品作为低脂、高蛋白质的食物,在国民餐桌上扮演着重要的角色,随着当前人民对环境问题的关注程度越来越高,吃得是不是优质、安全、绿色、营养,已成为大家普遍关心的话题,水产品质量安全也受到越来越多的关注。"十三五"以来,四川省水产产业高速发展,越来越多的"川字号"渔业品牌不断成长,国际国内知名度不断提升。但在发展过程中,也暴露出不少质量安全问题和监管难题,与新时代人民群众对美好生活的需要存在差距。因此,需要在水产品常态化监测监管、投入品管控、标准化建设、品牌发展等领域加大力度,助力四川省渔业产业高质量发展。

关键词:四川省;质量安全;品牌建设

"民以食为天,食以安为先",水产品质量安全不仅关系到人民群众身体健康和生命安全,也关系到社会稳定和行业发展。改革开放后,四川省水产产业得到充分发展,从根本上解决了"吃鱼难"问题,增加了从业者经济收入,提高了人们生活水平,"十三五"以来,四川省水产产业高速发展,越来越多的"川字号"渔业品牌不断成长,国际国内知名度不断提升。但在发展过程中,也暴露出不少质量安全问题和监管难题,与新时代人民群众对美好生活的需要存在差距。为贯彻落实党的二十大关于"强化食品药品安全监管"重要部署、推动创建"农产品质量安全省"和更高水平"天府粮仓"工作,以品牌发展促质量提升,不断提高水产品质量安全水平,已成为当务之急。

一、四川省水产品质量安全及品牌建设基本情况

"十三五"以来,四川水产品未出现重大质量安全事件、未发生重大负面舆情热点,质量安全总体形势稳定并保持向好态势。水产养殖从业者规范生产意识大幅度提高,消费者对水产品信心明显增强,水产品牌建设成效显著、亮点突出。

(一)水产品质量安全监测情况

为全面掌握水产品生产环节质量安全状况,四川农业农村部门形成了以例行监测、专项抽检、监督抽查、飞行检查为主的,覆盖苗种、成鱼养殖的多形式监测体系。从生产环节看,历年监测总体合格率均在98%以上,以省级水产品例行监测为例,2017—2022年合格率分别为99.0%、99.1%、98.3%、99.3%、99.1%(图1)。从市场环节看,市场环节水产品合格率低于生产环节,以2021年数据为例,市场环节共抽检水产品13 673批次,合格率约为92%。从监测结果看,生产环节使用禁(停)用药物行为得到明显遏制,不合格的主要原因为常规药物残留超标问题。

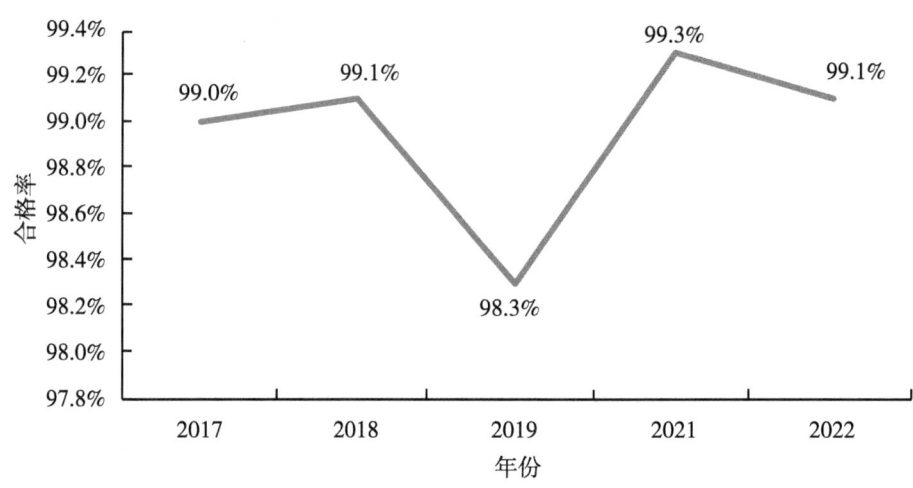

图1 2017—2022四川省级水产品例行监测合格率

(二)水产品检验检测体系情况

水产品质量安全检验检测是水产品质量安全监管强有力的技术支撑,是判断产品质量是否合格的重要依据。目前,四川建立了以省、市、县三级检测中心为主,第三方检测机构为补充的农产品质量安全检测体系。省级层面主要包括农业农村

渔业环境及水产品质量监督检验测试中心（成都）和四川省农业科学院农业质量标准与检测技术研究所2个部级中心，其中农业农村部渔业环境及水产品质量监督检验测试中心（成都）为公益一类事业单位，非独立法人机构，其法人单位为四川省水产局，2021年机构改革后与局质量安全指导处是"一套人马、两块牌子"，通过认证的产品标准（参数）共192项，主要承担省级水产品质量安全抽检任务，包括例行监测、监督抽查、专项抽检、飞行检查等；四川省农业科学院农业质量标准与检测技术研究所为公益二类事业单位，独立法人机构，其检测能力满足水产品质量安全检测工作要求，近年来除承担部、省级农业农村部门、市场监管部门和其他相关部门的政府指令性任务外，还承担了大量的社会委托样品检测。市、县级主要依托21家市级和163家县级农产品质量安全检测中心，目前有17家市级中心已具备水产品质量安全检测能力，县级中心的检测能力也在不断提升，水产检测参数逐步增多。另外，全省有66家第三方检测机构，部分机构具备水产品检测能力，也能为水产品质量安全检测提供社会化服务，比如四川威尔检测技术股份有限公司、四川蓝城检测技术有限公司、谱尼测试集团四川有限公司等，近年来都承担了四川农业农村部门、市场监管部门及其他相关部门的政府指令性检测任务，同时也承担社会委托水产样品的检测工作。

（三）水产行业标准化建设情况

近年来，四川大力推进水产养殖和加工标准化进程，强化标准化管理，加快标准化建设速度，水产品质量安全水平迈上一个新的台阶。截至2022年底，共制定和修订省级水产地方标准102项，涵盖水产苗种生产、饲料配方、成鱼养殖技术、病害防控等环节，初步建立起以国家标准为基础，行业标准为依托，省级地方标准为配套的标准化体系。四川大力推广健康养殖模式，重点打造82个骨干基地，示范带动水产养殖绿色发展。2017年，威远县获批全国水产品质量安全示范县，充分发挥示范带头作用。

（四）水产品品牌建设情况

目前，全省共申报地理标志水产品27个、水产绿色食品4个、有机水产品28个、水产区域公用品牌6个、名特优新水产品15个、农产品品牌目录（水产品）5个、地方特色优质水产品牌70余个。"通威鱼""芙思塔鱼子酱""资中鲶鱼""新津黄辣丁"等水产品牌闻名全国，"巴鱼道生牌江口青鳙"取得国家地理标志证明商标，鱼子酱获得省政府推介。"雅鱼""资中鲶鱼""苍溪鳖"入选中国地理标志农产品（水产）品牌声誉前100位，"雅鱼"排在第10位，"新津黄辣丁"入围中国百强农产品区域公共品牌，"雅鱼"被评为省级优秀农产品区域公用品牌。小龙虾品牌建设初见成效，目前"崇耕"牌稻田小龙虾、"巴山食荟"小龙虾、"雏禾禾"小龙虾、"甜城味"小龙虾4个品牌已注册小龙虾区域公用品牌，开江小龙虾、兴文石海小龙虾、雁江中和小龙虾3个品牌取得国家地理标志证明商标。

2022年省农业农村厅印发《四川省农业品牌目录制度》并进行了首批四川省农业品牌目录评选，在公布的首批四川省农业品牌目录中，"通威鱼""润兆渔业"入选企业品牌目录，"润兆渔业牌鲟鱼""仙那都鱼子酱""昇鱼尚水""弯哥鱼米""巴鱼道生牌江口青鳙"等入选农产品品牌目录。同时，"通威鱼""润兆渔业""润兆渔业牌鲟鱼""仙那都鱼子酱""昇鱼尚水""巴鱼道生牌江口青鳙"入选2023年"天府粮仓"精品（培育）品牌名单。

二、四川省水产品质量安全及品牌建设的机遇与挑战

（一）面临的机遇

1. 党政高度重视，政策法规不断完善

习近平总书记提出"四个最严""产出来""管出来"等指示要求，党的二十大提出以中国式现代化全面推进中华民族伟大复兴，作出建设农业强国等重大战略部署，并且将食品安全纳入国家安全体系。当前，四川正在推进农产品质量安全省创建，水产品作为农产品的组成部分，抓好水产品质量安全，提升水产品质量安全水平是每一级政府的责任，要着力整治解决水产品质量安全领域存在的突出问题，逐步建立健全长效化的制度机制。

2023年1月1日新修订的《农产品质量安全法》正式实施，这是我国农产品质量安全领域的一件大事，为推动全面提升农产品质量安全治理能力、稳步提升绿色优质农产品供给能力，为构建高水平监管、高质量发展新格局提供了有力的法治保障。保障水产品质量安全，必须从源头抓起。新修订的《农产品质量安全法》，围绕农产品产地监测、农业投入品使用、标准化生产等方面，进一步强化了相关规定，对开具承诺达标合格证、追溯体系建设、产地准出、市场准入等提出了相关要求。落实好各项法定制度和措施，做好源头治理，强化全过程风险管控，确保水产

品质量安全，巩固四川水产品质量安全稳定向好发展态势，为接下来全面推进乡村振兴、加快农业农村现代化、建设新时代更高水平"天府粮仓"打牢坚实基础。

2. 人民对高质量水产品的需求日益提高

随着饮食消费趋向健康、优质，水产品作为低脂、高蛋白质的食物，将在国民餐桌上扮演更为重要的角色。放眼全球，联合国粮农组织（FAO）发布的2022年版《世界渔业和水产养殖状况》报告称，全球共有超过33亿人20%的动物蛋白摄入量取自鱼类，这表示，全球鱼类的消费量还将逐年增长。聚焦中国，中国营养学会发布的《中国居民膳食指南（2022）》中提出，推荐每人每天摄入常见水产品40~75克（可食用部分重量），折合生鲜水产品为74.0~138.5克，每年合27~50.5千克，中位数为38.5千克，因此，目前的人均消费量与此还有一定的差距。同时，随着当前人民对环境问题的关注程度越来越高，对优质安全水产品的需求也日益提高，面对广大群众吃好、吃得安全放心的基本诉求，坚决守好水产品质量安全的底线是我们义不容辞的责任。

（二）面临的挑战

1. 面源污染

养殖水体是水产养殖的载体，直接决定水产养殖产品质量优劣。由于受人类生产生活影响，加之过去对环保问题没有引起足够重视，导致工业废水和生活污水处理不当或直接排放、农业生产中大量使用农药化肥及产生的畜禽粪便经雨水冲刷注入水体导致用于水产养殖水源受到一定程度污染，水环境污染会影响水生生物的生存、生长、繁殖，农药、重金属、抗菌素等在水产品中残留超标就会危害人的健康。虽然现在水环境污染问题已得到重视，但水体很难自身快速恢复，水污染仍是影响水产品质量安全重要因素，有部分养殖户反映养殖场旁边虽然有流淌的水源，但为了保证养殖水产品不受污染，只能选择打深井抽取地下水开展养殖行为，养殖户描述，若使用沟渠里面的水直接进行养殖生产，容易导致鱼类死亡，带来经济损失。

2. 养殖从业者质量安全意识有待进一步提高

水产养殖主体是水产品质量安全的第一责任人，落实水产养殖主体责任对于提升水产品质量安全水平具有重要作用。据统计，四川省有渔业生产主体超过14.9万个，养殖规模50亩以上的养殖场仅有4 600个，省级以上水产龙头企业仅29家、家庭渔场2 688家、水产专业合作社2 507家，绝大多数养殖主体以家庭为单位从事水产养殖，主体数量庞大，规模较小且分散，给监管带来了一定难度。同时从业人员大多数年龄超过45岁，文化程度不高，守法意识比较淡薄，对渔业生产的新知识、新要求接受程度较低，容易按照自己的经验方式进行渔业生产，对档案记录认识不到位，不记、漏记、补记、乱记现象仍然存在；养殖过程中使用投入品较为随意，存在过量用药行为，部分生产者为追求利润，不遵守休药期的有关规定，甚至个别生产者存在侥幸心理，使用禁（停）渔药或过量地添加渔药，造成渔药或添加剂在水产品中残留，影响了水产品质量安全。从检测数据看，2022年省级抽检共有45批次不合格样品，其中38批次样品来自家庭农场或小型专业合作社，占不合格样品总数的84%。

3. 常规药物超标问题依然存在

由于不能掌握养殖水产品的具体上市时间，农业农村部门在开展水产品质量安全检测工作时，往往只检测禁（停）用药物成分，对常规药物磺胺类、恩诺沙星、环丙沙星等检测较少，通过市场部门不合格参数分析，市场环节不合格水产品主要原因为常规药物超标。以2023年上半年市场监管部门开展的检测结果来看，上半年市场环节共检出不合格水产品25批次，其中常规药物超标15批次，占不合格水产品的60%。常规药物超标的原因主要有以下几点：①休药期执行不到位。养殖主体或因为没有休药观念或因为利益驱使，常规药物在水产品体内尚未代谢完就出塘销售；②药物滥用。养殖主体用药随意，在养殖阶段加大用药量，甚至在进入到鱼类运输、销售阶段时，仍旧继续给鱼类使用药品，导致待售的鱼类商品中还会残留过量的药物；③违规投入品影响。一些违规投入品为达到宣传效果，在所含成分中进行非法隐性添加，导致水产品常规药物超标。

4. 基层监管力量薄弱

随着机构改革工作推进，基层水产主管部门被整合甚至被撤销，基层水产监管面临人手不足的问题，县级水产部门工作人员平均在3名左右，甚至有些县仅1名工作人员从事水产工作，而且专业人员少，需承担所有水产工作，而渔业生产仍然是以千家万户且分散的生产模式为主，小、散、乱的特点突出，管理对象复杂、庞大，因此要实施全面、有效的监管困难很大。有些县级渔业主管部门对质量安全工作有所忽视，不认真帮助养殖户分析原因，加大了质量安全风险隐患。同时，市、县级水产品质量安全和品牌建设工作多依托于各地农安部门，部分地区水产与农安、综合执法等部门之间工作沟通、协调不够，没有建立起有效的衔接机制，特别是对于抽检发现的不合格水产品名单、调查处理情况、重点监控名单等重要信息，有些渔业主管部门掌握不及时、不准确，导致水产品质量安全工作没有针对问题，没有抓住重点。另外，由于质量安全专项经费不足等问题导致在渔业技术推广、防疫检疫、安全用药指导、质量安全监测等水产质量安全工作开展面临挑战。

5. 基础研究滞后，科技支撑不足

一方面，渔药的研究、开发、应用严重滞后，基础研究不够，缺乏对药物的药效学、药代动力学以及对生态环境影响等基础理论的研究，导致渔药无法满足水产产业发展的需要。养殖户在发现鱼类生病需要用药时，虽然在兽药门店购买的正规渔药，按照规定的用法用量使用，但是却存在疗效不佳、解决不了问题的情况，养殖户反映当前部分鱼类用药并不能满足实际生产需要。个别养殖户为达到治疗效果加倍剂量使用或随意增加用药频次，更有些养殖户听信朋友、熟人或其他养殖户推荐，使用一些所谓的见效快、价格低的"特效药"，而这些"特效药"可能存在违规添加禁（停）用成分的风险。这些种种不规范的用药行为，对水产品质量安全带来很大的隐患。另外在禁（停）用药物方面，政策上只重视"堵"，不注重"疏"，在禁（停）用药物的替代产品方面的研究更是空白，比如孔雀石绿，在治疗水霉病方面有着明显的疗效，曾经也广泛用于水产养殖、运输过程中，但是由于孔雀石绿对人体有着严重的危害，并且在鱼体内长期存在无法代谢，国家早已将其列入禁用化合物清单。虽然近年来使用孔雀石绿的情况已得到明显遏制，但有些养殖户为了追求经济利润，减少生产中的损失，铤而走险违规使用，个别投入品生产企业为了追求产品效果，在产品中违规隐性添加，导致孔雀石绿检出的问题仍然存在，这对水产品质量安全造成了极大的威胁。

另一方面，随着经济社会的发展，渔业用药也在不断发生变化，近几年的抽检中地西泮、丁香酚等药物屡有检出，但与之相关的基础研究却没有及时跟上，给主管部门追查药物来源、使用目的等造成困难。在蛙类专项整治中发现由于当前对蛙类及蛙类药物代谢等相关研究缺少，目前蛙类专用药物几乎没有，养殖主体被迫只有使用渔药等药物，但是用法用量全凭经验感觉，乱用、滥用问题明显，给水产品质量安全带来安全隐患。

6. 风险隐患盲区有待排查摸清

虽然水产品质量安全工作已经取得不错成效，但当前水产品质量安全问题隐患仍然存在。例如：苗种和重点品种监督抽查中，发现个别企业在苗种生产过程中使用禁用药物硝基呋喃类药物，严重影响水产品质量安全。省级例行抽检中时常发现水产品养殖和贮运环节时常发现镇静类、精神类药物使用情况。这些风险隐患严重影响着水产品质量安全水平，其背后所产生的原因、问题需要弄清楚搞明白，及时采取措施，避免风险隐患扩大。

7. 品牌建设及利用有待提高

从品牌知名度上看，目前全省有各类水产注册商标共180个，但仅有"通威鱼""资中鲶鱼""新津黄辣丁""芙思塔鱼子酱"等为数不多的水产名牌，品牌影响力、带动力总体不强。同时大部分渔类商标取得之后在实际应用方面不尽如人意，从商标知名度到品牌溢价仍有发展空间，名优品牌在质量安全方面的示范带头作用还有待提高。

三、四川省水产品质量安全及品牌建设的对策建议

（一）压实水产品质量安全责任，提升多方参与共治水平

一是落实属地管理责任。市县党委政府要严格落实农产品质量安全"党政同责""一岗双责"，做好水产品质量安全管理，支持创建全国农产品质量安全省。二是强化部门协同监管。农业农村、市场监管部门分别负责"三前""三后"监管，共同建立无缝衔接机制。加强与市场监管、公安、司法等部门工作联系，消除监管空白，贯通监管链条，协同推进农产品质量安全法等法律法规落地，全面推行食用农产品承诺达标合格证制度，开展承诺达标合格证"亮证"行动，对应开不开、应收不收、虚假开证、冒名开证等违法行为严厉查处。健全水产品质量安全追溯管理制度，加大追溯市场化应用。与生态环境等部门协作，加强水源保护，减少面源污染对渔业生产的影响。依托农产品质量安全服务站，加强对协管员知识技能培训，做好"最初一公里"管理。三是压实生产主体责任。广泛指导生产经营者全面落实第一责任，依法依规从事生产经营活动，严格落实承诺达标合格证、生产记录、委托检验、包装标识等制度，科学合理使用水产投入品，严格执行休药期规定，确保生产经营的水产品符合质量安全标准，承担社会责任。

（二）加强水产品质量安全监测，提升风险隐患防范能力

一是提高检测机构能力水平。农业农村部渔业环境及水产品质量监督检验测试中心（成都）要及时根据行业发展和监管需要及时进行检测参数扩项等工作，加强对市、县两级检测中心的技术指导，支持水产检测能力建设，鼓励更多的市、县两级检测中心通过水产品质量安全检测能力认证，壮大水产品质量安全检测队伍。二是加强水产品监管执法。建立农业农村、市场监管、公安等部门的配合联动机制，提高监督抽查和执法办案的执行效率，发现问题及时联合调查处理，实施行政执法"亮剑"行动。加大水产苗种生产经营环节的监督执法力度，对违法违规行为要严厉打击、依法查处，督促水产苗种经营者守法合规诚信经营，积极争取资金开展苗种质量安全定量检测项目，为渔业养殖主体生产合格安全的水产品打下基础。三是提高质量监测效能。结合四川鱼米之乡建设，加大对相关园区的风险检测；针对四川产量高、易存在风险隐患的大口黑鲈、乌鳢、鳊鱼、鲶鱼、斑点叉尾鮰、蛙类、泥鳅、黄颡鱼、长吻鮠9个重点品种，积极争取资金开展重点品种质量安全定量检测项目，为产业高质量发展提供支撑保障。四是完善应急处突措施。对发现的风险隐患及时排查处理，建立健全舆情监测和快速响应机制，对发生的水产品质量安全事件及时回应社会关切。

（三）推进标准化建设，强化示范带头作用

一是完善行业标准体系。围绕优势产业和行业短板组织科研院所、企业团体参与制修订一批省级水产行业地方标准，支持省内相关单位参与国家标准、行业标准编制工作。鼓励企业和团体积极探索制定行业标准。二是建设标准化示范试点。结合四川省渔业发展实际，对实力强、有意愿的养殖基地探索建立水产品标准化示范基地，创建国家级水产健康养殖示范区，探索建立水产品质量安全示范县，辐射带动周边区域绿色养殖、健康养殖。三是推进优质水产品供给。结合"三品一标"工作，大力发展绿色、有机、地理标志等水产品，打造一批优质水产品重点基地，为优质水产品进入市场、超市提供支持帮助。四是推进"产学研用"融合。加大对渔药、养殖用投入品的科技创新的投入和支持力度，依托科研院所、大专院校、技术服务推广单位和龙头企业科研力量，组织开展相关渔用药物的药效学、药代动力学以及对生态环境影响等基础理论的研究，针对当前渔业用药和投入品的需求以及行业发展的短板，共同进行产品研发和成果转化，努力破解制约四川渔业高质量发展

的技术短板。

（四）持续宣传引导，提升养殖主体质量安全意识

持续开展《农产品质量安全法》《兽药管理条例》等法律法规和相关政策的宣传，加大水产养殖技术培训和科学用药的宣传指导力度，营造绿色健康养殖氛围。重点加强小、散养殖户监管与服务。在安全用药、健康养殖、上市自检等方面做好指导，树立"好水才能出好鱼"的理念，避免面源污染对水产品质量安全带来的影响，坚持教育引导与监管执法相结合，依法把分散水产养殖户纳入基层监管与服务重点对象，以宣传教育为主提高小散户的质量安全意识，选树一批农户守法典型，落实质量安全控制措施。

（五）支持品牌培育打造，做好品牌宣传推介

一是做好宣传引导，提升养殖主体对于品牌打造的积极性和重视度，对有意愿进行品牌打造的相关主体提供咨询，在品牌打造、培育、运用等方面积极争取政策、资金支持，帮扶有条件的区域报团打造区域公用品牌，支持企业开展自主品牌创新，创建企业品牌、产品品牌，举办渔业品牌交流活动，助力渔业品牌更好发展。二是打造精品品牌。以《四川省农业品牌目录制度》为抓手，以省、市、县水产龙头企业为骨干，做优做强一批品质优良、特色鲜明、带动能力强、知名度美誉度高的水产品精品品牌。三是积极推介品牌。支持渔业品牌在国家级、省级主流媒体、新媒体开展宣传推介活动。组织水产企业、品牌持有单位积极参加"天府粮仓"农业品牌美食节、文化节等节庆活动。组织品牌主体参加农交会、农博会等知名展会和"川货全国行""万企出国门"等市场拓展活动。支持引导水产品牌进超市、进市场、进社区，让更多的人民群众知晓、接受、喜爱川鱼品牌。

四川省流水养殖产业发展报告

赖见生[1]　杜　军[1]　曾开虎[2]　吴晓雲[1]　李飞扬[1]　宋明江[1]
李春葵[2]　刘　亚[1]　陈叶雨[1]　欧　军[1]　邹巧林[1]　李鹏程[1]

（1. 四川省农业科学院水产研究所，成都 611731；2. 四川省水产局，成都 610000）

摘　要：本报告介绍了以冷水性鱼类和亚冷水性鱼类为主要养殖对象的国内外流水养殖产业的发展概况，对四川省冷水鱼产业的地位、近年来的生产情况、省内产业集聚情况和各市（州）产业现状进行了论述。同时，对工作经验及产业发展中存在的主要问题进行了总结，并提出了四川省冷水鱼产业发展的对策建议，为四川冷水鱼产业绿色高质量发展提供了理论依据和技术支撑。

关键词：四川省；流水养殖；冷水鱼；产业发展

流水养鱼是指在有水流交换的鱼池内进行鱼类高密度精养的方式。一般以水库、湖泊、河道、山溪、泉水等作水源，借助水位差、引流或截流设施及水泵等，使水不断地流经鱼池，或将排出水净化后再注入鱼池。由于水流起着增氧和排除鱼类排泄物的作用，池水能保持良好水质，为鱼类高密度精养创造了条件。四川流水养鱼经历了渠道金属网箱流水养殖、湖库网箱养殖、池塘流水养殖等发展阶段，养殖对象以鲟鱼、鲑鱼、鳟鱼、裂腹鱼等冷水性鱼类和亚冷水性鱼类为主。近年来，四川省冷水鱼产业取得长足发展，以鲟鱼为代表的加工产品远销海内外，成为四川农产品出口创汇的亮丽名片。

一、四川省流水养殖的基本情况

四川省位于中国西南地区，地处中国第一阶梯和第三阶梯过渡带，西高东低，地势悬殊，西部多高原、山地，东部多平原、丘陵。全省气候条件复杂多样，川东为亚热带湿润性气候，川西南为亚热带半湿润性气候，川西北为高山高原高寒气候。境内河流众多，以长江水系为主，较大长江支流包括金沙江、雅砻江、岷江及其最大支流大渡河、沱江、嘉陵江及其主要支流涪江和渠江等。

四川的流水养鱼兴起于20世纪80年代的渠道金属网箱流水养鱼，渠道金属网箱流水养鱼是在不影响渠道过水断面的前提下，将金属钢片网连成一定形状，固定在渠道一侧的边坡上，进行流水养鱼的一种生产方式。眉山县（今眉山市）经1984年小试，1985年中试及大面积推广应用，单产由1984年的净产18.9千克/平方米上升到1986年的86.1千克/平方米，饵料系数由3.22下降到2.12，1984年每平方米年纯利润30.3元，1986年试验箱达175.1元。1987年在四川省推广至2.5万平方米，眉山县永光电站尾水渠1987年金属网箱养鱼产值和利润已达电站年产值和利润的6~8倍。这种养鱼方式具有网具结构简单、安全、不占耕地、不与灌溉争水、饲养管理方便、经济效益高等优点。

四川是渔业资源丰富的地区，自古以来，"雅鱼""雅雨""雅女"称为"雅安三绝"。据史书记载，早在唐代，四川地区的冷水鱼就已经被人们广泛捕捞和食用。唐代杜甫诗："鱼知丙穴由来美，酒忆郫筒不用酤"。宋代宋祁诗云："二丙之穴，阙产嘉鱼。鲤质鳟鳞，为味珍硕。"文人墨客盛赞雅鱼之美。相传，清代上贡慈禧，太后赞美为"龙凤之肉"。当前，流水养鱼按水的流动方式，可分为开放式和封闭循环式两种基本类型。四川省得益于得天独厚的地理和气候条件，流水养殖的对象以冷水性鱼类为主，养殖模式主要为开放式流水养殖。随着历史的推移，四川省冷水鱼产业逐渐发展壮大，成了当地农民增收的重要途径。近年来，四川省冷水鱼产业发展迅速，不仅在产量上取得了显著的成就，而且在产品质量、品种创新、市场开发等方面也取得了突破性的进展。

二、四川冷水鱼产业发展现状

四川省地处长江中上游，渔业资源丰富。近年来，四川坚持以市场为导向，依托特有的冷水资源和种质资源优势，积极规划引导冷水鱼产业发展，大力推动产业发展，取得了不错的发展成绩。截至2021年底，全省水产品总产量166.5万吨，渔业经济总产值达到655.3亿元。其中冷水鱼类年产量1.35万吨，产值5.15亿元。其中鲑鱼年产量370吨，居全国第3位；鳟鱼年产量1 623吨，居全国第6位；鲟鱼年产量6 419吨，居全国第4位。

（一）产业发展现状概述

1. 依托资源禀赋，大力挖掘养殖品种

目前，四川省主要有 10 多个冷水鱼养殖品种，其中土著品种以雅鱼（齐口裂腹鱼、重口裂腹鱼）为代表，引进品种以鲑、鳟鱼和鲟鱼为主。此外，拟鲇高原鳅、黄河裸鲤尻等青藏高原南麓冷水鱼品种等也有一定养殖规模。主要以雅安市为中心，沿盆周山区发展，全省冷水性和亚冷水性鱼类养殖面积556公顷，流水养殖面积约为 150 万平方米。

2. 立足生态地理优势，不断优化区域布局

四川省冷水鱼产业主要集中在成都平原、川西南、川东北等地。1980 年，四川省在都江堰的渠首利用岷江水开展虹鳟养殖，从苗种培育到成鱼养殖均获得了成功。经过多年发展，目前已形成规模化养殖。四川冷水鱼养殖形成了"一核三带"分布格局。"一核"指的是以雅安、成都为核心，"三带"则是以绵阳、德阳、广元为主，以乐山、凉山、攀枝花为主，以眉山、宜宾、泸州为主的三条冷水鱼产业带。成都市周边冷水鱼产业发展较为成熟，养殖区域主要分布在彭州、都江堰、德阳、崇州、大邑、邛崃、蒲江等市（县）。川西南地区，如雅安、西昌、攀枝花等地，冷水鱼养殖业也有一定的基础。川东北地区，如广元、巴中等市县，近年来冷水鱼养殖业发展较快，养殖区域逐渐扩大。

3. 龙头企业带动产品加工快速发展

近年来，在龙头企业的带动下，四川冷水鱼养殖、加工、销售全产业链加速完善。其中，以鱼子酱生产为核心的鲟鱼产业逐渐成为四川农产品出口创汇的一块金字招牌。在四川省冷水鱼产业深耕多年的四川润兆渔业有限公司、彭州涌泉珍稀鱼类养殖公司、都江堰新联水产养殖有限公司等在全国已经具有一定知名度，部分产品远销海内外。特别是鱼子酱已成为四川省优质水产品的一张靓丽名片，"芙思塔""诗芮"品牌优质鱼子酱已远销北美、欧盟、中东、俄罗斯、日本等众多国家和地区，享誉世界。2022 年，全省鱼子酱产量达 58 吨，占全球鱼子酱总产量的 12%。其中出口量48.3 吨，出口创汇9 490万元，产量、出口量均居全国第二位。

4. 一二三产融合发展

四川省休闲渔业 1/3 以上产值来自冷水鱼产业，都江堰虹口冷水鱼一条沟、彭州小渔洞康养基地群、"雅鱼村"等产业融合发展的渔业新村已成为省内外游客避

暑度假首选，极大程度带动了附近渔民增收致富，也为四川省冷水鱼一二三产业融合发展起到了示范作用。

（二）主要举措

1. 优化养殖布局，重点打造产业集群

为推动四川省冷水鱼产业一体化发展，根据地理位置、气候、资源等分布情况，在成都周边、雅安等冷水性资源比较丰富的地区，大力发展冷水鱼产业。通过宣传引导等方式，引入四川润兆渔业有限公司、千岛湖鲟龙渔业有限公司等龙头企业，带动小业主和群众发展，形成冷水鱼养殖村、镇、县，成功实现产业集群发展。

2. 深入推进冷水鱼产业园区化发展

为推动四川省冷水鱼产业纵深发展，自2019年起，省级财政共投入2 500万元用于雅安天全县冷水鱼现代农业园区建设。目前，园区已被评为四川省五星级现代农业园区，建成全省最大的冷水鱼加工中心和全套生产线，鱼子酱加工完全自主，示范带动四川省冷水鱼产业发展。

3. 加强冷水鱼现代种业建设力度

为强化四川省冷水鱼种业支撑能力，自2019年开始，中央及省财政共投入1 100万元用于冷水鱼现代种业建设，目前已建成彭州市国家重口裂腹鱼种质资源场，完成优质冷水鱼亲本更新，为冷水鱼产业快速发展打下坚实基础。

4. 加大冷水鱼加工业扶持力度

为深层次推动鱼子酱等特色产品加工发展，四川省积极整合渔业发展补助、现代农业产业园区、扶贫等项目资金共投入1 383.8万元重点支持水产品初加工和冷藏保鲜等设施装备建设。目前四川省冷水鱼产品清洗、分级、分割、包装、低温暂养、保鲜冷冻、副产品利用、废水处理等能力显著提升，四川润兆渔业有限公司等冷水鱼产品加工企业成为我国行业龙头企业，实现了养殖、加工、营销全产业链自主可控。

（三）冷水鱼产业经济

1. 国际冷水鱼产业

根据联合国粮食及农业组织（FAO）数据库数据，2020年全球鲟产量12.26万吨、鲑鳟鱼76.35万吨。中国单品种生产量占全球总产量的比例分别为鲟鱼

85.07%、鲑鳟鱼 5.17%。

2. 中国冷水鱼产业

根据《中国渔业统计年鉴》统计，2021 年鲑鳟产量 3.83 万吨，其中鲑产量 0.253 4 万吨，主产区为天津、辽宁、四川、甘肃、吉林；鳟产量为 3.58 万吨，主产区为青海、云南、新疆、辽宁、河北、四川、重庆；鲟产量为 12.19 万吨，主产区为云南、贵州、山东、湖北、湖南、河北和浙江。

我国鲟鱼总产量呈现缓慢增长趋势，平均占世界总产量的 90.22%，2012—2016 年我国产量平均占比 94.41%，2016 年占比达到最高值 96.49%（表 1）；2017—2020 年平均占比 84.99%，与 2012—2016 年相比有所下降。

表 1 中国鲟鱼产量和占世界总产量比重

年份	中国产量（万吨）	世界产量（万吨）	中国产量占比（%）
2012	5.52	5.92	93.19
2013	6.47	6.94	93.19
2014	7.59	8.03	94.60
2015	9.08	9.60	94.58
2016	8.98	9.30	96.49
2017	8.31	9.81	84.68
2018	9.69	11.40	85.05
2019	10.20	11.98	85.17
2020	10.43	12.26	85.07
平均	8.47	9.47	90.22

我国鲟鱼养殖呈现一定的区域集聚。2021 年总产量为 12.19 万吨，主要分布在云南（2.66 万吨，21.86%）、贵州（2.28 万吨，18.75%）、山东（1.03 万吨，8.42%）、湖北（0.83 万吨，6.80%）、湖南（0.77 万吨，6.35%）、河北（0.75 万吨，6.11%）等地区以上 6 个省份的水产品总产量合计为 8.32 万吨，约占总产量的 68.28%。其中，湖北省的产量大幅度上升，加入主产省份行列。

我国鲑鳟鱼产量不高，2012—2017 年呈缓慢增长趋势，2016—2019 年间有涨有跌，2017 年产量达到最高 4.45 万吨（表 2），2019 年以后呈缓慢下降趋势。近年我国鲑鳟鱼年产量平均为 3.88 万吨，占世界总产量比重较小，平均占比仅为5.8%。我国鲑鳟鱼养殖存在一定的区域集聚。2021 年总产量为 3.83 万吨，主要分布在青海（1.47 万吨，38.43%）、云南（0.38 万吨，9.91%）、辽宁（0.37 万吨，9.67%）、新疆为：（0.33 万吨，8.65%）、甘肃（0.21 万吨，5.37%）、四川（0.20 万吨，5.20%）等地区。以上 6 个省（区）的水产品总产量合计为 2.96 万吨，约占总产量的 77.23%。

表 2 中国鲑鳟鱼产量和占世界总产量比重

年份	中国产量（万吨）	世界产量（万吨）	中国产量占比（%）
2012	2.85	60.91	4.67
2013	3.23	63.81	5.06
2014	3.92	63.70	6.15
2015	4.16	58.96	7.06
2016	4.11	66.40	6.19
2017	4.45	69.32	6.43
2018	4.11	69.36	5.92
2019	4.13	73.95	5.59
2020	3.95	76.35	5.17
平均	3.88	66.97	5.80

3. 四川冷水鱼产业

（1）水产业经济产值。《四川渔业统计年鉴》数据显示，2021 年全省淡水养殖面积 19.05 万公顷，居全国第 10 位；淡水养殖产量 166.49 万吨，淡水养殖产值 327.81 亿元（表 3），比上年增长 14.64%，居全国第 7 位；休闲渔业产值 52.25 亿元，居全国第 5 位。2021 年四川省冷水性和亚冷水性鱼类养殖产量 1.35 万吨，产值 5.15 亿元，养殖面积 556 公顷。四川冷水鱼养殖面积占全省淡水养殖面积的 0.29%，产量占比 0.81%，产值占比 1.57%，以较小的养殖面积和产量实现了较高的产值。其中，鲑鱼、鳟鱼和鲟鱼养殖产量分布居全国第 3 位、第 6 位和第 4 位。

表3 四川省冷水鱼生产和淡水养殖占比情况

类别	冷水鱼养殖	淡水养殖	占比（%）
产量（万吨）	1.35	166.19	0.81
面积（万公顷）	0.056	19.05	0.29
产值（万元）	5.15	327.81	1.57

（2）四川冷水性鱼类产业地位。2022年，四川省鲑鱼产量371吨、鳟鱼1 640吨、鲟鱼6 403吨，产量全国占比12.74%、4.39%和4.89%（表4）。2022年，四川鲑鱼产量位居全国第3位，西部第1位；鳟鱼产量位居全国第7位，鲟鱼为第8位。

表4 2022年四川冷水鱼产业地位

指标种类	产量（吨）	位次		占比（%）	
	四川	全国	西部	全国	西部
鲑	371	3	1	12.74	37.10
鳟	1 640	7	5	4.39	5.59
鲟	6 403	8	3	4.89	8.85

（3）历年冷水性鱼类生产情况。近年来，四川省冷水性鱼类养殖产量总体发展平稳。数据表明，2017—2021年四川省冷水性鱼类产量和产值呈下滑趋势，2021年较上年略有增加。2021年四川省冷水鱼总产量达到产量1.35万吨，产值5.15亿元（图1）。其中，鲑370吨、鳟1 623吨、鲟6 419吨。

（4）四川冷水性鱼类产业集聚情况。四川省冷水性鱼类产业集聚明显，2021年成都平原经济区冷水鱼产量7 633吨，产值29 130万元，居于区域首位；其次为川北经济区，年产量4 680吨，产值16 007万元；攀西经济区居于第3位，冷水鱼年产量976吨，产值5 412万元；川南经济区和川西北生态经济区产量产值均明显低于其他区域（图2）。对比2020年数据，成都平原经济区、川南经济区冷水鱼产量和产值均呈上升趋势，川北经济区产量和产值均有所缩减，攀西经济区和川西北生态经济区产量有所降低，而产值略有提高。

（5）四川各市（州）冷水鱼产业发展情况。2021年四川省各市州冷水性、亚冷水性鱼类的生态统计数据表明，全省流水养殖面积为556公顷，年产量13 489

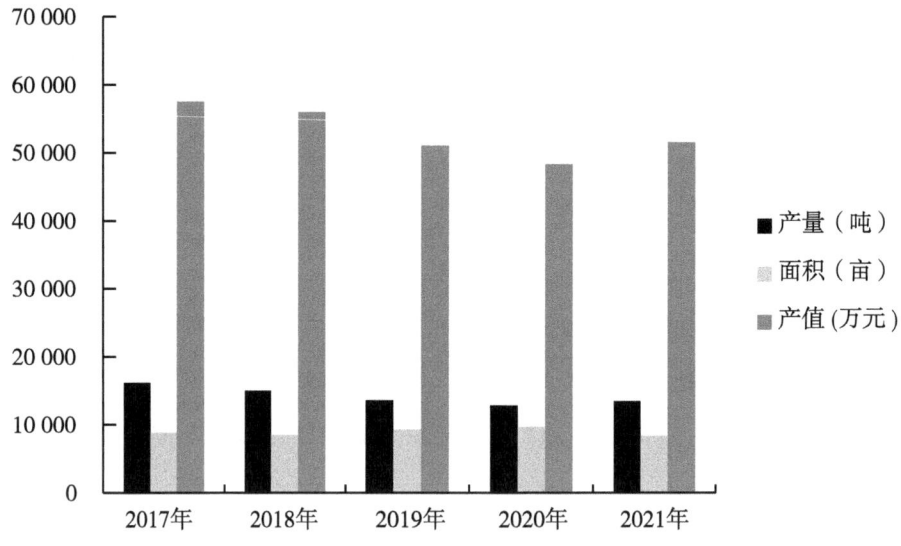

图 1 2017—2021 年四川省冷水性鱼类生产情况

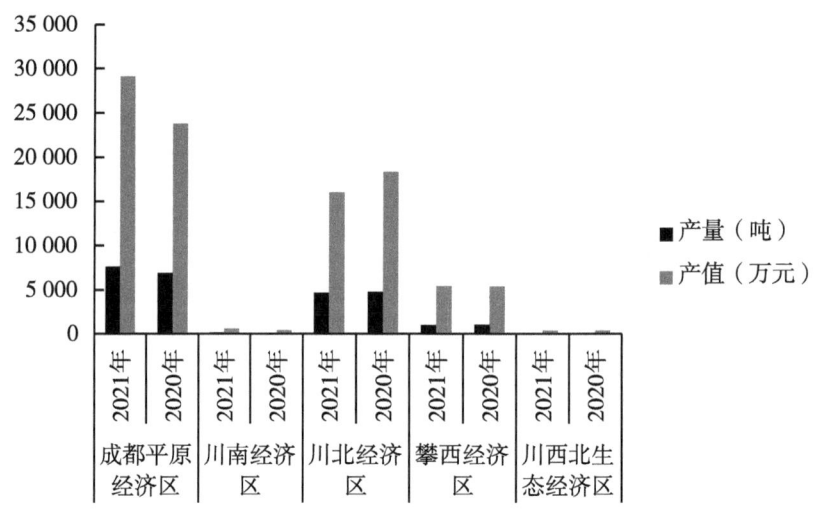

图 2 四川冷水性、亚冷水性鱼类渔业经济指标分组概况

吨,产值51 513.3万元（表5）。攀枝花市和雅安市养殖面积居全省前列,分别为攀枝花 155 公顷,雅安 116 公顷;其次为成都 59 公顷,德阳 52 公顷。从年产量方面来看,广元市 4 205吨,雅安市 3 087吨,成都市 2 814吨,攀枝花市 916 吨,德阳市 699 吨,以上各市产量位居全省前 5 位。年产值方面,广元市最高为 12 633万元,其次为雅安市 12 251万元,成都位列第 3 位为 10 127万元;攀枝花市和德阳市分别为 4 946万元和 4 179.8万元,位居第 4 位和第 5 位。

表5　2021年四川省各市（州）冷水性、亚冷水性鱼类生产情况

市州	产量（吨）	面积（公顷）	产值（万元）
全省总计	13 489	556	51 513.3
成都市	2 814	59	10 127
自贡市	—	—	—
攀枝花市	916	155	4 946
泸州市	127	27	425
德阳市	699	52	4 179.8
绵阳市	325	17	1 340
广元市	4 205	42	12 633
遂宁市	—	—	—
内江市	—	—	—
乐山市	550	3	870
南充市	121	6	450
宜宾市	30	4	160
达州市	101	3	1 117
雅安市	3 087	116	12 251
阿坝州	43	3	379.5
甘孜州	—	—	—
凉山州	60	3	466
广安市	29	1	87
巴中市	224	38	1 720
眉山市	151	24	337
资阳市	7	3	25

根据2022年对四川省各市（州）鲟鱼、鲑鳟鱼和裂腹鱼等主要养殖品种的统计，雅安市养殖面积最大为46.53万平方米，其后依次为攀枝花市30.02万平方米、广元市19.78万平方米、德阳市10.67万平方米、成都市7.59万平方米、宜宾市6.72万平方米、内江市6.4万平方米（表6）。成都市、雅安市和广元市冷水鱼产量相对较高，最大的为成都市2 895吨，其次为雅安市2 459吨、广元市1 498吨、德阳市715吨、攀枝花市640吨、绵阳市360吨。从养殖品种来看，养殖面积从高到低依次为鲟鱼84.05平方米、裂腹鱼42.72平方米、鲑鳟鱼21.42平方米，产量

从高到低为鲟鱼6 043吨、鲑鳟鱼2 011吨、裂腹鱼1 057吨。鲟鱼产量较高的市州为雅安市1 595吨、成都市1 556吨、广元市1 218吨、攀枝花市520吨、德阳市518吨、绵阳市320吨，以上市州鲟鱼产量占全省总产量的89.44%。鲑鳟鱼产量成都最高1 339吨，占全省总产量的66.58%，其次为雅安市243吨，德阳市197吨。裂腹鱼养殖产量较高的市州为雅安市621吨、广元市215吨、攀枝花市110吨，此三地裂腹鱼养殖产量占全省产量的89.50%。

表6　2022年各市（州）主要养殖品种养殖面积和产量情况

地区	鲟鱼		鲑、鳟		裂腹鱼		合计	
	产量（吨）	面积（平方米）	产量（吨）	面积（平方米）	产量（吨）	面积（平方米）	产量（吨）	面积（平方米）
成都市	1 556	47 940	1 339	27 960	0	0	2 895	75 900
自贡市	7	8 000	0	0	0	0	7	8 000
攀枝花市	520	146 743	10	6 670	110	146 740	640	300 153
泸州市	108	20 000	2	1 000	0	0	110	21 000
德阳市	518	74 025	197	32 666	0	0	715	106 691
绵阳市	320	11 476	33	6 000	7	1 900	360	19 376
广元市	1 218	117 660	65	50 720	215	29 400	1 498	197 780
遂宁市	0	0	0	0	0	0	0	0
内江市	28	64 000	0	0	0	0	28	64 000
乐山市	53	11 402	2	1 510	14	6 300	69	19 212
南充市	127	8 600	0	0	0	0	127	8 600
宜宾市	95	67 391	0	0	0	0	95	67 391
达州市	43	2 910	13	2 400	0	0	56	5 310
雅安市	1 595	204 020	243	63 600	621	197 720	2 459	465 340
阿坝州	8	6 666	4	4 666	30	28 466	42	39 798
甘孜州	0	0	0	0	0	0	0	0
凉山州	0	0	30	2 000	50	10 000	80	12 000
广安市	35	27 240	0	0	0	0	35	27 240
巴中市	29	12 100	73	15 000	10	6 670	112	33 770
眉山市	143	10 328	0	0	0	0	143	10 328
资阳市	0	0	0	0	0	0	0	0
合计	6 403	840 501	2 011	214 192	1 057	427 196	9 471	1 481 889

三、四川冷水鱼产业发展中存在的主要问题

冷水鱼产业是具有广阔发展前景的新兴产业，虽然近几年四川省冷水鱼养殖发展势头良好，但仍面临支撑能力不足、区域发展不平衡、资源利用率不高、产业链不强等问题。

1. 支撑能力不足

主要表现在投入太少，原良种体系、技术推广体系、质量标准体系、水产品质量监管体系、水生动物疫病防控体系和渔政执法体系建设滞后，良种研发、渔业教育和渔业资源保护性投入严重不足，种质退化严重。

2. 区域发展不均衡

当前，四川冷水鱼产业发展集聚明显，成都平原经济区和川北经济区产量和产值较高，川南经济区和川西北生态经济区发展严重不足，攀西经济区仍有上升空间，几大片区产业发展极不均衡。

3. 资源利用率不高

四川省冷水资源十分丰富，但是资源利用率总体不高，缺乏科学规划，布局不尽合理，部分市（州）产业发展相对滞后，具有巨大提升空间。

4. 产业链不强

四川冷水鱼产业水产龙头企业和专业经济合作组织较少、规模较小，产业链有待加强和延伸，带动作用不强，产业化经营水平低。

四、四川省冷水鱼产业发展的对策建议

1. 健全完善科技支撑体系

一是组织产学研科技力量，围绕制约产业发展的"水""种"和设施装备技术瓶颈开展联合攻关，开展多种形式的应用研究和试验。二是充分利用科研平台，推动产学研紧密结合，服务四川现代水产产业。要注重对生产实践中创造的水产节水减排、提质增量等技术进行总结、示范、推广。组建水产科技创新联盟，加快科技成果转化步伐。三是充分发挥省、市、县、乡四级水产技术推广服务机构和队伍力量，扎实开展水产技术推广，广泛开展科技下乡、技术培训等，推进新技术、新品种、先进模式在水产养殖中的应用。四是积极实施"互联网+水产"战略，推进机

械化、智能化设施设备和现代信息技术在水产领域中的应用，推动水产产业发展转向主要依靠科技进步和提高劳动者素质的轨道上来。五是鼓励水产科研成果转化，充分运用好科研院所和水产龙头企业的产学研结合"一条龙"机制，鼓励水产科研人员创业就业和高校水产专业科技成果转化落地落实，积极落实赋予科研人员科技成果所有权和长期使用权，激发科研人员科技成果转化的热情。

2. 科学规划、推动区域均衡发展

做好冷水鱼产业规划布局，加强行业管理，促进冷水鱼产业有序发展。根据四川省冷水资源的分布及各地交通、人文条件，按照市场运行规律，循序渐进，分步实施，利用多种冷水资源类型，构成多种冷水鱼养殖模式，有计划地发展冷水鱼商品鱼生产及配套生产基地。进一步扩大现有冷水鱼苗种繁育基地及商品鱼生产基地的规模，提高其生产能力。根据冷水性资源分布特征及各地交通、人文条件等，科学合理布局全省冷水鱼产业带，重点打造"三大"冷水鱼产业基地。即打造以成都为中心的鲑鳟鱼和鲟鱼生产基地；以广元为中心的大鲵生态养殖基地，辐射川北的绵阳、巴中等地区；以雅安为中心的雅鱼和鲟鱼生产基地，辐射川西的三州地区。四川盆周山区海拔高，水温偏低，水质清澈，适宜开展各种冷水性鱼类的养殖。应充分发挥该区域冷水资源优势，构建独具特色的冷水鱼产业园区，重点围绕土著品种如雅鱼和引进品种如鲟鱼、鲑鳟鱼等打造高端特色冷水鱼品牌，发挥区位产业的比较优势。在川西高山高原地区和川东盆周山地区，水产养殖产业集聚程度低，养殖面积较小，可充分利用冷水资源发展冷水鱼养殖。川西南攀西地区养殖面积有限，可充分利用沼泽地、低洼地和盐碱地养殖，鼓励有条件的地区发展流水养殖和圈桶养殖等集约化设施养殖，提高水资源利用率，促进土地资源节约集约利用。上述区域水产发展受养殖劳动力影响大，养殖劳动力吸引力又较弱。应加大财政投入扶持力度，吸引一批专业养殖技术人才，推动区域水产养殖业健康可持续发展。

3. 培育壮大新型经营主体

扶持一批以品种为纽带、充满活力的区域性冷水鱼新型经营主体，充分调动和发挥行业整合优势、自我协调、自我管理、自我约束的作用，规范养殖和经营行为，加快渔业组织化、产业化进程。研究经营主体带动农民的利益联结机制，让农民从水产产业发展中切实受益。

4. 抓实优势特色品牌

强化"品牌强农"观念，把品牌建设作为"冷水鱼"产业发展的重要抓手，突出抓好鲟鱼、雅鱼、大鲵等特色品种的品牌培育。强化鲟鱼的国际品牌优势，推动建立鲟鱼产业、鱼子酱产业联盟，扩大四川省鱼子酱品牌在市场上的话语权、定价权，不断提升"芙思塔""诗芮"等名优鱼子酱品牌的市场份额。丰富和发展"雅鱼文化"，大力提升"雅鱼""雅安冷水鱼"等品牌的丰富文化内涵，不断提升"雅鱼"品牌的美誉度、知名度。全力打造大鲵产业品牌，扩大"汉王山娃娃鱼""剑门关赤鲵""梅岭关娃娃鱼"等品牌影响力。

5. 延伸产业链条、抓活多元化开发利用

依托城市区位、自然资源、乡村旅游等优势，延伸冷水鱼产业链条。推动四川省更多的龙头企业在品牌塑造、产品深加工、水产养殖与第三产业联姻等方面迈出更大的步伐。发展休闲渔业，建设更多的水产产业化示范基地和绿色水产观光旅游养殖示范基地。着重抓好冷水鱼深加工，提升冷水鱼附加值，不断开发市场需要的冷水鱼系列产品，形成自己的独创品牌。加强消费引导，加大对冷水鱼的宣传力度，让广大消费者了解冷水鱼，掌握冷水鱼的烹调方法，使之进入普通百姓家庭，扩大消费市场，拉动生产发展。以冷水鱼优势水产品集中发展区、规模化水产养殖基地为依托，深入研究鲟鱼、大鲵等冷水鱼的药用与美容价值，积极开发口服液、烫伤膏、蛋白粉、面膜等医药、保健品等产品，使冷水鱼多元化价值得到充分挖掘和利用。

6. 健全完善生产加工、市场品牌和产业融合体系

坚持集约化、组织化、产业化的发展方向不动摇，用现代物质装备、科学技术改造水产，用新型经营主体、现代科学管理优化水产，用品牌建设、市场开拓提升水产，用一二三产业融合、产供销一体化来发展水产，推动水产产业迈入创新驱动、品牌带动、内生增长的发展轨道。一是建立健全现代水产生产体系。在稳定水产养殖面积和产量的基础上，不断优化水产产业区域布局，调整品种结构、产业结构，大力开展优质特色水产品基地建设，不断提高水产品数量和质量，解决水产品保障供给能力不足的问题。二是以优势水产品集中发展区、规模化水产养殖基地为依托，大力推进水产品深加工，大力支持水产企业做好鱼子酱等特色优质水产品冻品、加工及冷链物流基地建设，大力支持水产品品牌创建，解决水产产业现代化、

规模化程度不高，品牌创建滞后的短板。三是以美丽渔村为抓手，打造具有四川特色的渔业产业美、渔业文化美、渔村生态美、村民生活美的一二三产业融合示范区，实现水产产业链全面发展，为水产产业乡村振兴提供典型和示范。

四川水产养殖保险发展报告

何 川[1] 王 艳[1] 刘 霞[1] 李显林[1] 谢光辉[2]

(1. 四川省水产局，四川成都 610041；

2. 中国渔业互保协会四川办事处，四川成都 610041)

摘 要：四川是西部水产大省。在水产养殖业高投入、高产出、高风险的"三高"特点下，四川水产养殖行业对水产养殖保险有着比较旺盛的市场需求。但长期以来，四川省水产养殖保险发展缓慢，与当前四川省水产养殖产值规模比较而言，四川省水产养殖保险覆盖面较窄，与农业其他成熟板块的保险相比，水产养殖保险的发展程度不高，保险供给与需求不平衡，保费规模相对较小，作为分散市场化风险的作用发挥不充分，在一定程度上阻碍了全省水产养殖行业持续健康发展。在保障粮食安全，践行"大食物观"，提供多元食物来源的背景下，促进四川省水产养殖保险业务发展、加快解决制约水产养殖保险发展的瓶颈问题、强化水产养殖业风险保障，很有必要。本报告通过查阅资料和实地调研，结合四川省水产养殖保险当前实际，梳理了四川省水产养殖保险发展现状，在此基础上分析了四川省水产养殖保险在覆盖程度、运行机制、政策及资金支持、宣传引导等方面面临的问题，并相应提出推动四川省水产养殖保险发展的对策建议。

关键词：四川；水产养殖保险；发展现状；对策建议

水产产业是"大食物观"下构建多元化食物供给体系的重要一环，是"向江河湖海要食物"的主战场，是保障粮食安全的重要方面，发展潜力巨大。四川是长江上游重要的生态屏障和水源涵养地，水系发达，有"千河之省"的美誉。四川也是西部水产大省，2022 年，四川省水产养殖面积 19.01 万公顷、居全国第 10 位；淡水水产品产量 172.15 万吨，产值 343.11 达亿元，均居全国第 7 位；在渔业统计的 39 个淡水养殖品种中，四川省有 10 个品种养殖产量居全国前 5，有 18 个品种养殖产量居西部第 1 位。其中鲶鱼、鮰鱼、长吻鮠居全国第 1 位，鱼子酱产量居全国第 2 位，稻田养鱼面积和产量均居全国第 4 位。根据农业板块的发展经验来看，随着产业体量的上升和产业发展质量要求的提高，与之相配套的保险保障也随之加强。但与四川省水产养殖产值规模比较而言，四川省水产养殖保险覆盖面较窄；与农业其他成熟板块的保险相比，四川省水产养殖保险的发展程度不高。

水产养殖保险，是对投保人或投保组织在人工养殖的水产动物因疾病、自然灾害、意外事故、水域污染等造成经济损失时，按合同约定条款进行经济赔偿的保险。近年来，四川省陆续动员和引导保险企业就开展水产养殖保险进行了一系列探索实践，但受限于经济发展、政策机制、专业技术、意识观念等原因，四川省水产养殖保险发展相对缓慢，不能较好满足水产养殖行业发展对保险风险共担作用的需求。当前，四川省水产养殖保险在中央、省委省政府的政策支持下取得一定进步，但与产业发展的要求、广大养殖主体的需求相比还存在较大差距，在保障粮食安全、践行大食物观、推动农业强省建设的背景下，支持发展水产养殖保险重要而迫切。

一、水产养殖保险现状

（一）水产养殖保险发展整体基本形势

我国的水产养殖保险是在改革开放之后才出现的。自 1982 年第一单商业性水产养殖保险落地，我国水产养殖保险至今已走过 40 多年的历程。1987 年，原中国人民保险公司与当时的农业部合作开展了水产养殖保险业务，随后在局部地区形成了一定规模，但由于制度安排、科技水平、研发投入等原因，业务风险控制不良，水产养殖保险赔付率过高而逐渐停办，此后水产养殖保险业务基本停滞。20 世纪90 年代中期，渔业管理部门开始探索开展渔业互助保险，并于 1994 年成立中国渔船船东互保协会（2007 年经民政部批准改名为中国渔业互保协会；2022 年 2 月，中国银保监会批复同意筹建中国渔业互助保险社，后续将由其来代替现有渔业互保协会来承接包括水产养殖保险在内的渔业保险业务），依托各地渔业行政主管部门组织渔民和船东开展互助保险，零星开展了少量水产养殖保险业务。自 2007 年中央财政启动农业保险保费补贴政策以来，各地认真贯彻落实国家支持渔业发展的相关政策部署，将水产养殖保险纳入我国农业保险体系中，在一定程度上推动了水产养殖保险业务的较快发展，商业保险公司纷纷加快了开办水产养殖保险的步伐，整体来看取得了一定成效，但总体业务覆盖面仍很低。

1. 国家支持促进水产养殖保险发展

《农业保险条例》第三条第一款：国家支持发展多种形式的农业保险，健全政策性农业保险制度；第七条第二款：国家鼓励地方人民政府采取由地方财政给予保险费补贴等措施，支持发展农业保险。

《国务院关于加快发展现代保险服务业的若干意见》第十一条：积极发展农业保险。按照中央支持保大宗、报保成本，地方支持保特色、保产量，有条件的保价格、保收入的原则，鼓励农民和各类新型农业经营主体自愿参保，扩大农业保险覆盖面，提高农业保险保障程度。

《中共中央　国务院关于落实发展新理念加快农业现代化　实现全面小康目标的若干意见》（2016年中央一号文件）指出：支持地方发展特色优势农产品保险、渔业保险、设施农业保险。《中共中央　国务院关于深入推进农业供给侧结构性改革加快培育农业农村发展新动能的若干意见》（2017年中央一号文件）指出：持续推进农业保险扩面、增品、提标，开发满足新型农业经营主体需求的保险产品，采取以奖代补方式支持地方开展特色农产品保险。《中共中央　国务院关于实施乡村振兴战略的意见》（2018年中央一号文件）指出：加快建立多层次农业保险体系。《中共中央　国务院关于坚持农业农村优先发展做好"三农"工作的若干意见》（2019年中央一号文件）指出：扩大农业大灾保险试点和"保险+期货"试点。探索对地方优势特色农产品保险实施以奖代补试点。《中共中央　国务院关于抓好"三农"领域重点工作确保如期实现全面小康的意见》（2020年中央一号文件）指出：抓好农业保险保费补贴政策落实，督促保险机构及时足额理赔。优化"保险+期货"试点模式，继续推进农产品期货期权品种上市。《中共中央　国务院关于做好2022年全面推进乡村振兴重点工作的意见》（2022年中央一号文件）指出：积极发展农业保险和再保险。优化完善"保险+期货"模式。《中共中央　国务院关于做好2023年全面推进乡村振兴重点工作的意见》（2023年中央一号文件）特别指出：鼓励发展渔业保险。

2. 发展水产养殖保险在行业管理部门和农业研究领域引起重视

发展渔业保险自2016年以后再次以中央一号文件的形式提出，进一步表明了新时代党和国家重视渔业发展、促进渔业保险发展的重要信息。2023年以来，农业农村行业管理部门、研究机构对此进行了分析研究。

尹成杰在2023年在北京召开的第十八期中国农业保险论坛（CAIF）上提出：政策性的农险是农业风险保障的特征和优势，应该根据新阶段、新格局下农业保险的地位和重任进一步强化财政支持政策，要适应推进全面乡村振兴、加快农业农村现代化、投入大风险高的形势变化，加大国家财政对农险的支持力度。以渔业保险为例，无论是从中国渔业的生产能力、满足居民对优质蛋白的需求，还是从渔业的高风险特征而言，需要财政对农业保险提供政策支持，但是在中央财政资金有限的前提下，如何优化农业保险保费补贴政策是需要思考的问题。

刘新中在《中国水产》上发表《以大食物观为指引推进渔业高质量发展》的文章提出：积极争取渔业政策性保险政策，推动渔业更高质量、更加安全发展。

庹国柱在中国农村杂志社发表文章《强化农业保险的新任务》提到："鼓励发展渔业保险"在中央一号文件中提到，表明中央政府已经注意到，由中央财政支持的农业保险标的，只有农、林、牧，唯缺渔。我国是世界上最大的淡水养殖国家，也是海洋捕捞业最发达的国家之一。无论是淡水养殖、海水养殖还是远洋捕捞，风险都很大，大部分标的的自然和意外风险比陆地上的作物生产和畜禽养殖要大很多，非常需要保险保障。

2023年2月26日，由中国农业风险管理研究会主办的"鼓励发展渔业保险座谈会"在京召开。中央农办、农业农村部，部渔业渔政管理局，中国渔业互保协会，中国保险学会，中华联合保险集团股份有限公司等相关负责人参加会议。会议指出：渔业是不可低估的农业产业，在国民经济发展中占据重要地位，发展渔业是保障食物有效供给、促进农民增收、维护国家安全的需要；加快发展渔业保险正在其时，势在必行；要做好渔业保险的研究和分类推进。

（二）四川积极水产养殖保险发展

1. 四川省水产养殖保险政策支持情况

四川渔业保险历史悠久，早在1998年就开展渔业保险，2010年开始，四川省陆续有一些商业保险公司开展水产养殖保险业务。四川省委省政府和各相关部门高度重视水产养殖保险，积极支持和推动水产养殖保险发展。

2014年，水产养殖保险正式纳入特色农险支持范畴。《四川省财政厅关于2014年农业保险工作有关事项的通知》规定："鼓励各地探索开展蔬菜、水果、茶叶、肉牛、羊及水产养殖保险等特色农业保险"。《四川省财政厅关于进一步加强特色农业保险奖补工作的通知》明确:"各地要围绕当地农业产业发展实际,进一步丰富特色农业保险品种。重点推进优势明显、特色突出,并具有一定产业规模的种植业、林业、畜牧业和渔业等产业的保险"。

2017年,《四川省人民政府办公厅关于加快发展现代水产产业的意见》提出:"进一步推动渔业享受农业政策性保险的有关政策。鼓励有条件的地区开展渔业特色农业保险,对地方财政给予参保农户保费补贴的,省财政按规定对市(州)、县(市、区)政府给予奖补,切实提升渔业抗风险能力。大力发展渔业互助保险,鼓励发展渔业商业保险"。省财政厅关于印发《四川省农业保险保险费补贴管理办法》的通知第八条"鼓励各地结合本地实际和财力状况,对符合农业产业政策、适应当地'三农'发展需求的农业保险给予一定的保险费补贴等政策支持"。对地方财政给予参保农户保费补贴的,省级财政按照"突出重点、扶优扶强,正向激励、先保后补,合理分担、适当奖补"的原则,按照市县政府保费补贴支出的一定比例给予市县政府奖补,第一档成都市奖补比例20%,第二档攀枝花市、德阳市、绵阳市、宜宾市4市25%,第三档其余13市30%,第四档阿坝州、甘孜州、凉山州及扩权试点县(市)35%;对贫困县在以上分档奖补政策基础上相应提高10个百分点。

2019年,《中共四川省委 四川省人民政府关于加快建设现代农业"10+3"产业体系推进农业大省向农业强省跨越的意见》提出:"完善农业保险政策,实现'10+3'产业全覆盖"。

2020年,《四川省财政厅 四川省发展和改革委员会 四川省农业农村厅 四川省地方金融监督管理局 四川省林业和草原局 中国银行保险监督管理委员会四川监管局关于印发〈四川省加快农业保险高质量发展的实施方案〉的通知》提出,按照"突出产业、合理布局、地方主责、协同推进"的原则,优化完善支持川茶、川菜、川酒、川竹、川果、川药、川牛羊、川鱼等优势特色农产品保险奖补政策,分批分步确定省级支持重点,通过保费补贴、以奖代补等方式引导市县因地制宜、突出区域和资源优势,积极推动优势特色农产品保险,为打造四川重要农产品品牌提供重要支撑。

2021年,四川省财政厅印发《关于做好政策性农业保险承保机构遴选工作的通知》，调整了农业保险市场布局，着力提升渔业保险承保机构服务质量和规范渔业保险的经营行为。

2022年，《四川省财政厅关于印发〈四川省农业保险保费补贴资金管理办法〉的通知》指出："围绕四川农业"10+3"产业体系，因地制宜、突出区域和资源优势，支持川菜、川果等优势特色农产品""鼓励各地开展蔬菜肉蛋、水果水产、牦牛藏系羊的价格保险和收入保险等特色保险以及符合监管要求的'保险+期货'"。

2023年，省财政厅、省农业农村厅、省林业和草原局、中国银保监会四川监管局联合印发《关于进一步加强和改进政策性农业保险管理工作的通知》指出："鼓励各地因地制宜发展地方优势特色农产品保险，助力乡村振兴。支持各地围绕现代农业产业体系，开展育肥猪价格指数、川菜、川果等保险，鼓励各地探索三大主粮收入保险、渔业水产保险，优化'保险+期货'，符合条件的纳入中省奖补资金支持范围，鼓励发展商业性农业保险提高保障水平"。

四川省农业农村厅在2020年渔业渔政工作要点中也明确指出："抓好川鱼险制度建设，全力推进以水产养殖保险为重点的水产政策性保险制度建设，市（州）、县（市、区）制定水产养殖保险财政补助管理制度"；《2021年全省渔业渔政工作要点》指出："扎实推进水产养殖政策性保险，做好'疾病疫病、自然灾害、水域污染、意外事故、浮头'五大风险管控工作，为渔业稳定发展保驾护航"；《2023年全省水产工作要点》明确提出："鼓励发展渔业保险"。

四川省水产局高度重视水产养殖保险工作，在2018年组织召开全省水产养殖保险研讨会，研讨并部署水产养殖保险试点工作，发布《关于开展水产养殖保险试点工作的通知》，确定12个市18个县（市、区）为第一批试点地区，试点采取渔业主管部门指导、渔业互助保险机构运营、水产技术推广部门提供技术支撑的水产保险运行模式。省水产局对各级水产技术推广部门在试点中的技术服务内容作出具体要求，并完成了四川省水产养殖保险理赔专家库体系建设，为水产养殖保险的全面铺开提供技术支撑。将渔业互保工作与渔政、船检、港监管理工作一同纳入年度目标任务进行考核，对渔业互保工作成绩突出的，予以推荐通报表彰，并带头参加团体保险。2023年组织水产养殖保险专项调研，摸排全省养殖保险运行情况。

在现有政策条件下，四川省水产养殖保险在实践中以特色农产品保险的形式运行，不在中央政策性保险直补范围内，但有望成为将渔业保险纳入国家水产养殖政策性保险的试点省份之一。

2. 四川省水产养殖保险现有主要模式

经过试点和各地总结，四川省水产养殖保险目前主要以保险公司独立开展水产养殖保险和"渔业互保+商业保险"开展水产养殖保险"共保"两种水产养殖保险业务形态。与此同时，一些地方积极开展水产养殖保险增值服务和养殖保险创新模式探索。

一是保险公司独立开展水产养殖保险模式。主要有中国人保、中国平安、中华联合等保险公司在以此种方式开展水产养殖保险业务。以中国人保在乐山市市中区为例，从2021年底开始，中国人保承办乐山市市中区地方财政补贴型水产养殖保险项目。公司注重政策宣传，通过宣讲会、走村入户宣传等方式，宣传水产养殖保险政策、法规、条款的等方面信息，做到了保前明确告知；牢固树立合规底线，工作人员逐户查验标的，通过按户参保、一户一单的方式，做到了明白参保、保险到户；不断充实理赔服务人力，确保养殖户报案后及时达到现场，协助农户办理索赔、现场收集理赔资料，做到了查勘定损到户、赔款支付及时。2021年12月以来，公司累计承保水产养殖面积17 185亩，收取保费1 311.3万元、累计支付赔款847.3万元。2022年持续高温天气灾害发生时，公司查勘受灾面积604余亩，水产鱼类死亡544.17吨，累计开展理赔服务237次，现场查勘413次，受益农户101户，切实帮助市中区水产养殖户应对困难。

二是渔业互保协会与保险公司合作共保模式。主要以中航安盟保险公司为代表，采用"渔业互保+商业保险"模式开展水产养殖保险业务。2017年，公司与中国渔业互保协会合作，探索建立了行业行政监督引导、渔业互保协会协同运作、保险公司承办经营的水产共保新模式，通过渔业互保机构在当地建立水产养殖保险专家库，为广大养殖户提供水产养殖技术咨询、安全隐患排查，给予养殖户防损减灾技术指导。"共保"模式运行以来，在全省共计保障了水产养殖户683户，保险面积45 067.20亩，保费收入2 275.09万元，提供水产风险保障资金20 674.02万元，产生理赔额1 566.96万元。与单纯的商业保险运行模式相比较，"共保"模式有利于分散保障风险、提供多元的养殖和查勘定损技术支持，在推动水产养殖保险业务、提供养殖保险服务方面具有一定优势，在推广地区取得较好效果。

三是水产养殖保险增值服务和创新模式探索。在增值服务方面，中航安盟公司创新开展"鱼菌轮作"养殖模式,开创了渔期养育、休渔期种植羊肚菌的"鱼菌轮作"的种养循环模式,助力农户增产增收,获得了"一池、两品、双丰收"的成果。该技术于 2021 年 11 月 26 日获得"实用新型专利证书"。与此同时,公司还引导养殖户开发了"鱼菜共生""一鱼五水"等新型养殖模式,既保护了生态环境,又为养殖户增加了收益,实现了多方共赢。同时,探索以"保险+信贷"模式支持产业发展,为解决水产养殖户发展资金需要,公司与地方银行合作,实现保险公司、银行、养殖户三方联动,使养殖大户、专业合作社在无抵押物的情况下,可以用保单质押贷款,有效缓解养殖户"融资难,融资贵"问题,现已为近万户次养殖户成功贷款 1 亿余元,充实了养殖流动资金,为养殖设备和技术升级提供了资金支持。

在创新模式方面,中国人保和中国渔业互助保险协会积极探索提高商业性农业保险保障水平、帮助解决政府出资难题、保障水产养殖户保险权益的市场化水产养殖保险模式。核心内容为"政府引导、市场补贴、金融支持、互利共赢",具体模式为主管部门、保险公司、饲料厂商,以现场宣讲、发放材料等方式广泛介绍水产养殖保险经营模式和保障内容,发掘养殖户参保意愿,指导养殖户参加投保;养殖户选定饲料厂商以后,提出购买养殖饲料和养殖保险申请;保险公司审核资质;同时,银行综合审核贷款资质事项,核定养殖户贷款额度,按期发放贷款,提供金融支持;饲料厂商根据养殖户生产需要、贷款额度向投保成功并对接认定的养殖户售卖饲料,通过优化销售流程等方式补贴养殖户一定比例的保费成本;养殖户成功购买水产养殖保险,获得日常养殖贷款资金,并以优惠价格买到养殖饲料,在获得养殖收益后,按规定期限偿还银行贷款。目前,该模式从 2022 年 12 月起,已在绵阳安州区启动试点,保障水产养殖面积 1 000 亩;在内江市中区、资中县启动宣传动员。该模式有利于减轻政府财政负担,可以更好保障中小养殖主体和养殖散户养殖保险利益,是水产养殖保险商业化、市场化的有益尝试。

在全省现有水产养殖保险模式下,截至 2022 年底,全省有成都、乐山、宜宾、泸州、内江、自贡、资阳、德阳、绵阳、广元、遂宁、南充、雅安等 13 个市开展了水产养殖成本保险,主要对大宗淡水鱼类和经济鱼类等 20 多个品种开展保险。2022 年,全省水产养殖承保面积达 22.94 万亩,保费收入 3 711.60 万元,提供风险保障 6.15 亿元,投保 721 户次,承保机构赔付金额 2 694.84 万元,为水产高质量发展提供了保障支持。

二、四川水产养殖保险面临的问题

(一) 水产养殖户风险保障程度仍然较低

总的看，全省渔业产量规模大，发展潜力足，但与此同时，也面临着灾害损失大、渔民负担重的局面。

一是渔业风险高，水产养殖保险赔付率居高不下。从保险数据统计看，2022全省水产养殖保险赔付率平均为73%，处于较高水平。从水产养殖保险调研县区看，2022年，成都新津区赔付率为52%、58%；内江隆昌市赔付率为103%、45%；乐山市中区赔付率为103%、75%，均处于赔付率较高状态。

2022年四川省主要是7月、8月干旱导致渔业灾情，21个市州中有17个市州94个县（市、区）出现不同程度灾情损失，因干旱损失的产品数量占损失总量的96.4%，经济损失占损失总量93.77%；根据2022年国家水生动物疫病监测和水产养殖动植物疾病测报结果来看，全省水产养殖的病害威胁仍较为严峻，草、鳙、鲢、鲤、鲫等大宗品种和黄颡鱼、鲴、鲈等名特优品种发病较为严重，并出现了一些病因不明的疾病。全年监测到水产养殖动物疫病共18种，鱼类养殖病害占17种，全省疾病平均发病面积占监测面积8.89%，平均监测区域死亡率0.43%，平均发病区域死亡率7.84%。灾病风险高。

二是水产养殖仍以小业主分散养殖为主，风险承受能力低。从养殖规模看，全省50亩以下养殖池塘数量占比67.56%，100亩以上养殖池塘数量仅占13.38%。渔业生产环境复杂，疫病、极端天气等灾害不易预测、难以避免，渔业风险一旦发生，往往给生产者、行业和社会带来巨大损失，且灾后复产难，许多渔民特别是规模较小养殖户不仅拿不出钱恢复再生产，有的还会背上沉重债务。

三是水产养殖保险覆盖面低，保险覆盖范围有限。虽然多地开展了水产养殖保险，但全省水产养殖保险覆盖面仍然较低。根据课题组调研结果显示，2022年，成都新津区购买保险72户，保险承保2 961亩，参保率分别为29.7%和39.4%；内江隆昌市购买保险29户，保险承保6 111.31亩，参保率均不足10%；乐山市全年204户养殖户投保，承保面积1.211 6万亩，投保率分别为4.9%和10.6%。参保率低，覆盖范围小，较大范围养殖户没有得到养殖保险保障。

（二）保险经营主体参与水产养殖保险的运行机制存在梗阻

在政策支持方面，按照现有政策，水产养殖保险承保机构遴选包含在农业整体保险承保机构中一并遴选。受限于水产产业养殖量化难、养殖技术复杂、保险公司水产理赔技术力量参差不齐等原因，中标后的保险公司存在因水产养殖保险板块体量小、风险大、考核占比小而不够重视水产养殖保险的情况，养殖户投保困难。一些地区在考虑资金安排紧张、保险理赔风险控制等因素后，优先满足养殖规模在50亩以上的养殖户的投保需求，养殖规模较小的养殖主体保险权益不能得到较好保障。

在技术支持方面，水产养殖品类多、查勘定损难、信息不对称，农村地区发生水产保险事故后，一方面保险机构工作人员因养殖区位原因等不能第一时间到达现场，不利于事故现场的保持；另一方面，农户由于缺乏农业保险知识，夸大事实、判断险情有误差等情况一定程度上存在，因缺少专业技术力量参与及支持，使查勘理赔的难度加大。水产农业保险风险评估需要专业技术，保险公司从事人员少或技术支撑能力不足，部分农民和保险公司在理赔上较易出现分歧，在损失程度范围上难以达成一致。在乐山、内江的调研过程中，该问题被当地保险公司和渔业主管部门多次提及。

（三）水产养殖保险保障支撑不够

一是财政资金保障不足。渔业的高风险性和高成本性决定了渔业保险费率普遍较高。从保险经营主体看，渔业保险的可持续经营需要制定比较高的费率，目前保险保费普遍在投保金额的5%~6%。从参保渔民看，渔业生产投入已经很高，参加保险负担较重，有的地方渔民提出，希望政府给予更多支持；在调研中，成都新津区希望将自缴比例由现有的25%~35%降低到15%，或希望保险公司再降一点费率。从政府资金投入看，水产养殖保险未纳入直接补贴险种，大部分地方政府配套要达到保费的65%~75%，地方政府受财力所限，资金投入捉襟见肘。

四川省水产养殖保险虽然纳入省级特色农险支持范畴，但是是奖补资金，不是直补资金。根据四川省财政厅关于特色农险最新资金奖补政策，由原先的按比例补贴变为分档次考核，按考核档次分配补贴额度，以鼓励地方大力发展特色农业保险。但在执行层面上，区县财政提前准确估算地方财政应出资金的难度增加，在推动特色农险发展方面普遍持谨慎态度，大面积铺开水产养殖保险缺乏动力。具体实施中奖补比例不固定，实际上落实的是市县财政自主兜底，不利于发挥地方开展水产养殖保险的积极性，从而不能满足"应保尽保""愿保尽保"的需求。

二是养殖保险宣传和技术支持不足。因人员变动等原因，个别地方主管部门在水产养殖保险的管理上重视度不够，对水产养殖保险情况分析研判不足；运行过程中对水产发展较好的区县重视较高，对本地其他地区的重视度偏低。宣传力度还不足，导致有的渔民对保险的认识存在偏见，存在侥幸心理；有的渔民对养殖保险条款的理解存在偏差，弱化或夸大保险的作用。技术支持还不充分，对渔民防灾减灾的经常性培训、可及性支持还不够；专业人才缺乏，水产品多种多样，每个种类养殖方式、病害防治各有不同，这就对核保和查勘定损人员提出了更高的专业技术要求，而多数保险机构在此方面人才配备较为欠缺。

三、发展水产养殖保险建议措施

（一）完善开展水产养殖保险的政策支持

一是加强政策导向，落实主体责任。认真落实党中央国务院和省委省政府关于保障粮食安全、践行大食物观，推动水产养殖保险发展的相关政策措施，加强水产养殖保险的指导实施，明确责任主体，完善组织功能，加强工作研究，提升对水产养殖保险的重视程度，推动水产养殖保险持续健康发展。鼓励和引导各地把水产养殖保险与常规业务相结合，提升水产养殖保险覆盖面。明确发挥农业农村、财政、金融监管、金融保险、气象部门及企业在水产养殖保险中的职能作用，加强会商沟通，加大政策支持力度。

二是加强分析研究，优化运行机制。认真梳理农业保险政策机制，分析研究保障"川鱼"振兴中水产养殖保险的保障作用和制约因素，在水产养殖保险承保机构的遴选上，在有条件和意愿的地区探索试点以县域为单位，按照保险公司经营农险优势或按特色保险品种划分承保区域，发挥专业性保险公司的特色优势，提升保险公司展业积极性。

（二）加强推进水产养殖保险的资金支持

积极申请将四川纳入国家水产养殖政策性保险试点省（市）范畴，积极争取中央直补资金；优化省级奖补资金实施方式，增强奖补确定性和激励性，在渔业发展较好的地区探索加强水产养殖保险的考核比重，激发地方部门和保险公司开展水产养殖保险的积极性。加强对地方部门的引导，鼓励加强水产养殖保险资金保障，充分发挥水产养殖保险防范风险、促进发展作用。

（三）加强水产养殖保险服务保障和技术支撑

一是加强技术支持和培训。建立健全水产养殖专家库，通过技术下乡、远程指导、建立联席制度等，加强对养殖户及渔业养殖保险相关企业的技术服务。加强与保险公司的工作协同，适度将养殖保险相关内容纳入各级各类养殖培训中。鼓励保险经营主体引进和培养专业化人才，提升承保水产养殖保险的专业技术能力，提高水产养殖保险业务的精细化管理水平。依靠行业主管部门、金融机构、行业协会、保险机构等力量，加强智慧渔业、信息科技、金融保险服务等技术研究，更好发挥科技力量在水产养殖、保险理赔中的作用。

二是加强养殖保险宣传。加强水产养殖保险政策宣传，鼓励各地区通过举办集中培训、走访宣讲等形式宣传水产养殖保险的作用和实施方式，向养殖户、乡镇农技人员讲解投保要求、保费、赔付条款等渔业保险有关政策，加强水产养殖保险线上与线下宣传，加大渔民对水产养殖保险的知晓度，营造良好的参保氛围，充分调动渔民参加水产养殖保险的积极性。加强养殖保险典型运行模式宣传，如保险公司防赔并重，建立与政府防灾减灾相关部门的有效协作机制，加大渔业防灾减损投入，促进"保防救赔"一体化推进、一体化发展、一体化服务；如"渔业保险+信贷"模式，发挥渔业保险保单增信作用，解决经营过程中贷款抵押物缺乏的问题，为渔业生产提供信贷资金。总结和推动水产养殖保险商业化、市场化发展，更好支持水产产业高质量发展。

四、未来展望

受限于科技发展水平、经济发展水平、风险防范意识等因素的制约，四川省当前水产养殖保险的发展程度不高，但随着水产产业发展水平的不断提升和水产行业风险防范意识的逐步提高，水产养殖保险可以在水产产业发挥更大作用。科学技术的创新应用可以更好实现保险智慧理赔，随着物联网、智能监测、数字渔业等智能化设备与系统越来越多地应用到水产养殖，查勘理赔过程中因水产养殖的特殊性而使勘察理赔界定困难的矛盾得到极大程度缓解，科技的应用在使理赔更加科学化、精准化的同时，也促进水产产业更高质量发展。水产养殖保险范围的优化，可以进一步解决水产养殖主体的后顾之忧，不管是对养殖对象范围的优化，还是从狭义的养殖对象扩展到气象、价格等广义的养殖保险范围，水产养殖主体的保障性需求都可以得到进一步满足，从而更有信心和底气去投入和扩大生产经营，推动稳产保供取得更好成效。保险经营主体与水产养殖主体组成利益联合体，有利于水产行业生态的健康发展，保险在发挥本身风险分散作用的同时，还可以发挥信贷担保、技术指导、防灾减灾等方面的作用，而稳定、健康的行业发展也使得保险业本身受益，在互利共赢的形势下共同推动水产产业持续健康发展。

参考文献

刘婧，汪振春，王熙，等，2022. 我国水产养殖保险现状分析及对策建议［J］. 保险理论与实践（10）：110-119.

雍亚东，王朝霞，2020. 四川水产养殖保险发展现状及对策建议［J］. 中国水产（1）：3.

袁纯清，2023-4-1. 发展渔业保险势在必行——11省渔业保险发展调研报告［N］. 农民日报（5）.

四川省设施渔业发展调研报告

何 忠[1] 王 俊[1]

(1. 四川省水产局,四川成都 610041)

摘 要:当前,四川省水产养殖业正面临着资源、环境、市场、机制、观念等多种因素的交叉制约,传统的高能耗、低产能养殖模式已经不适应当前水产养殖业的发展需求;同时,农业农村部在 2021 年印发《关于实施水产绿色健康养殖技术推广"五大行动"的通知》,强调各地要依据资源禀赋,加快推进养殖模式转型升级,因地制宜试验推广陆基设施化循环水养殖等生态健康养殖模式。由此可见,随着水产养殖技术的进步和养殖设施的优化升级,设施渔业将是四川水产绿色高质量发展的新契机。本文分析了四川省设施渔业的发展现状和限制设施渔业发展的主要因素,并在实际调研基础上提出四川省设施渔业发展的对策建议,以期为四川省渔业产业发展提供一些思路。

关键词:水产养殖;设施渔业;发展

设施渔业是集现代工程技术、生物化学、环境保护、饲料营养等多学科为一体,营造适宜鱼类生长繁殖的良好水体环境;并通过对养殖过程的人工控制,以达到环境友好的高效水产养殖模式。设施渔业不仅满足人们对高质量水产品的需求以及国家绿色发展的要求,还能解决随着土地资源刚性约束的增加,传统发展空间受限,水产养殖面积拓展难度加大等问题。2023 年,我们借助四川省农业农村厅党组关于大兴调查研究的工作部署,成立设施渔业调研工作组,收集省内 16 个市(州)215 个养殖点数据,并赴成都、德阳、资阳、内江、遂宁、广安、宜宾、眉山等地实地调研了 35 个设施渔业养殖主体的设施建设、生产管理、成本效益、政策支持等情况,通过现场调研、问卷调查、交流座谈等,收集问题、意见、建议106个,经征集相关专家、部门意见,归纳汇总,形成此篇专项报告。

一、四川省设施渔业发展现状

(一) 四川省设施渔业主要模式

1. 池塘流水槽循环水养殖模式

该养殖模式原理源于80∶20养殖模式,也就是在占池塘面积2%~5%的水槽中采用工程化生产手段,通过智能化管理,养殖80%左右的吃食性鱼类,在占池塘面积95%~98%的净水区套养20%左右的滤食性鱼类,并种植水生植物,投放螺蛳、河蚌和其他少量杂食性虾蟹、凶猛性鳜及鳖等特种水产品种,以利用和净化养殖水槽中产生的未被收集的残饵、粪便等营养物质;另外,通过建设导流堤和架设推水增氧设备,使整个池塘生产系统水体形成良性循环。

2. 陆基设施循环水养殖

陆基设施循环水养殖是指在地面建设高位池(玻钢、帆布、PP、砖混等材质)、集装箱等设施进行高密度养殖的模式,由陆基养殖池体、增氧机、尾水处理系统和进排水系统组成,其养殖池体特殊的底排污结构和尾水处理系统,解决了传统池塘养殖污染物排放问题,提高了水体养殖承载量。

3. 圈养模式

圈养系统由圈养箱、曝气系统、集排污系统、推水循环系统和废弃物处理系统组成,把主养鱼集中在圈养箱内,圈外的大部分面积用于水质净化,以维持良好的养殖环境。圈养箱中鱼类产生的粪便残饵由于自身重力会自动沉降在圈养箱下端的集污漏斗中,再通过排污泵将残饵粪便及时从系统中移出,转移至置于塘埂上的尾水处理系统净化。

4. 工厂化循环水养殖模式

工厂化循环水养殖模式主要运用工程技术和生物技术手段为养殖对象创造良好的生存环境,并结合科学饲养,达到优质、高产和高效的目的,其模式核心原理是通过物理(固液分离、泡沫分离、温度调控、气液混合等)、化学(臭氧消毒及氧化、紫外消毒、离子交换、吸附等)、生物(各种类型的硝化/反硝化生物过滤器等)技术手段实现养殖废水的净化及循环利用。

(二) 四川省设施渔业发展现状

根据对调研数据整理分析,全省设施渔业总养殖容量95.47万立方米,产量1.69万吨。其中:陆基设施循环水养殖设施3 459个,养殖容量64.52万立方米,占比67.58%;池塘流水槽养殖设施242条,养殖容量10.46万立方米,占比10.96%;圈养设施211个,养殖容量1.80万立方米,占比1.89%;工厂化循环水养殖容量18.68万立方米,占比19.57%。

从不同市(州)看,设施渔业养殖容量10万立方米以上的有乐山、成都、德阳、内江、宜宾(详见表1)。

表1 各市(州)设施渔业养殖容量　　　　　　　　　(单位:万立方米)

市州	设施渔业总容量	市州	陆基设施循环水	市州	池塘流水槽循环水	市州	圈养	市州	工厂化循环水
乐山	10.91	德阳	9.71	内江	5.63	成都	1.08	宜宾	6.57
成都	10.80	达州	7.71	成都	1.11	乐山	0.41	乐山	2.45
德阳	10.71	乐山	6.97	乐山	1.08	绵阳	0.31	绵阳	2.27
内江	10.50	成都	6.84	德阳	0.84	自贡	0.00	广安	2.05
宜宾	10.29	广安	5.19	广安	0.59	资阳	0.00	成都	1.78
达州	8.39	内江	4.80	达州	0.55	宜宾	0.00	遂宁	0.79
广安	7.83	广元	4.59	遂宁	0.20	遂宁	0.00	广元	0.75
绵阳	6.43	绵阳	3.80	自贡	0.16	内江	0.00	眉山	0.63
广元	5.34	宜宾	3.61	资阳	0.12	南充	0.00	巴中	0.50
遂宁	3.80	巴中	3.24	宜宾	0.11	眉山	0.00	南充	0.38
巴中	3.77	遂宁	2.81	绵阳	0.05	泸州	0.00	德阳	0.16
南充	2.19	南充	1.81	巴中	0.03	广元	0.00	达州	0.13
眉山	1.85	泸州	1.64	南充	0.00	广安	0.00	资阳	0.11
泸州	1.64	眉山	1.22	眉山	0.00	德阳	0.00	内江	0.07
资阳	0.57	资阳	0.33	泸州	0.00	达州	0.00	自贡	0.04
自贡	0.46	自贡	0.26	广元	0.00	巴中	0.00	泸州	0.00
总计	95.47	总计	64.52	总计	10.46	总计	1.80	总计	18.68

从不同养殖品种看,调查的124个点养殖鲈鱼,占比57.67%;14个点养黄颡鱼、13个点养南美白对虾,分别占比6.51%、6.05%;此外还有鲟鱼、鳜、斑点叉尾鲴等养殖品种。

从商品鱼单位水体产量看,调查的设施渔业点平均单位水体产量为17.69千克/立方米。其中,鲈鱼、黄颡鱼、南美白对虾的平均单位水体产量分别为21.3千克/立方米、34.1千克/立方米、6.6千克/立方米；以养殖品种最多的鲈鱼为例，工厂化循环水、池塘流水槽循环水、陆基设施循环水、圈养的平均单位水体产量分别为32千克/立方米、22.5千克/立方米、18.2千克/立方米、14.5千克/立方米。

从苗种生产情况看，全省设施渔业苗种年总产量为20.7亿尾，苗种平均单位水体产量为0.62万尾/立方米。以养殖品种最多的鲈鱼为例，苗种平均单位水体产量为0.77万尾/立方米，平均养殖成本0.69元/尾。

从政策支持看，享受农机补贴的养殖点仅12个，占比5.58%；享受项目支持的养殖点有95个，占比44.2%；享受金融支持的养殖点32个，占比14.9%。

（三）四川省设施渔业效益分析

1. 设施渔业和池塘养殖成本投入对比分析

对35个设施渔业养殖点和农业农村部养殖渔情采集系统中27个池塘养殖调查点的生产投入数据进行对比，设施渔业养殖点苗种、设施折旧及维修投入分别是池塘养殖调查点的1.66倍、2.95倍，饲料投入、人工投入是池塘养殖调查点的0.82倍、0.66倍，主要原因是设施渔业高密度养殖条件下饵料系数降低、设施应用提高了管理效率（图1）。

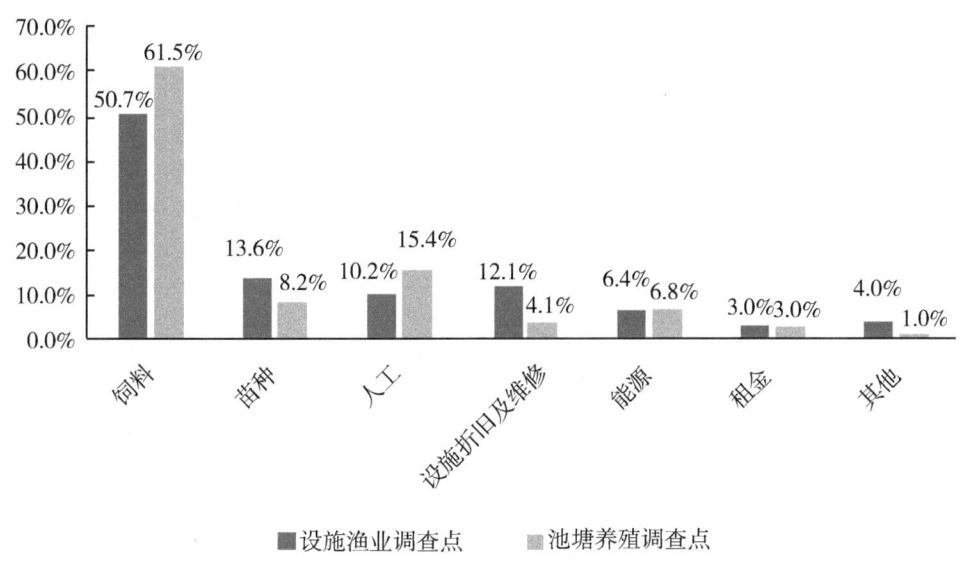

图1 设施渔业和池塘养殖生产成本各项投入占比对比

2. 设施渔业和池塘养殖效益对比分析

将35个设施渔业调查点和27个池塘养殖调查点养殖效益进行对比，设施渔业平均利润率为30.78%，高于池塘养殖（详见表2）。

表2 设施渔业和池塘养殖效益对比分析

养殖模式	总产量（吨）	总产值（万元）	总成本（万元）	总利润（万元）	平均养殖成本（元/千克）	平均利润（元/千克）	平均利润率（%）
设施渔业	2 741.03	8 271.06	6 324.58	1 946.49	23.07	7.10	30.78
池塘养殖	1 070.08	2 298.05	2 034.4	263.65	19.01	2.46	12.94

3. 设施渔业各主要模式养殖效益分析

35个设施渔业调查点中，有16个陆基设施循环水养殖、7个工厂化循环水养殖、10个池塘流水槽循环水养殖和2个圈养，从平均利润率来看，陆基设施循环水养殖>工厂化循环水养殖>池塘流水槽循环水>圈养（详见表3）。

表3 设施渔业各模式养殖效益对比分析

养殖模式	总成本（万元）	总利润（万元）	平均养殖成本（元/千克）	平均利润（元/千克）	平均利润率（%）
陆基设施循环水养殖	2 795.82	1 071.98	24.28	9.32	38.39
工厂化循环水养殖	1 418.43	444.17	32.58	10.20	31.31
池塘流水槽养殖	1 406.01	348.10	16.12	4.00	24.81
圈养	704.32	82.24	24.94	2.92	11.71

4. 设施渔业各品种养殖效益分析

35个调查点中，大口鲶、南美白对虾2个品种利润率超过30%，养殖最多的鲈鱼利润率为27.46%（详见表4）。

表4 各品种养殖效益情况

品种	平均单价（元/千克）	平均成本（元/千克）	平均利润（元/千克）	平均利润率（%）
南美白对虾	82.00	62.02	19.98	32.22

（续表）

品种	平均单价 （元/千克）	平均成本 （元/千克）	平均利润 （元/千克）	平均利润率 （％）
罗非鱼	70.00	58.50	11.50	19.66
大口鲶	30.00	19.80	10.20	51.52
鲈鱼	34.16	26.80	7.36	27.46
黄颡鱼	20.00	15.58	4.42	28.37
鲫鱼	22.00	19.42	2.58	13.28
鲟鱼	32.00	33.56	-1.56	-4.65
鲤鱼	12.66	16.14	-3.48	-21.56

总的来说，设施渔业养殖平均利润率高于池塘养殖，四种设施渔业模式建设成本、适用场景不同，各有优缺点。陆基设施循环水养殖建设成本在100~630元/立方米（根据材质、大小不同有差异），可由高位池塘改造或新建陆基高位池，优点是改造建设成本低、尾水处理成本低、养殖技术要求较低，缺点是一般需配套一定面积池塘或稻田进行尾水处理；工厂化循环水养殖建设成本在1 300~4 000元/立方米，优点是养殖环境可控、养殖过程可控、适于标准化管理，缺点是建设成本高、养殖技术管理要求高；池塘流水槽养殖建设成本在600~1 300元/立方米，优点是利用现有池塘改造、集约化程度较高，缺点是集污率仅10%~30%、发病后不易控制消毒浓度等；圈养建设成本约800元/立方米，优点是集污效果较好，缺点是孔洞易堵塞影响水体交换。

二、四川省设施渔业面临的发展机遇和挑战

从调研情况来看，四川省设施渔业发展起步晚、体量小、技术水平相对落后，但起点高、发展快，后发优势明显。

（一）发展机遇

1. 政策大力支持

党的二十大报告提出"树立大食物观，发展设施农业，构建多元化食物供给体系"。2023年6月，农业农村部、国家发改委、财政部和自然资源部印发《全国现代设施农业建设规划（2023—2030年）》，制定了现代设施渔业建设专项实施方

案,明确了发展目标、重点任务等。2023年省委一号文件提出"实施设施农业现代化提升行动",省委省政府印发《建设新时代更高水平"天府粮仓"行动方案》,要求"全方位多途径开发食物资源,深入落实大食物观,稳步发展设施渔业",设施渔业已成为现代渔业转型升级的重要方向。省农业农村厅将农民合作社、家庭农场等新兴经营主体设施渔业纳入项目补助范围,省财政将设施渔业尾水处理相关设施设备纳入补助范围,为四川省设施渔业发展提供了有力支撑。

2. 保障水产品安全供给

据水产高质量发展调研组对5个成都市规模以上水产品批发市场调查,5个市场年交易量合计达82.15万吨,占全省规模水产市场年交易总量的81.65%,5个市场年交易量中来自省外的水产品占比57.56%。在资源环境、耕地保护等刚性约束条件下,传统池塘养殖、大水面养殖等发展空间受限,养殖面积逐年下降,但设施渔业养殖容量比2021年增长40%,设施渔业已成为填补缺口、保障水产品稳定供给的有效手段。另外,设施渔业养殖环境可控、养殖过程可控,可实现全程可追溯,保障水产品质量安全。

3. 养殖综合效益显著

据调查,四川省设施渔业单位水体产量(17.69千克/立方米)是池塘养殖单位水体产量(1.25千克/立方米,亩产627kg)的14.15倍;设施渔业人工投入比池塘养殖少33.76%、平均利润率高138.87%;76.3%的设施渔业养殖点循环利用养殖水体。综合来看,四川省设施渔业具有节地节水、高产高效、生态环保等优势,符合渔业高质量发展要求。

(二)面临挑战

1. 产业服务支撑不够

一是设施渔业用地不足。设施渔业用地指标少、申请困难等是调研过程中养殖业主反馈比较集中的问题,一些业主因为现有设施渔业用地问题不敢扩大规模,甚至已被迫退出设施渔业水产养殖,一些准备投资设施渔业的业主无地可用。二是政策性的补贴等扶持少。如,在现代设施渔业中技术成熟、应用范围较广的新型养殖设施(玻钢桶、圈养桶等)、尾水处理设施(微滤机、臭氧发生器、紫外线杀菌器等)、生产辅助设施(液氧罐、制氧机、推水和吸污泵等)、智能控制设施等均未纳入渔机补贴范围,全省仅5.58%设施渔业养殖点享受农机补贴政策。三是设施渔业保障服务机制不健全，据了解，在四川省渔业政策性保险中，设施渔业尚未制定参保标准，商业性保险也未进入到设施渔业。

2. 技术管理水平相对落后

设施渔业具有高投入、高风险、高回报的特点，高度依赖设施装备和技术管理水平。四川省设施渔业发展起步晚，尽管通过各种途径引入先进设施装备，但缺乏技术人才和管理经验，设施运行效果不佳，养殖效益不好，全省有24.9%设施渔业养殖点反映缺少技术指导、缺乏养殖管理经验，养殖效益不及预期。如：工厂化循环水养殖水质调控问题，池塘流水槽养殖提高集污效率和发病后消毒效果问题，陆基设施循环水养殖提高排污效率问题，圈养提高水体交换量和控制发病问题，这些都需要专业技术指导和长期经验积累。

3. 规模化品牌化程度不高

四川省规模化设施渔业养殖企业不多，二三产业配套不足，产业链条不完善。部分企业配备智能化监测设备，但没有建立完善的可追溯和品质控制体系，目前也没有市场认可度较高的优质设施渔业品牌，设施渔业产出的优质产品尚未实现优价。

三、推进设施渔业高质量发展的对策和建议

按照《全国现代设施农业建设规划（2023—2030年）》总体要求，以巩固提升设施渔业综合生产能力为目标，以扩产能、调结构、优布局为导向，结合四川设施渔业发展实际，重点支持陆基设施循环水养殖、工厂化循环水养殖、池塘流水槽养殖、圈养等模式，集成一批现代设施渔业养殖技术，试点示范一批现代设施渔业项目，实施多途径开发食物来源，全面提高四川省设施渔业质量效益和竞争力，保障水产品稳定安全供给。

（一）持续优化政策支持

一是积极争取中央省级资金支持，对符合条件的规模以上设施渔业主体新建渔业生产设施、尾水处理设施等加大扶持力度。二是利用好农机补贴政策，积极向农机管理部门建议、争取，综合考虑必要性、产品成熟度、市场需求量等因素，增加水产养殖机械购置补贴种类范围。三是推进将设施渔业养殖水产品纳入政策性保险或政策与商业融合保险等，提高设施渔业抗风险能力。

（二）多渠道拓展设施渔业发展空间

一是对现有养殖鱼塘进行改造升级，发展陆基设施循环水、池塘流水槽养殖模式；二是利用水库、深坑沙凼等发展圈养模式；三是利用符合设施用地政策的闲置蔬菜大棚、工业园区厂房、村集体闲置资产（学校、厂房、建设用地等）发展工厂化循环水养殖；四是依托"鱼米之乡"等稻渔综合种养基地，推进发展设施渔业+稻田的种养循环模式。

（三）着力提升技术水平

整合科研院校、淡水鱼创新团队、渔业科技企业等力量，对陆基设施循环水养殖、工厂化循环水养殖、池塘流水槽循环水养殖和圈养四种模式关键问题开展技术攻关，针对养殖品种、病害防控、水质调控、尾水治理等总结形成一批操作性强、指导性强技术规范，降低养殖风险，指导地方科学发展设施渔业。加强与设施渔业水产发达省份、研发企业技术交流，依托水产绿色健康养殖技术推广"五大行动"骨干基地，开展设施渔业新技术新模式示范试点，组织开展养殖技术和生产管理培训，提高养殖管理能力。加强宣传引导，总结设施渔业建设中的好经验好做法，营造推进设施渔业发展的良好社会氛围。

（四）完善链条打造品牌

结合当地资源和全产业链各环节发展需要，引进水产龙头企业发展设施渔业，建立规模化设施渔业生产基地，依托企业资金、人才、市场等优势延伸建立加工、流通产业链条。同时，加强养殖环境、投入品和养殖过程管理，建立标准化生产管理和追溯品控体系，打造设施渔业品牌，以品质优势推进设施渔业水产品市场竞争力实现优质优价。

四川省水产品加工发展报告

罗昭均　郑华章　曾开虎　刘雪漪　许　丽

康　涵　李春葵　徐垚峰

（四川省水产局，四川成都　610041）

摘　要：四川生产了全球12%的鱼子酱，远销俄罗斯等欧美国家，成为四川水产加工品最亮丽的名片。但受喜食鲜鱼的饮食习惯、原料供应不稳定、淡水鱼刺多等因素影响，省内水产品加工业一直发展较慢，二产占比仅约5%，主要以水产品初加工为主，加工品类也较少。本报告主要对国内水产品加工现状和未来发展趋势进行了探讨，着重对四川省水产品加工现状、存在的主要问题与发展趋势进行分析，在发展目标、布局、资金支持的重点项目、技术研究等方面提出了一些建议，以期为四川水产加工业高质量发展提供参考。

关键词：水产养殖；水产品加工；发展现状；存在问题；措施建议

水产品作为重要的优质蛋白来源之一，在保障国家粮食安全中具有重要作用。随着水产产业生产的快速发展，水产品的产量增长较快，人民生活水平不断提高，消费习惯有所改变，水产加工品逐渐被消费者所接受，带动了四川省水产加工业的发展。四川省水产加工品主要有水产冷冻品、冷冻加工品、鱼糜制品及干腌制品等，以名优特色水产品加工为突破口，鱼子酱、鲶鱼、小龙虾自热饭、甲鱼粥、乌鱼火锅片、鳗鱼片、草鱼、大闸蟹小食品、大鲵口服液等多种水产加工品销售形势好，产值增长快。全省水产品加工企业逐渐发展，水产品加工能力、冷藏保鲜能力得到提升。

近年来，全省水产品加工业有了长足的发展，水产品加工能力、加工企业发展、加工产品的种类和产量、加工技术及装备建设成效明显，但仍存在有很多不足，主要体现在基础研究薄弱、加工与综合利用率比较低、加工产品品种少附加值低、装备落后、标准体系不健全、产品质量不高、加工、冷藏总量较小，品牌建设不足，财政支持较少等。需要深度融入四川水产"四带四柱一中心"发展格局，不断夯实水产加工高质量发展基础，实施好水产加相关工重大项目，关键技术研究与应用，大力提升加工企业科技水平。创造水产加工业新型业态，积极发展水产品初加工、精深加工，开展水产品现代冷链物流建设，提高水产品加工率、流通率和副产品利用率，加强品牌建设，推动一二三产业互动融合发展，延伸产业链，提高水产产业综合效益。

一、国内水产品加工现状及发展趋势

（一）国内现状

1. 水产品生产

我国是世界第一大水产养殖国，养殖产量约占全球的60%，水产产业在提供优质和健康食物来源方面发挥了重要作用。2022年，全国水产品总产量6 865.91万吨，同比增长2.62%。其中，养殖产量5 565.46万吨、同比增长3.17%，捕捞产量1 300.45万吨、同比增长0.35%，养殖产品与捕捞产品的产量比例为81.1∶18.9；海水产品产量3 459.53万吨、同比增长2.13%，淡水产品产量3 406.38万吨、同比增长3.13%，海水产品与淡水产品的产量比例为50.4∶49.6。

（1）捕捞产品。近年来，我国对水产产业资源养护与管理愈加重视，陆续实施了海洋伏季休渔制度、渔船"双控"制度、海洋捕捞"零增长""长江十年禁渔计划"等政策措施。目前，我国海洋水产产业捕捞产量从2015年的$1.53×10^7$吨压缩至2022年的$9.51×10^6$吨。

在远洋水产产业和极地水产产业方面，我国实行负责任的捕捞管理措施，初步掌握了目标海域和目标鱼种的水产产业资源状况、开发潜力、中心渔场形成机制以及适合的渔具和渔法，形成了一批可规模化开发的新渔场和后备渔场。"十三五"时期，我国远洋水产产业的年产量维持在$2.2×10^6$吨，约占我国海洋捕捞年总产量的15%。依托农业农村部"南极海洋生物资源开发利用"专项，对南极磷虾进行了连续探捕调查，不断提高我国南极磷虾水产产业规模，对达到10万吨级台阶起到了重要作用。

在内陆和近海水产产业方面，我国对内陆和近海水产产业资源实行在恢复和养护基础上的合理利用。以市场需求为导向，实现水产产业资源产出高效、产品安全、资源节约、环境友好的发展目标，着重转变方式、调整结构，着力行业科技前沿、产业关键核心技术和区域性综合性技术难题，系统谋划，推动近海水产产业资源养护与捕捞、远洋与极地水产产业等产业紧密衔接，大幅度提高水产产业科技创新服务产业发展能力。

（2）养殖产品。在养殖技术与模式方面，淡水养殖及其整体空间不断拓展，养殖模式创新与实用技术发展成效显著，养殖设施装备与智能管理技术快速进步。海水养殖主产区产量表现为北方较高而南方较低，主要养殖种类为贝藻类，养殖鱼类较少，南方海水养殖的发展速度较北方快。水产品养殖的品种和方式因区域性不同而各具特色，黄渤海区主要使用底播、吊笼和筏式等方式养殖贝藻类，南海区主要使用网箱养殖各种鱼类，东海区处于南北方之间，兼具两者的特点。深远海养殖发展速度快，其中以深水网箱为主要养殖方式；使用大型养殖平台和大型养殖工船是产业化发展的方向。

2. 水产品加工和流通

我国水产品加工能力较水产品生产滞后，截至2022年年底，全国水产加工企业9 331个，水产冷库8 675座。水产加工品总量2 147.79万吨，同比增长1.07%，不及总产量的1/3。其中，海水加工产品1 709.15万吨，同比增长0.02%；淡水加工产品438.64万吨，同比增长5.39%。用于加工的水产品总量2 556.13万吨，同比增长1.33%。其中，用于加工的海水产品1 976.32万吨，同比增长1.29%；用于加工的淡水产品579.81万吨，同比增长1.44%。

据海关总署统计，2022年全国水产品进出口总量1 023.28万吨、进出口总额467.38亿美元，同比分别增长7.17%和16.99%。其中，出口量376.30万吨、同比下降0.99%，出口额230.31亿美元、同比增长5.04%；进口量646.98万吨、进口额237.06亿美元，同比分别增长12.57%和31.53%。2022年贸易逆差6.75亿美元。

水产品加工和流通是连接水产产业产业链中水产品生产与消费的桥梁和纽带，是推动水产产业"三产"协调融合发展、保障水产品常年优质安全供应、实现水产产业产业可持续发展的重要环节。我国通过关键技术装备自主创新和引进，支持了水产品加工流通产业的快速发展，形成了覆盖冷冻、冷藏水产品、鱼糜制品、休闲食品、干制品、罐藏食品、海藻食品、水产饲料、生物制品加工的水产加工体系以及以批发市场为主体、电商等新型物流模式为补充的水产品流通体系。

我国自主生产的可用于规模化加工的水产品原料种类众多，其中产量超过 1×10^5 吨的水产品种有 70 种。按品种占比情况看，我国自产的水产加工品主要以鱼类为主。鱼、虾、贝、藻可用于生产和加工丰富的各类型食品、饲料原料等，已形成从生产、加工到销售的完善产业链条。总的来说，国内自主生产的水产品产量持续稳定增加，同时进口水产品量也持续增加，为开发我国水产产业发展空间、保障优质水产品安全供应发挥了重要作用。

在水产品加工方面，根据对水产品的加工程度可分为初级加工、精深加工等。初级加工一般是指对水产品的简单筛选分级、清洗、去鳞、去头、去内脏、保鲜、腌渍、等初步加工，未对产品进行复杂处理，较好地保持了水产品原本的色、香、味、形等特征，如冷藏的全鱼、鱼块、鱼片、干虾等。精深加工是根据明确的要求改变水产品原本的形体特征，或同时利用技术手段对水产品进行修饰，改变其本来的品质特征，如鱼罐头、蒲式烤鳗、鱼丸、鱼肉肠、鱼酱油等。

近年来，在鲢鳙等大量低值鱼类或加工副产物的开发利用中，凭借现代食品加工高新技术，如超临界萃取技术、挤压技术、生物定向酶解技术、微胶囊技术、超高压技术等，研制出水解鱼蛋白、蛋白胨、甲壳素、鱼油制品、紫菜琼胶、河豚毒素、海藻化工品等产品。

（二）存在的主要问题与发展趋势

1. 存在的主要问题

一是水产品尤其是淡水鱼的加工率明显偏低。2022 年，我国淡水水产品的加工率仅为 17%，远低于海水水产品的 57.1%。由于缺乏规模化与精准化的前处理装备技术，水产品加工较多依赖人工处理，效率低、成本高、用工难问题日益突出。

二是鲜活水产品流通技术的提升亟须突破瓶颈问题，如水产品的质构及鲜度保持技术、危害因子高效脱除技术、非热减菌及调理技术、智能化包装与智能化冷链物流技术以及研发安全的新型水产品保鲜剂等。

三是水产品加工流通环节仍存在诸多技术问题亟须解决，包括适合未来消费需求的主食替代水产食品加工技术，预制菜肴类水产食品加工技术，连锁餐饮、中央厨房、食材配送中心等所需的去内脏、去鳞或分割化产品的质构调理与保鲜技术，加工副产物的绿色、低碳高效利用技术，水产品冷链流通过程中的品质适时监控技术，加工水产品活性包装和智能化包装材料与技术。超临界萃取技术、挤压技术等部分高新技术存在一定程度的二次环境污染、产品生产成本偏高、产品市场竞争力不足等问题，制约着产业的发展。

2. 发展趋势

（1）未来我国水产品的加工转化率将大幅提升。一是更好满足消费者对快捷方便水产食品的需求。不同年龄消费群体对水产品的消费形式有很大不同，如年轻消费群体对水产品消费的第一选择是方便快捷、烹饪方便简单。二是更好满足水产品加工产业本身发展的需求。发达国家主要农产品的加工率超过80%，加工业产值与农业产值之比处于2∶1~4∶1。2020年，我国农产品加工转化率为67.5%，农产品加工业营业收入与农业产值之比接近2.4∶1；但水产品加工转化率仅为37.8%，水产品加工业产值与水产产业产值之比仅为0.3∶1。三是更好满足水产产业可持续健康发展的需求。大力发展水产品初加工、精深加工和综合利用的梯次加工体系，延长水产产业产业链、提升水产产业价值链，增强水产产业可持续健康发展能力。

（2）水产健康食品产业将迎来大发展。我国不仅迫切需要开发更加安全、卫生、美味、方便的水产食品，为居民提供更多的优质蛋白质，还要利用水产原料中的生物活性物质，开发出可增进健康、预防疾病的营养食品和保健食品。发挥水产品的健康功效，系统解决国民健康需求等重大社会关切，提升国民健康水平。

（3）水产品加工模式也将发生重大改变。利用现代食品加工技术将提升传统加工水产品的品质，大力发展水产品冷藏保鲜技术，机械化、智能化水产品前处理及精深加工关键装备，生物加工等绿色加工模式，建立和健全水产品加工的技术规范、操作规程和产品标准。

二、四川水产品加工现状及发展趋势

（一）发展现状

1. 水产品生产

（1）资源现状。

一是水资源情况。四川境内江河纵横，水库、湖泊、池塘星罗棋布，长江、黄河两大水系孕育了丰富的水资源。人均水资源占有量2 900立方米以上，高于全国平均水平15%。水资源不仅蕴藏量丰富，而且暖水性、冷水性、热水性资源皆备，能够满足不同特色水产品的养殖需要。

二是稻田资源。四川是全国13个粮食主产省之一，稻田资源丰富，2022年全省水稻播种面积2 811万亩，其中在川南、川东北等地拥有冬水田600多万亩。

（2）产业发展现状。

2022年全省水产养殖面积19.01万公顷，比上年下降0.19%。全年稻田养鱼面积32.96万公顷，比上年增长2.68%。全省水产品总产量172.15万吨，比上年增加5.66万吨，增长3.40%，其中，捕捞产量0吨，养殖产量172.15万吨，比上年增长3.40%。

四川省淡水水产品总产量均居全国第7位，稻渔综合种养产量49.28万吨，稻渔综合种养面积32.96万公顷，均居全国第4位。在统计的39个淡水养殖品种中，四川省有10个品种养殖产量居全国前5位，有18个品种养殖产量居西部第1位，其中，鲶鱼7.20万吨、鲫鱼9.30万吨、长吻鮠1.12万吨，均居全国第1位。

2. 水产品加工和进出口

2022年，全省水产加工企业21家，比上年增加8家；年水产加工能力3.35万吨，比上年增长7.39%。其中，规模以上水产加工企业8家，比上年增加1家；水产冷库42座，比上年增加11座。2022年全年水产加工品总量0.39万吨，其中：水产冷冻品生产量0.20万吨，鱼糜制品及干腌制品生产量0.14万吨，罐制品生产量0.04万吨，其他水产加工品0.01万吨。

据海关统计，2022年全省水产品进出口总量6.24万吨，比上年下降19.39%，进出口总额2.44亿美元，比上年增长2.61%。其中：出口量0.40万吨、出口额1.04亿美元，分别比上年下降14.01%、增长8.76%；进口量5.84万吨、进口额1.40亿美元，分别比上年下降19.73%、1.51%。

四川省鲟鱼鱼子酱、烤鳗等水产加工产品已远销日本、俄罗斯、美国等众多国家，"川鳗郎"鳗鱼加工品出口1 100多吨，产值1.5亿多元人民币，位列全省农产品出口企业出口额第一。鱼子酱：鱼子酱是四川省水产加工品的优秀代表，于2014年开始鱼子酱生产销售，当年产量达到4吨，到2022年鱼子酱产量达到58吨，比2014年增长了14.5倍，目前产量居全国第2位。2022年全省出口鱼子酱49.3吨，占总产量的85%，出口创汇1 322万美元，比2014年增长了10.2倍。主要出口到美国、俄罗斯、法国、德国、卢森堡、日本、迪拜等地，其中，83%以贴牌代工的方式出口，17%以自有品牌出口。国内销量为8.7吨，占总产量的15%，售价是贴牌代工价格的4倍，具有较高利润空间。四川省鲟鱼养殖主要集中在雅安市、成都市、广元市、攀枝花市、德阳市等地。四川润兆水产产业有限公司是四川省最大的鲟鱼养殖及鱼子酱加工全产业链企业，已成功创建为农业产业化省级龙头企业。四川省还有成都日兴特种水产试验中心等中小型企业从事鱼子酱加工生产。烤鳗：四川省鳗鱼加工产品为烤鳗，主要品牌为"川鳗郎"鳗鱼加工品，鳗鱼来自省三星级现代农业园区江安县水产现代农业园区，养殖企业为江安县七彩湖特种水产养殖有限公司。2022年，"川鳗郎"烤鳗鱼出口1 100多吨、产值1.5亿多元，位四川省农产品出口企业出口额第1名。

（二）存在的主要问题与发展趋势

1. 存在问题

面对新形势新任务新要求，通过调查研究发现，加快推进四川水产产业高质量发展还面临一些挑战。

从政策环境上看，耕地非粮化政策趋紧，国务院专门印发通知强调永久基本农田重点用于发展粮食生产，传统池塘养殖发展空间已近上限，水产品加工原料供应承压。加上新时代生态环境保护力度明显增强，生态与资源环境对水产养殖的约束愈加趋紧，部分地区甚至出现禁养扩大化，水域滩涂养殖发证进度推进缓慢，养殖户权益得不到有效保障。如四川省目前已经拆除了所有的养殖网箱。据统计，全省水产养殖面积连续2年下降，减少近4.6万亩。同时，服务体系不够完善，基层水产产业技术推广、防疫检疫、质量安全监测等公共服务体系不完善、服务水平低。

从产业自身发展来看，四川省水产加工业也存在一些问题。一是水产品人均占有率少，但缺口被省外水产品占据。全省人均水产品占有量19.89千克/人，不足全国人均水产品占有量的50%，据批发市场数据分析，全省水产品消费市场至少50万吨由省外供给。二是养殖业主小散多，规模化养殖基地少，水产品加工原料供应不稳定。全省以小业主分散养殖为主，50亩以下养殖池塘数量占比67.56%，100亩以上养殖池塘数量仅占13.38%。三是一三产占比多，二产占比少。水产产业一二三产业产值占比分别为55%、4.8%、40.2%。全省加工能力仅占水产品总产量的1.87%，远低于我国内陆地区加工量占总产量10%的平均水平。四是名优水产产品少,水产加工品类少。全省水产加工品产量中,主要有通威生产的乌鱼片,润兆生产的鱼子酱和鲟鱼产品,七彩湖生产的烤鳗产品,其他加工品产量较小。五是名牌建设不够。目前全省有各类水产注册商标 180 多个,但仅有"通威鱼""资中鲶鱼""新津黄辣丁""芙思塔鱼子酱"等为数不多的水产名牌。鱼子酱产品出口主要方式为贴牌,加工生产企业自有品牌打开国外销路难度较大,主要以整装 1 千克及以上大包装出口国外贴牌销售。六是出口产品面临市场、种苗受限等问题。鱼子酱海外市场开拓风险性较高。如鱼子酱生产企业推广自有品牌会与原有贴牌客户产生直接竞争,订单损失概率无法预估。四川省鳗鱼出口主要供应日本,销售地相对集中,日本对我国鳗鱼出口进行限制时将带来极大的销售风险。水产品出口还面临种种不利的贸易技术壁垒,预计短期内出口量额难有较大突破。鳗鱼繁育技术尚未取得突破,苗种仍靠自然捕捞,养殖量大幅度提高难度大。

调研发现,四川省水产加工业高质量发展还存在原料端养殖基础设施普遍陈旧、规模化组织化程度不高,金融支持不足,贷款难、财政支持较少等问题。

2. 发展潜力

一是发展水产加工业具有重要意义。四川省资源环境约束日益趋紧,粗放发展难以为继,贯彻新发展理念,要求水产产业必须实现绿色高效高质量发展。水产加工业将提供大量就业岗位,大力发展水产加工业,将是经济效益提高、农民就业增收的重要保障,同时为促进乡村振兴提供了有力支撑。

二是潜在需求力巨大。水产品营养丰富,是优质动物蛋白,逐步被人民深刻认识和接受,市场和消费群体逐步扩大,需求量逐年增加。同时川人自古就有吃鱼的习惯,年消费水产品 200 多万吨,具有旺盛的消费需求,全省市场缺口达到 50 万吨,水产加工品有着巨大的潜在发展空间。

3. 发展趋势

一是政策环境更加优化,加工原料供应将更有保障。2022 年"两会"期间,习近平总书记就树立大食物观作了全面系统的论述,指出"要向江河湖海要食物,稳定水产养殖""提高水产产业发展质量"。在中央农村工作会议上,习近平总书记再次强调:"要树立大食物观,构建多元化食物供给体系,多途径开发食物来源"。2023 年 4 月,习近平在广东考察时提出:"水产品的营养价值很高,提高我们国民的身体素质,把水产搞上去,把蛋白质搞上去很重要""把水产产业'种子工作'这一篇文章做精做好，对我们的粮食安全可以起到一个很重要的压舱石作用。"2023年全国农业农村厅局长会议提出"发展现代设施农业，建立健全多元化食物供给体系"。《2023年四川省人民政府工作报告》强调，持续开展长江"十年禁渔"。省委十二届二次全会提出：聚焦打造新时代更高水平的"天府粮仓"，着力构建粮经统筹、农牧并重、种养循环的现代农业体系，把农业大省金字招牌擦得更亮。省委一号文件连续三年对建设"鱼米之乡"提出明确要求，省政府把建设"鱼米之乡"纳入《全省"十四五"推进农业农村现代化规划》。

二是未来我国水产品的加工转化率将大幅度提升。年轻消费群体对水产品消费的第一选择是方便快捷、烹饪方便简单，加工转化率提升是满足消费者对快捷方便水产食品的需求。发达国家主要农产品的加工率超过80%，加工业产值与农业产值之比处于2∶1~4∶1。2022年，四川省水产品加工转化率不足10%，水产品加工业率提升是行业发展的内在需求。大力发展水产品初加工、精深加工和综合利用的梯次加工体系，延长水产产业产业链、提升水产产业价值链，增强水产产业可持续健康发展能力。加工转化率提升是满足水产产业可持续健康发展的需求。

三是水产健康食品产业将迎来大发展。现代食品加工技术将提升将提高传统加工水产品的品质，水产品冷藏保鲜技术，机械化、智能化水产品前处理及精深加工关键装备，生物加工等绿色加工模式将得到发展，水产品加工的技术规范、操作规程和产品标准将逐渐建立和健全。开发更加安全、卫生、美味、方便的水产食品，为居民提供更多的优质蛋白质，充分利用水产原料中的生物活性物质，开发出可增进健康、预防疾病的营养食品和保健食品，是技术提升的必要结果。

四是出口创汇产品将得到进一步发展。依托天府鱼子酱产业集群建设和天全县省五星级冷水鱼现代农业园区支持，鲟鱼养殖及鱼子酱加工产业将得到更大发展。已在荥经县，引进我国鱼子酱产量第一的杭州千岛湖鲟龙科技股份有限公司成立四川卡露伽科技发展有限公司，270亩鲟鱼产业园正在建设，第一期已投入养殖，预计2025年全部建成投产后首年鱼子酱产量将达到50吨。

三、四川水产品加工发展规划建议

以习近平新时代中国特色社会主义思想为指导，全面贯彻落实党的二十大、习近平总书记对四川工作系列重要指示精神，深入贯彻落实省第十二次党代会、十二届二次全会精神，全面贯彻新发展理念，以建设新时代更高水平"天府粮仓"为引领，深化水产产业供给侧结构性改革，释放科技创新动能，巩固拓展水产养殖空间，挖掘提升水产增长潜力，补齐发展短板、做强特色优势、厚植发展动力，健全完善现代水产加工体系，不断推动水产加工业绿色高质量发展，为持续擦亮农业大省金字招牌、加快建设农业强省贡献力量。

（一）产业发展目标

凭借专家团队和龙头企业，聚集产业集群，财政资金引领，围绕产业发展需求在技术创新、设备创制与配套、产品创新和品质提升、产品推广等方面进行突破，推动全省水产品加工业高质量发展。

（二）发展布局

根据全省水域资源、水产产业资源环境条件和特色，紧密结合各地水产经济发展实际，优化资源配置，集聚要素条件，加强政策引领，带动各方参与，深度融入四川水产"四带四柱一中心"发展格局，不断夯实水产加工高质量发展基础。

"四带"，就是建设四个产业带，即稻渔综合种养产业带、长江上游特色鱼产业带、冷水鱼产业带、大水面生态水产产业产业带。"四柱"，就是夯实水产高质量发展的四个支柱，即夯实科技创新支柱、推广服务支柱、质量安全支柱和资源保护支柱，为水产产业高质量发展提供支撑保障。"一中心"，就是充分依托四川省作为实施"一带一路"战略桥头堡的地位和作用，打造以鱼子酱、鳗鱼加工为核心的优势特色水产品出口中心。

（三）重大项目

1. 整合资源，大力发展水产加工业

一是借力水产园区建设。按照园区建设找准卡点堵点难点问题，补短板、强弱项、增动能，着力建成一批"特色鲜明、加工水平高、产业链条完善"的水产现代农业园区的目标，在园区和优势水产品集中发展区因地制宜布局、培育水产加工企业，支持开展水产品加工和冷链物流装备升级改造。

二是用好中央财政资金。中央财政水产产业发展补助资金可用于支持现代水产产业装备设施建设，采取后补助方式，支持改善水产产业设施设备，提升水产产业设施设备现代化水平，提高水产产业综合生产能力。主要用于：支持提高效率、提升品质、节约资源、生态环保、生产安全的暂养净化、冷藏冷冻、原料处理、分级分割、灭菌包装和生态环保等水产品初加工和冷藏保鲜设施设备购置。

三是挖掘优势，着力推进水产产业集群加工业发展。四川省充分挖掘水产资源优势，依托稻渔综合种养优势和冷水鱼、鲶鱼、鮰鱼、长吻鮠等产业发展特色，在现有基础上，集中力量打造川南早虾、天府鱼子酱、内资鲶鱼鮰鱼白乌鱼产业集群三大产业集群。支持在水产集群区域开展水产品加工能力建设，在川南早虾产业集群支持小龙虾加工厂厂房基建，冷冻库，小龙虾快速分拣、预制菜加工生产线设施设备建设等；在天府鱼子酱产业集群支持鱼子酱及鲟鱼加工厂厂房基建，冷冻库，鱼子酱及鲟鱼加工生产线设施设备建设等，鱼子酱及鲟鱼肉加工能力显著提升，天府鱼子酱产品知名度进一步提升；在内资鲶鱼鮰鱼白乌鱼产业集群支持水产品加工厂厂房基建，低温冷冻库，鱼肉分割加工生产线和生产用房建设等。

2. 着力提升水产产业生产能力，为水产加工业打好生产基础

一是推进渔业绿色循环发展试点，开展池塘标准化改造和养殖尾水治理，促进养殖尾水资源化利用或达标排放，提升养殖池塘生产力。二是大力发展设施渔业，在发展基本条件好的县（市、区），遴选养殖用地手续合法齐全、生产条件优越、有技术支撑单位和新建设施养殖容量在3 000立方米以上的业主发展设施渔业，重点支持陆基设施循环水、工厂化循环水、池塘流水槽、圈养模式。全省新建规模化设施渔业养殖点10个，新增设施养殖容量3万立方米以上。

（四）关键技术研究与应用

大力提升加工企业科技水平，鼓励企业要加大投入，配置科研人员，开展水产品加工新技术、新产品研发，不断更新技术和产品品类，向社会提供科技含量更高、品质更好的产品，力争在全国领先并占领国内国际市场。引导龙头企业与四川农业大学、内江师范学院、四川省水产学校等院校和四川省农业科学院、成都市农林科学院等科研院所加强合作，走产、学、研的道路发展水产加工业。学习借鉴国际国内一切先进技术、工艺和管理经验，推进全省水产品加工的发展。

一是构建以消费引导的水产加工和以加工引领的现代水产产业养殖发展新模式，构建养殖、加工、流通的协同发展。适时调整全省水产产业发展方向，不进行单一的传统增产导向，充分认识水产品加工流通业的重要作用，重视水产品加工业对水产品原料的品质要求，发挥加工流通对延长产业链、提升价值链、实现循环经济的积极作用。推动水产行业生产供应链、精深加工链、品牌价值链"三链同构"，提升水产产业质量效益和竞争力，做大做强水产产业优势特色产业。充分发挥水产品加工流通业在现代水产产业产业链中的作用，构建集养殖、加工、流通于一体的现代化水产产业产业体系，水产全产业链的质量可追溯技术体系，从而协调建设水产产业生产、加工、流通全产业链。

二是合理增加水产品加工与流通技术方面的创新研发投入，着力解决发展瓶颈问题。建立稳定的水产产业科技投入机制，适应水产品加工与流通中基础研究、前沿技术、公益性共性技术的开发需求。综合利用现代分析化学、生物化学及分子营养学等理论和技术手段，系统研究鱼、虾等主导养殖水产品原料的化学组成、结构、性质以及营养成分的膳食价值、功能特点、吸收方式、生物活性，构建完善的养殖水产品化学与营养数据库。系统研究养殖水产品中蛋白质、脂肪、多糖等主要营养成分以及产品鲜度、品质等在养殖、加工、贮藏、流通过程中的变化机理及调控机制；明确水产品危害因子的生物蓄积及代谢机制，为养殖水产品的精制加工与质量安全控制提供理论基础。利用现代生物加工与生物制造技术，高效利用水产蛋白质及脂质资源，在四川省现在鱼肉、鱼糜、多肽粉、口服液等水产加工品基础上研发出更多新产品，稳住传统水产食品开发，进一步拓展营养健康食品、保健食品等，促进水产品加工业不断升级。

三是探索一批新技术。发展保鲜加工与冷链贮藏技术，大宗产品联产综合绿色开发与清洁高效利用关键技术，形成适应产业需求的绿色加工与高值利用新装备、新技术与新产品。研究养殖水产品的净化提质、无水保活运输、人工运输环境智能化调控、生鲜水产品快速冷却、鲜活水产品智能化包装等冷链流通关键技术与装备，构建低能耗、低流通损失率的养殖水产品保活物流、生鲜物流技术体系。攻关养殖水产品的宰后脱腥、脱刺、无残留减菌、质构调控与组织化重组、生物增香、营养保持杀菌、感官品质改良与控制、品质动态监控、智能包装等适度加工关键技术，研制生鲜、调理、食品中间素材、风味即食等新型超市水产加工品；攻关水产品加工副产物的规模化绿色加工、活性成分高效制备、活性修饰与活性稳态化等关键技术，研究功能食品、生物肥、生物材料、生物农药等高附加值加工产品，形成水产品加工副产物高效利用技术体系；研发水产品多类残留精密检测技术与设备、现场快速检测技术与设备、指纹化合物鉴定技术与设备、主要危害因子来源甄别与预警预报技术、水产品中危害物消减与控制技术与装备、可视化追踪溯源与现代物流信息化技术，形成水产品质量安全全程控制关键技术体系。

(五) 政策措施及其他建议

一是加强组织领导。由省委农办、农业农村厅负责统筹协调，负责规划指导、统筹协调、资源整合、检查监督，及时解决水产加工业高质量发展推进中的重大问题和典型经验的推广，推动构建现代养殖、良种培育、疫病防控和加工流通体系。各地要进一步加强组织领导，明确职责分工，加强部门协作，构建全方位、多部门配合的工作推进机制。建议各地水产产业主管部门把水产加工业高质量发展列入重要议事日程，强化要素保障，落实具体措施。

二是强化投入保障。积极争取中央和省将四川水产加工业纳入农业生产发展、现代农业发展工程支持水产产业发展等环节的项目支持。积极争取各地党委和政府的重视，在现代水产产业装备设施等水产加工项目加大投入。

三是加强金融支持。积极探索金融支持水产产业的方式方法，不断创新服务模式，构建"政府扶持+农担公司+金融机构+产业主体"的融资担保防范体系，促进解决"不敢投"和"融资难"等问题。创造符合四川和水产产业行业特点的险种，推广水产政策性保险，激发农户和农业生产经营组织积极参加保险，建立健全水产产业保险风险保障体系，为水产加工业提供原料保障。

四是坚持创新发展。深入推进水产产业科技创新，依托高校、科研院所和广大水产产业科技人员，针对四川水产加工业特点组织开展初加工、精深加工等产业技术研发。建立科研单位、协会、合作社、市场主体共同参与的多元化技术推广体系，通过科技下乡、从业人员技术培训等活动，加快新技术、新模式、新品种推广，实现产学研结合。加强设施装备和信息化建设，强化现代水产产业加工设施装备建设，加快机械化、智能化设施设备和5G、物联网、大数据等信息技术在生产中的应用，提高劳动生产率和水产品加工质量。

五是持续加大宣传和展销力度。结合传统宣传渠道和智慧现代推介平台，宣传具有四川特色的鱼子酱、鲟鱼、鳗鱼、乌鱼等特色优势水产品加工产品。借助各类博览会、展销会的宣传销售平台，积极组织加工企业参展并鼓励和支持有展区设置产品专柜。引导各级水产产业管理部门要建立广泛的水产品加工技术和市场信息网络，拓宽信息收集渠道，为水产品加工企业提供及时准确的技术和市场信息服务。

四、四川水产品加工发展典型案例

(一) 天全润兆鲟业有限公司

天全县深入贯彻落实省委推进"川鱼"产业振兴决策部署，依托优质的水资源和水产产业资源、优良的生态环境和优越的区位优势，把冷水鱼产业作为现代农业支柱产业之一，大力推进"川鱼"高质量发展。目前，天全县鱼子酱产量位居西南第一、全国第二，全球市场份额占比从8%跃升至12%，畅销海内外近30个国家和地区。

政策扶持，扩大养殖规模。一是聘请专家团队编制《天全县冷水鱼产业发展规划》《天全县冷水鱼产业发展三年行动方案》，明确天全县以高中低山区域结合、普通名优品种搭配、高中低端水产品齐备的发展模式发展冷水鱼产业。二是出台《天全县农业特色产业发展奖励办法》《天全县农业特色产业发展补充奖励办法》《天全县乡村振兴农业产业奖补办法》，对新建流水养殖基地的经营主体，最高按照40元/平方米的标准进行奖补，目前共发放各类水产产业扶持、奖补资金1 000余万元。三是引用高山优质水源，投资2.7亿建成面积15.54万平方米冷水鱼养殖基地，于2022年成功创建为国家级水产健康养殖和生态养殖示范区。年繁育鲟鱼等各类鱼苗3 500万尾，实现了冷水鱼种苗繁育西部第一、冷水鱼集约化流水养殖规模西部第一、冷水鱼加工产量和技术西部第一、鱼子酱出口创汇西部第一的"四个第一"。

科技赋能，激发产品活力。一是与四川农业大学、四川省农科院水产研究所等科研院所合作，引进高层次人才组建冷水鱼养殖专家团队，联合开展鱼子酱和冷水鱼产品加工技术科研攻关，获鱼卵分离、鱼卵脱黏等技术专利30余项。二是采用全球最先进的生产设备与加工技术，建成全省最大的冷水鱼加工中心，2022年实现年产鱼子酱50吨，加工鱼肉1 000吨以上，水产产业经济年产值2.2亿元。三是推动产品向高端迈进。政企联动共建"水润天全·中国川鱼"区域品牌，打造"芙思塔"川鱼新名片。天全县水产现代农业园区实现三年"三级跳"，成功创建为2022年省五星级省级现代农业园区，并纳入四川省农业科学院水产研究所成果转化基地和全国基层农技推广示范基地。

农旅融合，提高经济效益。一是实施"渔竹旅融合"工程，整合各类资金

10.5亿元，配套建设冷水鱼科技馆、竹林博物园、渔竹文化广场、13千米竹林风景线，高质量打造"竹海渔乡"全域旅游示范点，借力雅康高速天全服务区改造升级，建成川藏线上最美渔旅网红打卡点，形成休闲水产产业吃、住、行、游、教、购的综合发展的新格局。目前，已建成休闲水产产业基地2个，休闲渔场10家，发展全鱼宴特色渔家乐3家。二是利用节假日举办特色农产品展销、车厢集市、乡村音乐节等配套文旅活动，今年累计接待游客1.2万余人次，冷水鱼产品销量提升11%，带动周边农户户均增收20 000元以上。

（二）通威集团有限公司

通威集团是深耕绿色农业、绿色能源的大型跨国集团公司，现拥有遍布全国各地及海外地区的300余家分、子公司，员工近6万人，系农业产业化国家重点龙头企业，是全球光伏行业首家世界500强企业。旗下上市公司通威股份（股票代码600438）市值最高超过3 000亿元。四十一年来，通威一直保持稳健快速发展，得到了社会的广泛认同，通威2023年荣登《财富》世界500强，连续多年入列"中国企业500强""全球新能源企业500强""中国民营企业500强""中国民营企业制造业100强"、中国民营上市公司100强、中国最具竞争力民营企业50强，并三次荣获国家科学技术进步奖二等奖。2023年，通威品牌价值再创新高，达2 013.76亿元，位列中国500最具价值品牌50强，蝉联全球水产和光伏两大行业第一。

通威集团旗下有通威食品有限公司、通威水产有限公司、通威（成都）水产食品有限公司、成都通威全农惠电子商务有限公司、四川通威三联水产有限公司等多家水产品加工企业在四川省内，为全国消费提供优质的水产加工产品。

致力于成为世界级的健康安全食品供应商，成立通威食品有限公司，主要涉足水产和畜禽产品研发、生产和销售的业务板块，始终为消费者提供健康、安全、美味的优质食品。公司旗下拥有"通威鱼""通威虾""鱼鲜达""猫无刺""通威美鮰鱼""通威生活"等多个知名品牌，为确保每一款产品的健康安全，通威食品多年来全力整合行业资源，在产业链上实现了从养殖、加工到销售的全程品质监控。在全国建立了十余万亩通威鱼绿色无公害养殖基地，并在成都、海南等地建有产品深加工基地，加工过程严格执行ISO、HACCP管理体系以及欧盟和美国FDA认证标准，每一道生产环节都经过严格检测和控制，从而确保每件产品的卓越品质。秉承"诚、信、正、一"的经营理念和"追求卓越、奉献社会"的企业宗旨，在确保食品安全的基础上,大力发挥产业链优势,为客户创造价值。面向未来,通威食品将进一步聚焦水产品发展战略,为实现"世界级健康安全食品供应商"的宏大愿景而不懈奋斗。

聚焦品质水产开发,成立通威水产有限公司,致力于打造中国水产供应链第一品牌,公司结合通威的精英团队和庞大的终端销售渠道资源,建立从育苗—放苗—养殖—检测—出鱼—运输—到市场检测—上餐桌的全程可溯源系统,在通威食品"三鱼一虾"战略的指引下,公司聚焦发展黑鱼、美鲖鱼产品,同时,依托上游基地与产业优势,公司为流通经销、终端餐饮等提供从客户开发到品牌宣传的全程支持,以消费需求为导向,创新研发,提供真正安全、美味的产品。通威黑鱼片、通威美鲖鱼已源源不断输送到全国各大市场,成为大型商超、全国连锁餐饮品牌的不二选择,并以超高品质获得经销商和消费者的一致好评。

聚焦精深加工,成立通威(成都)水产食品有限公司。占地50亩,集水产养殖、水产品加工、技术研发、出口贸易为一体的综合性大型食品加工企业。以精深加工速冻鱼肉制品为主,产品分肉糜、菜肴、调理鱼三大类。主要以"鱼本家"品牌为主的产品线涉及肉糜、菜肴制品,以"通威鱼"品牌为辅的产品线涉及调理鱼产品。年销售额2 000万元以上,在水产加工领域有着10多年的研发经验,具备了鱼糜、肉糜加工、鱼去腥、鱼肉嫩化、鱼肉调理、加工过程食品安全管控、低温加工与储藏等一系列技术。一是以"为了生活更美好"为企业使命。推出安全、健康、美味水产品的同时,不但实现了自身产业的良性循环,更为人类饮食安全和不断提升的生活品质提供了保障。二是严格按照HACCP质量管理体系,欧盟及美国FDA卫生注册的要求,引进国内外先进的设备和技术,先后通过了ISO 9001质量管理体系认证,ISO 22000食品安全管理体系认证。通过对每一个环节严格的检测及控制,确保卓越的产品品质,为广大消费者提供健康、营养、安全的放心食品。

五、结语

四川省鲶鱼、长吻鮠、鲖鱼养殖产量均居全国第1位,黄颡鱼苗种产量全国第一,成功培育白乌鱼"玉龙1号"、长吻鮠"川江1号"等新品种。水产品加工进一步发展,通威鱼系列产品全国闻名,白乌鱼蛋白肽、大鲵口服液等特色产品异军突起,鱼子酱、烤鳗等产品远销海外。

但受土地政策等影响，水产品加工原料供给承压；养殖业主小散多，规模化养殖基地少，水产品加工原料供应不稳定；水产品缺口被省外鲜活水产品占据；全省水产加工占比低，加工能力仅占水产品总产量的1.87%，远低于我国内陆地区加工量占总产量10%的平均水平；水产加工品类仍较少，水产名牌建设不够；出口产品面临市场、种苗受限等问题不容忽视。因此，我们要以市场和存在问题为导向、技术为引领，不断进行技术和产品的创新升级。一是挖掘优势，推进水产产业集群加工业发展；着力提升水产产业生产能力，为水产加工业打好生产基础；整合资源，争取各级财政项目支持，大力发展水产加工业。二是坚持创新发展，深入推进水产产业科技创新，加强设施装备和信息化建设。三是持续加大宣传和展销力度，加强水产加工品牌建设，结合传统宣传渠道和智慧现代推介平台，宣传具有四川特色的鱼子酱、鲟鱼、鳗鱼、乌鱼等特色优势水产品加工产品。

参考文献

岑剑伟，李来好，杨贤庆，等，2008. 我国水产品加工行业发展现状分析 [J]. 现代渔业信息（7）：6-9.

金仁耀，翟璐，刘征，2021. 浙江省水产品加工产业发展现状与对策建议 [J] 浙江农业科学，62（11）：2159-2164. DOI：10.16178/j.issn.0528-9017.20211115.

潘锦霞，2019. 真空低温烹饪技术在水产品加工中的应用及展望 [J]. 广东蚕业，53（11）：57-58.

齐筱莹，宫璇，逄昕雨，等，2021. 水产品加工方式对蛋白特性影响的研究进展 [J]. 农产品加工（3）：61-66，72. DOI：10.16693/j.cnki.1671-9646（X）.2021.02.014.

钱坤，郭炳坚，2016. 我国水产品加工行业发展现状和发展趋势 [J]. 中国水产（6）：48-50.

王丹，吴反修，宋丹丹，等，2023. 2023中国渔业统计年鉴 [M]. 北京：中国农业出版社.

徐小怡，宁凌，2011. 我国沿海省份水产品加工产业发展比较 [J]. 中国渔业经济，29（3）：145-151.

张文兵，解绶启，徐皓，等，2023. 我国水产业高质量发展战略研究 [J]. 中国工程科学，25（4）：137-148.

周德庆，杨念钦，王珊珊，2018. 我国水产品加工贸易现状与发展策略 [J]. 肉类研究，32（2）：71-76，10.

四川省水产市场分析

杨育梅　耿　毅　陈家荣　何　冀　李　静　马　丽　郑华章

(四川省水产局，四川成都 610041)

摘　要：水产品是人类食物蛋白质的第三大来源，也是最经济实惠的动物蛋白之一，富含蛋白质及各种微量元素，符合人们对健康饮食的需求。四川是中国水产品主产区之一，也是全国主要水产品消费省份之一。近年来，水产品在四川省居民膳食结构中的比重不断增加，全省水产品人均占有量20.56千克，比2017年提高2.40千克/人，增长13.21%。

一、渔业发展概况

2017—2022年，四川渔业强支撑，兴科技，优结构，持续推进绿色健康养殖，成为农业农村经济发展的突出亮点和重要增长点，在深入实施乡村振兴战略，加快建设"10+3"现代农业产业体系，稳粮增收等方面发挥了重要作用。

2017—2022年，四川水产品总量稳步增长，自2021年实行"长江十年禁渔"后，四川水产品已实现全部来自养殖生产，2022年产量达到172.15万吨，比2017年增加21.41万吨，年均增长2.67%。2017—2022年，四川渔业生产方式转型升级，推进发展绿色健康水产养殖模式，持续实施标准化池塘改造及尾水治理，不断提升传统养殖水域生产能力，大力发展稻渔综合种养，积极推进集约化高产高效设施循环水养殖，6年来，池塘养殖单产提高18.34%，稻渔综合种养示范面积累计扩大13.89万公顷，设施循环水养殖面积增长1.75倍，池塘、稻渔综合种养和设施循环水养殖产量分别达到95.40万吨、49.28万吨和2.71万吨，分别比2017年增加19.34万吨、11.50万吨和1.87万吨，年均增长4.64%、5.46%和26.55%。

2017—2022年，四川水产品结构以市场为导向，不断优化调整，以四大家鱼为主的传统大宗鱼类养殖稳步增长，产量 129.53 万吨，6 年增长 14.06%，占比 75.25%，比 2017 年下降 0.09 个百分点。2017—2022 年，甲壳类、鲫鱼、黄颡鱼、鲈鱼、蛙等名特优水产品市场消费需求旺盛，产量快速增长，产量 42.61 万吨，增长 14.63%，占比 24.75%，比 2017 年提高 0.09 个百分点，其中，甲壳类产量 6 年增长 6.61 倍，小龙虾产量增长更加迅猛，增幅达 7.25 倍；蛙类产量增长 1.95 倍，鲈鱼产量增长 81.82%，鲫鱼产量增长 37.34%，黄颡鱼产量增长 23.09%。

2017—2022 年，四川渔业产业链不断拓展延伸，综合实力大幅跃升，经济总量从 2017 年的 384.84 亿元增加到 2022 年的 674.40 亿元，6 年跨越 3 个百亿台阶，增加 289.56 亿元，增长 75.24%，年均增长 11.87%。其中，渔业产值 343.11 亿元，比 2017 年增长 46.05%，年均增长 7.87%；渔业工业和建筑业产值 34.71 亿元，比 2017 年增长 31.54%，年均增长 5.64%；渔业流通和服务业产值 296.58 亿元，比 2014 年增长 140.08%，年均增长 19.14%。一二三产的产值比例由 2017 年的 61.04：6.86：32.10 调整为 50.88：5.15：43.98，一产占比下降 10.17 个百分点，三产上升 11.88 个百分点，二产占比下降 1.71 个百分点。

二、产量分布情况

2022 年，21 个市（州）中有 9 个市水产品产量超 10 万吨，其中，超过 13 万吨的有成都市、眉山市、内江市和乐山市，分别达到 14.93 万吨、14.43 万吨、13.64 万吨和 13.39 万吨，超 10 万吨还有绵阳市、南充市、宜宾市、达州市、泸州市。从产品分类看，以四大家鱼为主的大宗鱼类产品产量超 10 万吨有 4 个市分别是：成都市、南充市、绵阳市、达州市，产量分别达到 11.23 万吨、11.10 万吨、10.91 万吨和 10.22 万吨；有 10 个市大宗鱼类产量在本地总产量的占比超过 80%，其中，巴中市占比达到 90.13%，达州市占比达到 88.95%，南充市占比达到 86.33%；名特优产品产量占本地总产量比重超过全省占比 24.75% 的有 9 个市（州），分别是成都市、攀枝花市、泸州市、内江市、乐山市、宜宾市、雅安市、阿坝州和眉山市，其中有 5 个市（州）名特优产量占比超过 30%，有分别是：乐山市名特优产量 7.07 万吨、占本地总产量的 52.80%，占比过半，眉山市名特优产量 6.44 万吨、占本地总产量的 44.61%，内江市 4.85 万吨、占本地总产量的 33.53%，攀枝花市名特优产量 0.55 万吨、占本地总产量的 41.50%，阿坝州名特优产量 42

吨、占本地总产量的100%；乐山、内江和眉山3个市名特优产品产量合计18.35万吨，占全省名特优总量的43.07%。在统计的39个淡水养殖品种中，四川省有10个品种养殖产量居全国前5，有18个品种养殖产量居西部第1位，其中，鲶鱼7.20万吨、鮰鱼9.30万吨、长吻鮠1.12万吨，连续11年均居全国第1位。井研鮰鱼、资中鲶鱼、隆昌小龙虾、东坡黄颡鱼、邛崃加州鲈、乐山市中区长吻鮠、翠屏牛蛙、青川鲟鱼、大邑鲑鳟鱼，都畅销省内外，深受消费者欢迎。

表1 2022年四川各市（州）水产品产量

市（州）	总产量（吨）	其中	
		大宗鱼类产品（吨）	名特优产品（吨）
成都市	149 336	112 273	37 063
眉山市	144 313	79 931	64 382
内江市	136 448	87 963	48 485
乐山市	133 852	63 173	70 679
绵阳市	129 663	109 109	20 554
南充市	128 546	110 975	17 571
宜宾市	122 072	90 076	31 996
达州市	114 879	102 188	12 691
泸州市	106 609	78 708	27 901
自贡市	91 905	78 102	13 803
资阳市	79 398	65 222	14 176
巴中市	74 912	67 515	7 397
广安市	73 464	59 434	14 030
德阳市	70 886	58 668	12 218
广元市	60 307	49 851	10 456
遂宁市	56 599	48 307	8 292
凉山州	23 212	17 525	5 687
攀枝花市	13 257	7 756	5 501
雅安市	11 761	8 550	3 211
阿坝州	42	—	42
甘孜州	—	—	—

三、渔业产值效益

四川省作为淡水渔业省份,渔业产值呈现不断上升的发展趋势,单位产量产值效益稳步提高。渔业产值从 2017 年 234.92 亿元增至 2022 年的 343.11 亿元(表2),年均增长 7.87%,比全国的年均增幅高 2.28 个百分点,在全国中居第 13 位,在内陆渔业省份中居第 5 位;单位产量产值从 2017 年 1.56 万元/吨提高到 2022 年的 1.99 万元/吨,年均增幅 4.99%,比全国的年均增幅高 0.9 个百分点。但比全国平均淡水渔业单位产量产值 2.39 万元/吨低 0.40 万元/吨。

表2 2022 年全国排名前 13 位渔业产值及单位产值

地区	渔业产值(亿元)	单位产量产值(万元/吨)
广东	1 861.18	2.08
江苏	1 856.93	3.68
福建	1 740.75	2.02
山东	1 729.70	1.96
湖北	1 584.35	3.17
浙江	1 261.18	2.03
辽宁	684.52	1.40
安徽	643.10	2.62
湖南	617.81	2.27
广西	575.80	1.57
江西	555.23	1.96
海南	466.61	2.74
四川	343.11	1.99
全国	15 267.49	2.22

从全省看,2017—2022 年渔业产值年均增幅超 10% 的有 7 个市,分别是,泸州市年均增长 11.95%;德阳市年均增长 10.92%;乐山市年均增长 11.33%;达州市年均增长 11.77%;雅安市年均增长 18.49%;广安市年均增长 10.01%;巴中市年均增长 12.05%。2022 年全省 21 个市(州)除阿坝州单位产值达到 9.94 万元/吨外,其他 19 个市(州)(甘孜州未开展渔业生产)均未达到全国淡水渔业单位产

值平均水平。6 年来，除内江市、凉山州渔业单位产值有所下降外，其他 18 个市（州）中有 9 个市（州）渔业单位年均增幅超 5%，分别是，泸州市年均增长 7.09%，德阳市年均增长 6.87%，乐山市年均增长 8.18%，宜宾市年均增长 5.10%，达州市年均增长 7.63%，雅安市年均增长 14.80%，阿坝州年均增长 23.79%，广安市年均增长 7.10%，巴中市年均增长 11.47%。渔业产值超过 2 万元/吨的有 9 个市（州），其中，由于阿坝州主要养殖高价值冷水鱼，单位产值 9.94 万元/吨，居全省第 1，雅安市调整结构，大力发展鲟鱼养殖，单位产值 3.77 万元/吨，居全省第 2。2022 年成都、绵阳、内江、乐山、眉山和宜宾 6 市渔业产值均超 25 亿元，产值合计 163.02 亿元，占全省渔业总产值比重为 47.01%，占比近半。

表 3　2022 年全省渔业产值及单位产值排序

地区	渔业产值（万元）	单位产量产值（万元/吨）
成都市	302 932.87	2.03
绵阳市	282 771.46	2.18
内江市	270 328.99	1.98
乐山市	267 319.63	2.00
眉山市	253 644.50	1.76
宜宾市	253 162.31	2.07
南充市	246 043.66	1.91
达州市	235 102.39	2.05
泸州市	199 970.84	1.88
自贡市	170 719.96	1.86
巴中市	159 004.86	2.12
德阳市	156 705.86	2.21
资阳市	151 751.20	1.91
广安市	141 133.88	1.92
广元市	111 628.80	1.85
遂宁市	110 959.50	1.96
凉山州	45 555.18	1.96
雅安市	44 353.39	3.77
攀枝花市	27 578.30	2.08
阿坝州	417.40	9.94
甘孜州		

四、全省水产市场基本情况

依托四川省优质的旅游资源、丰富的水产品类和深厚的休闲文化底蕴，四川成为水产休闲消费大省之一。据调查，批发市场是四川省水产品销售的主要渠道之一，全省流通的水产品近四成进入批发市场进行销售。四川省年交易量2 000吨以上的规模水产批发市场有19家，分布于3个经济区域12个市。其中，川西地区2市6家，分别为成都市5家，绵阳市1家；川南地区6市6家，分别为自贡市、攀枝花市、泸州市、内江市、宜宾市和乐山市各1家；川东地区4市7家，分别在遂宁市1家、南充市1家、达州市4家、广安市1家。以上市场都是建在城市近郊或市区、以多种水产品为交易对象的销地市场，除春节休市2-5天外每日进行交易，其中，6家是水产专业批发市场，数量占比31.58%，其余13家属于农产品综合批发市场中的水产分区，数量占比68.42%。川西地区水产交易规模占比近七成，年均交易量82.68万吨，占比86.47%；川南地区水产交易规模占比不到三分之一，年均交易量10.32万吨，占比10.79%；川东地区规模小，年均交易量2.61万吨，占比仅有2.74%。

据调查，2022年四川水产品市场流通总量约225万吨。其中，近75%的本地水产品129.44万吨直销农贸市场、商超、餐馆、电商或出口等，占2022年全省水产市场总量的55.33%；约25%本地和90%外地的水产品进入水产批发市场进行二次分销，其全年交易量100.62万吨，占2022年全省水产市场总量的44.67%。批发交易量中，本地水产品42.71万吨占比42.44%，外省水产品交易量57.92万吨占比57.56%；销往省外的水产品4.80万吨，占比4.77%；以草鱼、鳙鱼、鲴鱼、鲫鱼、鲢鱼、鲤鱼、小龙虾、黄鳝、泥鳅、蛙等为主的淡水产品销量占比66%，其他海水产品销量占比34%。

表4　2022年四川规模以上水产品批发市场

序号	地区	批发市场名称	专业/综合	交易频率	年成交量（吨）
1	成都市郫都区	沙西农产品批发市场	综合	每天交易	4 655
2	成都市郫都区	海霸王批发市场	综合	每天交易	55 116
3	成都市青白江区	成都银犁冷藏物流股份有限公司	综合	每天交易	11 770

(续表)

序号	地区	批发市场名称	专业/综合	交易频率	年成交量（吨）
4	成都市龙泉驿区	成都三联市场经营管理有限公司	综合	每天交易	250 000
5	成都市双流区	成都市农产品中心批发市场有限责任公司	综合	每天交易	500 000
6	绵阳市涪城区	绵阳西部冷都	综合	每天交易	5 236
7	自贡市自流井区	中农联批发市场	综合	每天交易	5 000
8	攀枝花市东区	东区水产品批发市场	专业	每天交易	18 400
9	泸州市龙马潭区	海吉星农产品批发市场	综合	每天交易	31 000
10	内江市市中区	内江市水产品批发市场	专业	每天交易	14 797
11	宜宾市翠屏区	翠屏区新村水产市场	专业	每天交易	7 005
12	乐山市中区	中农成水产批发中心	综合	每天交易	27 000
13	遂宁市船山区	南大冷鲜水产批发市场	专业	每天交易	4 000
14	南充市顺庆区	红花街水产品批发市场	专业	每天交易	2 500
15	达州市大竹县	双马生活批发市场	综合	每天交易	3 000
16	达州市开江县	开江县农贸市场	综合	每天交易	2 000
17	达州市渠县	渠县东门桥头水产批发市场	专业	每天交易	3 000
18	达州市通川区	好一新水产批发市场	综合	每天交易	10 525
19	广安市广安区	广安临港大市场	综合	每天交易	9 125

数据来源：四川水产市场调研分析

五、规模以上批发市场调查分析

依托优质的旅游资源、丰富的水产品类和底蕴深厚的休闲文化，四川成为水产品休闲消费大省之一。据统计调查，2022年四川水产品消费量约225万吨，其中，近75%的本地水产品直销农贸市场、商超、餐馆等，约25%本地和90%外地的水产品进入水产批发市场进行二次分销。

1. 市场品类丰富，货源广泛

市场交易品种超过40种，其中，淡水产品超过30种，海水产品10余种，除来自本地产外，还有超过14个外省和6个国家的水产品入川销售。大宗鱼类产品夏季主要销售本省产品，秋冬季主要来自湖北、江苏、河北、辽宁等外省；名优产品中，全部长吻鮠和大部分鲈鱼由本省供应销售；乌鳢80%来自乐山、眉山等地，20%来自广东；河蟹、翘嘴红鲌、黄颡鱼、裸鲤、多宝鱼、花甲、生蚝等主要来自广东、浙江、福建、湖北、湖南、河南、江苏等外省；海水鲜活品和冷冻品也从加拿大、越南、阿根廷、挪威、智利等国外进口。从调查看，夏季交易的草鱼以本省居多，冬季主要来自江苏、湖北等外省；乌鳢80%来自乐山、眉山；小龙虾在过年后至4月中旬交易的以本省稻虾居多，但品质有待提高，4月中旬后交易以湖北、湖南居多。由于消费需求增加，鮰鱼销量增长快。四川水产市场经营主体从生产、批发、零售、出口等各环节都已形成了相对独立稳定完整的营销渠道。

2. 市场规模庞大，交易活跃

四川拥有内陆第三大水产流通市场，规模庞大，2022年四川水产品消费量约225万吨，其中，有57.9万吨来自外省，并从国外进口6.2万吨水产品。交易产品以淡水品种为主，占比66.36%（其中省外产品占比约30%~40%），海水产品占比33.64%（全部来自外省和国外）。2022年全省水产流通市场产值规模达到224.04亿元，比2017年增长了2.05倍，年均增幅达25.03%。

全省有19家规模以上水产批发市场，分布在12个市，其中，成都5家，达州4家，泸州、宜宾、乐山、内江、遂宁、攀枝花、广安、绵阳、自贡、南充10个市各有1家（表3）。以草鱼、鳙鱼、鮰鱼、鲫鱼、鲢鱼、鲤鱼、小龙虾、黄鳝、泥鳅、蛙等为主的淡水产品销量占比66%，其他海水产品销量占比34%。2022年交易总量100.62万吨，占2022年四川水产品消费总量近45%，来自省内的水产品占比42.08%，来自省外的水产品57.92万吨，占比57.56%，销往省外的水产品4.80万吨，占比4.77%。从规模以上水产市场地域分布看，成都占有突出地位，5家成都水产批发市场的年交易量合计82.15万吨，占到全省总量的81.65%，其中，成都白家日均交易量5 984斤/（户·天）、年交易50万吨，占全省交易总量的49.69%。

表5　2022年四川规模以上水产批发市场成交量

市（州）	数量（家）	水产品成交总量（吨）	其中	
			来自省外的水产品成交量（吨）	销往省外的本地水产品成交量（吨）
全省总计	19	1 006 199	579 158	47 968

（续表）

市（州）	数量（家）	水产品成交总量（吨）	其中	
			来自省外的水产品成交量（吨）	销往省外的本地水产品成交量（吨）
成都市	5	821 541	510 012	—
泸州市	1	31 000	18 000	10 000
宜宾市	1	30 000	3 852	3 153
乐山市	1	27 375	4 550	21 350
遂宁市	1	22 000	6 500	1 200
达州市	4	19 225	14 825	4 400
攀枝花市	1	18 400	9 300	1 700
内江市	1	14 797	5 919	—
广安市	1	9 125	3 660	5 465
绵阳市	1	5 236	1 190	—
自贡市	1	5 000	500	200
南充市	1	2 500	850	500

3. 市场价格稳步上升

从监测情况看，2022 年水产品加权平均批发价 29.95 元/千克，比 2017 年提高 2.68 元/千克，年均上涨 2.13%。淡水产品价格年均增长 5.26%，其中，鳙鱼 19.08 元/千克，年均上涨 5.49%，鲫鱼 18.80 元/千克、年均上涨 3.60%，鲤鱼 13.66 元/千克、年均上涨 5.50%，鲢鱼 8.62 元/千克、年均上涨 4.37%，草鱼 15.05 元/千克、年均下跌 0.88%，鳜鱼 34.25 元/千克、年均上涨 2.39%，黄鳝 73.70 元/千克、年均上涨 6.56%，蛙 16.98 元/千克、年均下跌 0.12%。

4. 水产品刚性消费明显

水产品是老少皆宜的优质食品，从消费端看，以鲜活产品为主，销量占比 76.3%，冻品占比 18.6%、水产加工品占比 5.1%。据调查，100% 消费者购买过水产品，近九成消费者消费频次每月 1~2 次，超三成消费者每周消费，其中，93.9% 消费者购买鱼虾类，水产品市场刚需明显。其中，淡水主销品种有：草鱼、鲫鱼、白鲢、黄颡鱼、南美白对虾等，鲈鱼、小龙虾、花鲢、草鱼特色品种表现更为亮眼，小龙虾消费选择占比 43.6%、鲈鱼消费选择占比 41.0%、花鲢消费选择占比

33.3%、草鱼消费选择占比 30.7%。近年来，部分水产品以网络平台或直播的形式营销，销售水产品预制菜和加工品，给消费者带来了方便，也使产品价值得到提升，是水产商家拓展市场的新的发力点，2022 年四川水产加工品产值 2.58 亿元，比 2017 年增长了 17.15%。

六、存在问题和建议

一是冷链物流业和现代水产仓储业有待发展。由于水产品的生产具有较长的周期性和明显的季节性特征，淡旺季明显，需以发达的物流业特别是冷链物流业和现代仓储业作保证，促进市场稳定健康发展。

二是饲料价格波动影响市场经营效益。2022 年，由于原料价格上涨，使渔用饲料价格提高了 1 000~2 000 元/吨，人工工资提高，氧气、油费和冷链设备等水产运输成本高，利润走低。

三是品牌发展滞后。要做大做强市场，需有名牌产品做依托。四川现有超 10 年的"通威鱼""芙思塔""资中鲇鱼""新津黄辣丁"等几个全国名牌水产品，但没有新增知名品牌，距市场要求差距还很大，需加快打造和提高本地品牌知名度及完善的营销渠道，提升竞争优势，不断提高市场占有率。

中国居民膳食指南（2022）建议"适量吃鱼、禽、蛋、瘦肉"，将水产品放在动物性食物的首位，推荐每周至少食用两次水产品。目前，四川省进入现代水产养殖和水产品消费增长的快速通道，通过调查，仍有近九成居民水产品消费每月仅 1~2 次，还远没达到指南建议水平，水产行业需着力提升消费者水产品的品质安全，以及快速便捷的配送售后服务，未来水产消费市场增长空间将更加广阔。

七、未来水产市场研判

中国居民膳食指南（2022）建议"适量吃鱼、禽、蛋、瘦肉"，将水产品放在动物性食物的首位，推荐每周至少食用两次水产品。通过调查，四川居民水产品消费需求近年快速增长，但仍有近九成居民水产品消费每月才 1~2 次，还远没达到指南建议水平。目前，传统的淡水鱼类、冻虾、虾仁、海带仍保持较大的市场规模，同时大闸蟹、北极虾类的消费量快速增长。值得注意的是，不同人群偏好呈现出不同消费趋势，口感更好、营养价值更高的水产品更受欢迎。四川省进入现代水产养殖和水产品消费增长的快速通道，在新技术、新方法、新工艺的引导下，四川水产市场从各个环节、各个方面快速发展，总体上呈现向产业链整合、压缩中间环节，直接面对消费者的零售端的发展态势。政策红利接续释放，水产品预制菜逐步成为消费新增长点，且市场增长空间广阔。在水产品线上购买形式方面，在即时零售平台和综合电商平台购买不断增多，当前消费者最为关心的问题是水产品的新鲜程度和食品安全，其次是配送时间和售后服务，水产行业未来在食品安全、冷链物流、加工技术、产品品质方面需进一步提升。

八、典型水产批发市场案例

（1）成都农产品中心批发市场水产分场。成都农产品中心批发市场是由深圳市农产品集团股份有限公司和成都益民投资集团有限公司共同打造的国家级"菜篮子"。市场现有经销商3 000余家，实现蔬菜、肉类、海鲜、水果、冻品、水产、干货、调味品等全品类覆盖，是西南最大、品类最齐全的一站式采购综合性集散中心，保障了成都市主城区80%的生鲜农产品供应。该市场中的水产分场于1996年11月建成使用，经营面积8万平方米，有经营商户约900家，经营的水产分类为淡水、海鲜、特种水产、水发产品，交易品种近40种，其中，淡水产品占60%、海鲜产品占30%、10%为特种水产和水发产品。水产品产地除成都、眉山、德阳、乐山、宜宾等本地周边地区外，也来自广东、江苏、湖北、湖南、江西、河南、福建等省，还有来自挪威、智利、加拿大、越南等国家。淡水产品日均交易量达1 000吨/天、海鲜产品日交易量600吨/天，年均交易额120亿元，是四川最大的水产品批发市场。2010年被农业农村部渔业管理局确定为水产市场信息定点采集单位。

（2）泸州海吉新城农产品批发市场水产分区。2014年由泸州市委、市政府招商引进的"菜篮子"重点民生工程，位于泸州市龙马潭区，总建筑面积59万平方米，是集海水产、蔬菜、水果、肉类、冻品、干杂、粮油、副食、土特产品交易区的市级农业综合批发市场。该市场的水产分区于2017年2月建成开业，经营面积6 000平方米，有经营商户88家，经营海淡水品种约35种，产品58%来自泸州、自贡、内江等省内地市，42%来自湖北、湖南、重庆、江苏等省，水产日均交易量120吨，年均交易额5.4亿元。

（3）攀枝花攀达水产批发市场。攀枝花攀达水产品批发市场是全国民营企业

500强——通威股份公司由通威股份投资2006年8月建成的专业水产品批发市场，是目前攀西地区唯一规范的、专业的、标准的、功能完善的水产品批发市场，也是农业农村部渔业渔政管理局指定的水产批发市场价格信息采集定点单位。主要经营本地、成都、乐山、眉山、云南元谋、楚雄等地养殖的水产品，其中，罗非鱼、花鲢、鲫鱼交易量占总交易量的20%，花白鲢占25%，鲫鱼占10%、鲤鱼10%、大口鲶20%，其余为鳜鱼、叉尾鮰、黄辣丁、鲟鱼、江团等。每日交易量达到25吨，日成交额近50万元，市场客户涵盖了整个攀枝花、西昌、华坪、丽江等部分地区。

（4）内江市水产发市场。内江市水产发市场由四川内江福欧水产品销售有限公司2015年4月建成开业，是农业农村部渔业管理局确定的水产市场信息定点采集单位。市场经营面积7 000平方米，建有200立方米的保鲜库房，经营商户16家，交易的品种有：鲤鱼占比11%；白鲢占比27%；花鲢占比26%；鲫鱼占比9%；叉尾鮰占比6%；黄颡鱼占比14%；裸斑占比1%，草鱼占1%；鲶鱼占4%。水产品40%来自省内，60%来自外省，日均交易量46吨，年均交易额3.1亿元。各经营商户和当地渔业合作社，养殖企业等约定销售鲜鱼量接近3万吨，帮助和带动了周边农户3 500户以上，涉养殖水域面积达15万亩以上。建成的"渔网天下"线下体验店，提供生鲜宰杀、配送、冷冻等服务，多渠道，多办法为养殖户．销售商拓开销售渠道，解决销售难题。公司同时提供生鲜宰杀配送服务。公司建有线下生鲜品鉴中心，提供100多种鲜鱼的168种烹饪方法，全方位供消费者品鉴品尝。

5. 乐山市市中区中农城农产品交易中心水产批发市场。乐山市市中区中农城农产品交易中心位于乐山市乐井路与绕城高速全福出口交汇处，是集冷链仓储、农产品交易、地标农产品展示、农机五金机电、物流分拨配送、供应链金融等为一体的大型冷链商贸综合体。该批发市场于2021年8月6日建成开业，占地面积2万平方米，经营商户55家，每天进场鱼车车辆约600台次，每天交易量30万斤以上，年产值达12亿以上，交易品种中，4—9月主要经营本地的常规鱼类或来自成都、眉山、自贡等省内其他地市的泥鳅、黄颡鱼、鲶鱼、鲈鱼、黄鳝、长吻鮠、牛蛙等，还有广东的乌鳢等；下半年10月至翌年的3月近60%的水产品来自湖北、湖南、江苏、河南、天津、辽宁等外省（市）。交易辐射面涵盖该市及周边地区以及重庆、云南、贵州等省份，最远到达西藏。

四川休闲渔业发展报告

李春葵　徐垚蜂　刘雪漪　许　丽　罗昭均　康　涵　曾开虎

（四川省水产局，四川成都 610041）

摘　要：发展休闲渔业是丰富渔业产业形态的重要方式，是推进渔业产业融合发展的重要手段，是提升渔业产业现代化水平的重要内容。本报告旨在总结四川省休闲渔业产业发展现状，简单剖析产业经营状况，分析四川省休闲渔业在发展过程中存在的一些问题，提出相应的对策建议，并介绍三个四川省休闲渔业发展的经典案例，希望为四川省休闲渔业发展提供参考。

关键词：休闲渔业；问题；对策；经典案例

农耕之前，先有渔猎。钓鱼、赏鱼等休闲渔业行为自古有之。1996 年《中共中央、国务院关于国民经济和社会发展"九五"计划》首次对发展休闲渔业予以政策性鼓励，2001 年《全国农业和农村经济发展第十个五年计划》首次正式提出"休闲渔业"，2006 年《全国农业和农村经济发展第十一个五年规划》首次确认休闲渔业为一种新产业，2011 年农业部颁发了《全国渔业发展第十二个五年规划》，休闲渔业首次被列入渔业发展规划，并将其列为我国现代渔业五大产业之一。发展休闲渔业，有助于在资源环境硬约束背景下加快转变渔业发展方式；有助于在满足"吃"的需求之外，更好地满足城乡居民日益多样的文化、旅游、休闲、体验等消费需求；有助于在新经济时代，实现渔业和文化、科技、生态、旅游等领域有机融合，培育出渔业产业的新经济增长点。发展休闲渔业，不但可以丰富渔业产业项目，拉动乡村地区经济发展，还可以为当地群众提供大量就业机会，对助推乡村振兴具有重要意义。发展休闲渔业，还对丰富人民群众的文化娱乐活动，普及科学知识，促进精神文明和生态文明建设具有重要意义。因此，推进休闲渔业产业发展，是全省水产系统应该做，而且必须做好的一项重要工作。

四川紧紧围绕川渔振兴，充分依托池塘、河流、湖库等资源，因势利导，拓展渔业功能，对传统渔业生产场所进行生态化、景观化、休闲化改造，发展观光渔业、渔事体验、休闲垂钓、科普教育、文化健康等产业，打造产业丰富多彩的休闲渔业。休闲渔业通过资源优化配置，将休闲娱乐、观赏旅游、生态建设、文化传承、科学普及以及餐饮美食等与渔业有机结合，实现一二三产业融合发展。近年来，四川省休闲渔业快速发展，成为渔业产业融合发展和绿色高质量发展的重要抓手，对促进乡村振兴战略实施、带动渔民就业增收、满足城乡居民对美好生活的向往发挥了重要作用，同时也面临着发展水平低、基础设施差、管理不规范、政策扶持不足等问题。

一、四川省休闲渔业基本情况

（一）产业规模

根据《四川渔业统计年鉴》数据，自 2015 年以来，四川省休闲渔业产值呈总体上升趋势（图 1），年均增长率 13.08%。"十三五"期间年均增长率 17.29%，年度间同比增长分别为 20.57%、32.45%、11.31%、-3.07%，2021 同比增长 7.58%，2022 年，全省休闲渔业总产值 51.72 亿元，比 2015 年增加了 29.84 亿元，增长了 1.36 倍。

从休闲渔业产值看，2022 年全省前十位市（州）的休闲渔业产值合计 46.07 亿元，占全省总量的 89.08%；休闲渔业产值超过 1 亿元的市（州）共 12 个，分别是成都市、自贡市、德阳市、绵阳市、广元市、内江市、乐山市、南充市、宜宾市、达州市、巴中市、眉山市，12 市休闲渔业总产值合计 48.31 亿元，占全省休闲渔业总产值的 93.41%；位居前三位的成都市、内江市、绵阳市休闲渔业产值合计 28.85 亿元，占全省总量的 55.78%。其中，成都市产值 13.81 亿元，是全省唯一产值超过 10 亿元的市（州），占全省总量的 26.70%。内江市和绵阳市分别为 7.91 亿元和 7.13 亿元，居第二、第三位。宜宾市、德阳市、达州市、乐山市、广元市、巴中市、南充市、自贡市、眉山市九市休闲渔业产值均超过 1 亿元，产值合计 19.46 亿元，占全省总量的 37.63%。

从经营主体看，2022 年全省休闲渔业经营主体达 11 747 个，其中规模以上经营

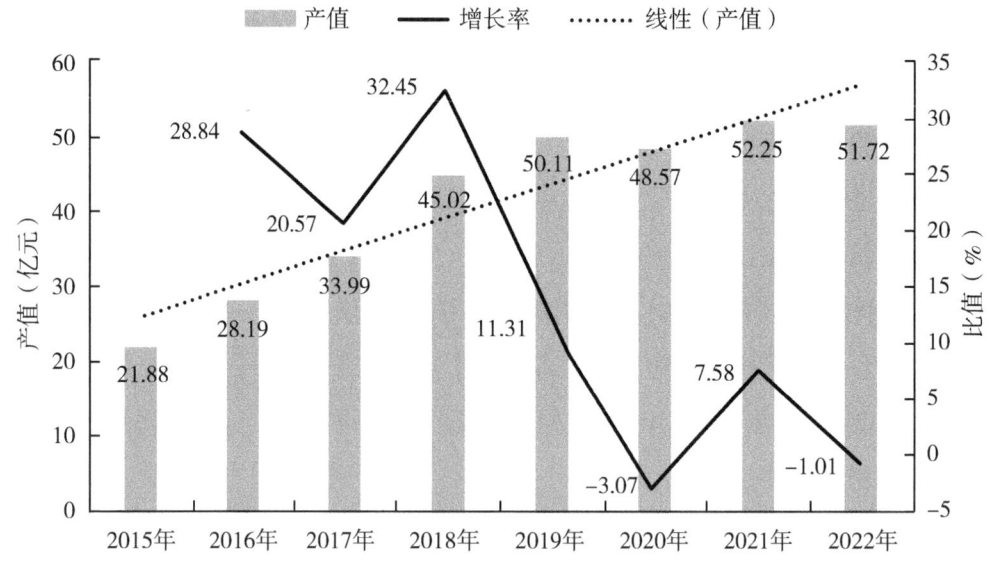

图 1　2015—2022 年休闲渔业产值和增长率

主体 611 个。全省前十位市（州）的经营主体数量合计 9 867 个，占全省总量的 84.00%。其中，前三位分别是成都市、内江市、绵阳市，经营主体数量合计 4 339 个，占全省总量的 36.94%。

从从业人员看，2022 年全省休闲渔业从业人员 61 217 人，人均产值 8.45 万元，其中前十位市（州）从业人员数为 52 876 人，占全省总量的 86.37%。其中，前三位分别是成都市、广元市、宜宾市。

从接待人数看，2022 年全省接待人数总量为 365.80 万人次，其中前十位市（州）接待人数为 330.01 万人次，占全省总量的 90.22%。其中，前三位分别是成都市、内江市、绵阳市。

从休闲渔业设施装备看，2022 年全省休闲渔业船舶 39 艘，休闲渔业船舶功率数为 126 千瓦。

（二）区域分布

2022 年，成都平原经济区（成都市、德阳市、绵阳市、眉山市、乐山市、资阳市、遂宁市和雅安市）、川南经济区（自贡市、泸州市、内江市和宜宾市）、川东北经济区（广元市、南充市、广安市、达州市和巴中市）、攀西经济区（攀枝花市和凉山州）、川西北经济区（阿坝州和甘孜州）休闲渔业产值分别为 28.87 亿元、

13.21亿元、9.12亿元、0.53亿元、3万元，分别占全省休闲渔业产值的55.82%、25.54%、17.63%、1.02%（图2）。

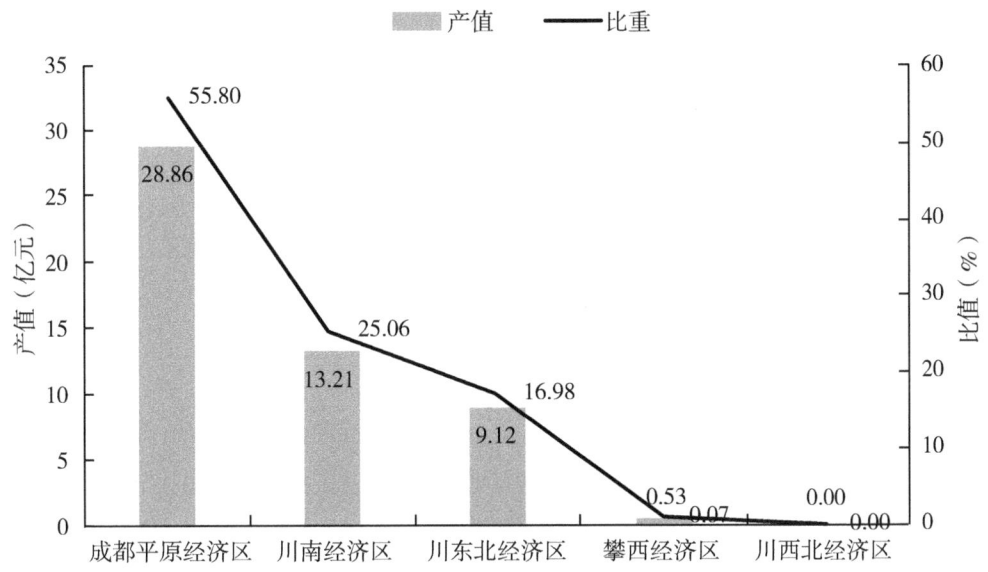

图2　2022年休闲渔业五大经济区产值及占休闲渔业总产值比重

区域发展不平衡问题仍然突出。成都平原经济区凭借区位优势以及优良的经济基础，休闲渔业产值占休闲渔业总产值比重超过50%；川南经济区依托江河湖库等良好的自然条件和长江流域生态环境，休闲渔业发展迅速，自2017年以来年均增长率13.48%，是五大经济区中休闲渔业产值年均增长率超过10%的唯一区域；川东北经济区受限于地理环境，以山地为主，休闲渔业发展相对缓慢；攀西经济区和川西北经济区受地域广阔、人口密度低、基础设施欠完善等因素影响，休闲渔业发展存在困难（表1）。

（三）产业结构

根据农业农村部编制的《休闲渔业发展情况监测表》中关于休闲渔业的监测分类，将我国休闲渔业分为5种类型，分别是：旅游导向型休闲渔业、休闲垂钓及采集业、钓具钓饵观赏鱼渔药及水族设备、观赏鱼产业及其他。其中旅游导向型休闲渔业、休闲垂钓及采集业为主导产业，以2022年为例，旅游导向型休闲渔业和休闲垂钓及采集业产值分别为27.15亿元和16.20亿元，共占全省休闲渔业产值的83.82%。

表 1 2017—2022 年休闲渔业分区域产值数据统计表

年份	成都平原经济区			川南经济区			川东北经济区			攀西经济区			川西北经济区		
	产值（亿元）	占比（%）	增长（%）	产值（亿元）	占比（%）	增长（%）	产值（亿元）	占比（%）	增长（%）	产值（亿元）	占比（%）	增长（%）	产值（亿元）	占比（%）	增长（%）
2017	19.79	58.22	—	7.02	20.65	—	6.54	19.24	—	0.51	1.50	—	0.13	0.38	—
2018	27.61	61.33	39.51	8.69	19.30	23.79	8.13	18.06	24.31	0.54	1.20	5.88	0.05	0.11	−61.54
2019	30.03	59.93	8.76	10.73	21.41	23.48	8.79	17.54	8.12	0.55	1.10	1.85	0.02	0.04	−60.00
2020	27.59	56.80	−8.13	11.52	23.72	7.36	9.01	18.55	2.50	0.46	0.95	−16.36	0	—	—
2021	29.70	56.84	7.65	12.86	24.61	11.63	9.15	17.51	1.55	0.55	1.05	19.57	0	—	—
2022	28.86	55.80	−2.83	13.21	25.54	2.72	9.12	17.63	−0.33	0.53	1.02	−3.64	0	—	—
年均增长率（%）	7.84			13.48			6.88			0.77			—		

数据来源：《四川渔业统计年鉴》（2017—2022）

1. 旅游导向型休闲渔业

近年来，旅游导向型休闲渔业呈现总体上升趋势，受新冠肺炎疫情影响，在2020年旅游导向型休闲渔业产值出现小幅度下降（图3）。

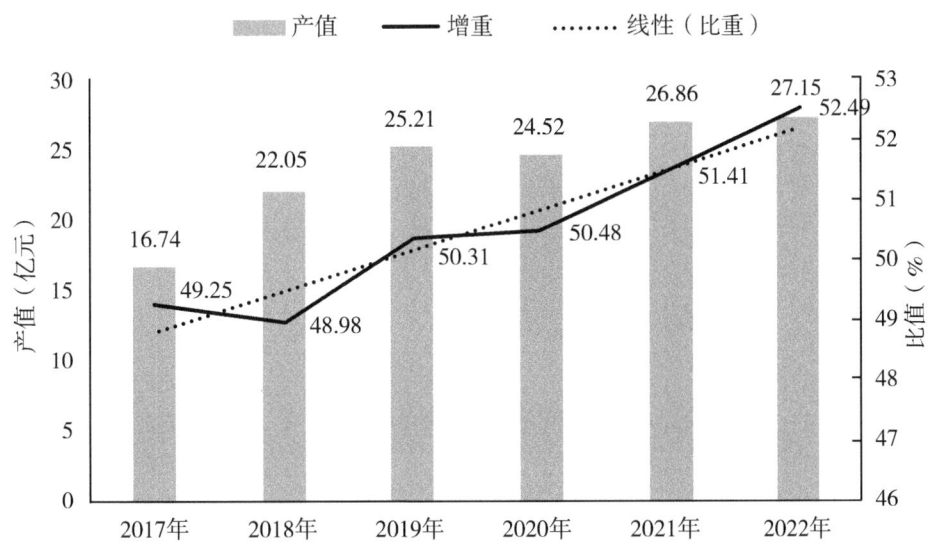

图3　2017—2022年旅游导向型休闲渔业产值及占休闲渔业总产值比重

2022年，四川省旅游导向型休闲渔业产值达到27.15亿元，占休闲渔业总产值的52.49%，比2017年增加了10.41亿元，增长了62.19%。其中，海洋旅游导向型休闲渔业产值1.01亿元，占总量的3.72%；淡水旅游导向型休闲渔业产值26.15亿元，占总量的96.32%。旅游导向型休闲渔业产值前五位的市（州）依次是成都市、内江市、绵阳市、达州市、宜宾市，5市区产值总和21.18亿元，占全省总量的78.01%（图4）。

2. 休闲垂钓及采集业

休闲垂钓及采集业稳步发展，在2020年和2022年有小幅度回落（图5）。2022年，四川省休闲垂钓及采集渔业产值16.20亿元，占全省休闲渔业产值的31.32%。其中，淡水休闲垂钓及采集渔业产值16.20亿元。

3. 钓具钓饵观赏鱼渔药及水族设备

2022年，四川省钓具钓饵观赏鱼渔药及水族设备产值3.22亿元，同比基本持平（图6）。

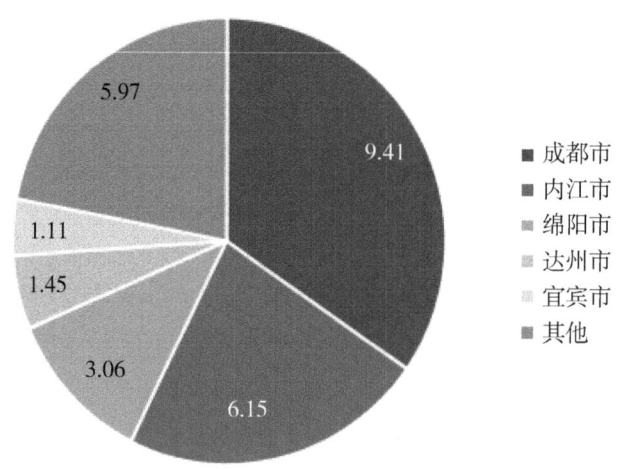

图 4　2022 年部分市区旅游导向型休闲渔业产值（亿元）

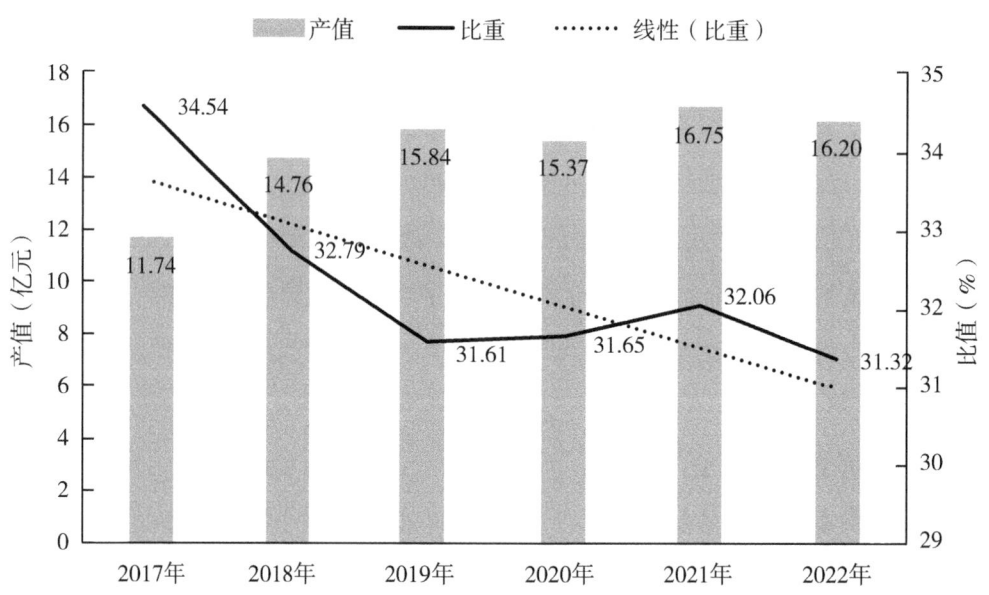

图 5　2017—2022 年四川省休闲垂钓及采集业产值及占休闲渔业总产值比重

其中，钓具产值 1.55 亿元，占总量的 48.14%；钓饵产值 1.13 亿元；占总量的 35.09%；水族设备产值 0.53 亿元，占总量的 16.46%（表 2）。

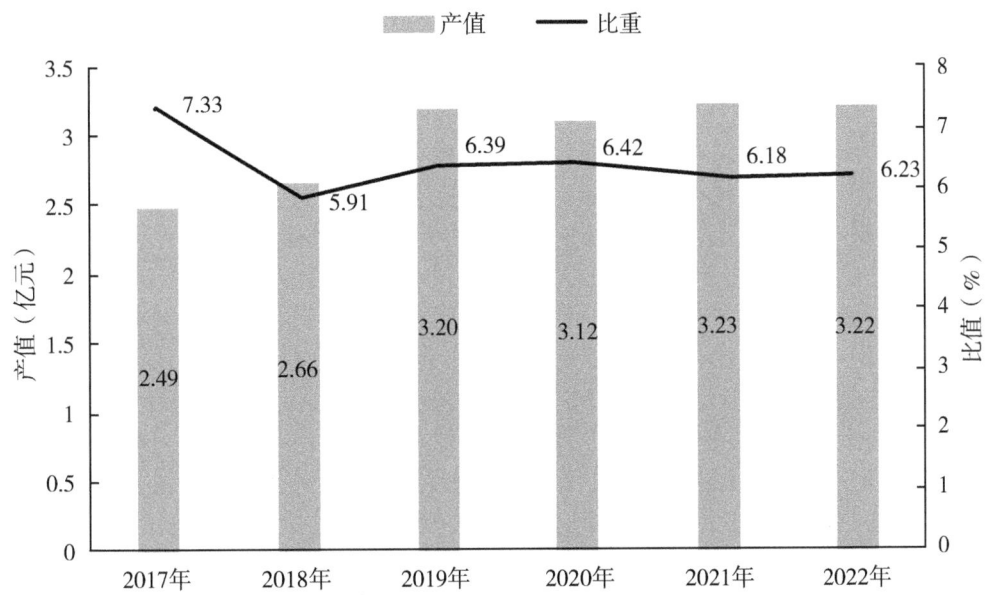

图 6 2017—2022 年钓具钓饵观赏鱼渔药及水族设备产值及占休闲渔业总产值比重

表 2 2017—2022 年钓具、钓饵、水族设备产值数据统计表

年份	钓具			钓饵			水族设备		
	产值（亿元）	比重（%）	增长（%）	产值（亿元）	比重（%）	增长（%）	产值（亿元）	比重（%）	增长（%）
2017	1.39	55.82	—	0.67	26.91	—	0.43	17.27	—
2018	1.45	54.51	4.32	0.68	25.56	1.49	0.50	18.80	16.28
2019	1.53	47.81	5.52	1.12	35.00	64.71	0.52	16.25	4.00
2020	1.53	49.04	0.00	1.09	34.94	-2.68	0.50	16.03	-3.85
2021	1.56	48.30	1.96	1.13	34.98	3.67	0.54	16.72	8.00
2022	1.55	48.14	-0.64	1.13	35.09	0.00	0.53	16.46	-1.85
年均增长率（%）		2.20			11.02			4.27	

数据来源：《四川渔业统计年鉴》（2017—2022）

4. 观赏鱼产业

观赏鱼产业产值在 2019 年达到最高，总量为 5.86 亿元，占当年渔业总产值的 11.69%，2019—2022 年出现小幅下降，年均增长率-4.21%（图 7）。2022 年观赏

鱼产业产值 5.15 亿元，占全省休闲渔业产值的 9.96%。

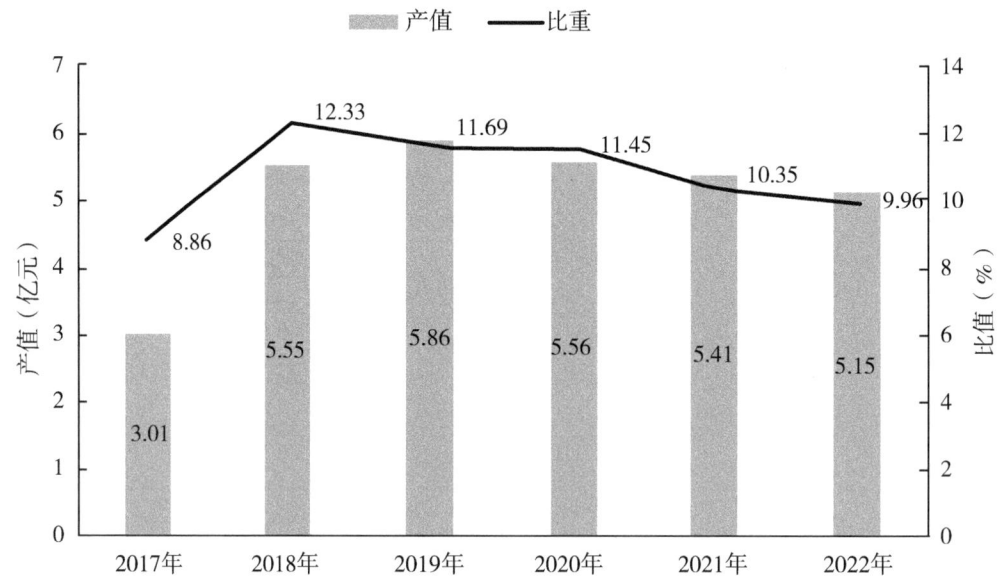

图 7　2017—2022 年观赏鱼产业产值及占休闲渔业总产值比重

其中，观赏鱼养殖业产值 1.84 亿元，占总量的 35.73%；观赏鱼营业额 3.31 亿元，占总量的 64.27%（表 3）。

表 3　2017—2022 年观赏鱼产业产值构成

年份	观赏鱼养殖业			观赏鱼营业额		
	产值（亿元）	占比（%）	增长（%）	产值（亿元）	占比（%）	增长（%）
2017	1.82	60.47	—	1.19	39.53	—
2018	2.29	41.26	25.82	3.27	58.92	174.79
2019	2.38	40.61	3.93	3.48	59.39	6.42
2020	2.34	42.09	-1.68	3.22	57.91	-7.47
2021	2.06	38.08	-11.97	3.35	61.92	4.04
2022	1.84	35.73	-10.68	3.31	64.27	-1.19
年均增长率（%）		0.22			22.70	

数据来源：《四川渔业统计年鉴》（2017—2022）

二、休闲渔业发展存在的问题

(一) 缺乏自身特色,业态和服务单一

目前,四川省休闲渔业发展模式单一,各地经营模式和生产方式大同小异,多采取休闲垂钓、品尝渔鲜、观光旅游等形式,没有地域特色,对地方"渔"文化的挖掘和利用不够,照搬其他地区的休闲渔业模式,缺乏自身文化特色,难以形成品牌效应,也不具有较大的市场竞争力,而且往往只提供单一服务,缺乏集垂钓、娱乐、观赏、餐饮、科普、购物于一体的综合性服务业态,难以形成规模经济。此外,四川省休闲渔业的经营者大多是传统渔民,经营管理水平有限,不能将休闲渔业与"渔"文化紧密结合,没有因地制宜发展特色休闲渔业,不注重开发本地的自然人文资源,不懂得利用自身的资源优势,一味地模仿别人,开发出来的产品很快就被市场淘汰,无法带来持续的经济效益。

(二) 缺乏政策支持,管理体制不健全

休闲渔业涉及渔业、农业、旅游、交通、金融等多个行业和政府职能部门,由于缺乏完整的管理体制机制,休闲渔业管理权的所有权一直存在争议,这使得我国的休闲渔业产业发展存在诸多问题。目前,我国尚未出台统一完善的管理制度来规范和指导休闲渔业的发展,四川省印发了《四川省长江流域禁捕水域休闲垂钓管理办法(试行)》,但还未建立完备的法律法规来规范和约束休闲渔业的发展,由于没有完善的法律可依照,给休闲渔业管理带来了极大的困难。另外,目前没有专门用于休闲渔业的中央财政资金和省级财政资金、金融政策、保险支持政策,产业发展仍以渔民和企业等各类市场主体参与、市场化运作为主,部分市县给予一定资金支持,但扶持力度明显不足。

(三) 缺乏技能培训,从业人员素质偏低

四川省休闲渔业的从业人员整体上文化水平低,休闲渔业开发和经营管理能力不足。一是从业人员较少关心社会发展趋势,往往不能及时把握市场趋势,无法很好地满足游客的需求,提供的产品和服务滞后于市场需求,不能抢占市场先机。二是从业人员缺乏专业培训,服务意识淡薄,服务质量和水平不高,有宰客欺客的情况发生,拉低了行业的整体服务水平,不利于休闲渔业向高质量高档次发展。三是从业人员缺乏必要的专业知识,不具有大局观,无法对休闲渔业做整体的规划管

理，仅能看到局部利益或短期效益，导致休闲渔业可持续发展动力不足。此外，由于休闲渔业多在水域经营，经营场所安全设施设备不健全，经营者安全意识有待加强，这些都导致旅客安全存在重大风险隐患。

（四）缺乏品牌观念，市场营销力度不强

截至目前，休闲渔业并没有建立具有一定口碑的休闲渔业品牌，从业人员品牌观念淡薄。但在自媒体时代，网络营销显得越发重要，是这个时代推广品牌的重要手段，由于四川省休闲渔业从业者多为渔民个体经营，市场化程度低，缺乏市场营销意识，宣传推广力度不足，难以吸引游客，难以回本或积累资金，市场竞争力较弱，不利于四川省休闲渔业的可持续发展。

三、休闲渔业发展的对策及建议

（一）加大政策扶持

一是规范休闲渔业用地管理，严格落实自然资源部、国家发展改革委、农业农村部联合印发的《关于保障和规范农村一二三产业融合发展用地的通知》要求，保障和规范休闲渔业用地，推动各地将休闲渔业项目建设用地纳入当地土地利用总体规划和年度计划合理安排。二是加大资金投入力度，研究制定休闲渔业在财政补贴、税收征收、土地利用、行政审批等方面的优惠扶持政策，整合涉农资金，向休闲渔业集聚区倾斜，探索投资补助、以奖代补、财政贴息、设立产业投资基金等方式加大财政扶持力度，创新投融资模式，通过独资、合资、合作、联营、租赁等途径，采取特许经营、公建民营、民办公助等方式，健全联农带农有效激励机制，引导社会各类资本稳妥有序投入休闲渔业。三是支持有一定资源和建设条件的村，打造水产养殖、加工、餐饮、休闲文化全产业链渔业新村，支持省级以上休闲渔业示范基地提档升级。

（二）科学规划引导

深入分析四川省区域资源特色和市场发展潜力，合理确定优先发展区域，立足区域经济社会发展和旅游市场需求、自然和文化资源禀赋、渔业产业基础和结构调整需要，科学制订发展规划，引导各地着力推动渔业产业融合发展，利用渔区自然环境及人文资源，与渔业生产、渔产品、渔业民俗、渔业经营、科普教育等活动相结合，拓展渔业功能，积极发展餐饮、垂钓、水族观赏、渔事体验、渔文化感受、科普教育等多种休闲业态。一是在城郊接合部、交通便利的地方，利用池塘、堰塘、水库等渔业设施，通过标准化改造，配备一定的娱乐设施，发展休闲垂钓。二是在各市县近郊、江河岸边以及交通发达的要道，依托当地特色渔业品种，将养殖、垂钓与餐饮结合，或直接发展以吃鱼、品鱼为主的渔家乐休闲渔业，形成特色休闲渔业品牌。三是在旅游景点和水库池塘设施完备的地方，结合水面资源、旅游资源，发展集垂钓、观景、休闲、度假、会议于一体的旅游观光渔业。四是在大中城市周边、旅游景区，积极规划发展现代化的观赏鱼水族馆，水族装备生产和批发零售市场，发展水族观赏型休闲渔业。

（三）加强规范管理

一是建立健全休闲渔业的法律法规体系，加强对渔业生态资源以及安全生产的监督管理，坚持可持续发展为原则，完善休闲渔业管理制度和标准体系，制订符合产业发展实际、适度超前的休闲渔业准入、基础设施建设、经营服务、卫生和食品安全等标准，加强标准实施应用和监督管理，提升产业标准化、规范化发展水平。二是休闲渔业相关各部门共同制定符合四川省实际情况的规章制度，强化监督管理，规范经营活动行为，明确各部门职责，为休闲渔业的持续、稳定发展创造一个良好的环境。三是发挥行业协会等社会组织自律作用，引导经营主体自我约束，规范经营行为，为四川省休闲渔业健康有序发展营造良好氛围。

（四）丰富产业形态

充分挖掘渔业、文化和自然资源优势，利用区位、旅游、文化和渔业等资源优势，加强休闲渔业养殖基地、餐饮、度假等设施的高品位建设，因地制宜打造垂钓、旅游、餐饮和住宿等一体化模式，经营上打破单一生产垂钓的简单模式，打破行业、部门和地域界限，引导规模发展，创建品牌，通过几个高标准、高品位项目的带动，整体打造具有地方特色的休闲渔业项目，形成休闲渔业品牌，推动休闲渔业从垂钓、观光、餐饮向研学教育、康养民宿、渔事体验、民俗文化等多功能拓展，培育休闲渔业园区、休闲渔村、特色渔业小镇等多种休闲渔业发展模式，丰富产业形态，促进产业提档升级。

（五）提升服务质量

各相关部门应共同制定有关规定，强化管理，开展相应的培训服务，对现有从业人员教授先进的管理模式和服务理念，帮助从业者转变经营理念，提高服务质量以及行业整体水平，为休闲渔业持续、稳定发展创造一个良好环境。如出台相关条例，规范经营活动行为，明确各部门职责，对休闲渔业从业人员进行渔业知识、法律常识、卫生知识、旅游知识、安全防范意识的宣传教育和培训，提高休闲渔业从业者的素质和经营管理能力。

（六）强化宣传引导

在发展休闲渔业的同时，要致力提高休闲渔业的知名度、影响力和吸引力。必须在强化整体包装宣传等方面下功夫。通过各种媒介，运用各种方式，面向广大城镇居民，广泛宣传"渔"文化，提高休闲渔业的知名度，让大家对休闲渔业有更多了解。

四、休闲渔业发展典型案例

（一）南部县升水镇临江坪村

临江坪村面积4.55平方公里，依傍在国家4A级旅游景区——升钟湖核心景区湖畔，依托独特人文自然资源大力发展休闲渔业，带动全村46户贫困户脱贫，2019年全村人均收入达到2.59万元。2012年被农业农村部授予"西部最美丽的渔村"称号，同年被中共四川省委表彰为"全省创先争优先进基层党组织"，2016年被评为"省级四好村"等称号。

临江坪村自2009年以来，已连续举办十一届"中国升钟湖国际钓鱼大赛"，成为南部县乃至四川省的一大文化体育旅游名片，钓鱼大赛每年吸引游客50万人（次）以上，助力当地群众和贫困户增收。全村先后兴办97家以鱼为特色的旅游渔家乐，吸引国内外大量游客前来旅游、度假、休闲、垂钓、民俗体验。创建了升钟湖有机鱼品牌，并多次成功举办升钟湖有机鱼推介会。

临江坪村利用"中国西部最美渔村"这一名片招揽四方游客，重点打造以垂钓旅游、休闲度假为主题的建设项目，建成集住宿、垂钓、乡村旅游、观光、农耕体验为一体的特色旅游景区，宜居乡村居建设水平位居前列，村风文明程度显著提升，村级治理体系进一步健全，坚持以举办大型钓鱼赛事、发展休闲渔业为主打造乡村振兴典型示范村。

临江坪村的主要做法和经验：一是大力发展渔家乐。积极利用最美渔村优势，大力发展渔文化为主的乡村旅游，成立农家乐协会，发动有志青年回家创业，开办以鱼为主的特色农家乐97家，带动餐饮、住宿、观光旅游业发展。二是打造渔业品牌。成功申报获得升钟湖有机鱼品牌，并多次举办升钟湖有机鱼推介会。建立升钟湖有机鱼配送中心，产品成功入驻成都沃尔玛等超市，在绵阳、南充等地开办十几家升钟湖鱼火锅。三是促进农民增收。在"以鱼秀水"的基础上进一步促进"以渔富民"，使库区农民每年增收400余万元，其中不少是贫困户。打造库钓、舟钓、池钓等钓鱼竞赛项目，每年总奖金达80余万元，吸引上千名国内外专业选手参赛，吸引游客50万人（次）以上，助力当地群众致富增收。

（二）广元市生态渔业发展有限公司

广元市生态渔业发展有限公司是一家国有独资企业，公司注册资本金1 000万元，下设6个部门，现有员工31人，按照保护优先、合理开发的原则和"统一规划、统一管理、统一标准、统一品牌、统一经营"的发展思路，走生态、经济、社会效益统一的高质量大水面生态休闲渔业发展路子。此外，广元市委、市政府出台了"两湖"《生态渔业发展工作方案》《生态渔业管理暂行办法》《规范渔业经营秩序通告》《垂钓管理暂行规定》等制度，颁布了第一部地方性法规《广元市白龙湖亭子湖保护条例》，成立市级层面休闲渔业、生态渔业发展工作推进机构，为生态渔业发展提供了坚强的政策支撑和组织保障。

公司累计协调争取到位中、省各类项目资金和补助、补贴资金近3 000万元。成功申报渔民驿站、亭子口增殖放流站增殖放流等项目；投资4.99亿元的"两湖"生态渔业园区基础设施建设政府专项债项目已发债10 960万元；成功申报两湖生态有机鱼价值实现支撑配套项目，向上争取预算资金5 100万元，项目已完成投资项目在线平台审批，纳入国家重大项目库三年滚动投资计划。通过项目和资金争取，缓解了自有资金不足的压力，降低了企业负债率，做大了资产规模，增强了发展后劲。

公司聘请中国科学院水生生物研究所、四川大学、四川农业大学、上海海洋大学等专家教授6人为技术顾问，定期开展技术指导服务，建立苗种繁育、培育三级标准化基地，已建成苗种一级核心繁育基地500亩、各县区水产养殖场二级培育区6 000亩、中小型水库和溪沟河湾三级培育区10 000亩，现有苗种供应单位17家，苗种基地年均繁育名优鱼种60万尾，培育滤食性鲢鳙鱼种2 500万尾。

公司实施"渔民上岸"转产工程，推动涉渔业态融合发展。对"两湖"786艘原持证合法渔船全部退捕转产,并采取"三个一"进行妥善安置,即一部分船主被招聘为公司员工,从事渔业管护、垃圾打捞,生产捕捞等工作;一部分成为公司水产品经销商,批发零售"两湖"水产品;一部分上岸发展池塘及稻渔综合种养、垂钓平台、渔家乐等相关产业。

公司在品牌创建和营销上狠下功夫。有机认证品种累计达到8个,"两湖"有机鱼连续6年通过有机认证,荣获"四川省优质品牌农产品",注册"白龙湖"有机鱼商标。公司成功加入省水产学会、省渔业协会、省食品饮料产业协会、市质量品牌协会等,被评为"广元市质量品牌建设优秀示范单位"。坚持线上线下营销模式,立足本地,辐射成渝、陕甘、川南等周边市场,建成品牌经销商30余家、品牌授权餐饮店70余家。与京东、阿里巴巴等电商合作,开拓线上市场,累计实现销售收入近3 000万元,"白龙湖亭子湖生态有机鱼"品牌知名度逐步显现。

(三)广汉市三水镇友谊村

友谊村地处广汉市鸭子河、石亭江、绵远河三江交汇处,面积4.7平方公里,辖15个村民小组,总人口3 618人,耕地面积4 300余亩,是全国休闲渔业示范基地。为打造业兴、家富、人和、村美的幸福美丽新村,友谊村以深化改革为抓手,以促农增收为途径,加快推动乡村振兴,产业呈现出"一村五品"(水产基地、葡萄基地、粮食基地、蔬菜基地、花卉基地),实现了农业强、农村美、农民富。

友谊村作为增加农民财产性收入改革、农村集体资产股份制改革、农村产权制度改革、农村宅基地有偿退出机制改革试点村,在振兴乡村的道路上率先迈开步子。一是通过集体经济股份制改革,有效盘活了集体资产,整合社会投资2亿余元推进农旅产业融合发展。"一清、二改、三统、四发"(即清产核资、股份制改革、统筹经营、融合发展)的"友谊经验"得到相关领导的高度评价。该案例被人民日报社和四川省农业农村厅共同授予2017年四川十大农业供给侧结构性改革案例提名奖。二是以"四好村"建设为抓手,在河滩上建基地,在基地上建景区,在景区里造景观,将友谊幸福家苑、水岸别苑两个新村建设与谢家、易家两个老旧院落的生态改造和景区建设相结合,按照"小组生微"的模式打造生态宜居的美丽家园。让农民群众住上好房子、过上好日子、养成好习惯、形成好风气。三是坚持建基地、搞加工、创品牌的思路打造易家河坝旅游景区,在原有粮食、水产基地上,发展了葡萄、蔬菜、花卉基地,村集体创建了易江牌农产品品牌,水产品多次获得德阳市名优农产品称号。

友谊村在乡村振兴的道路上，不断丰富休闲渔业产业形态，坚持原有农业收益增长极不变，多元化开拓收益来源，推进一三产融合发展。一是依托村集体 1 500 亩水面资源，调整渔业养殖产业结构，从传统养殖模式，到采取智能投饵、智能增氧，向数字化养殖模式转型，并逐步打造智能融合产业园区。二是充分利用三江湖水域自然资源，将三江湖河堤设计成生态绿道，生态绿道贯穿整个景区，吸引了无数广汉本地及周边地区的游客前往游玩。随着农旅融合发展，景区逐步发展成为以竞钓赛事、渔家游乐、鲜果采摘及渔家特色美食为一体的"农业+旅游"乡村旅游景区，扩展了衍生业态。三是与四川省钓鱼运动协会合作，建设了四个国家级的竞钓塘，可容纳 500 余人同场竞钓，并获得四川省路亚库钓基地荣誉称号。通过承办全国钓鱼邀请赛、四川省首届钓鱼锦标赛等重量级赛事，让友谊村成为成都平原最知名的休闲垂钓游目的地和全国垂钓比赛场地。

友谊村已从昔日的烂鱼塘蜕变成美丽的"小西湖"，年吸引游客约 70 万人（次），全年实现旅游收入超过亿元，并入选国家级最美渔村。2022 年，友谊村集体资产达 3 204 万元，村集体经济收入 107 万元，农民人均可支配收入 2.4 万元。

参考文献

付豪，田雪，2022. 国际休闲渔业模式对我国休闲渔业的启示 [J]. 河南水产（4）：1-3+6.

沈芳，钱卫国，2023. 我国休闲渔业及相关产业灰色关联度分析 [J]. 农村经济与科技，34（14）：69-73.

徐凤丽，2021. 关于中国休闲渔业的若干问题探究 [J]. 江苏商论，(11)：66-69.

于秀娟，郝向举，杨霖坤，等，2022. 中国休闲渔业发展监测报告（2022）[J]. 中国水产（12）：35-40.

四川池塘养殖现状与发展策略研究

陈春娜[1]　曾开虎[2]　梁云灿[2]　杨育梅[2]　王　俊[2]

(1. 四川省农业科学院水产研究所，四川宜宾　644000；
2. 四川省水产局，四川成都　610041)

摘　要：池塘养殖是四川省水产养殖的主要方式之一，近年来，随着水产养殖技术的进步和产业结构的优化升级，四川池塘养殖得到了长足的发展，养殖总产量、养殖效益逐年提升，但同时也面临着水质污染、病害频发等问题。本报告回顾了四川省池塘养殖发展所经历的历史阶段，分析了当前四川省池塘养殖的发展现状，凝练了制约发展的主要问题，并在此基础上提出了促进四川省池塘养殖发展的对策，以期为实现四川省由水产大省向现代水产强省转变提供参考依据。

关键词：池塘养殖；养殖模式；疾病防控；尾水治理；发展对策

池塘养殖是指利用人工开挖或天然的池塘进行水产经济动植物养殖的一种生产方式，是人们通过苗种和相关的物质投入来干预和调控影响养殖动物生长的环境条件，以期获得最大产出的复杂的系统活动。池塘养殖作为四川省水产养殖的主要生产方式，这种养殖方式具有投入少、收益好、易于管理等优势。

水产产业是四川农业农村经济中重要的支柱产业之一，长期以来，四川都是全国水产品生产大省，水产养殖产品作为四川省当前食品供应的重要部分，具有举足轻重的作用。放眼全国，四川水产大省含金量十足，2022年，四川省淡水水产品产量172.15万吨、淡水渔业产值343.11亿元，均居全国第7位，西部第1位；池塘养殖产量全国第8位，西部第1位；在统计的22个淡水养殖品种中，四川省有10个品种养殖产量居全国前5位、有17个品种养殖产量居西部第1位，其中，鲶鱼、鮰鱼、长吻鮠均居全国第1位。

水产养殖业的快速发展也是满足四川省对水产品增长需求的唯一途径。随着人们对水产品需求的增加，以及对水产养殖可持续发展的重视，高效、健康的养殖模式，如封闭式循环水养殖，集装箱模块式养殖等养殖模式得到了快速发展。据统计，2022年四川水产养殖面积190 095公顷，养殖产量1 721 461吨，其中池塘养殖面积为101 456公顷，占全省水产养殖面积的53.37%，养殖产量953 967吨，占全省淡水水产品养殖产量的55.42%。由此可见，池塘养殖仍是四川省水产养殖的主要方式之一，池塘养殖为四川省水产养殖业的发展作出了巨大贡献。

本报告在梳理、归纳、分析四川池塘养殖发展现状的基础上，剖析了当前四川省池塘养殖存在的主要问题，并提出了相应对策建议，这对不断提升四川省渔业综合生产能力、促进养殖模式转变、实现川鱼振兴计划，擦亮"川鱼"金字招牌，实现四川省由水产产业大省向现代水产产业强省的跨越具有十分重要而深远的意义。

一、四川省池塘养殖基本情况

（一）发展历程

四川省池塘养殖具有悠久的历史，可追溯至东晋时期。《华阳国志》中提及："其筑城取土，去城十里，因以养鱼，今万岁池是也。"这便是对当时蜀地（即现在的四川）池塘养殖生动的描绘。

自新中国成立后，四川省池塘养殖的发展历程可追溯到改革开放以后。在这个过程中，池塘养殖也在不断地演进，从传统到现代转变，从粗放向集约发展，下面按照时间顺序，简要介绍其经历的主要阶段。

第一阶段，初始阶段。这个时期主要是从20世纪80年代到90年代，在这个时期，四川省的池塘养殖业开始发展，1981年，《四川省人民政府关于加速发展水产生产的决定》出台，明确指出："水产生产要以养殖为重点"。各地乘着改革政策的东风，纷纷利用低洼地、河滩地建设精养鱼塘，掀起了商品鱼基地建设高潮，逐步建成了一批以池塘养殖为核心的商品鱼生产基地，这个时期的养殖模式相对比较粗放，由于受到饲料加工技术等限制，投喂主要依赖自然饵料和粮食残渣，水产品产量较低，主要养殖品种有草鱼、鲢鱼、鳙鱼、鲤鱼等。

第二阶段，快速发展阶段。这个阶段主要是从20世纪90年代初到21世纪初期，随着科技的进步，水产饲料的种类和质量得到了极大的提升。四川省的水产饲料行业也开始向专业化、规模化发展。特别是在1995年，国家提出"粮改饲"政策后，四川省的水产饲料行业得到了快速发展。得力于水产饲料行业的发展，四川省的池塘养殖业进入了快速发展阶段，养殖技术和管理水平有了显著提高，养殖规模不断扩大，产量也得到了稳步提升。

第三阶段，转型阶段。这个阶段主要是从21世纪初到2010年左右，在这个阶段，四川省开始引进一些现代化的养殖技术和设备，如增氧机、投饵机等，同时开始注重水质管理，养殖技术得到了大幅度提高。配合饲料的质量和种类都有了显著的提升，同时，特种水产饲料的研发和生产也得到了快速发展。此外，为了满足不同水产动物的需求，功能性饲料的产品开始崭露头角，此阶段养殖品种除了传统的鱼类养殖外，还增加了鲟鱼、甲壳类、贝类等养殖。

第四阶段，提升阶段。这个阶段主要是从2010年初至今，此阶段池塘养殖业由注重产量增长转到更加注重质量效益，由注重资源利用转到更加注重生态环境保护。现代养殖技术、优良品种、自动化设备得到了广泛应用。此外，四川省积极探索"光伏+渔业"产业模式，开辟了水产养殖业可持续发展新路，实现了更高的养殖经济效益。近年来，四川池塘养殖围绕高效、生态、节水、安全的模式开展了进一步的探索，发展出了池塘循环水养殖模式等新型的池塘设施化养殖模式，有力地推动了四川池塘养殖行业绿色、循环、低碳的发展。

总的来说，四川省的池塘养殖经历了从粗放到集约，从单一化到多元化的发展过程。未来，随着科技的进步和环保要求的提高，四川省池塘养殖将继续向环保、高效、可持续和智能化发展。

（二）发展现状

近年来，四川省水产养殖取得了长足进步，2022年四川省淡水水产品产量172.15万吨，根据四川省统计局公布的数据，2022年末四川省人口总数为8 374千万，根据中国营养学会发布的中国居民平衡膳食宝塔（2022年），建议我国居民对鱼虾类的需要量为40~75克/（人·天），按照365天计算，平均需要量为20.99千克/（人·天），如果依据我国膳食结构中对鱼虾类的需要量为标准，2022年四川省水产品人均占有量为20.55千克/（人·天），基本能够满足居民对鱼虾类的平均需要量。随着养殖技术的不断提升和养殖规模化的持续推进，水产养殖产量将会保持递增状态，人们对水产品的需求正从"有"向"优"升级。

1. 池塘养殖面积相对稳定

2022年，全国淡水养殖面积5 033 084公顷（图1），同比增长0.99%，其中淡水池塘养殖面积为2 624 878公顷，同比增长0.78%，淡水池塘养殖面积占全国淡水养殖面积的52.15%。

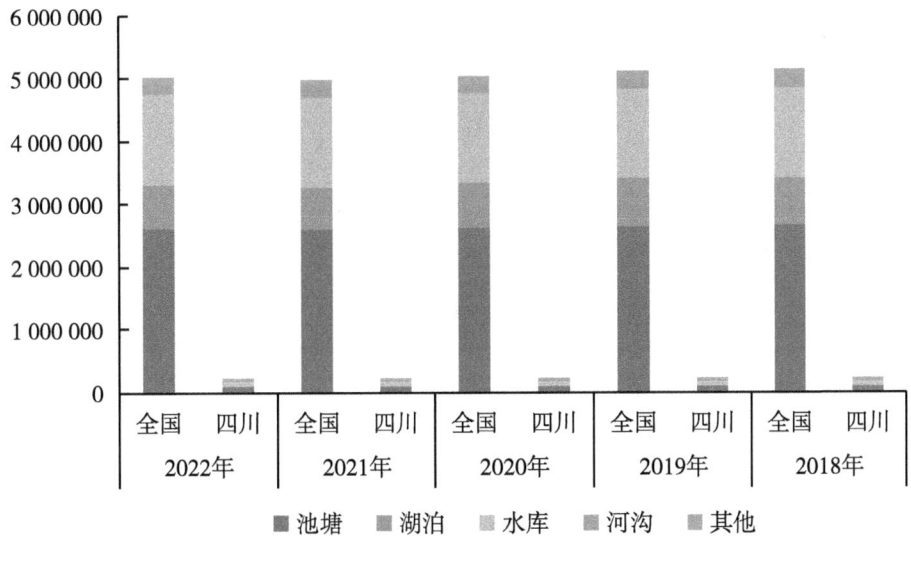

图1 淡水养殖面积（单位：公顷）

四川省淡水养殖以池塘、湖泊、水库、河沟和稻田养成鱼为主，2022年，四川省淡水养殖面积190 095公顷（除稻田养成鱼外），占全国淡水养殖面积的3.78%（表1）。其中池塘、湖泊、水库和河沟养殖面积分别为101 456公顷、3 599公顷、75 330公顷、9 314公顷、396 公顷，分别占全国淡水养殖的 3.87%、0.52%、5.20%、6.56%、0.30%。

表1 四川省淡水养殖不同类型水域面积及在全国所占的比例　　（单位：公顷）

	淡水养殖	池塘	湖泊	水库	河沟	其他
全国	5 033 084	2 624 878	688 458	1 447 725	141 886	130 173
四川	190 095	101 456	3 599	75 330	9 314	396
所占比例（%）	3.78	3.87	0.52	5.20	6.56	0.30

在四川省淡水养殖面积中，池塘养殖面积101 456公顷，占53.37%，湖泊养殖面积101 456公顷，占1.89%，水库养殖面积3 599公顷，占39.63%，河沟养殖面积9 314公顷，占4.90%，其他养殖面积396 公顷，占0.21%（图2）。

从2013—2023年淡水池塘养殖数据来看，四川省淡水养殖面积相对稳定，在

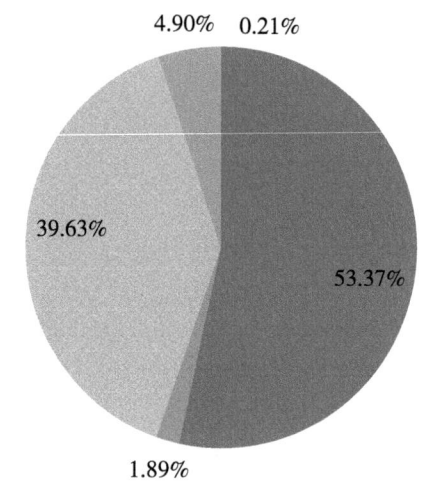

图 2　四川省淡水养殖不同类型水域面积占比（%）

18.8万~21.4万公顷，占全国淡水养殖面积的3.6%；池塘养殖面积10万公顷，占全国池塘养殖面积3.8%，占四川省淡水养殖面积的53.8%（表2）。全国和四川淡水养殖和池塘养殖面积分别见图3和图4。

表2　2013—2022年淡水池塘养殖情况

年度	淡水养殖面积（公顷）			池塘养殖面积（公顷）		
	全国	四川	所占比例（%）	全国	四川	所占比例（%）
2022	5 033 084	190 095	3.78	2 624 878	101 456	3.87
2021	4 983 865	190 462	3.82	2 604 629	101 916	3.91
2020	5 040 556	193 145	3.83	2 625 404	100 946	3.84
2019	5 116 320	193 096	3.77	2 644 726	99 978	3.78
2018	5 146 455	190 083	3.69	2 666 835	98 351	3.69
2017	5 364 958	188 395	3.51	2 527 781	95 725	3.79
2016	6 179 619	214 876	3.48	2 762 604	108 383	3.92
2015	6 147 241	211 476	3.44	2 701 222	105 898	3.92
2014	6 080 888	199 446	3.28	2 661 901	103 576	3.89
2013	6 006 130	196 809	3.28	2 623 176	102 147	3.89

数据来源：《中国渔业统计年鉴》

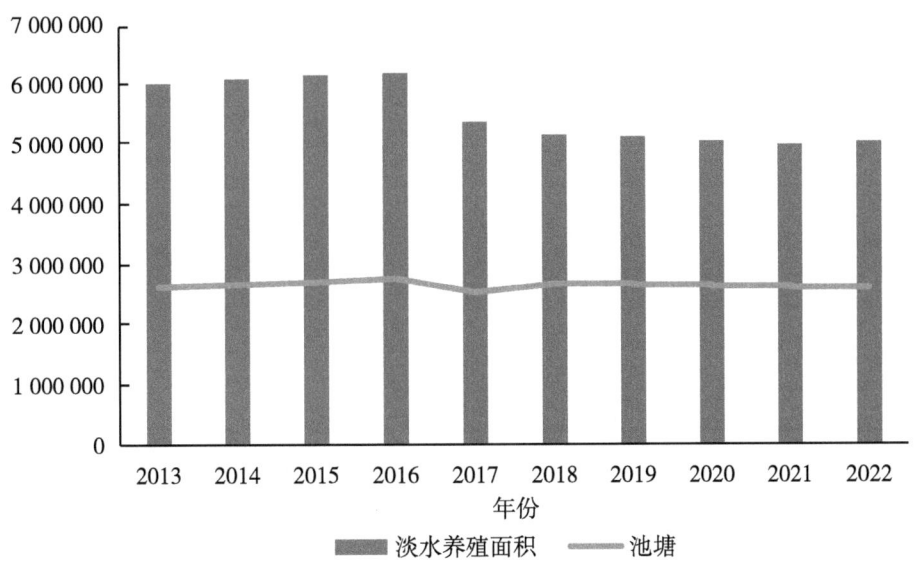

图 3 全国淡水养殖和池塘养殖面积（单位：公顷）

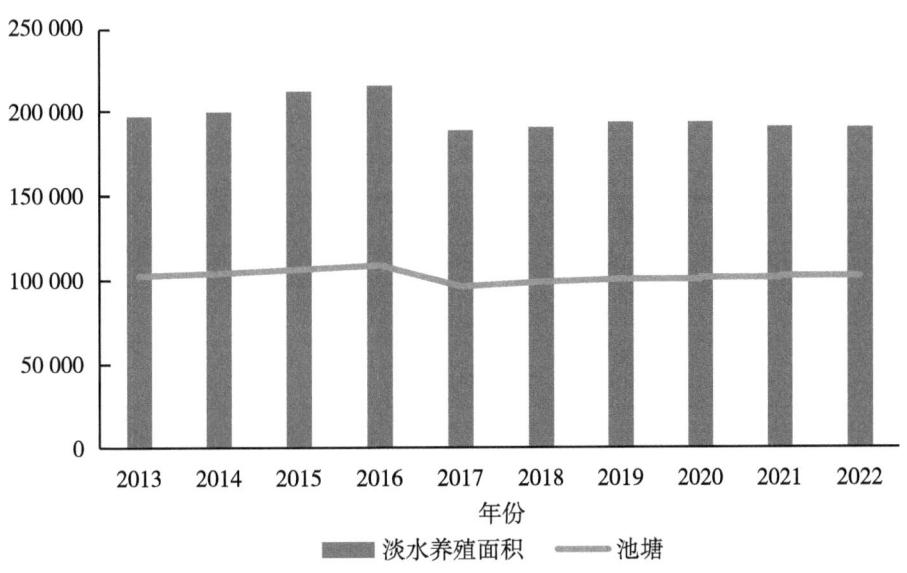

图 4 四川淡水养殖和池塘养殖面积（单位：公顷）

2. 养殖产量稳步提升

2022 年，全国淡水养殖产量 32 897 640 吨，池塘养殖产量为 2 923 468 吨（图 5），同比增长 4.02%。四川省 2022 年淡水养殖产量 1 721 461 吨，占全国淡水养殖产量的 5.23%，居全国第 7 位。其中池塘、湖泊、水库和河沟养殖产量分别为

953 967吨、1 210吨、211 905吨、34 513吨、27 066吨，分别占四川省淡水养殖产量的55.42%、0.07%、12.31%、2.00%、1.57%（表3），全国淡水养殖产量的3.95%、0.15%、7.38%、7.39%、3.77%。

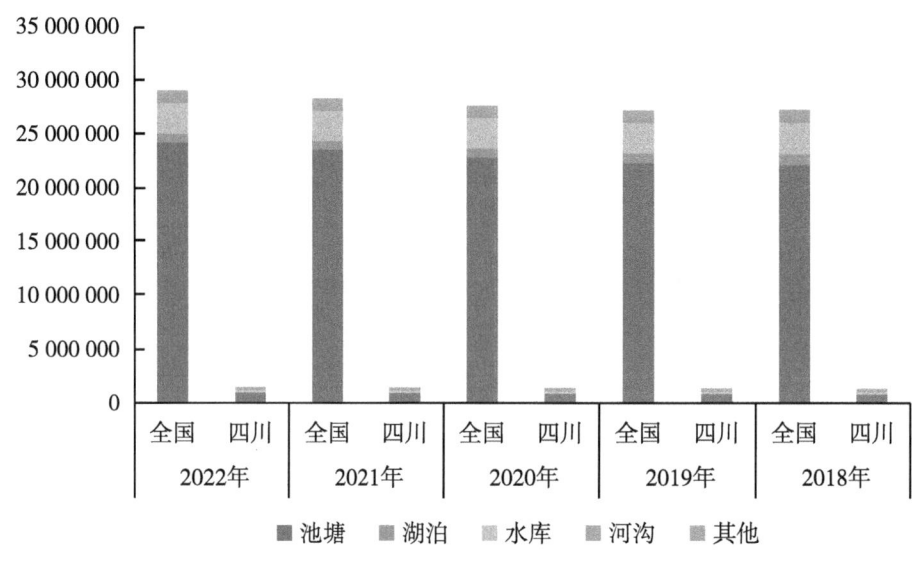

图5 淡水养殖产量情况（单位：吨）

表3 四川省淡水养殖中不同类型水域面积和产量所占比例 （单位：%）

	池塘	湖泊	水库	河沟	其他	稻田养殖成鱼
面积比例	53.37	1.89	39.63	4.90	0.21	
产量比例	55.42	0.07	12.31	2.00	1.57	28.23

从近年来四川省淡水养殖产量来看，淡水养殖产量在近10年来得到飞速发展，由原2013年的1 200 578吨增加到2022年的1 721 461吨（图6），增加了43.39%，池塘养殖由2013年的603 480吨，增加到2022年的953 967吨，增加了58.08%。所占的比重由2013年的50.27%增加到55.42%。2022年四川省池塘养殖产量居全国第8位。

全省池塘养殖主要分布在眉山、成都、绵阳等成都平原经济区，2022年成都平原经济区池塘养殖面积47 989公顷（表4），占全省池塘养殖面积的47.3%，养殖产量达548 421吨，占全省池塘养殖产量的57.5%，养殖单产11 428千克/公顷，而四川省的攀西经济区气温常年较高，水温适宜，水质优良，具有发展池塘养殖的丰富

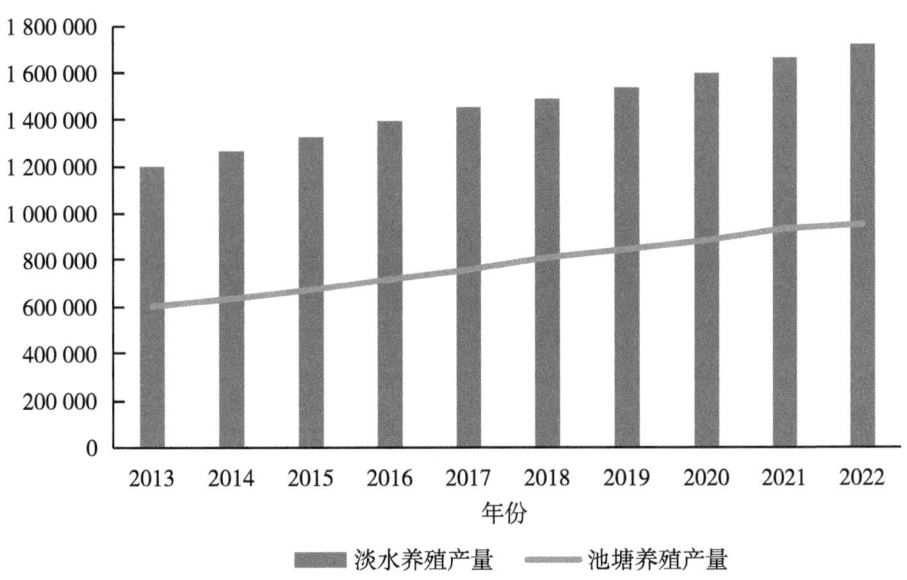

图6 四川省淡水养殖产量和池塘养殖产量发展趋势（单位：吨）

光热资源优势，其养殖单产为全省最高，为11 802千克/公顷。

表4 2021—2022年四川省池塘养殖分区情况统计

指标	计量单位	成都平原经济区		川南经济区		川东北经济区		攀西经济区		川西北生态经济区	
		2022	2021	2022	2021	2022	2021	2022	2021	2022	2021
产量	吨	548 421	537 354	162 652	158 362	218 488	214 723	24 406	23 722	—	43
面积	公顷	47 989	48 358	23 812	23 818	27 587	27 668	2 068	2 068	—	4
单产	千克/公顷	11 428	11 112	6 831	6 649	7 920	7 761	11 802	11 471	—	—

3. 养殖品种日趋丰富

四川是长江上游主要鱼类的栖息地，自然分布的鱼类有244余种，其中，国家一级重点保护水生野生动物鱼类5种、国家二级重点保护水水生野生动物鱼类36种，省重点保护鱼类31种，长江上游特有鱼类100余种。2022年全省主要淡水养殖品种多达39种，其中以常规品种（包括"四大家鱼"、鲤、鲫）养殖为主，名特优养殖品种达到20多种，以长吻鮠、南方鲇、斑点叉尾鮰、大口黑鲈、黄颡鱼等为主，另有甲壳类、贝类、观赏鱼类等养殖品种。其中甲壳类（尤其是克氏原螯虾）产量增长势头迅猛，由2018年的16 146吨，增加到2022年68 400吨，增加了323.64%（表5）。

表 5 四川省淡水养殖品种产量及所占比例　　　　　　　　　　　　　（单位：吨,%）

年份	淡水养殖产量	鱼类		甲壳类		贝类	
		产量	比例	产量	比例	产量	比例
2018	1 489 358	1 461 816	98.15	16 146	1.08	2 869	0.19
2019	1 538 002	1490 396	96.90	36 383	2.37	2192	0.14
2020	1 598 994	1 533 687	95.92	51 885	3.24	1915	0.12
2021	1 664 890	1 587 263	95.34	61 381	3.69	1 774	0.11
2022	1 721 461	1 635 064	94.98	68 400	3.97	1 975	0.11

四川省池塘养殖常规品种以"四大家鱼"和鲤、鲫为主，2022年这6种鱼产量占四川省池塘养殖的77.4%，养殖产量成逐年增加趋势，其中草鱼产量占全国草鱼产量的5.2%，鲢鱼占8.67%，鳙鱼占6.02%，鲤鱼占7.18%，鲫鱼占7.69%。四川省主要常规养殖品种产量及在全国所占比例见表6。

表 6 四川省主要常规养殖品种产量及在全国所占比例　　　　　　　（单位：吨,%）

年份	青鱼		草鱼		鲢鱼		鳙鱼		鲤鱼		鲫鱼	
	产量	比例	产量	比例	产量	比例	产量	比例	产量	比例	产量	比例
2018	2 053	0.30	265 121	4.82	311 047	8.06	172 252	5.56	186 931	6.31	193 664	6.99
2019	2 080	0.31	272 701	4.93	310 351	8.15	174 804	5.64	187 444	6.50	196 972	7.15
2020	2 192	0.32	286 302	5.14	319 003	8.37	180 033	5.75	192 256	6.64	202 571	7.37
2021	2 237	0.31	298 747	5.19	328 566	8.56	191 206	6.02	198 335	7.00	211 150	7.59
2022	2 568	0.34	307 141	5.20	336 352	8.67	196 677	6.02	204 155	7.18	219 255	7.69

在名特优鱼类养殖品种上，近5年来长吻鮠平均产量在10 000吨以上，将近占全国养殖产量一半（48%），鲴鱼平均产量85 000吨以上，占全国的26.8%左右，鲇鱼平均产量76 000吨左右，占全国产量的22.2%，黄颡鱼和鲈鱼的产量分别占全国产量的6.3%和3.7%（表7）。

表 7 四川省主要名特优养殖品种产量及在全国所占比例　　　　　　（单位：吨,%）

年份	鲇鱼产量	比例	鲴鱼产量	比例	黄颡鱼产量	比例	长吻鮠产量	比例	鲈鱼产量	比例
2018	82 152	22.47	65 334	28.35	32 368	6.35	10 308	47.70	15 613	3.61

(续表)

年份	鲇鱼产量	比例	鮰鱼产量	比例	黄颡鱼产量	比例	长吻鮠产量	比例	鲈鱼产量	比例
2019	77 448	21.80	87 532	29.40	32 499	6.05	9 950	45.10	15 585	3.26
2020	76 060	21.93	89 100	28.88	33 709	5.96	10 577	49.90	22 053	3.56
2021	72 414	22.44	91 484	25.18	38 040	6.47	11 153	50.16	27 178	3.87
2022	72 026	22.14	92 977	22.34	40 303	6.72	11 230	46.97	31 766	3.96

近年来，四川池塘养殖品种发生了可喜的变化，养殖品种呈现优质化的发展趋势，养殖种类从单一的鱼类发展到多种水产品，如虾、蟹、鳖、蛙、贝类等，从几种常规养殖种类发展到名特优种类。长吻鮠、黄颡鱼、鲶鱼、鲟鱼、鲈等一批名优品种已形成养殖规模，满足了人们对优质水产品的需求。

4. 养殖模式百花齐放

（1）常规池塘养殖模式。该模式以"进水渠+养殖池塘+排水渠"为主要形式，养殖池塘结构主要包括塘埂、池坡、塘底及进排水系统等。此种模式是以"饵料生物和水体空间的充分利用"作为技术基础，围绕如何培育良好的水质（肥、活、嫩、爽）和利用不同养殖对象在食性、栖息行为等方面的互补性（即共生互利）而探索并形成的一系列技术措施（八字精养法），是目前四川主要的养殖模式。

（2）淡水池塘循环水养殖模式。淡水池塘循环水养殖模式就是将同一养殖体系分为两大块，即养殖模块和净化模块，养殖模块实行设施化，净化模块实行对多个功能不同的系统进行生态处理，使养殖尾水得以净化，进而达到水资源循环利用、营养物质多级利用的目的，彻底实现池塘养殖尾水"零排放"，符合绿色循环经济、节能减排的需求，有利于"碳达峰""碳中和"。四川目前采用的主要有以下几种。

①池塘内循环。主要包括池塘"水槽式"养殖和池塘"零排放"圈养方式。

池塘"水槽式"养殖，俗称"跑道鱼"养殖，是指通过改造将已有的传统池塘分割为两部分，一部分为小水体养殖区，即"水槽内"，通过借助增氧和推水设备模拟出常年流水环境，开展多品种高密度养殖，"水槽内"通常占总水体的5%~10%；另一部分为大水体区域，即"水槽外"，通过放养滤食性鱼类和种植水生植物，促进大小水体循环，并达到净化的效果，通常占总水体的90%~95%。据统计，

2022年全省池塘流水槽循环水设施数量有266个,设施养殖容量104 945立方米,养殖产量2 980吨。

池塘"零排放"圈养模式主要由圈养桶、增氧系统、集排污系统和净化系统等部分组成,通过在池塘中构建圈养装置,把主养鱼类圈养在圈养桶内养殖,并通过圈养桶特有的锥形集污装置高效率收集残饵、粪污等废弃物,送入尾水分离塔中进行资源化再利用,具备清洁生产、提升养殖容量、降低病害发病率、提升产品质量、降低人力、水资源等生产成本、提升养殖效率等多重特征。该模式主要示范基地位于乐山市井研县及成都市崇州利水湾生态农业有限公司的渔业基地,该基地同时也入选了2021年全国水产绿色健康养殖技术推广"五大行动"骨干基地。

②池塘外循环-集装箱式循环水养殖模式。集装箱式循环水养殖是一种新兴的水产养殖方式,具有集中连片、立体、集约等特点,配套系统包括进排水系统、干湿分离系统、杀菌系统、供氧系统和水质监测系统。该养殖系统产生的尾水经多级沉淀后,可集中收集残饵和粪便,进而做无害化处理,从而去除尾水中的悬浮颗粒,再排入池塘。充分利用大面积池塘进行缓冲和水处理,不仅可以减少池塘积淤、促进生态修复,还可以降低养殖造成的污染。该模式主要示范点位于眉山市水产科技示范园。

(3)渔农复合池塘养殖模式。此类技术模式是将2种或2种以上的生产系统有机结合在一起,使系统间产生互利作用或更好地利用空间资源,达到高效、高产的目的。四川目前主要有以下模式。

①池塘鱼菜共生。该模式打破了传统的种养界限,通过相关技术,实现了水产养殖与蔬菜栽培的共生,从而使鱼、植物和微生物三者达到生态平衡,是一种可持续循环型低碳渔业模式。主要常采用的模式有直接漂浮法、养殖水体与种植系统分离、水生蔬菜系统等。此种模式在四川成都、内江、犍为、泸州、仁寿等地应用较广。

②池塘渔农共作(池塘与稻田耦合)。该模式是水产养殖和农业种植的有机结合,在四川具有悠久的历史。目前,通过转型升级和新一轮高效发展,该模式已成为四川广泛推广的生态养殖方式之一,一改之前单一的稻鱼模式,逐渐形成稻鱼、稻蛙、稻贝、稻蟹、稻虾、稻鳖及综合类等多种模式。

5. 设施装备使用有待提高

水产养殖设备是应用于水产养殖生产的机械、电气和电子监控设备等设施、仪器和设备，其应用目的是降低水产养殖业务劳动强度、提高生产效率、达到精准养殖生产的目的。机械化是水产养殖业高质高效发展的重要支撑，是加快推进水产养殖业绿色发展、促进产业转型升级的重要手段。加快推进水产养殖业机械化，是实现农业机械化全程全面发展，推进农业机械化转型升级的重要内容。"十三五"以来，我国水产养殖机械化水平不到30%，其中池塘养殖机械化水平为32.08%。根据农业农村部印发的《关于加快水产养殖机械化发展的意见》，到2025年，水产养殖机械化水平总体需达到50%以上。

四川省池塘养殖设施的主要构建特点是"鱼池+进排水沟渠"，设施系统构造简易。池塘养殖作业环节包括增氧、投喂、起捕、分选、施药、水质监控，清淤等环节，以上主要环节中，主要专业设备为增氧机、水泵、投饲机等，比重占到了渔业机械总数的90%以上。增氧机以叶轮式、水车式和微孔曝气式为代表，可保证水体的氧供给；投饲机绝大部分为定点抛洒式，清淤和起捕主要通过人工解决，池塘水质净化多采用生态沟渠，排出的水流经网片/毛刷、挺水植物/浮床、食草鱼类，经曝气后进入养殖池，或者采用池塘底排污技术，排出的养殖沉积物固液分离处理后循环利用，水质净化设备应用较少。养殖池塘水质检测、疾病检测与防治主要依赖人工。鲜活水产品运输（活鱼运输车）由专业服务队伍提供社会化服务。四川省仅部分地区池塘养殖生产实现了清淤、增氧、投饵、水质监测等主要作业环节的机械化。当前，以循环水工厂化养殖理念为基础的池塘设施化养殖发展较快，主要有池塘工程化循环水养殖（又称池塘流水槽循环水养殖），具有生产高效、管理轻松、捕捞方便、残饵粪便可回收等优点，能够有效助推水产养殖向集约化、设施化、装备化及机械化发展。据统计，2022年，四川省建有266套池塘工程化循环水养殖设施，设施养殖容量为104 945立方米，养殖产量2 980吨。在各市州中以内江市数量为最高，占全省池塘工程化循环水养殖设施数的44.97%。四川省池塘养殖产量在全省水产品产量占比最大，其机械化水平的提高对四川省水产养殖机械化总水平的影响较大。"十四五"时期，是深入贯彻《国务院关于加快推进农业机械化和农机装备产业转型升级的指导意见》的重要阶段，也是全面推进乡村振兴、加快农业农村现代化的阶段。新形势、新任务对四川省池塘养殖机械化高质高效发展提出了新的更高的要求。

6. 饲料研发蓬勃发展

水产饲料的生产和研发是池塘养殖发展的基础。池塘养殖最初使用自然饵料和粮食残渣来喂养,这些饲料不仅易于获取,而且价格实惠,能够满足养殖户的基本需求,随着养殖规模的扩大和人们对水产品质量要求的提高,传统饲料已经无法满足现代水产养殖业的发展,因此,水产饲料行业应运而生。水产饲料精准营养与综合利用研发水平的逐步提高,推动了四川水产饲料产业的迅速发展。四川省是我国水产饲料的重要研发和生产基地,近年来发展迅速。据统计(数据来源于中国饲料协会网站发布的统计数据表),2020 年四川水产饲料产量为 606 251 吨,2021 年产量为 661 782 吨,较上年同比增加 9.2%,2022 年产量为 725 779 吨,占全国水产饲料总产量的 2.89%,较上年同比增加 9.7%,发展势态良好。水产饲料可分为颗粒料和膨化料两大类,膨化料盈利能力较高,投喂效果较好,但从四川水产饲料市场情况来看,仍以颗粒料为主。目前四川水产饲料企业以通威股份有限公司、新希望六和股份有限公司等为代表的龙头企业具有较高的市场占有率和品牌影响力。这些企业主要集中在成都、眉山、资阳等地区,产品主要分为鱼、虾、蟹、特种水产等几大类,其中鱼饲料和虾饲料是市场需求最大的两类。

四川在水产饲料研发方面积极推进技术创新,在基本营养元素(蛋白质、氨基酸、蛋白源替代、脂类营养、维生素营养),有害因子的危害研究(霉菌毒素),原料预处理(如发酵菌种筛选、植物蛋白源复合发酵、酶处理等)、饲料配方营养平衡(如氨基酸平衡、能量平衡等)、绿色饲料添加剂(营养添加剂、诱食剂、外源酶添加剂等)等方面进展良好,提高了廉价饲料原料的生物利用率。

"十三五"期间,四川在水产动物营养、饲料资源高效利用和饲料新产品研发等领域取得重大科技成果,《草鱼健康养殖营养技术创新与应用》系统揭示了 35 种营养物质有增强草鱼"功能器官健康"和改善"鱼肉品质"的作用及机制;创新了相应动态与精准营养调控技术 8 套和关键饲料技术 23 项;研制了保证草鱼等主要淡水鱼"功能器官健康"和改善"鱼肉品质"的系列饲料产品 36 个及其配套技术 14 项;取得国家新产品证书 1 个,获授权专利 34 件,制定国家、行业和企业标准 15 项,发表论文 148 篇(其中 SCI 收录论文 123 篇)和专著 2 部,获有机鱼产品、无公害鱼产品和产地证书 32 个,该成果荣获国家科技进步奖二等奖、四川省科技进步奖一等奖。

7. 品牌建设初具规模

近年来，四川省始终坚持把打造渔业品牌作为深化渔业供给侧改革、建设现代渔业产业体系的重要抓手，深入实施四川渔业品牌战略，把品牌建设作为四川渔业振兴的抓手，做大做强渔业"金字招牌"，扎实推进四川省渔业高质量绿色发展，涌现了"通威鱼""润兆鱼子酱""川鳗郎""白龙湖亭子湖有机鱼"等一批优质品牌。全省水产品牌发展呈现出良好的发展态势。

据统计，目前全省共申报地理标志水产品27个、水产绿色食品4个、有机水产品28个、水产区域公用品牌6个、名特优新水产品15个、农产品品牌目录（水产品）5个、地方特色优质水产品牌70余个。其中，"雅鱼""资中鲶鱼""苍溪鳖"入选中国地理标志农产品（水产）品牌声誉前100位，"雅鱼"排在第10位，"新津黄辣丁"入围中国百强农产品区域公共品牌，"雅鱼"被评为省级优秀农产品区域公用品牌。渔业品牌建设实现由"卖产品"到"卖品牌"转变，有力地推动了全省渔业经济、社会、生态效益协调发展，在品牌的推动下，全省渔业经济提质增效显著。

随着四川省渔业品牌建设的不断推进，渔业品牌的知名度和美誉度逐渐提高，对促进渔业产业升级和农民增收发挥了积极作用。品牌渔业的快速发展，为全省水产养殖结构的调整起到了积极的导向作用，全省"一村一品"发展迅速，形成了眉山东坡区鱼苗繁殖、内江白乌鱼养殖、彭州冷水鱼养殖、乐山斑点叉尾鮰养殖等全省著名的水产特色产业。

四川省渔业品牌建设的主体呈现出多样化的发展趋势，不仅包括专业的渔业生产企业，还包括农民专业合作社和行业协会等。这些主体在品牌建设中的角色越来越重要，为四川省渔业品牌建设提供了强有力的支持。

8. 标准化池塘改造稳步推进

池塘养殖是水产养殖基本盘，是做好水产品稳产保供的牛鼻子。2022年四川池塘养殖产量95.4万吨、占淡水养殖总产量的55.42%，毫无疑问，池塘养殖是四川省水产品稳产保供的主力军，但近两年来，四川省池塘养殖面积出现了下降的情况，同时，四川省养殖池塘小而散，50亩以下养殖池塘占比65.69%，部分池塘基础设施薄弱，且区域发展不平衡、资金投入不足等都影响着池塘生产能力和水产品质量。实践及研究表明，经过改造后的池塘，池塘扩容20%，亩产提高20%以上，发病率降低20%，减少用药60%左右，在提高养殖效率的同时，确保了水产品质量安全。

为扎实推进《全国池塘养殖尾水治理专项建设规划（2021—2035年）》落地落实，促进水产养殖业绿色高质量发展，四川省农业农村厅出台了《关于加快推进全省池塘标准化改造和尾水治理工作的通知》，通知提出2021—2025年，全省计划累计改造池塘100万亩，占养殖池塘总面积的66.67%；2026—2030年，全省计划累计改造池塘30万亩，占养殖池塘总面积的20%；2031—2035年，全省计划累计改造池塘20万亩，占养殖池塘总面积的13.33%。

为进一步提高池塘养殖综合生产能力和可持续发展能力，加快实现水产养殖业绿色高质量发展，中央相继出台了《财政部 农业农村部关于实施渔业发展支持政策推动渔业高质量发展的通知》《财政部关于调整2021年成品油价格调整对渔业补助预算的通知》等文件，将内陆集中连片养殖池塘标准化改造纳入渔业发展补助资金支持范围。近3年，四川省在82个县（市、区）开展池塘标准化改造和尾水治理。同时，省级本级以现代农业园区建设为抓手，把绿色生产作为重要考评指标，在16个水产现代农业园区高标准推进了池塘标准化改造及尾水治理。

实施养殖池塘标准化改造，有利于强化四川省水产养殖基础设施建设，推动四川省池塘养殖向规模化、标准化、生态化方向发展，对加快构建绿色水产高质量发展新格局，促进水产养殖业转型升级有积极作用。

9. 养殖尾水治理初见成效

水域环境是水产养殖生产活动的载体，水产养殖又会对水域环境产生影响，两者具有密不可分的联系。近年来，"水十条"（即国务院《水污染防治行动计划》）《中共中央、国务院关于深入打好污染防治攻坚战的意见》等一系列生态环境治理方案，对水产养殖提出了更高的环保要求。农业农村部等十部门联合印发了《关于加快推进水产养殖业绿色发展的若干意见》，四川省农业农村厅等十部门联合制定了贯彻实施方案，明确要求"执行国家水产养殖尾水污染物排放有关规定""推动养殖尾水资源化利用或达标排放""落实养殖尾水排放属地监管职责和生产者环境保护主体责任"。为掌握四川水产养殖尾水处理情况，李金星等（2023）对四川除阿坝州、甘孜州外的19个市、州124家水产养殖企业的尾水处理情况进行了调研，资料显示，29家企业采用的是微生物菌剂、浮板植物等原位处理技术，占比23.4%；有58家企业建设了尾水处理设施进行处理，如一体化设施、底排污、人工湿地等，占比46.8%，其余37家企业未对尾水进行处理，占比29.8%。目前四川省水产养殖尾水处理仍处于发展阶段，成都平原地区如成都、眉山等地已形成了良好的尾水处理机制，水产养殖单位、水产养殖户也有较强的尾水处理意识，但四川省各地尾水处理技术仍存在参差不齐的现象。

为实现四川省水产养殖与环境的协调发展，促进行业升级转型，四川省生态环境厅联合省农业农村厅、省市场监管局根据四川省水产养殖尾水污染物的实际情况制定了《四川省水产养殖业水污染物排放标准》（以下简称《标准》），《标准》已于2023年10月1日起实施，《标准》明确了水污染物排放分级及限值，对尾水排放提出了更高要求，特别强调生态环境重点控制区域要执行一级排放标准。这些重点控制区域涉及岷江、沱江流域的10个市、62个县（市、区），是四川省池塘养殖重点区域，水产品产量占全省总产量的52.61%。《标准》的发布填补了四川水产养殖业水污染物排放标准方面的空白，为下一步行业管理提供了"标尺"和"准绳"。

通过加大资金投入力度，出台尾水治理标准等一系列务实举措，四川养殖尾水治理取得了较显著成效。以50亩以上规模水产养殖池塘尾水综合治理为重点，累计实施养殖池塘标准化改造和养殖尾水达标治理18.31万亩，占50亩以上规模水产养殖池塘总面积的38.9%。其中，近3年累计开展改造及治理面积超过1 000亩以上的县（市、区）达到63个，治理面积17.49万亩，占全部治理面积的95.55%。此外，四川省池塘类水产现代农业园区累计完成养殖尾水治理5.01万亩。

此外，在四川各地积极推进养殖废水治理的过程中，创新了许多好的管理策略和模式，同时展现出了一批具有代表性的成功案例，例如自贡市严格执行养殖尾水排放申报检测制度，对临河200米范围内的养殖池塘实施"一户一策一责"监管，通过登记造册、台账管理等实行动态跟踪；乐山市中区开展养殖尾水集中治理，在辖区内磨池河和泥溪河流域集中养殖区域锁口塘处安装6台专业水处理设备，处理后能稳定达到地表水三类水质；井研县开展规范水产养殖专项整治行动，针对不规范养殖行为开展全方位排查整改，落实"塘长"责任制，全面加强养殖尾水排放日常监管；盐亭县结合水产园区建设加强养殖尾水处理，建立"三池两坝"尾水处理系统，促进尾水循环利用，同时完善污水、垃圾处理系统，开展净化、绿化、亮化、美化工程，形成了独具水产风貌的特色乡村。这些案例和经验不仅为当地养殖业的可持续发展提供了有力支撑，也为其他地区提供了借鉴，养殖废水治理，一方面可以优化池塘养殖条件，提高养殖尾水资源利用率，另一方面可以减少农业面源污染，切实改善养殖水域环境和农村生活环境，充分展现水产养殖的湿地生态和景观旅游功能，为促进渔旅融合、发展乡村经济、建设生态宜居和美乡村提供有力支撑。

10. 养殖规模化、组织化水平显著提高

四川省传统的池塘养殖主要以个体户散养为主，这种模式虽然具有一定的灵活性和适应性，但也存在着生产效率低、产品质量难以稳定保证、价格波动大等问题，同时，由于规模较小，难以有效地参与市场竞争，导致收益不高。随着渔业现代化的不断推进，池塘养殖业逐渐向集约化、规模化、专业化的方向发展。2017年四川省出台了《关于加快发展现代水产产业的意见》（简称《意见》），《意见》指出，要以培养养殖大户和家庭渔场为重点，扶持壮大农民合作社、龙头企业和产业联合体，加快发展多元化新型经营主体，建立多种形式的利益联结机制，提高渔业组织化程度。2018年省委办公厅、省政府办公厅印发《关于加快构建政策体系培育新型农业经营主体的实施意见》》，提出全面推行财政支农项目资金形成资产，转交农民合作社、农村集体经济组织持有管护，并量化为成员股份参与盈余分配。2013年，家庭农场作为中央、省委提出来的培育新型经营主体的重要组成，随着政府的大力支持，政策的扶持，家庭农场成为农民致富创收的新选择，为此，四川省把发展家庭农场作为培育新型农业经营主体的重要着力点，在家庭农场认定、登记管理、财政信贷、人才培养、技术服务等方面制定政策措施，积极引导家庭农场快速发展。截至2022年底，四川省发展家庭渔场2 688个，养殖面积19 213公顷。农业合作社是四川省新型农业经营主体中最早发展的主体之一，随着不断的规范和管理，成为了四川构建新型农业经营体系的一支重要力量。四川省水产专业合作社组织发展态势健康，截至2022年底，四川省发展水产专业合作社2 507个，组织成员数量90 908人，水产品产量248 653吨；近年来，四川省水产企业稳步增长，对推动龙头企业培育、转型升级和发展壮大、孵化家庭渔场、水产专合组织发展起到了重要作用。截至2022年底，四川省水产企业1 711个，水产品产量152 122吨，产值

327 859万元，从业人员16 588人。其他各类型经营主体数量都呈现增长的态势，据统计，2022年水产规模养殖主体152 892个，其中规模以上养殖主体有6 383个，养殖面积72 813公顷，养殖产量471 063吨；水产专业协会96个，组织成员数量15 221人。这些经营主体通过土地流转、技术引进、资金整合等方式，促进了四川省池塘养殖业向规模化和产业化的发展。

11. 养殖病害日益增多

现代渔业发展的重要方向是提升水产养殖产品的质量，水产养殖产品的质量除了受到养殖动物种类、水域环境、饲料质量外，还受到病害与药物的使用（药物残留）的直接影响。随着四川省池塘养殖规模、种类不断地增加，养殖病害的类型也日益增多，因此水产养殖动物病害是影响池塘养殖发展以及水产品质量最主要的因素之一。

据近3年的监测数据（省水产局提供）发现，四川省池塘常规养殖品种中，都发生了不同程度的病害，2020年监测到水产动物疫情45种，监测的养殖品种发病比例高达100%，各养殖品种中，总发病面积比例值最高的是鲟鱼，为41.67%，草鱼、鲫鱼、鮰鱼、鲈鱼的总发病面积也较高，均值为10%以上。从疾病的占比来看，危害最严重的为细菌性肠炎病，占比为15.87%，其次为细菌性败血症，占比为12.18%。

2021年监测到水产养殖动物疫病共29种，各养殖品种中，平均发病面积率最高的是草鱼，为16.21%，鮰、鲢、鲫的平均发病面积率也较高，在10%以上。从疾病的占比来看，危害最严重的为细菌性败血症，占比为18.04%，其次为柱状黄杆菌病（细菌性烂鳃病），占比为16.49%，养殖品种发病率为93%，全省2021年因水生动物疫病造成的测算经济损失达4.5亿元。

2022年监测到水产养殖动物疫病共28种，各养殖品种中，平均发病面积率较高的是草鱼、鲫和鲢，分别为35.4%、31.27%和26.54%，其余品种平均发病面积率在10%以下，从疾病的占比来看，危害最严重的为细菌性败血症，占比为20%，其次为水霉病、细菌性烂鳃病、肝胆综合征和细菌性肠炎等，占比在8%~11%。2022年以草鱼、鳙、鲢、鲤与鲫等大宗品种发病较多，同时，黄颡鱼、鮰与鲈等名特优品种发病也较为严重，并出现了一些病因不明的疾病，给养殖造成了较为严重的威胁。

四川省全年均有疾病发生，其中5—8月病害发生种类、发生频率以及鱼死亡率相对较高。四川省池塘养殖的病害威胁较为严峻，仍然面临养殖病害多发频发的态势。

12. 水产良种体系建设成效显著

水产种业作为水产养殖产业链的源头，是决定现代养殖产业进步的关键要素，水产良种则是四川省池塘养殖业可持续健康发展的战略基础。在国家、省级政策支持利好因素的刺激下，四川省水产种业得到快速发展，水产苗种生产供应能力明显提高，水产良种扩繁能力不断增强，水产良种覆盖率逐步扩大。截至2021年，全省建有水产苗种场（站）1 168个，其中国家级水产原良种场2个，省级原良种场45个，水产种业企业115家，其中育繁推一体化企业2家，国家级龙头企业1家、省级龙头企业2家，2022年，生产淡水鱼苗3 022 317.44万尾，比2021年新增62 557.99万尾，增幅2.11%，为全省池塘健康养殖业快速发展和水产品质量安全奠定了扎实基础。

全省水产育种创新能力明显提升，2022年，农业农村部发布《关于扶持国家种业阵型企业发展的通知》，从全国121家水产种业企业机构，集中力量构建"破难题、补短板、强优势"国家种业企业阵容，加快打造种业振兴骨干力量，全省共有4家水产企业入选，分别为眉山伟继水产种业科技有限公司（入选品种为鲶鮰类）、眉山市东坡区鱼太子鱼苗繁育场（入选品种为黄颡鱼）、盐亭西部水产种业有限公司（入选品种为鳜鱼）、四川百岛湖生态农业开发有限公司（入选品种为克氏原螯虾）。同年，四川省主持选育的乌鳢"玉龙1号"通过了全国水产原种和良种审定委员会审定，成为四川省首个水产新品种，实现了四川省水产新品种"零"的突破。2023年，四川省农业科学院水产研究所联合西南大学等多家科研单位选育的长吻鮠"川江1号"成为川渝地区联合攻关自主培育的第一个通过国审的长吻鮠新品种，并且成功入选2023年四川省农业主导品种名单，成为全省唯一的水产类主导品种，"川江1号"的选育成功为成渝地区双城经济圈现代水产种业高质量发展提供了有力的支撑和保障。

种业发展环境持续优化，四川省委十一届三次全会提出培育现代农业"10+3"产业体系，把现代种业发展确立为三大战略性、先导性支撑产业之首。2019年召开全省建设现代农业"10+3"产业体系推进大会，明确要优先发展现代种业等3大先导性支撑产业，发挥种业"芯片驱动"作用。2020年省委经济工作会议将"强化种质资源保护和利用，加强种子库建设"等纳入2021年重点任务，2021年省委一号文件对"打好种业翻身仗"作了具体部署和要求，为四川现代水产种业发展指明了方向。2022年出台的《四川省"十四五"现代种业发展规划》，为全面推进四川现代水产种业高质量发展，加速提升四川省水产种业自主创新能力和综合竞争力，实现四川省由水产产业大省向现代水产产业强省的跨越提供了强有力的支撑。

13. 相关政策保障有力

为深入推进农业供给侧结构性改革，促进四川省池塘养殖转型升级，进一步提高渔业现代化水平，推动川鱼产业振兴，加快建设现代水产产业强省，四川省相继出台了推动池塘养殖高质量发展的相关政策。各项支持政策的出台，一系列超常规举措的落实为池塘养殖高质量发展奠定了坚实的基础。

2017年四川省人民政府办公厅出台了《关于加快发展现代水产产业的意见》，《意见》指出要因地制宜发展池塘健康养殖，稳定池塘养殖规模，确保绿色生产用水，加快推进老旧池塘标准化改造，提高养殖生产能力。

2019年，四川省人民政府出台《关于加快建设现代农业"10+3"产业体系推进农业大省向农业强省跨越的意见》，川鱼纳入了全省现代农业"10+3"产业体系建设，省委农村工作领导小组印发了《川鱼产业振兴工作推进方案》，要求实施渔业绿色循环发展试点，进行池塘标准化改造和养殖尾水治理，加强养殖尾水监测，促进养殖尾水资源化利用或达标排放。

2020年四川省农业农村厅印发了《四川省2020年水产绿色健康养殖"五大行动"实施方案》，部署开展生态健康养殖模式推广、养殖尾水治理模式推广、水产养殖用药减量、配合饲料替代幼杂鱼、水产种业质量提升等"五大行动"，其中重点开展池塘工程化循环水养殖技术模式、池塘底排污尾水处理技术模式、集中连片池塘养殖尾水处理技术模式的推广。

2022年四川省财政厅、四川省农业农村厅联合印发了《四川省实施渔业发展支持政策推动渔业高质量发展实施方案》的通知，提出推进池塘标准化改造，加强水产养殖尾水治理设施及装备建设，促进养殖尾水资源化利用，逐步实现全省规模化水产池塘养殖尾水治理全覆盖。

二、存在的主要问题

池塘养殖作为四川省水产养殖的主要模式,具有投入少、收益好、易于管理等优势,但随着市场需求扩大,池塘养殖场数量、规模和科技水平均得到迅速发展,产品经营模式也逐步向高密集、精饲养转型。在转型过程中,由于养殖户大量使用饲料、化肥、药物等高投入品,导致池塘养殖出现了许多问题,如水质污染、病害频发等,严重制约着四川省池塘养殖业绿色高质量发展和产业转型升级。

(一)自然条件制约了发展潜力

自20世纪80年代以来,四川省水产养殖业蓬勃发展,逐渐形成了一批以池塘养殖为主的商品鱼生产基地。截至2022年,四川省池塘养殖产量在全省养殖总量中占据半壁江山之多,高达95.4万吨,成为了四川省水产品稳产保供的关键力量。然而,为了确保水产品的供应,首先要确保养殖空间的存在。四川地形以丘陵山区为主,地理因素限制了池塘养殖不能像平原地区一样拥有成千上万亩的养殖规模,并且养殖区域较为分散,集中化、规模化程度都较低。此外,近几年来,生态环保和耕地保护等因素进一步限制了池塘养殖面积的扩展,几乎没有扩展空间,甚至有面积下降的趋势。同时,四川省的养殖池塘呈现出小而分散的特点,其中50亩以下的养殖池塘占据了总量的65.69%。这部分池塘的基础设施建设相对薄弱,且区域发展缺乏平衡性,资金投入也明显不足,这些因素共同影响了四川省池塘养殖的生产能力。

此外,水资源也是制约四川省池塘养殖发展的主要因素之一,据2022年四川省水资源公报显示,2022年四川省水资源总量为2 209.2亿立方米,人均占有量仅为世界平均水平的2/7,四川省水资源总量丰富,人均水资源量高于全国,但时空分布不均,形成区域性缺水和季节性缺水,随着经济的快速发展和人口的不断增长,四川省池塘养殖用水面临着严峻的问题。2017年四川省水利厅、四川省财政厅、国家税务总局四川省税务局共同印发了《四川省农业生产取用水限额(试行)》的通知,对四川省水产养殖等农业用水限额及水量进行了限定,基于目前四川省水资源利用形势的严峻,四川省池塘养殖业的发展将受到较大的资源性制约。

(二)传统的池塘养殖资源与能源消耗问题突出

池塘养殖在生产活动中对资源和能源的需求较高,而节能减排是我国实现"双碳"目标的必要手段，目前我国已实现了单位 GDP 碳排放量比 2005 年下降 40%~45% 的国际低碳承诺目标，但作为全球碳排量第一的国家，要实现碳中和还有很长一段路要走，在此背景下，水产养殖业特别是池塘养殖业节能减排形势严峻，池塘养殖是四川省的主要养殖模式，未来仍将持续发挥主导作用。随着养殖规模的扩展和集约化程度的提升，池塘养殖对水资源和能源的需求日益突出，带来的消耗问题愈发严重。传统的池塘养殖方式给水资源带来了巨大的负担。一些养殖场为了追求高产，实行高密度养殖，大量投放鱼苗、饵料和渔药。在池塘养鱼的中后期，随着养殖密度的增加，残饵和鱼类排泄物大量沉积，导致水质严重恶化。为了改善水质，定期需要对养殖池塘进行一次换水，每年进行 20~30 次，每次平均换水 20%~30%，据此推算，如果养殖池塘的水深为 1 米，那么每亩养殖池塘每年至少需要约 4 000 立方米的水量，全年全省将消耗约 60 亿立方米的水资源。

此外，四川省池塘养殖的电能消耗普遍较高，主要源于增氧设备和水泵设备的运转。由于四川省适宜池塘养殖的区域有限，导致养殖设备使用分散且数量众多。从微观上看，节能效益并不受养殖户关注，然而，从宏观的角度出发，增氧设备和水泵的耗电量依然是非常巨大的。

据统计数据计算，四川省 2022 年池塘养殖面积 152.18 万亩，增氧机每年耗电量为 9.47 亿千瓦时，水泵年耗电量为 1.27 亿千瓦时，将增氧机和水泵的年耗电量相加，折合标准煤为 44.5 万吨标煤。按池塘亩均产值为 1.2 万元计算，每万元产值的能耗水平为 0.24 吨标煤/万元产值。是农业平均值的 1.26 倍。

当前，全省池塘养殖中增氧机械总配套功率已达 121 万千瓦，由于养殖控制技术的落后，导致增氧机械约有 40% 的时间处于无效的运行状态，未能充分发挥其效能。另外，还存在养殖高价水产品种类的电耗明显高于养殖低价种类的电耗。这一现象的产生，归根结底，还是由于四川省池塘养殖的控制技术落后、节能意识淡薄所导致的。这无疑给我们的池塘养殖业敲响了警钟，也给我们提供了一个改进和优化的方向：即通过提高控制技术和节能意识降低能源消耗，实现绿色、高效的池塘养殖。

（三）生态环境问题日益突显

四川是水产养殖大省，但全省水产养殖标准化、规模化和集约化程度不高，池塘养殖尾水处理等环保设施装备建设不足。四川省池塘养殖多紧邻河流，养殖排水具有排放量大、排水时间集中、直接入河等特点，大量外源性物质进入水体超过了水体的自净能力，导致养殖生态环境问题日益严重。这些问题不仅造成了经济损失，还给养殖池塘及其周边水域的安全、水产品的质量以及消费者的健康带来了威胁。

池塘养殖业的快速发展是以牺牲水域环境为代价，以消耗资源换取产量，现阶段的生产模式造成了水域环境严重失衡，由于池塘养殖过程中的过量投饲和施肥现象严重，导致养殖池塘及毗邻水域的氮、磷浓度超标。这些过量的营养物质超过了水体的自净化能力，滋生大量浮游植物，引发水体富营养化。另外，化学药品的常用与滥用也是一个普遍存在的问题，过量的化学物质排放易导致水环境污染。此外，养殖生物造成的外源性基因污染以及由此引发的本地生物多样性降低、性状改变和病害暴发等问题也不容忽视。

针对四川省池塘养殖存在尾水富营养化、未达标排放等现象，四川省于2023年出台了《四川省水产养殖业水污染物排放标准》，并于2023年10月1日正式实施。目前，池塘养殖尾水常用的治理技术模式主要有人工湿地治理模式、池塘鱼菜共生综合种养模式、池塘底部排污处理模式、"三池两坝"设施化尾水处理模式、池塘"零排放"生态圈养模式、"一池一渠"生态沟渠净水模式6种，但四川省采用鱼菜共生综合种养等原位处理模式较多，运用其他尾水处理模式较少，特别是一些集中连片的规模池塘仍然大面积采用原位处理模式。有些地方建设的尾水处理区面积过小，尾水处理能力和池塘养殖面积不匹配；有些地方建设的沉淀池、曝气池、生物接触氧化池、生态塘、过滤坝等设计不规范，宽度或是深度不够，接触面积小，尾水处理难以达到预期效果，同时还存在着重尾水治理，轻池塘改造，对塘形调整、池埂整理、池底改造、进排水分设等池塘标准化改造建设内容覆盖较少，各地池塘标准化改造工作进展不平衡等问题。

（四）养殖品种种业发展无法满足自主可控的需要

四川省不仅在水产养殖领域具有重要的地位，同时也是苗种繁育的核心区域。举例来说，四川省的黄颡鱼、斑点叉尾鮰和长吻鮠种苗年产量均位列全国第一位。然而，尽管近年来乌鳢"玉龙1号"和长吻鮠"川江1号"这两个新品种已通过国家审定，但新品种的数量仍然远远不足，具有突破性的新品种更是稀有，水产种业发展滞后于养殖业的发展。现有的新品种大多以快速增长为目标进行选育，而具备抗病、抗逆、优质、高产等优良性状的新品种较少，选育方式仍以选择育种和杂交育种为主，分子辅助育种、基因组选择育种等新型高效的选育技术研究尚处于初级阶段。另外，优质种质资源鉴定与保存的深度和广度不够，部分养殖种类存在育种周期长、种质退化的问题也是目前面临的主要问题。

四川省具有丰富的水产种质资源。水产种质资源是养殖的重要物质基础，四川省地处长江上游，水域宽阔，鱼类资源丰富，有大小河流近1 000条，有自然分布的水生动物230余种，占全国淡水水生动物的27%，占长江水系的2/3。虽然四川省是水产种质资源大省，但种质资源的深度挖掘不够，系统鉴定评价尚未开展，种质资源开发利用率低；育种创新资源要素分配不均，育种材料、人才、资金80%以上集中在科研院所和高等院校，以企业为主体的商业化育种体系还未形成，种业企业育种创新能力和动力不足，商业化育种进程滞后。当前，四川省水产种质资源的收集、保存和研发工作尚处于起步阶段，各项保存措施缺乏系统性和整体性。已收集和保存的种质资源种类和数量相对有限，精准鉴定与系统评价的范围及规模也较为有限，尚未建立表型和基因型联合数据库。此外，育种技术的原始创新能力还需要进一步加强，对重要经济性状的遗传基础解析还不够深入，具有育种利用价值和自主知识产权的新基因仍然较少，自主研发的水产实用性育种技术相对匮乏。在培育新品种方面，尽管已经取得了一些进展，但新品种主要以单一的生长性状为主，具有复合性状的新品种较少，良种覆盖率偏低，对产业的贡献率也较低，无法充分发挥新品种的"芯片"功能。同时，专业化重大科学基础设施平台相对缺乏，与产业紧密结合的创新中心也较少，导致创新成果直接应用于实际生产过程中的效果并不显著。

（五）名特优品种营养病防研究不足

四川省的主要水产品种以大宗淡水鱼类为主。由于主要养殖品种的产品市场价较低，同时饲料原料价格高昂，且豆粕等主要蛋白源依赖于进口，因此，在饲料配方中大量使用了廉价原料，这导致水产配合饲料存在饲料系数高、饲料转化效率低、营养元素得不到充分利用的现象。针对名特优水产养殖种类，其营养标准尚缺乏，养殖过程仍主要依赖于大量鱼粉甚至鲜杂鱼的投喂，饲料适口性欠佳、配方设计不够精准、饲料效率不高，以及高比例替代鱼粉鱼油等关键技术的解决方案尚未明确。

池塘养殖因粗放式的养殖管理和缺乏规范，病害等一系列不利于产业发展的相关问题也接踵而至。养殖期的细菌性疾病、病毒性疾病、寄生虫性疾病成为四川省池塘养殖过程中的重大疾病，波及范围广、死亡率高，同时，随着养殖技术的发展，新的养殖对象和养殖方式不断涌现，新病种、暴发病、疑难病频繁出现，这进一步加剧了病害防治的难度。全省每年因养殖病害问题造成的经济损失较严重，直接影响了产业的增产增收和稳定发展。

此外在池塘养殖的生产过程中，从业者往往存在轻预防重治疗的观念，病害防治意识较差，同时也因为缺乏专业的知识难以掌握水产病害的形成和发展的规律，从而造成药物使用不当或没有针对性。同时四川省水产病害快速诊断技术严重缺乏，肉眼、凭经验行事是基层病害工作者病害检测过程中的主要方式，普遍存在误判误诊的现象。

四川省池塘养殖水产疫病的治疗目前主要依靠使用各种抗生素和化学药物，由于自主研发和创新能力较低，高效低毒、具有针对性的渔药产品仍然比较稀缺。而大规模应用的商品化疫苗更是少之又少，难以满足日益增长的市场需求。

（六）部分养殖基础设施薄弱

目前四川省池塘养殖发展面临十分严峻的环境压力，池塘养殖绿色发展首先需要解决的是养殖基础设施改造升级、养殖尾水达标排放等问题，这也是四川省当前池塘养殖绿色发展面临的难题。近年来四川省加大了池塘标准化改造的资金投入，建成了一批高标准的池塘，养殖基础设施日趋完善，但还是存在部分养殖池塘建设标准低、基础设施老化、池塘底部淤泥堆积，池塘水质不易管控，疫病防控能力较弱等问题；池塘养殖附属的进排水系统、供电系统也因为使用多年没有改造而严重老化，有的池塘进排水系统没有分开，没有独立的进水系统，部分池塘即便有独立的进水系统但不能正常使用，排水系统中的排水渠年年淤积不能正常排水，池塘的供电系统也存在电力供应不足，不能保障正常的生产活动的问题。此外在池塘标准化改造及尾水治理施工中，四川省部分地区项目管理宽松软，财评、招投标时间较长，项目实施进度缓慢，没有按时完成建设任务和资金拨付，不少地方对于养殖尾水治理设施存在重建设，轻维护的现象，建而不用、改而不管、一改了之现象不同程度存在。同时，项目实施后主动开展水质监测的意识不够，定期监测数据缺乏，治理效果难以评估，运管维长效机制未建立起来。

（七）养殖动物废弃物和养殖尾水资源化综合利用率不高

作为可再生的资源，饲料残渣通过厌氧发酵可以生成沼气用于热能或发电，池塘养殖动物粪便通过堆肥处理，可以制成有机肥料用于农田。通过循环利用这些养殖废弃物，不仅减少了养殖过程中的废弃物排放，还能促进资源的可持续利用，减少环境污染，降低运营成本，进一步提高养殖效益。目前，四川省池塘养殖动物的粪便、残饲和养殖尾水资源化再利用率较低，缺乏有效的资源化利用技术和产业链。首先，虽然部分养殖系统如"集装箱+生态池塘"养殖系统、绿色高效圈养系统和流水槽—池塘内循环养殖系统具有集污、排污装置，能够收集部分动物粪便和残饲，但这些养殖废弃物含水量非常高，不适合远距离运输，只能就近消化。其次，水产养殖动物粪便和饲料残饵中元素不平衡，其富含氮、磷元素，但钾、铁、钙等植物所需元素相对匮乏，不适合直接用作水稻、玉米等农作物肥料。此外，由于缺乏对这些废弃物的资源化再利用加工工艺以及相应的运输和利用产业链，池塘养殖粪便和残饲不具备经济价值，导致养殖渔民缺乏处理这些池塘养殖废弃物的动力。

在池塘养殖过程中，基于人工湿地的池塘循环水养殖系统、"三池两坝"养殖系统等，虽然能将养殖用水处理循环再利用。但秋、冬季节拉网捕获养殖对象时，需要集中排水。此时，也是大部分农作物的收获时间，基本不再需要用水。并且，由于气温较低，人工湿地与"三池两坝"尾水处理系统对溶解性的氮、磷去除效果较差，富含氮、磷的养殖尾水只能外排到周围水域环境，无法被资源化再利用。

（八）高温等极端天气频发，主动防御能力不足

近年来，受全球气候变化和环境变化的影响，四川省多次遭遇到高温、暴雨等自然灾害影响。2022年开始，四川省夏季出现持续极端高温天气，高温引发的旱情以及停电对四川省池塘养殖造成了严重损失，据统计，2022年因干旱导致受灾养殖面积为10 588公顷，造成水产品损失9 076吨，直接经济损失高达18 975.73万元，除了极端高温灾害外，暴雨也对四川省池塘养殖造成了较大经济损失，2022年因洪涝造成了279公顷的池塘受损，直接经济损失300.5万元。

夏季高温期对池塘养殖造成的影响除了气温这一直接影响因子外，养殖者对夏季高温灾害认识不足、池塘工程化水平低、清淤不及时等也是引发高温期养殖种类大规模死亡的重要原因，国际机构研究表明，未来几年地球仍然保持升温的趋势，

夏季高温气候很有可能成为四川省的常态。虽然养殖过程中也采取了一些措施，但由于缺少有效的降温设施，对于池塘温度的调控仍处于被动的局面，夏季高温灾害仍然是威胁池塘养殖的最大风险因素之一。

三、四川省池塘养殖发展的对策建议

四川池塘养殖的可持续发展需要充分发挥政府、科技、企业与市场多方面的共同作用。在政府层面，需要正确引导和监管；在科研层面，需要加强基础理论研究与技术创新研发；在养殖户层面，要加强科学技术普及、提升养殖技术；在市场方面，要搭建信息化平台，推动信息和资源共享，充分发挥各方优势，合力保障四川省池塘养殖可持续发展。

（一）健全完善法规、政策，夯实池塘养殖发展基础

进一步健全渔业相关保障和支持政策，加大资金和技术投入力度，引导养殖户采取科学养殖、生态环保的措施，同时推动规模化、集约化、标准化的池塘养殖发展，提高生产效率、提升水产品质量、降低生产成本，支持、引导社会资本进入池塘养殖业，推动行业的快速发展，从而提高养殖积极性，进一步完善池塘养殖相关法律法规的制定和修订，加强对池塘养殖执法监管、水域使用、生态红线、养殖资源、产品质量与生产安全等方面的法治保障力度，为渔民提供更加稳定的养殖环境。

（二）强化科技支撑的推动作用，"点亮"池塘养殖低碳新时代

由渔业主管部门的领导和相关科研机构的专家组成节能减排领导小组，针对四川省池塘养殖节能减排的现状和发展要求，科学制订整体提升节能减排水平的发展规划，交流和协调各地推进池塘养殖节能减排的相关政策，确定科技发展和工作推进的重点，建立池塘养殖节能减排成效的评价机制；开展针对养殖群众的节能减排的宣传和培训，通过政策引导和项目支持，大力推广应用"池塘健康养殖节能减排技术"，同时加强池塘节能减排设施、设备及技术的创新和系统集成的研究，形成具有四川特色的池塘养殖节能减排的设施、设备及共性技术和标准化技术体系，建立池塘养殖减排工程产业链，整体推进四川省池塘养殖节能减排事业的发展。

（三）加快池塘标准化改造进程，加强尾水排放治理，打好碧水保卫战

加强地方池塘标准化改造管理，缩短财评、招投标时间，加快项目实施进度，

制定标准化池塘改造建设任务和资金拨付完成时间表；严格按照《池塘标准化改造技术指南》设计和建设尾水处理设施，同时兼顾池塘改造，加大对塘形调整、池埂整理、池底改造、进排水分设等池塘标准化改造建设内容；把实施渔业绿色循环发展试点项目，与现代农业园区建设、产业集群建设等项目结合起来，联动实施、统筹推动，确保所有改造过的池塘都能有效能提升。

建立尾水治理的分类实施政策，根据不同养殖密度、养殖品种、养殖模式、投饲情况及养殖场周边地域特点、生态环境情况，按照因地制宜、一场（塘）一策、综合治理的原则，分类推进治理；同时各地要因地制宜，加强技术服务，组建水产科研院所、推广机构专家组成的技术服务团队，深入一线推广水产健康养殖技术、清洁生产技术指导工作。建立尾水治理运、管、维长效机制，加强尾水治理设施运营期的维护，主动开展水质监测，评估治理效果。

（四）拓宽病害防治手段，降低疾病发生率

疾病预防与控制应真正落实到养殖主体、水环境和病原3个环节。建议继续加大非药物类防病产品或制剂的研发力度，拓宽病害防治思路，逐步减少或替代抗生素类化学制剂的使用，提供绿色、安全、无药物残留隐患的养殖产品；建议针对微生物群落及环境理化因子的变化进行疾病的监测和预测；基于水产疫苗、多肽制剂、中草药、免疫增强剂和微生态制剂等产品的防病效果，建议扩大中试范围，在有条件或有意愿的养殖区域开展对比试验，提高养殖户知晓度、参与度，为产品成功研发及大规模推广奠定基础；建议加大人工选育力度，强化苗种的提纯复壮工作，通过遗传育种手段选育具明显生长、抗病、抗逆等特性的新品系，并依托渔技推广体系逐级推广；通过开展形式多样的技术培训、现场观摩、入户座谈，提高基层养殖从业人员的技术水平和行业认知，提高良种和优良品系覆盖率。

（五）健全四川省渔业保险机制，为池塘养殖保驾护航

为有效化解池塘养殖风险，切实发挥渔业政策性保险在农业供给侧改革中的功能作用，四川省应加快建立健全渔业保险发展长效机制，积极推进渔业政策性保险工作，进一步增强池塘养殖户抵御重大疾病和自然灾害风险能力。

渔业政策性保险应按照"政府引导、市场运作、自主自愿、协同推进"原则，统筹考虑渔业养殖过程中风险灾害的突发性、惨重性、毁灭性，进一步加大政策支持，将水产养殖保险纳入省级财政保费补贴范围，建议加大省级财政对池塘养殖保

险的补贴力度，在保费补贴、技术支撑、防灾防损等方面出台配套性措施，根据四川省实际情况，开发符合池塘养殖业风险需求的保险产品，科学制定保费补贴政策和业务承保方案，扩大地方政策性池塘养殖保险业务覆盖面，提升风险保障程度，提高商业保险公司开办池塘养殖保险业务和加大产品创新的积极性，确保养殖户的风险保障需求得到满足。

建议加快构建多元化池塘养殖保险产品体系，加强对池塘养殖生产数据和历史损失数据采集共享，建立和完善池塘养殖风险评估体系，加强保险知识的普及和宣传，提高养殖户的保险意识。

建议开展财政支持的池塘养殖渔业保险试点，选择1~2个保险推广基础好、养殖产量大、地区代表性强的池塘养殖市州开展试点，力争形成一些可复制的成功模式向全省推广。

（六）构建信息化平台，服务渔业生产

建议利用物联网技术，建立省级渔业技术远程管理服务平台，建立水产养殖专家、技术员、养殖户三级互动服务平台，建立健全渔业数据交换共享机制，建立广泛的信息收集渠道。进一步完善绿色养殖、水产品追溯相关制度规范，完善相关信息平台的数据标准、接口标准、交换标准等。建设智慧渔业示范区，展示智能化、自动化、集约化、可持续发展的现代池塘养殖综合生态体系。做好顶层设计，推动现有渔业信息系统的互联互通和数据资源整合，提供养殖过程、流通过程中的动态数据，实现主要水产品统一、高效、权威的追溯管理，提高池塘养殖的信息化水平。

（七）深入实施"五大行动"，推进四川省池塘养殖绿色生态发展

深入实施水产绿色健康养殖技术推广"五大行动"是贯彻落实习近平生态文明思想、落实"大食物观"重要指示精神、是促进水产养殖业绿色高质量发展、助力乡村振兴和推动农业农村现代化建设的重要抓手。"五大行动"实施三年以来，四川省生态健康养殖模式扩面增效、养殖尾水资源化综合利用提升、水产养殖用药量降低、水产新品种实现零的突破，为进一步推动四川省池塘养殖绿色生态发展，继续贯彻落实好"五大行动"，建议渔业行政主管部门统筹安排，设立领导小组、工作小组以及专家团队，形成渔业行政主管部门部署指导、水产技术推广机构负责执行、科研教学机构支持配合、水产养殖生产主体共同参与的工作模式。建立督导考

核机制，将实施情况纳入年度绩效考核范畴，并开展定期督导督查，保证实施效果。

强化骨干基地建设，严格按照标准要求开展骨干基地遴选，做到成熟一批、推选一批。加强对骨干基地的指导、培育和支持，不断提升骨干基地技术能力与建设水平，打造一批可展示、可复制、可依托的示范样板，发挥好辐射带动作用。以实施"五大行动"为纽带，强化融合发展，促进水产养殖与饲料制剂、设施装备等融合发展，延长产业链，提升价值链，围绕水产品"三品一标"建设，积极做好养殖品种培优、品质提升、品牌打造和标准化生产。

参考文献

陈家荣，曾开虎，苏琼，2014. 四川池塘传统养殖主要问题与池塘健康养殖发展趋势简析［J］. 渔业致富指南（17）：20-22.

邓勇辉，周辉明，陶志英，等，2023. 淡水池塘嵌入式集装槽循环水养殖系统 2022 年养殖效果分析［J］. 江西水产科技（3）：44-46.

何绪刚，侯杰，2021. 池塘圈养模式研究进展［J］. 华中农业大学学报，40（3）：21-29.

李金星，高悠娴，肖杰，等，2023. 四川省水产养殖业尾水处理调查研究［J］. 环境保护与循环经济，43（1）：44-47.

王勇，万勇，彭晓琴，等，2022. 四川省水产养殖数字化装备发展分析［J］. 四川农业科技（7）：50-52.

徐皓，刘晃，张建华，等，2007. 我国渔业能源消耗测算［J］. 中国水产（11）：74-76，78.

于建霖，康会会，孔庆霞，2023. 水产养殖尾水处理技术研究进展［J］. 天津农业科学，29（S1）：83-91.

周辉明，陶志英，邓勇辉，等，2022. 淡水池塘循环水养殖模式研究综述［J］. 江西水产科技（6）：56-64.

周小燕，吕占民，杨雨琦，2023. 2022 年水产养殖机械化进展情况［J］. 农机科技推广（1）：22-24.

稻渔互促 稳粮增收
——隆昌市稻渔产业发展经验交流

赵 瀚[1]　黄志鹏[1]　曾永燕[2]

(1. 四川省农业科学院水产研究所，成都市高新西区西源大道1611号　610041；
2. 隆昌隆昌市农业农村局，内江市隆昌市新华街557号　642150)

隆昌市以乡村振兴战略引领，以全省现代农业示范县建设、内江市实施"12345"现代农业产业提升行动和隆昌市35万亩（稻渔果）特色农业提升工程为抓手，以建设现代农业园区为载体，大力发展稻渔综合种养，目前已超过17万亩，其中标准化稻虾种养占比约50%。隆昌市获农业农村部首批授予的"国家级稻渔综合种养示范区"、被评为"全省首批稻田虾特色农产品优势区。已建成古湖稻渔、星光渔果等稻渔现代农业园区，其中胡家镇成功获批开展全国农业产业（稻田虾）强镇示范建设。隆昌市围绕"中稻晚稻再生稻、红鲤白鲫小龙虾"的特色产业申报隆昌稻渔米、稻田虾等区域品牌，是四川稻渔产业发展的核心区域。

一、基本情况

隆昌是典型田多土少的丘陵市（县），隆昌辖区面积794平方公里，辖13个镇（街道），耕地面积58.5万亩，田面积32.7万亩，土面积25.8万亩。隆昌市充分利用稻田多、80%农田可工程灌溉、有传统的冬水田养渔习惯，抓住被列为全省20个现代农业示范县契机，将稻渔产业确定为现代农业示范主导产业。目前，全市已经发展稻渔综合种养17.6万亩，其中标准化稻虾种养8万余亩。2022年隆昌市优质水稻、水产品、稻田虾年产量分别是14.6万吨、3.9万吨、1.06万吨，稻渔总产值达18.43亿元以上。隆昌市先后获评国家级稻渔综合种养示范区、四川省乡村振兴先进市、四川省首批"隆昌稻田虾"特色农产品优势区、中国西部鱼米之乡等荣誉称号。2023年11月成功创建为2023年国家级水产健康养殖和生态养殖示范区。

二、发展历程与优势

（一）隆昌稻渔发展历程

2 000多年前，稻田养鱼在四川就已普遍存在。隆昌稻渔产业也在这一时期得到一定程度的发展。20世纪70年代末至80年代初，隆昌党委、政府鼓励引进推广杂交水稻后，亩产得到提高，解决了老百姓吃不饱的问题。20世纪90年代中期，隆昌结合实际，从单纯追求水稻高产，向发展优质高产高效水稻转变，2000—2005年，隆昌实施农业产业结构调整，发展优质特色农产品，并开始建设现代农业示范片，探索一二三产业融合发展。

2017—2018年，隆昌市稻渔产业以321国道延伸公路线为重点，按"三核一带"布局，大力实施高标准农田基础条件下的稻渔综合种养基地建设，推广"稻—鱼""稻—虾"等模式的稻渔综合种养特色产业。2018年，隆昌建立水稻高产创建示范片27个，高产创建示范片覆盖全市所有镇（街道）；隆昌市入选首批国家级稻渔综合种养示范区名单。2021年，隆昌市积极谋划乡村振兴示范带建设，建成成渝地区荣昌·隆昌稻渔综合种养示范带16.1万亩。新建高标准农田2.43万亩，实现粮食产量33.3万吨。9月23日，隆昌市成功承办内江市2021年"中国农民丰收节"；10月26日，隆昌市被命名为"中国西部鱼米之乡"。

近年来，隆昌以全省首批"鱼米之乡"整县推进为契机，大力发展以15万亩稻渔产业为龙头的35万亩特色农业产业，积极融入成渝地区双城经济圈特色高效绿色发展示范带建设，成为隆昌市贯彻落实全省"10+3"现代农业产业体系的重要抓手。

（二）隆昌稻虾发展优势

隆昌市充分发挥政策引领、综合种养、地域优势，大力发展稻渔产业。目前，已发展标准化稻田虾8万余亩，稻田虾已成为全市标准化稻渔综合种养主力军。

1. 政策优势

隆昌被列为全省20个现代农业示范县，确定了稻渔为主导示范产业，按照内江市"12345"现代农业产业提升行动要求，大力建设稻渔产业示范带，隆昌市为做强做大稻渔产业,制定了稻渔产业发展规划,明确了区域布局,出台了相应的扶持政策。

2. 种养优势

(1) 抓住小龙虾育种优势。小龙虾有自繁优势,即可在自己基地实现自繁自养,除当年引种外,每年只需引少量外地品种提升品质,在育种难度和成本上有极大优势。

(2) 抓住稻虾共生优势。小龙虾生长喜欢水生植物,水稻正好应合这一特点,种水稻既增加一季作物产量,还满足小龙虾生活栖息和饲料之需;而优质稻米也需要小龙虾生长水质环境,特别是晚稻,不仅生育期上合拍,在品质上更佳。

(3) 抓住小龙虾养殖周期短的优势。小龙虾从投放种苗到商品虾上市一般只需要两到三个月,因此,稻田虾在隆昌可形成一季中稻(或晚稻)+两季虾+一季苗的种养殖模式。

(4) 抓住稻田虾种养殖门槛低的优势。优质稻种植技术已经普及,小龙虾养殖技术也很好掌握,一般农户根据自己的条件,经过简单培训,因地制宜即可进入养殖。

(5) 抓住稻田虾见效快的优势。发展稻田虾,技术过关,种养得当,当年有望赢利。稻田虾可实现优质稻800斤/亩左右,产虾200斤以上,当年稻虾产值可达到7 500元/亩以上。

3. 地域优势

(1) 隆昌田多土少。耕地58.5万亩,其中田32.7万亩,土25.8万亩。

(2) 灌溉和高标准农田优势。有水利工程支撑。隆昌无大江大河,但以沱灌及其配套为主的水利工程,能满足全市80%以上的生产用水,其中,10万亩以上基本能自流灌溉。有高标准农田支撑。全市现建有高标准农田37万亩,为发展高标准农田下的稻渔综合种养提供了重要支撑。

(3) 抓住稻渔综合种养的传统优势。隆昌地处丘区,冬水田蓄水养鱼成为必然和传统,有很好的群众基础,传统以冬水田、囤水田、深水田实施稻渔综合种养有5万多亩。

(4) 抓住适宜稻虾的气候优势。隆昌年平均气温17.3℃,高于江汉地区1.3℃,更有利于小龙虾冬季的繁殖生长,能提早1个多月上市,能实现错季销售和更长时季产虾。在 8 月、9 月采用提前育苗、加水增料等技术手段，育好早苗，实现冬季产虾。

4. 产业优势

"鱼米之乡"建设以水稻种植与水产养殖的生态循环为主体，配套融合文化、旅游等产业，是知识与技术高度集中的综合体系。隆昌市以该体系为基础积极推动产业规模化发展，建成产业道路 106 公里、高标准农田 28.65 万亩，有效灌溉率达 80.4%，电、天然气、光纤宽带全覆盖，具有良好的稻渔产业发展基础。

三、工作做法

（一）政策引领，做大产业规模

一是规划引领。市委市政府将稻渔产业确定为 35 万亩特色产业提升工程的龙头，制定了稻+渔产业发展的近、中期及远期（20 万亩）规划，确定了"三核一带"稻渔产业区域布局，制定了古湖稻渔和星光渔果现代农业园区规划等，重点在南部和北部发展稻渔产业，引领稻+渔产业集聚、园区发展。二是标准引领。出台了《稻渔综合种养技术规程》等技术规范，对开沟占比、种养规格、管理要点等明确了标准和规范，为全市稻渔综合种养提供了指南和技术标准；三是扶持引领。制定了《隆昌市稻渔产业奖励扶持办法》，对标准化稻+渔在开沟、种苗、防逃设施等方面给予奖励扶持，验收合格亩奖励补 1 050~1 350 元；率先在全省开展稻渔产业特色农业保险试点，采取"农户出资+财政补贴"方式，给予参保金额 75% 补贴。

（二）服务配套，搭建产业支撑

一是搭建供销服务平台。围绕解决稻虾产业发展中的技术、供应和销售等问题，着力产业配套服务，全市成立稻渔联合总社，总社成员社 16 个，稻田小龙虾分社成员达 100 多户，全市形成了以联合总社为纽带的稻渔产业发展联盟，抱团发展。二是搭建技术服务平台。采取政府购买服务、项目扶持等办法，与上海海洋大学等 8 所科研院校合作成立稻渔种养专家大院、科技小院，解决稻渔技术引进、技术攻关、标准制定等种养技术问题，指导服务示范基地和示范农户标准化生产。三是开展技术服务。通过农业农村新型职业农民培育、专业合作社及专家大小院等平台，深入开展稻虾技术培训，每年培育稻虾新型职业农民100多人，专合社培训种养人员3 000多人次，专家大院年培训种养人员1 000多人次。

（三）四联六养，推进稻渔技术

通过"四联、六养"，引导新型农业经营主体规范养、组团养、科学养、生态养、放心养。

四联：

一是通过整合项目资金，建设大园区，完善基础条件，联结小业主发展产业带动农户；

二是以村集体经济为主体，联结新型农业经营主体带动农户；

三是组建稻渔产业联合社联结新型农业经营主体带动农户；

四是市场联结新型农业经营主体带动农户（订单销售）。

六养：

一是政策扶持——引导养。2019—2021年制定出台稻渔发展扶持激励政策，设立稻渔产业发展基金，对于发展稻渔产业的新型经营主体采用一定的补助，其中特色水产三年一共补助1 350元/亩，四大家鱼三年一共补助1 050元/亩，并安排稻渔产业专项扶持资金，针对基地智能化水平、集中连片规模、销售量、品牌创建等进行资金补助。

二是统一标准——规范养。建立隆昌稻渔产业协会，发布稻渔综合种养—食用小龙虾养殖技术规程，明确规定隆昌食用小龙虾稻田养殖的产地环境、田间工程、水稻栽插与田间管理、虾苗选择与养殖管理、水质与水位调控、成虾捕捞、水稻收获等技术要求，以提升稻渔品质。

三是智力支撑——科学养。与西南大学、四川农业大学等8所科研院校开展"产学研"合作，组建专家大院、科技小院，负责本区域的养殖规划、水质检测、疾病诊断和肥料农药等数据收集、对比分析，以及水产品药残快检等工作，逐步形成隆昌稻渔综合种养技术标准，建立智慧农业云平台，通过物联网传感设备，实时监控基地指标情况，实现远程数据监控和信息采集，帮助专家实现实时技术指导，同时大力开展新型职业农民培训，培育新型职业农民2 117名。

第四全域联合——组团养。2019年成立稻渔养殖联合社，实行实体化运作，推动经营主体抱团发展、形成信息资源共享，延伸产业链条，着力破解产业发展中

"组织化程度低""技术支撑弱""专业农资缺""营销渠道缺""加工储藏设施缺""响亮品牌缺"等"一低一弱四缺"难题，有效保障稻渔产业持续健康稳定发展。

五是品牌培塑——生态养。抓住省级特色农产品优势区这一契机，实施"区域公用品牌+特色品牌"战略，融合打造"甜城味"隆昌特色稻田虾品牌，培育甜城味·丽香隆等本地品牌。

第六保险兜底——放心养。2018年在全省率先开展稻渔产业的特色农业保险试点，针对气候灾害、疫病等风险，通过"养殖户自筹+财政补贴"的方式，购买特色农业产业保险，有效分担风险、降低经济损失。比如，农户出资25元、财政出资75元，购买特色农业产业保险，如遇洪涝干旱、疫病等导致养殖户遭受经济损失，养殖户将获得2 000元/亩的赔付。

（四）机制健全，带动农户增收

一是采取大园区联结带动业主方式。在稻虾规模集中区，建立古湖稻渔、星光渔果现代农业园区，园区引导、服务业主发展适度规模稻田虾种养，带动周边农户发展。二是采取村集体联结带动农户方式。由村集体经济组织牵头，与业主、农户建立合作共赢的稻虾发展模式；三是采取专合社联结带动农户方式。全市稻虾联合社将适度规模的稻虾种养农户联结形成抱团发展联合体。四是采取市场联结方式。成渝小龙虾营销大客商，与基地业主、大户联结建立订单销售、专供专营。

四、特色发展

（一）隆昌稻渔研究院

隆昌市稻渔研究院始建于2022年，位于四川省隆昌市界市镇，建设面积约1 000平方米，财政投入约1 000万元，是西南地区第一个集党建建设、研究研学、教育培训、参观游览等多功能于一体的综合型稻渔研究院。研究院以稻渔产业研究为核心，以稻渔文化推广、隆昌稻渔品牌建设为载体，集结中国水产科学研究院淡水渔业研究中心、四川省农业科学院水产研究所的众多优秀专家，承担着稻渔产业基础应用研究和高新技术产业开发研究的任务，全域开展水稻和小龙虾的良种选育、稻虾综合种养的示范推广以及数字乡村建设等领域的研究工作。

研究院借势成渝地区双城经济圈建设、长江经济带和"一带一路"等倡议叠加区机遇，始终遵循着"立足隆昌、面向西南、辐射全国"的宗旨，通过稻渔产业化、园区化、标准化、品牌化的实施，推动农业经济高质量发展，助力乡村振兴战略鉴定根基，这对我国稻渔综合种养模式发展与创新、维护我国粮食安全方面有着重要意义。

（二）重点园区基地

1. 古湖稻渔现代农业园区

古湖稻渔现代农业园区三台稻渔综合种养基地是隆昌市稻渔产业"三核一带"南部万亩稻渔产业园区——古湖稻渔现代农业园区的核心区，涉及三台、白荆等8个村，已集中连片发展稻渔综合种养1.2万亩，其中，标准化稻渔种养0.4万亩。充分利用"冬水闲田蓄水养鱼"的传统习惯，结合古宇湖水库自流灌区的优势，按照"一田两用、稻渔共生"的思路，大力发展"稻+红鲤白鲫"的种养模式，坚持经济、社会和生态效益有机统一，实现水稻种植和水产养殖双赢。在隆昌率先进行稻虾综合种养试点，通过隆昌市稻渔综合种养专家大院在基地建设的科技小院，由岗位专家在各示范基地收集生产数据、总结本地实际，制定了《稻渔综合种养——食用小龙虾养殖技术规程》团体标准。围绕稻渔产业发展需要，大力整合高标准农田建设、小农水等项目，逐步完善路网、水网、渠网、电网等基础设施建设，扎实推进稻田综合种养规模化、集约化。已实现年产优质稻谷5 600吨、优质稻鱼稻虾640吨，产值达4 800余万元，亩均增收1 500~4 000元（2022年）。

2. 响石稻田虾基地

响石稻田虾基地是隆昌稻田虾总体布局下的一个点位上的具体实践，以"绿色、生态、循环、高效"的发展理念，围绕"中稻晚稻再生稻、红鲤白鲫小龙虾"的主题，在保障粮食安全的前提下，强力推进全市稻虾综合种养产业。"隆昌稻田虾"被评为全省首批稻田虾特色农产品优势区。

稻虾综合种养的具体建设方式，是在高标准农田建设基础上，结合实际，在距离田埂3米左右处开始挖沟，一般采取挖"L"形或者"U"形沟，充分利用地形以及泥质结构因素，以及便于机械化耕种和收割。水沟深度至少1.5米以上，主要是为了深水养大虾，避免夏季水温过高；如果水沟深度过浅，容易导致小龙虾生长缓慢甚至死亡。水沟的水面宽度一般4米、底部宽度1.5米，倾斜度低于45°。考虑到小龙虾的生物学特性，具有利用植物进行摄食、脱壳以及栖息的习性，在稻田中种植水稻，同时在水沟中种植轮叶黑藻、伊乐藻、苦草等水草，能有效提高小龙虾的产量，改善水质。

隆昌选择发展稻田虾产业，主要有以下五个特点推动产业发展。

第一，养殖周期短。小龙虾养殖周期一般在两个月以内，可以实现每年养殖两季虾，一季苗。

第二，自繁能力强。稻田虾的自繁能力强，一般两三年引入一定的外地优质品种和本地龙虾交配，即可保障优质种苗生产。

第三，养殖门槛低。稻田虾养殖没有太多的人力需求，普通农民结合自己的实际，少量的资金、自行管理即可进行养殖。

第四，市场前景好。稻田虾市场消费持续，仅仅隆昌本地，每天的消费量就在三吨左右。

第五，稻虾共作优。稻田虾综合种养，既可以保障粮食生产，又可以实现优质稻田虾增加经济效益，实现"稳粮、提质、增效、增收"的目的。

通过五个特点的推动，产生三大效益，实现共赢。

第一，农户效益方面。与传统水稻种植模式相比，稻虾综合种养模式，在保障粮食产量和品质的同时，每亩可收获优质稻田虾200余斤，实现亩均产值8 000元，亩均增收3 800元以上。

第二，村集体经济方面。改革财政项目资金的补助方式，实行以补改投，由村集体经济组织参股入股新型经营主体发展稻田虾产业，进一步壮大了村集体经济。

第三，业主经营效益方面。新型农业经营主体结合实际情况，整合各类资金、资源，发展适度规模的稻虾综合种养，能有效降低成本，提高经营效益。隆龙稻虾农民专业合作社年生产优质稻200吨，产值80万元，小龙虾约10万斤，产值260万元，净收入共170万元。

3. 星光渔果现代农业园区

星光渔果现代农业园区稻渔果立体种养基地是隆昌市稻渔产业"三核一带"北部万亩稻渔产业园区——星光渔果现代农业园区的核心区，涉及普润镇印坝、黄荆等6个村。通过产业融合、产村融合的方式，加快建设美丽乡村、魅力乡村，初步实现"田里稻渔、土里柑桔、坡体绿化"的立体农业空间布局，发展稻渔综合种养6 000亩、优品柑橘1.55万亩、生态绿化50亩。大力发展休闲观光、民宿文化等乡村农旅项目，建成民宿15栋，景观4处。

图 2　隆昌稻渔园区建设

五、"鱼米之乡"发展目标

隆昌市抢抓成渝地区双城经济圈建设重大战略机遇，探索推广"六养四联三融合"的丘区稻渔发展新模式，紧紧围绕乡村振兴这一主线，高质量发展稻渔产业，奋力建设成功"稻渔满仓、花果飘香、青山绿水、民富村美"的"中国西部鱼米之乡"。

（一）聚焦"农高区"，打造"成渝双圈"新高地

隆昌借势成渝地区双城经济圈建设、长江经济带和"一带一路"等国家战略叠加区机遇，全力打造川渝两省市唯一农业农村类合作功能平台——内江荣昌现代农业高新技术产业示范区。一是绘好"一张图"。按照"一城两园三带"的空间布局，聚力发展种质资源、高效种养、精深加工、冷链物流等产业，形成"生产+科技+加工"的全产业链。二是织好"项目网"。在内江荣昌农高区核心区布局国家

畜牧科技城、稻渔产业研究院等项目65个、总投资647.2亿元，全力打造乡村振兴示范区。三是画好"同心圆"。与重庆荣昌区共建40万亩稻渔产业带、"双昌农业园"，积极争创国家现代农业高新技术产业示范区，不断推动"鱼米之乡"高质量发展。

（二）聚焦"农业强"，壮大特色产业

立足丘区自然禀赋，按照"田里稻渔、土里柑桔、坡地绿化"思路，推行"稻渔果"立体综合种养模式，打造农业全产业链，全力保障粮食安全。一是推动特色产业"园区化"。完善农业园区梯次创建体系，创建国家级现代农业产业园1个、省级现代农业园区2个，推动园园相连成片，形成产业大环线。二是推动产业发展"融合化"。注重以工促农，引进旺旺集团、万林冷食品等农产品精深加工企业，建立农产品集中加工中心、初加工集中点7个，稻渔产品初加工率达95%、精深加工率达50%。注重以商兴农，依托国家级电子商务进农村综合示范县（市）项目，推动优质稻渔产品向市场直供直销。实施"区域公用品牌+特色品牌"战略，培育隆昌稻虾米、稻田虾等特色农业品牌18个。注重以旅助农，建成全国稻虾产业强镇1个、省级稻渔主题公园2个、稻渔新村80个，实现乡村旅游与休闲农业收入1.5亿元。三是推动农业产业"科技化"。依托国家创新型县（市）、国家级科技企业孵化器等资源，与西南大学、上海海洋大学等8所科研院所共建研发中心，建成专家大院、科技小院16个。培育一批具有"抗病、抗虫、抗倒伏"的三抗品种，研发出"稻渔专用水稻品种""渔稻耦合水产养殖关键技术"，园区水稻良种覆盖率100%。

（三）聚焦"农民富"，健全体制机制

完善政策支撑体系，强化基层党组织建设，做活利益联结机制，构建多方合作共赢的利益共同体，调动全社会力量参与"鱼米之乡"建设。一是以要素保障夯实"富"的基础。深入开展"大棚房"、农村乱占耕地建房等问题整治，坚决遏制耕地"非农化"、防止"非粮化"。积极争取乡村振兴衔接资金、有力推进基础设施建设。二是以组织建设提供"富"的保障。广泛推广"三自一引""大院长"等基层治理模式，选优配强基层党组织书记，充分发挥基层党组织引领作用，有效凝聚党建推动基层发展合力。

核心品牌促发展　梓江鳜鱼天下闻
——盐亭梓江鳜鱼产业发展经验交流

段元亮　李　强　黄志鹏　张　露　赵　瀚　赵仲孟　牟成艳

(四川省农业科学院水产研究所，四川成都 611731)

一、盐亭县情况简介

(一) 地理环境

盐亭县，隶属于四川省绵阳市，位于绵阳东南部，因境内多盐井，盐卤出产丰富得名盐亭。盐亭县行政区域面积1 645.8平方千米，约占全市总面积的8.1%，居第5位。地理位置为北纬30°58′31″~31°39′40″，东经105°12′17″~105°43′20″。东与南部县、西充县接壤，南连射洪县，西邻三台县，北抵梓潼县。成德南、绵南高速穿境而过，是成南巴出川大动脉和绵遂南巴的重要交通节点。县境地貌除梓江河谷有平坝断续分布外，均系峰谷相间的丘陵、低山地貌，发育有干平坝、台地、中低丘、高丘、低山、山原地6种地貌类型。县境地势北高南低、多为岭谷相间的丘陵地貌，一般海拔350~650米，按照出露地层及其形成的异同，盐亭县境地貌大体上可以唐巴公路沿线为界，划北部低山窄谷区和南部高丘宽谷区。低山窄谷区面积632.51平方千米，占全县面积的38.44%，海拔在450~789米；高丘宽谷区面积1012.94平方千米，占全县总面积的61.56%，海拔在250~550米。

(二) 文旅资源

盐亭县拥有嫘祖国家纪念公园、文同诗竹园2家AAA级景区，花林寺大殿、盐亭文星庙2处全国重点文物保护单位，笔塔、涂式牌坊、桅杆湾张氏名居、真常道馆、惜墨如金坊、龙门垭摩崖造像、盐亭字库塔群7处省级文物保护单位。境内保留着33座字库塔，有"中国字库之乡"的美誉。张家坝遗址的发现为古蜀文明研究提供了新材料。孕育培养出嫘祖、岐伯、蒙文通、文同、赵蕤、李义府等历史文化名人。嫘祖文化、岐伯文化、文同文化在盐亭交相辉映。

(三) 经济发展

盐亭县是丘区农业县。县十四次党代会以来，新一届县委把县域发展着力点放在实体经济上，紧紧抓住工业这个核心，推动三次产业融合发展，在稳增长中调结构，在扩总量中优质量，延伸产业链、提升价值链，全力构建具有盐亭特色的现代化产业体系。

农业转型升级步伐加快，"9+1"现代农业园区整体成势，现有省级农业园区1个、市级农业园区4个。水产、畜禽、柑橘、藤椒四大农业主导产业规模持续壮大，梓江鳜鱼、大兴黄牛、天府肉羊、蛋种鸡等优势种业蓬勃发展，150万头新希望生猪全产业链、凤集全自动蛋种鸡等龙头项目加快推进，成功打造"嫘之味"农产品区域公用品牌，现有国家地理标志产品2个、国家地理标志证明商标3个。

2016—2021年，盐亭县（市、区）实现生产总值从94.19亿元增至191.32亿元，全省排名从第116位提升至第93位，全市排名稳居第6位；地方财政一般预算收入从3.26亿元增至4.45亿元，全省排名第128位，全市排名稳居第7位；城镇居民人均可支配收入从26 979元增至39 680元，全省排名从第112位上升至第101位，全市排名稳居第6位；农民人均纯收入从12 913元增至20 323元，排在全省第73位，全市第7位。

二、盐亭县西部水产现代农业园区

(一) 园区概况

盐亭县水产现代农业园区是国家大宗淡水鱼类产业技术体系综合试验站、农业部水产健康养殖示范场，是四川省最大的精养水产基地（图1）。自2013年开始规划建设，以西部水产科技园为基础，以科技园入口为起点，以巨龙镇胜利村为中心，连接巨龙镇龙骨村和钟沟村，以盐蓬路、盐射路、成巴高速为界，目前已初步建成为集水产健康养殖、产品加工和乡村旅游为一体的现代农业产业园区12平方千米。

园区以巨龙胜利村、龙骨村、钟沟村为核心基地，以农旅公司水产繁育中心和华腾水产良种繁育场为苗种生产基地，对整个园区产业、基础设施、农房改造、休闲农业、景观景点、产品加工等业态的现代渔业产业融合发展进行了科学布局，为

图 1 园区产业布局

高标准推进盐亭水产现代农业园区建设提供科学依据。

园区主导产业以优质生态鱼养殖—梓江鳜鱼养殖为主导产业（图2），已建成苗种培育中心、鳜鱼示范区等标准化养殖区，优良品种养殖覆盖率100%。实现"渔—果"循环利用，按照一区一园、一园一品的布局形成了梓江鳜鱼养殖休闲观光农业；采取"渔业带旅游，旅游促渔业"的渔旅融合发展模式，建成云栖逸境旅游文化生态园，山水人家、美味农庄、爱华农家乐、松涛轩4家星级农家乐和钓鱼岛、玉泉山庄2家大型休闲山庄，每天可接待游客1 000人次以上。2022年园区综合产值2.8亿元，水产值2.2亿元，实现旅游及休闲渔业收入0.5亿元，带动上千农民从事水产养殖和第三产业，渔民人均渔业收入8 500元以上。2022年被省政府评定为省四星级现代农业园区。

（二）园区发展方向

1. 总体思路

围绕农业供给侧结构性改革，念好"优、绿、特、强、新、实"六字经，实施"藏粮于地、藏粮于技"战略，以提升全产业链综合效益、促进农民持续增收为目标，以推动水产产业高质量发展为主线，以现代农业园区建设为抓手，着力优化产业布局，调整产业结构，高标准建设基地，多元化开发资源，多手段壮大主体，全

图 2　中国西部鳜鱼之乡

方位强化科技支撑，推动水产产业全面振兴。

按照省级现代农业园区建设标准，查漏补缺，补齐短板，推动建成产业特色鲜明、加工水平高、产业链条完善、设施装备先进、生产方式绿色、品牌影响力大、一二三产业融合、要素高度聚集、辐射带动有力的现代农业园区，成为实现乡村振兴产业兴旺的坚实基础和核心载体，为推动盐亭县域经济发展再上新台阶奠定坚实基础。

2. 目标任务

（1）总体目标。坚持立足四川，引领全国，以建设省五星级现代农业园区为契机，围绕"做大龙头带动、做强科技引领、做优产业业态、做好利益联结、做出综合效益、做亮金字招牌、做美产业园区"的思路，突破产业瓶颈，实现产业供给质量和效益稳步增长，科技创新能力明显增强，集约化和规模化水平及产业融合发展程度明显提高，产品优质化和质量安全水平明显提升。按照《四川省现代农业园区养殖类（水产）创建认定评分标准》明确的园区创建标准，在基地建设、设施装备、产品加工、农业新业态、品牌建设、科技支撑、利益联结、保障措施等方面全面达标，争创四川省五星级现代农业园区，在园区乡村旅游方面争创四星级旅游景区。

（2）具体目标。到2023年底，园区核心基地面积达3 500亩；基础设施配套建设达90%；设施装备完善率达95%。2023年底园区核心基地实现水产品繁殖四大家鱼鱼苗1.1亿尾、养殖鳜鱼2 000吨、鲈鱼700吨等，实现产值约2.5亿元以上；经过加工水产实现产值约2 000万元以上；综合开发产值约3 000万元以上；辐射带动1 200余户农户从事水产养殖、实现产值约600万元以上；园区实现总产值达到3.5亿元以上。

（三）园区理念

1. 产研结合，塑造核心品牌

长期以来，鳜鱼种质退化严重、饲料驯养标准化较低、专用配合饲料起步晚等问题制约着梓江鳜鱼产业化发展。为打破这一局面，2019年园区组建了梓江鳜鱼产业技术专家科研组，开展了相关问题的研究工作。目前，已成功开展了梓江鳜鱼优质家系子二代的培育工作，初步构建了鳜鱼人工驯食饲料的标准规程，配套研发了鳜鱼专用配合膨化饲料。

依靠坚实的科技技术支撑，2021年，园区鳜鱼产值1.2亿元，养殖产量1 326吨，占全省鳜鱼产量50%以上，全力打造出"中国西部鳜鱼之乡"品牌，推进梓江鳜鱼现代化、产业化、高效快速发展。

2. 多产融合，延伸产业链条

盐亭县西部水产现代农业园区狠抓产业融合发展，以水产为主导配套发展水果产业，形成"鱼果共生"种养循环，建设高低位循环池16口，鱼塘养殖粪污及废弃物综合利用率100%。园区以乡村旅游为发展思路，建成"云栖逸境"渔文化中心，建有信息中心、"智慧渔"系统、直播电商基地、多功能宴会大厅、光伏停车场、独立民宿小院、镜湖等，实现了"吃、住、行、游、购、娱"园区景区化。占地42亩的"云栖逸境"渔文化中心和8家渔家乐投入运营，年接待游客10万人次。

3. 产业振兴，带动村民致富

"一人富不算富，大家富才是真的富"。园区实行"龙头企业+合作社+农户"模式，农户加入合作社的比例达到35%，入驻新型经营主体19家，带动园区81%以上农户参与园区建设和产业经营。2021年园区水产品产量2 502吨，总产值2.08亿元，其中水产产值1.8亿元，电商销售额占比33.5%，年旅游收入860万元。农民人均年可支配收入达2.98万元，高于全县平均水平的40%以上。

（四）园区效益

1. 经济效益

园区建成后，提升了农产品的附加值初加工生产、销售、运输及管理能力，改善园区的鱼苗苗种孵化科技含量，新增梓江鳜鱼苗种 1 000 万尾，实现产值 5 000 万元，初加工增加附加值增收 100 万元，年新增水产品产量 150 吨，年新增水产品产值 1 200 万元。

2. 社会效益

促进农业结构调整、加快水产产业转型升级。有利于促进园区及盐亭县水产产业结构调整，优化生产结构和区域布局，完善现代农业产业体系、生产体系、经营体系；有利于农村一二三产业融合发展，增加了高端鱼——地方特色保护农产品（梓江鳜鱼）的保护和驯养，实现产业转型升级，提高产业质量效益和竞争力；有利于培育龙头企业、合作社、种植大户等新型经营主体，拉动区域农业及农村经济的发展。促进乡镇统筹、产村融合发展。从资源整合、科学利用到统筹乡镇、改善和提高当地居民收入等多个层面，达到经济、社会、环境效益的平衡，有力助推盐亭县乡村振兴战略实施。园区水产产业优化提升、旅游产业快速发展、基础建设配套发展，促进该片区对外发展和加强对外经济输出，形成对投资企业和居民思想冲击，最直接受益者为当地居民，改善镇域经济结构，加快产村、产城融合发展。促进农民持续增收，率先实现全面小康。园区的建设将带动区域内及周边地区土地价值、劳动率和劳动收入的提高，将"惠民、富民"政策落到实处，为当地居民提供持续增收致富之路，率先迈入小康社会，在全国起到水产产业富民效应示范，进一步提升农村生产生活水平。道路交通、农田水利、旅游基础设施及配套设施的建设提升，将进一步优化园区生产基地的条件、夯实三产融合发展基础、提高农户生活质量水平。

3. 生态效益

园区的成功建成优化了养殖区域生态环境，调节了生态平衡，同时增加了蓄水量，加强了养殖区抗旱保苗的作用，特别是对盐亭主要河流——梓江中的国家农产品地理标志产品（梓江鳜鱼）的保护具有十分重要的意义。同时提高了湿地效应，对调节周边小气候起到了非常重要的作用。园区将发挥水产生态正效应，提高生态系统功能，恢复生物多样性，实现绿色可持续发展。打造绿色生产体系，提升生态环境，全面提升农村居住条件、环境质量、健康水平和文明程度，有利于实现村庄人居环境整洁、环保、美丽。

（五）龙头企业——盐亭西部水产种业有限公司

盐亭西部水产种业有限公司注册成立于2015年，注册资金1 800万元，该公司在2009年4月3日投资6 800万元投资建设现代农业水产园区。公司总部位于梓江、湍江河畔，巨龙镇胜利村，离成德南高速路出口3千米，距县城12千米，地势优越，交通便利。公司占地面积1 200余亩，有示范水产苗种基地500余亩，成鱼养殖基地700余亩，水源充足，进排水通畅，主要繁育养殖鳜鱼、鲈鱼、黄颡鱼、四大家鱼等苗种，能常年提供各种规格苗种3亿尾（图3）。

图3 中国科学院桂建芳院士（中）考察西部水产种业公司

西部水产现代农业园区依托盐亭西部水产种业有限公司成立了华腾水产专业合作社，联结了农户560余户，涉及12个乡镇，养殖面积1.3万亩，产业融合互动发展以"支部+合作社+公司+农户"模式，在全县发展名特优品种养殖1.3万亩（图4）。公司紧紧围绕"以科技促水产、以水产带三产、一三融合促增收"的思路。

公司着力于进一步加大水产科技投入改良培育新品种提升水产品品质和产量；以"水产+贫困户"的模式，引导贫困户脱贫奔小康；发展乡村旅游、将梓江鳜鱼餐饮管理有限公司加盟到200余家，覆盖四川各市、州、县，打造国家地理标志梓江鳜鱼品牌，培育国家新品种"川鳜1号"正在申报中；发展电子商务，将公司与合作社的成鱼、苗种销往全国各地；抓品牌建设，目前公司合作社拥有国家地理标志"梓江鳜鱼"。梓江鳜鱼、口福渔、川府渔业、川鳜等著名商标。

图4　西部水产种业公司总部

该公司主抓鳜鱼新品种培育改良抓好新品种"川鳜1号"饲料鳜鱼苗种驯养，做好保种育种工作，目前公司饲料鳜鱼驯养成活率高达80%，自主研发的鳜鱼配合饲料饵料系数在0.9~1.1斤饲料增长1斤鳜鱼，居国内外领先水平，为养殖户提供优质良种饲料鳜鱼苗，按照现行国际水产品质量标准，实行科学化饲养管理提高产品市场竞争力，建成西部最大规模的饲料鳜鱼苗良种培育基地，以"公司+农户+合作社"的形式，扩大西部水产商品饲料鳜鱼养殖面积20 000~30 000亩。在全国各县、市与大型养殖户建立了"川鳜1号"饲料鳜鱼苗种基地20余家，西部水产种业近两年获得了省外养殖户的好评。

当前该公司辐射区域面积达3 000亩，遍布成都、内江、眉山、自贡、达县等多个县市。目前还计划在江油建设分公司——四川农业科技公司，并计划5年内在江油投资建成四川最大的冷水鱼种业园区，总投资在 3.4 亿元，共分三期。第一期投资 0.8 亿元在江油市西屏镇紫宝村建设一个省级河鲈良种场，占地面积约 80～120 亩，建设内容有工厂化繁育车间、工厂化种苗培育车间、亲本池、洪水季节的存蓄池、养殖水处理净化池、办公室、住宿、食堂等；第二期投资 1 亿元，占地面积 150 余亩，建成国家级石扁头、白斑狗鱼良种场。第三期投资 1.6 亿元，占地面积 300 余亩，建成冷水鱼循环水养殖基地，培育我国冷水鱼种子繁育国家示范基地。并建立中国冷水鱼饲料研发和生产基地。冷水鱼养殖品种有：河鲈、白斑狗鱼、黑龙江班鳜、金沙江鲈鲤、翘嘴红鲌、重口裂腹鱼、石扁头、宽口光唇鱼、中华沙鳅、胭脂鱼等特种淡水鱼。投资建成后成为西南五省最大的冷水鱼养殖强市，力争在 5 年内创建两大品牌，一是种业品牌，二是河鲈养殖之乡。

三、梓江鳜鱼产业及新品种

（一）梓江鳜鱼产量

梓江鳜鱼作为盐亭的一个代表品牌，其养殖产量逐年上升，由 2016 年的 435 吨上升到 710 吨（表 1），在全省的占比也从 16.57% 上升到 31.42%。

表 1　鳜鱼养殖产量　　　　　　　　　　　　（单位：吨）

地区	2016 年	2017 年	2018 年	2019 年	2020 年	2021 年	2022 年
全省	2 626	2 174	2 121	2 436	2 359	2 306	2 260
盐亭	435	436	486	495	655	668	710
占比	16.57%	20.06%	22.91%	20.32%	27.77%	28.97%	31.42%

（二）新品种——川鳜 1 号

品种来源：梓江河捕捞。

技术依托单位：四川省农业科学院水产研究所。

适宜养殖区域：适宜我国西南、华中、华南、华东等大部分地区养殖。

特征与性能：川鳜 1 号体型小、身无鳞、嘴尖肚大、身有花纹、翅锋利，富含人体所必需的 8 种氨基酸，营养价值极高。其肉质细嫩、无腥气、味鲜，与黄河鲤鱼、松花江四鳃鲈鱼、兴凯湖大白鱼齐名，同被誉为我国"四大淡水鱼"。川鳜 1 号体色明亮、体表光滑、斑点清晰；汤色浅白、清爽；香气淡雅、持久；肉质细嫩、紧实；滋味鲜美可口、回味微甜、无腥味。

养殖技术要点：

（1）池塘条件。养殖池塘形状以长方形、东西向为宜，面积1 500~3 000平方米，池深1.5~2.5米，池底淤泥厚度≤20厘米，拥有完善的进排水系统，进排水方便，每667平方米配置功率为1.0千瓦增氧机。主养梓江鳜鱼的池塘最好有微流水条件。

（2）鱼种来源。盐亭县经国家批准的梓江鳜鱼苗种生产场，并经检疫合格的梓江鳜鱼子一代或子二代。

（3）放养密度。根据池塘条件、饵料鱼供应量、饲养方式、产量指标和管理技术水平而定。以每亩放养全长7~10厘米规格的梓江鳜鱼种800~1 200尾，混养适量的鲢鳙鱼种为宜。

（4）饲料质量。包括活饵料和全价人工配合饲料。活饵料鱼以纺锤形体型为宜，如鲂、鲢、鳙、草鱼等，全长不超过梓江鳜鱼种全长的50%。活饵料鱼应无病无伤，外购饵料鱼应经检疫合格。投喂全价人工配合饲料，要求饲料粗蛋白质含量达到38%以上，初脂肪含量6%以上。

（5）投喂方法。活饵料鱼在梓江鳜鱼饲养池中放养鱼种的同时投放，饵料鱼下塘前应用1%~3%的食盐水进行消毒处理。可定3天、5天、7天为一个投饵期，但以每3天投一次为宜。初次投饵量为梓江鳜鱼种放养量的5~7倍。并定期检查饲养池中饵料鱼的剩余量和梓江鳜鱼的生长情况。饵料鱼与梓江鳜鱼量的比例应保持为4:1~5:1；当池中饵料鱼规格与梓江鳜鱼相近时，应及时将饵料鱼捞出，补充投放符合规格的饵料鱼。

鱼种阶段转食投喂全价人工配合饲料的梓江鳜鱼，食用鱼阶段继续投喂饲料，饲料粒径规格为随鱼规格逐渐增大，粒径为3.0毫米、4.0毫米、5.0毫米等，每天投喂配合饲料3~4次，日投喂量为体重的2%~4%。

（6）鱼病防治。贯彻预防为主，防治结合的原则；鱼种引进、放养时要严格进行检疫和消毒；池塘和工具应严格消毒；细致操作，避免创伤；保持良好的环境条件。

渔药的使用和休药期按NY 5071的规定执行，梓江鳜鱼对敌百虫等有机磷类药物敏感，需慎用。

四、梓江鳜鱼产业存在的主要问题

梓江鳜鱼作为盐亭县的新型支柱产业,其还正处于朝阳阶段,目前还有繁育过程中水质调控难、饵料不足、鱼病频发等亟待攻克的难题。这些难题正处于梓江鳜鱼产业发展的咽喉之处,如能克服,该产业将迎来重大发展。

(一) 苗种繁育过程中水质调控难

(1) 梓江鳜鱼亲鱼在催产过程中对水质要求高。外来水源无法直接运用,如直接运用外来水源使精卵子质量不高。

(2) 受精卵孵化过程中对水质要求高。外来水源无法达到孵化要求,孵化出来的水花畸形苗、弱苗比例高,成活率低。

(二) 鳜鱼饵料不足

目前鳜鱼主要采用土塘喂活饵料鱼的养殖模式,这种模式占梓江鳜鱼95%以上,这种模式在消费量不大,土地、粪肥等各种资源比较多的时候具有得天独厚的优势。随着冰鲜饲料和饵料鱼养殖鳜鱼技术的发展成熟与大范围的推广,大大降低了鳜鱼养殖成本,但同时也暴露出了一些问题。冰鲜饲料成分主要为海杂鱼,在内陆省份获取难度大,而海杂鱼需要冷冻运输,运输难度大且成本高。而目前鳜鱼养殖中的饵料鱼,以淡水低值经济鱼类例如麦鲮鱼为主,无法稳定长期供应。此外,冰鲜需要冷冻保存,存放难度大,若气候炎热时加冰保存一般仅存放1天,除此之外,死后的野杂鱼来自野外,很大概率上会携带病原,影响鳜鱼健康。

(三) 虹彩病毒病

由于从水环境或饵料中感染虹彩病毒而诱发的肝、肾、脾脏坏死、病变,发病鳜鱼身体失去平衡,易离群漫游,同时有缺氧症状。鳃盖、口腔周围、下颌、胸鳍、腹鳍充血,偶尔还伴有眼球突出症状,鳃丝失血发白,时常伴有烂鳃及寄生虫感染,容易引起误诊。①该病季节性明显。28~30℃是该病的最适流行水温,水温在20℃以下很少发病。②该病发病急,死亡率高。发病塘口早期每天死亡十几尾,几天内可增至上百尾,甚至上千尾,死亡率达90%以上。③该病对外部条件刺激极为敏感。季节交替、气候突变、昼夜温差大、水环境恶化、其他病原感染、用药不当等均可诱发或加剧病情。④该病可致死及病情反复。可单独感染致死,也可因感染后抵抗力下降伴随着多种寄生虫、细菌感染致死或病情反复。

五、梓江鳜鱼产业发展的对策建议

（一）构建生态繁育池

针对梓江鳜鱼繁殖过程中对水质要求极高的情况。盐亭西部水产种业有限公司通过利用水生植物、动物构建生态繁育池，使梓江鳜鱼从亲鱼培育、人工产卵、受精以及孵化过程中水质均能保持在二类水以上。

（二）开发新型饵料+发展周边区域养殖饵料鱼

针对梓江鳜鱼饵料不足的问题。①盐亭西部水产种业有限公司开发新型饵料鱼——冬鲮1号，目前产量可达到20亿尾水花，可供2亿鳜鱼苗开口。新型饵料鱼的成功开发，完美解决了饵料鱼无法过冬的问题，从而使鳜鱼的繁殖孵化期可提前至2月，成鱼养殖周期也从每年的5月5日提前到3月10日，极大的延长了当年鳜鱼的生长周期。②盐亭西部水产种业有限公司作为龙头企业通过发展带动周边小养殖户进行鲫鱼水花、冬鲮1号水花的养殖，极大的缓解了鳜鱼饵料鱼的缺乏情况，目前已经已经发展了南充、重庆等地作为配套饵料鱼供应产地。

（三）抗病中药研发

针对梓江鳜鱼对病毒抵御能力差的问题。盐亭西部水产种业有限公司坚决杜绝使用抗生素，通过开发杜仲、丝兰、黄芪等中药中的提取物，将其运用于鳜鱼的保肝护肾、增强鱼体抗病能力。

（四）公司+科研院校合作研发新技术

盐亭西部水产种业有限公司秉承"科技先行，服务渔民"的宗旨，与四川省农业科学院水产研究所、四川农业大学、华中农业大学等院校长期合作。构建国家级、省市级平台，如农业农村部水产健康养殖示范场、农业农村部长丰鲢示范基地、国家特色淡水鱼产业技术体系鳜种质资源与品种改良示范基地、全国农技推广试验示范基地、四川省重大科技成果转化示范项目基地、四川省高素质农民培育省级实习实训基地、四川省省级鳜鱼良种场。

六、发展战略与规划

在农业农村部和省、市、县的领导下，国家水产种业阵型企业西部水产种业公司按照"将中国人的饭碗牢牢端在自己手上"指示，积极落实种业振兴行动方案。

在种源方面，公司坚持以企业为主体、科研院所为技术支撑的商业化育种道路，推进"政、产、学、研、推"育种协作机制创新，整合和利用产业资源，合理有序地开发现有育种素材，创新育种新技术，加强育种技术研发种源疫病的净化，全面提升梓江鳜鱼的选育，完成川鳜1号的选育杂交技术创新水平。

在院校合作，人才引进提高繁殖和驯化水平的基础上，2024年饲料鳜鱼苗目标1 400万尾，饲料鳜鱼430万尾。

保种育种方面：争取保留中国鳜鱼品种最多种源最好的培育重点单位，2024年培育鳜鱼亲本2.5万组约5万斤。"川鳜1号"份额占省内市场40%，完成"养殖基地苗种供应+饲料供应+技术服务+商品鳜回购体系"，争创省内鳜鱼种业第一品牌，促进鳜鱼产业可持续健康发展，为保障国家种业和粮食安全，建设种业强国作出更大贡献。

科技创新提质　标准引领增效
——通威鱼经验交流

杜　军[1]　杨　娟[2]　李　强[1]　汪　玥[1]　林　珏[1]　周　剑[1]

张　露[1]　赵　瀚[1]　赵仲孟[1]　段元亮[1]　牟成艳[1]

(1. 四川省农业科学院水产研究所，四川成都　611731；

2. 通威农业发展有限公司，四川成都　610041)

一、通威农业发展有限公司概况

通威农业发展有限公司（以下简称通威农发）由通威股份控股，是通威股份在2022年6月因战略部署将原有农牧板块业务全部剥离而新成立的公司，以饲料生产和水产养殖为核心业务，并同时涉及水产苗种繁育、养殖服务、动物保健、农业检测、渔业设施与装备、融资担保等诸多领域。截至目前，通威农发年饲料生产能力超过1 000万吨，是全球领先的水产饲料生产企业及重要的畜禽饲料生产企业，拥有70余家涉及饲料业务的分、子公司，生产、销售网络已布局全国大部分地区及越南、孟加拉国、印度尼西亚等东南亚国家。

早在1996年，通威在中国饲料行业中率先按ISO9001质量管理体系要求，建立和实施通威质量管理体系。将饲料生产现场管理由原来无序、无章可循、因人而异的管理，向规范、科学、相互协调的现代质量管理转变，并数十年一以贯之。2020年，通威再次修订通威质量方针和目标，并通过标准化建设打造产品质量最好、成本最低、效率最优的核心竞争力，实现生产自动化、业务数字化、作业标准化的标准化运营，并最终实现满产满销的规模优势，助力用户实现养殖效益最大化，更引领饲料工业从"质造"走向"智造"新生态。

与此同时，通威农发组建通威渔业科技有限公司，发力水产养殖业务。计划在3~5年内进一步聚焦南美白对虾、加州鲈、鲫鱼等市场接受度高、适宜集约化的养殖品种，探索不同养殖条件下的设施化、工厂化养殖模式，形成技术突破和规模、品牌效应，构建通威水产产业链系统竞争能力，并通过搭配"渔光一体"模式，水上产出清洁能源，水下产出绿色水产品，助力水产行业升级转型。目前，通威农发在山东东营启动全新的南美白对虾工厂化养殖项目，首个基地规模20万立方水体，建设定位为循环水、自动化、数字化，年产对虾1万吨以上，从而启动百万吨对虾工程，真正实现行业新引领，夯实通威世界级水产龙头企业地位。

二、创新贯穿全产业链，成就行业龙头

通威是中国最早一批从事水产饲料生产的企业，1984年，通威创始人刘汉元先生发明了渠道金属网箱式流水养鱼技术，从那时开始，科技和创新的基因就已深深融入通威人的血脉之中。40年来发展的历程，是伴随中国改革开放春风民营经济蓬勃发展的生动案例。

（一）科技发展历程

通威的建立、成长和发展，始终贯穿以科技为中心的理念。41年从业积累使通威具备强大的经济实力，公司一直坚持"科研经费上不封顶、下要兜底"政策，设立了"亿元创新基金"，每年按不低于销售收入3%的比例提取研发经费，超过行业平均水平，使通威科技得以高速发展，科技发展历程大致分为四个阶段。

初创阶段（1983—1986）：刘汉元主席发明"渠道金属网箱式流水养鱼"技术，建立"眉山县渔用配合饲料厂"，将饲料品牌定名为"科力牌"，它是全省乃至西南第一家专门生产商品鱼饲料的工厂，当年，共生产"科力"牌鱼饲料620吨供应市场。

起步阶段（1987—1991）：1990年7月，更名"通威"，寓意"通力合作，威力无穷"。随着集约化养殖技术的推广和养殖水平的提高，1991年，通威饲料总产销量已达到5 600吨。

助跑阶段（1992—2006）：1996年，在中国饲料行业中率先获得了ISO9002国际质量体系认证和国家产品质量方圆标志认证，将饲料生产现场管理由原来无序、无章可循、因人而异的管理，向规范、科学、相互协调的现代质量管理转变。2001年开始探索从单纯的饲料生产、苗种培育扩张到水产品养殖、加工和销售领域，打造完整大农业产业链条，实现产业自身的良性循环，为维护食品安全、推动行业发展作出了卓有成效的探索。

发展阶段（2007至今）：通威股份技术中心被国家发改委等五部委联合认定为第十四批国家企业技术中心，是当年饲料行业唯一通过国家认定的企业。技术中心主要负责科技研发规划和组织实施、研发相关体制机制建设、新产品开发、研发设备/条件建设与管理、科技团队建设与人才培养、科技成果转化应用等。打造了"365养殖模式""渔光一体"模式、循环水养殖模式等创新养殖模式全面革新传统养殖方式。与此同时，通威发力水产养殖业务。计划在3~5年内进一步聚焦南美白对虾等市场接受度高、适宜集约化的养殖品种，探索不同养殖条件下的设施化、工厂化养殖模式，形成技术突破和规模、品牌效应，构建通威水产产业链系统竞争能力，真正实现行业新引领，夯实通威世界级水产龙头企业地位。

（二）国内首条水产全产业链创新体系

通威根据多年的技术沉淀以及对行业未来发展趋势的把控，技术创新工作已从解决单纯和单一产业生产经营的技术难题，转变为解决以饲料为核心向上下延伸的产业链当中的技术难题，构建了从种苗繁育、饲料营养、健康养殖、疾病防控、精深加工和互联网营销的国内首条水产全产业链创新体系，形成34项新技术、49个新产品、3项新模式、7项新工艺，获得2017年度四川省科技进步奖一等奖，是近年四川省科技进步奖企业技术创新类唯一一等奖。

图1　四川省科学技术进步奖一等奖

1. 优质种苗，助力养殖户提质增效

在苗种板块下设成都通威水产种苗有限责任公司、海南海壹水产种苗有限公司、湛江海壹水产种苗有限公司、青岛海壬水产种业科技有限公司等子公司开展淡/海水苗种繁育、养殖等业务，拥有自己的优质苗种繁育生产标准化基地、核心研发生产基地和一个示范基地。在种质资源的收集方面，通威种苗从无到有，经历了快速的发展，除拥有3个自主知识产权的国家级水产新品种外，对多个市场认可度高的品种，比如黄颡鱼、通威鲤等均有保种。参与的"吉富罗非鱼'中威1号'选育及健康高效养殖技术"荣获中国水产学会范蠡奖一等奖，标志着通威在水产育种领域的技术突破和品牌效应。通威旗下的海南海壹水产种苗有限公司被评为农业农村部国家级水产健康养殖示范场，并在2022年被评为农业农村部第一批水产种业阵型企业。

图2 吉富罗非鱼"中威1号"

图3 翘嘴鳜"华康1号"

图4 凡纳滨对虾"壬海1号"

图5 范蠡奖一等奖

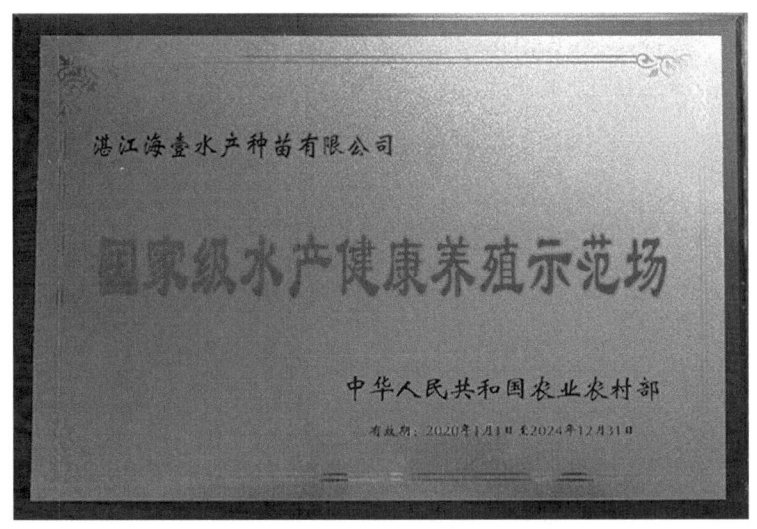

图 6　通威海壹种苗被评为国家级水产健康养殖示范场

在新品种选育、人工繁殖、苗种培育等方面获得了国家专利超 100 件，通过专利技术的运用，一方面提高了企业研究和生产效率，通威种苗每年可推广"通威鲤""通威银鲫""通威优鲈"等优质淡水新品种和良种苗种 10 亿尾以上；同时，年可生产无节幼体超 900 亿尾，年产销虾苗近 500 亿尾，产销量位居全国第二，是中国苗企 SPF 的典范。另一方面，通过塘头会、渔家傲会、座谈会、科技推广会和树立示范点等形式无偿对养殖户进行技术培训，助力养殖户提质增效，良种和良法的使用促进了水产养殖产业的健康可持续发展。

2. 扎根一线，打造 5A 饲料

通威饲料一直都以科技见长，在产品效益显著、质量过硬的背后凝聚了通威 40 余年在动物营养与原料应用以及饲料加工工艺方面不断的探索与研究。多年来，营养师扎根一线，基于市场走访、行情变化、养殖难点、地域特点等开展了近千余项研发项目，积累了系列成果的核心要素，形成了可达到原料指数 A、营养指数 A、生长指数 A、抗病指数 A、成活率 A 的 "5A 系列饲料产品"。同时，引智借脑，积极与科研院所、高校的行业专家开展科研项目合作，两度荣获国家科技进步二等奖，创立 "133 质量管理模式" 和质量方针，以 "一票否决权" 和 "三线三级管控" 为控制核心，在 2016 年荣获中国质量奖提名奖，是中国饲料行业内唯一获此殊荣的企业。

图 7 国家科技进步奖二等奖

图 8 通威 5A 系列饲料产品

（1）行业首推专业高效的鱼苗高端开口料。2021 年在充分调研终端用户养殖痛点与本质需求的基础上，行业首次推出的专业高效的鱼苗高端开口料，率先对苗种料进行重新定义。"通威开口乐"的设计符合鱼类苗种培育阶段营养需求，配套先进的加工工艺，是行业内浮性膨化饲料粒径最小的产品，一经推出就在市场上获得了空前成功，主流养殖效益突出，开口乐苗料的饵料系数低至 0.4，种料饵料系数低至 0.55，鱼苗成活率提升 25 个百分点以上，达到行业内最高水平。次年，从营养、工艺、效益等进行了七大升级，辐射海内外片区，销量同比增加 52.9%。

（2）专用越冬料解决养殖痛点。针对当前养殖户冬季管理中投喂不足、越冬后鱼损耗大、发病高的现状，通威开发出以鱼冬健为代表的产品。该产品的设计理念符合鱼类冬季生理、活动与摄食特点，能满足鱼类在冬季特殊营养需求，特别强化了产品中可消化蛋白数量、能量水平及产品的诱食性，有效解决养殖户冬季越冬管理中的养殖痛点。

（3）保肝护肠功能料促生长保健康。为了预防高温季节鱼群受病害侵扰，通威农发推出了纯天然植物成分的功能料"鱼康1号"，修复、保护肝肠，提高鱼群抗应激能力，最终提升免疫力，助力用户顺利度过高温季节。该款功能饲料产品已成为通威农发产品线的尖刀产品，成为既能解决养殖难题，又能实现养殖户和企业双赢的好产品。

3. 先进智能的养殖模式

针对我国池塘养殖生产力水平不高、内源性污染严重等问题，通过承担科技部"973"计划、四川省科技支撑计划和内部科研项目等36项研究课题，开发出池塘"365"高效健康养殖模式、循环水生态养殖模式、漂浮式循环水模式、集装箱现代化渔业养殖模式、"渔光一体"池塘开发养殖模式，实现了水产产业传统落后生产方式向智能化、设施化、标准化和机械化的快速转型，全面突破传统养殖模式。

为满足日益增长的市场消费需求，通威进一步聚焦南美白对虾等市场接受度高、适宜集约化的养殖品种，探索不同养殖条件下的工厂化养殖模式，重点打造智能高效的工厂化养殖模式。2022年，通威集团董事局刘汉元主席提出对虾养殖实现"循环水、无人化"目标，计划总投资12亿元，占地面积2 000亩。目前一期已投资2亿元、占地552亩，成为全球首个工厂化循环水对虾规模化养殖项目，正式落户山东东营。相对于传统生物絮团养殖存在的水质差、人工依赖程度高、环境污染、成虾品质低等痛点，通威工厂化循环水养殖方式通过引进科学的养殖理念和先进的装备设施，应用数字化、标准化、自动化运营，最终实现养殖管理可控、生产效益可控、生态环境可控。历经110天的养殖，东营通威渔业公司首批清水大虾正式上市，实现了单池出虾规格达到25头/斤，最高产量达到30斤/立方米（约40斤/平方米），开启了国内单体最大工厂化循环水南美白对虾成功养殖的新纪元，也标志着通威引领行业跨入加速发展的黄金赛道。

图 9　池塘循环水生态养殖模式

4. 打造中国水产品第一品牌——通威鱼

"通威鱼"作为通威食品链条的"明星"品牌，于 2002 年上市销售，是中国第一条品牌鱼，具有营养丰富、健康安全、味道鲜美等品质特点，品牌分别被评为"中国食品行业领军品牌""中国消费者信赖品牌""四川省著名商标"等多项荣誉称号。

图 10　成都通威鱼有限公司

安全品质——通威鱼采用通威全产业链养殖模式，从苗种到捕捞均为科学管理、科学养殖、全程可追溯。从养殖到上市销售，每一条通威鱼都要经过四重安全检测：①鱼苗下塘检测；②养殖过程检测；③出塘检测；④园区检测，对各类鱼品进行氯霉素、呋喃唑酮、呋喃西林、孔雀石绿、氧氟沙星等进行检测，截至 2022 年底，技术研发团队每年开展产品检测近 2 万批次，通威鱼系列水产品在四川省和成都市检验检疫部门每次随机抽检中合格率均达 100%。通威向社会承诺提供健康安全的产品，为推进全社会食品安全树立了典范。

技术注入——通威所独有的渔光一体技术，是绿色可持续的现代化产业模式。通威鱼出塘到园区后，会经过通威 RAS 循环水吊水技术和通威专利"电化水净养

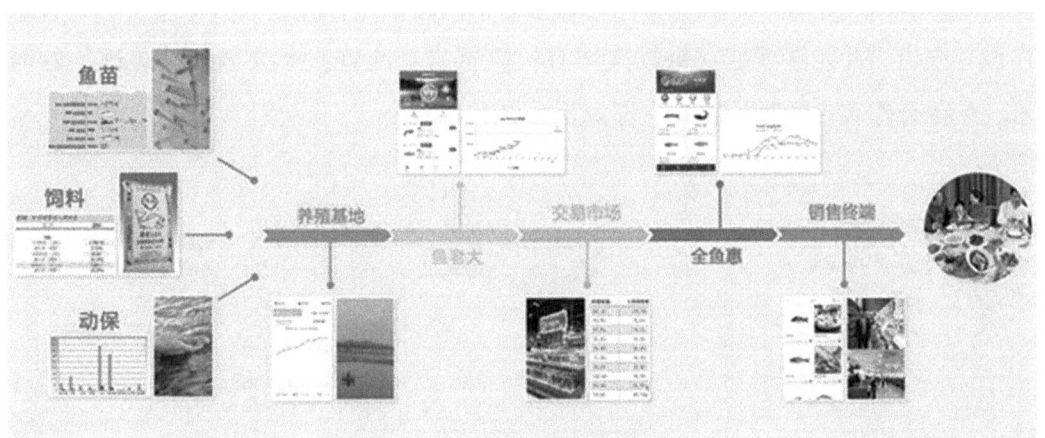

图 11 互联网支撑水产产业链

图 12 背鳍带身份标识的通威鱼

图 13 成都各大型商超均有通威鱼专柜

技术",鱼味更鲜美,品质更出众,满足消费者对高品质商品鱼的需求。

基地支撑——通威鱼均来自通威认证的养殖基地,通过有机、无抗双认证,生长过程不使用抗生素,采用流水槽、大水面深水网箱、自然水源低温高流量等设施养殖"通威鱼"。

购买便捷——通威鱼已覆盖成都、重庆各大商超、专卖以及通威生活线上自营商城等渠道，并能够满足"每批次均有检测报告、纯氧、冷藏车及时送达"的需求，使得合作客户省时、省心、省力。

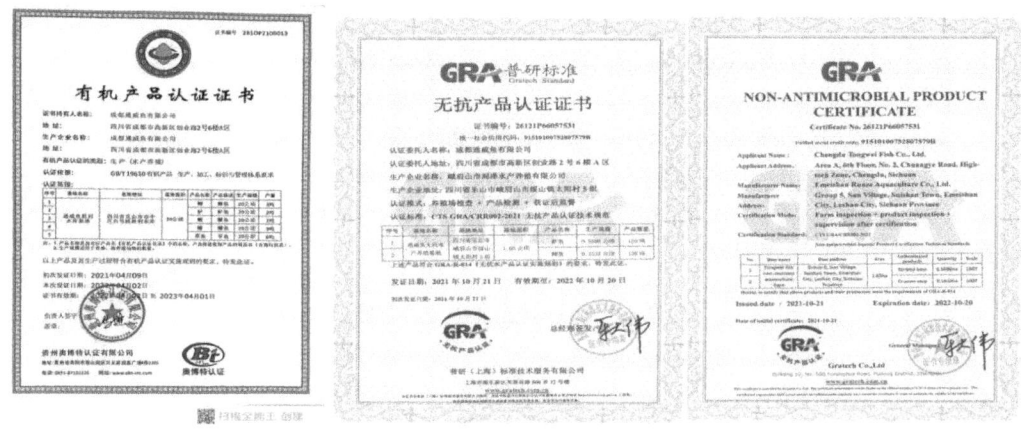

图 14　有机产品及无抗产品认证证书

在水产品交易终端，通威在成都市农泉驿区打造了西南最大的水产品交易市场，年交易额达 50 亿元。

图 15　位于成都农泉驿区的通威三联水产品交易中心

三、孵化第三方检测机构，组建标准化工作组，为行业发展做贡献

一流企业做标准。通威股份一直坚持科技创新助推企业快速发展战略，不断为产品注入科技内涵，擦亮企业金字招牌。通威股份检测中心是国家认可实验室，检测中心严格按照 ISO/IEC 17025：2017《检测和校准实验室能力认可准则》运行，

先后通过 CNAS 实验室认可、CMA 资质认定、CATL 考核。企业多名高级专家担任了全国水产标准化技术委员会、全国饲料工业标准化技术委员会、全国食品工业标准化技术委员会、全国质量监管重点产品检验方法标准化技术委员会等委员。2021年5月，通威获批组建全国饲料标准化技术委员会饲料检测标准化工作组，牵头相关国家、行业标准规划、制定修订、宣传推广和检测服务。通威标准化检测工作组善于啃硬骨头，2年时间完成 GB/T 13087、GB/T 13089 两项国家级院所 10 多年未完成的国家标准修订工作，自成立至今，2 年时间已完成 16 项国家、行业标准的制定修订。

近年通威积极推动标准化工作，中心发展孵化成立了第三方检测机构——威尔检测技术股份有限公司，是专业从事饲料、食品、农产品、土壤、水、肥料等检验检测，是农业农村部饲料和饲料添加剂检测任务承检机构、农业农村部水产品抽检任务承检机构，并承担了各级政府的食品、农产品、土壤、水抽检任务，所出具的检测报告在国内外得到广泛认可。四川威尔检测技术股份有限公司是全国饲料工业标准化技术委员会委员、全国水产标准化技术委员会加工分技术委员会、全国食品工业标准化技术委员会水产品加工分技术委员会、全国质量监管重点产品检验方

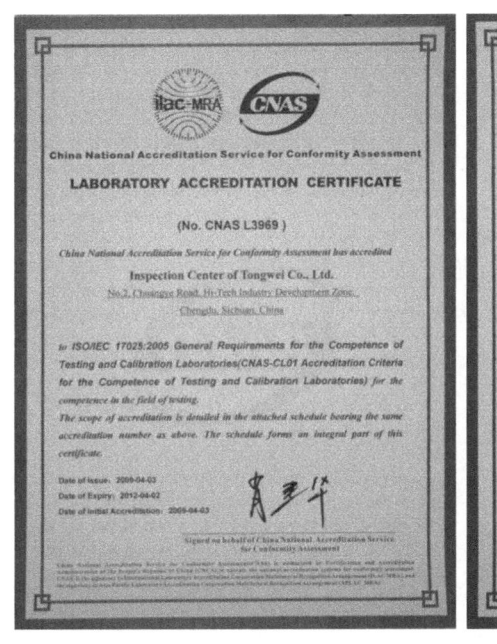

图 16　中国合格评定国家认可委员会实验室认可证书

法标准化技术委员会饲料组委员单位,拥有液相色谱-高分辨质谱联用仪(Q-Exactive)、液相色谱质谱联用仪(UPLC/MS-MS)、气质联用仪(GC/MS)、电感耦合等离子体发射光谱仪(ICP-OES)等进口分析仪器设备150台套,设备原值4 000余万元。通过CNAS认可的实验室在其认可范围内出具的带CNAS标识的报告,可在ILAC框架下的153个国家和地区实现互认,每年完成3.5万个样品,20万个检测项目。

生态保护促发展　长宁水产开新局
——长宁水产产业发展经验交流

龙安平　王　梁

(长宁县畜牧水产业发展服务中心，四川长宁 644300)

近年来，长宁县深入学习贯彻习近平总书记关于生态文明建设的重要论述和来川来宜重要指示精神，严格落实党中央国务院、省委省政府和市委市政府决策部署，围绕"长江大保护""筑牢长江上游生态屏障""大食物观""川鱼振兴"等目标要求，充分发挥资源禀赋优势，通过引进四川省农业科学院水产研究所，加强生态环境保护力度，走出了一条生态保护优先、以保护促发展的高质量发展新路线。

一、基本情况

长宁县位于宜宾市腹心地带，面积941.7平方千米，辖13个镇140个行政村，总人口43.11万人，其中农业人口28.16万人。2022年，长宁县地区生产总值实现207.76亿元，同比增长1.1%，其中第一产业增加值39.32亿元，增长4.7%，拉动经济增长0.9个百分点；第二产业增加值81.13亿元，下降3.4%，拉低经济增速1.4个百分点；第三产业增加值87.31亿元，增长3.7%，拉动经济增长1.6个百分点。三次产业结构由上年的17.7∶40.9∶41.4调整为18.9∶39.1∶42.0。全年人均地区生产总值62 767元，增长0.5%，经济增长持续向好。

(一) 水产产业发展基础条件优越

一是区位条件优越。地理区位联通川滇黔渝，宜宾市的腹心。交通区位承南接北，通达东西的交通枢纽。经济区位经济战略交汇点，川南的经济核心区。生态区位竹生态涵养地，国家生态文明建设示范区，具有2个自然保护区，即长宁竹海自然保护区和竹海自然保护区双河管护站。二是自然条件优越。气候条件优越，具有四季分明、气候温和、雨量充沛、无霜期长、水温同济的特点，城市空气质量优良天数比例达 89%。水资源充足，水质优良。地表水量丰富，大小溪河 226 条，径流量平均每年 6.2 亿立方米；地下水同样丰富，流量全年为 8 558 万立方米，南部地下水主要为岩溶水，中北部主要为基岩裂隙水，水质多为低矿化度淡水；境内有水库 35 座，山坪塘共 1 167 口，石河堰 117 处，丰富的水文资源对长宁县渔业用水，提供了基本稳定与可靠水源条件。地形以浅丘为主，山田水交错。三是产业条件优越。水生动物种类多样，县内有长江鲟、岩原鲤、胭脂鱼、长薄鳅、长吻鮠、圆口铜鱼、黄颡鱼、大鲵等珍稀及名优鱼类 10 余种；全县适宜养鱼的冬水田约 15 万亩。

（二）水产产业发展基本情况

禀赋优越的水文资源，长宁县水产产业发展比较活跃。一是养殖品种丰富，包括鲢鱼、鳙鱼、草鱼、鲤鱼、青鱼等经济鱼类，长江鲟、岩原鲤、胭脂鱼、长薄鳅、长吻鮠、圆口铜鱼、黄颡鱼、大鲵等珍稀名优鱼类，同时还有虾、蟹等水产品。二是养殖规模基本成型。2022 年末，全县水产养殖面积稳定在 968 公顷，其中池塘养殖面积 694 公顷；稻渔综合种养示范面积 7 200 余亩。2022 年全县水产品总产量 20 079 吨，同比增长 3.85%，渔业总产值 43 763 万元，同比增长 8.94%。三是养殖技术较为成熟。在四川省农业科学院水产研究所的支持下，长宁县水产养殖技术日益提升，养殖户们开始注重科学养殖，采用生态养殖、无公害养殖等技术，提高了水产品质量和市场竞争力。四是水产品加工业初具规模。经过多年的发展，水产品加工业已经成为长宁水产产业的一个重要的分支产业，目前，当地的水产品加工企业数量较多，涉及的产品种类也比较齐全，主要包括鱼类、虾类、蟹类等领域。同时，长宁县水产品加工企业在加工技术方面比较成熟，主要采用的加工工艺包括腌制、烟熏、烤制、煮熟、冷冻等。一些企业还引进了国内外先进的加工设备和技术，提高了产品的品质和附加值。此外，长宁县水产品加工企业注重产品质量和安全，通过建立质量管理体系、加强产品检测等措施，确保产品符合国家和地方的相关标准和法规。同时，一些企业还获得了国家和地方的荣誉和认证，如 ISO9001 质量管理体系认证、绿色食品认证等。五是销售渠道多样。既有传统的销售方式，也有线上销售平台，如淘宝、京东等电商平台等新型销售方式，拓展了销售渠道和市场份额。

二、发展成效

(一) 生态效果凸显

"四川省珍稀鱼类国家级自然保护区管理局长宁县长江上游自然保护区珍稀鱼类救护中心"位于四川省长宁县龙头镇官兴村,由原农业部、国务院三峡办共同出资建设,长宁县人民政府管理。为了充分发挥该中心的救护、保护职能,促进产业发展,2020年8月20日,长宁县人民政府和四川省农业科学院水产研究所签订《长宁县长江上游自然保护区珍稀鱼类救护中心国有资产划转协议》,将该中心全部国有资产归四川省农业科学院水产研究所。四川省农业科学院水产研究所接收后高度重视基地的发展,结合农业农村部颁布的"长江鲟拯救计划",拟将该中心建设成为长江上游旗舰物种——长江鲟的救护和保育中心,目前已投资1400余万元对原有设施进行了系列的提升改造工作,撰写了《中国长宁长江鲟救护中心改扩建项目——概念性规划》,并开展了相关项目的申报和立项工作。

图 农业农村部长江上游珍稀特有鱼类保护基地(左,现状图;右,规划图)

目前,基地保存有长江鲟原种17尾,占全国长江鲟原种数量的90%以上,成熟F_1、F_2代亲鱼1000余尾。首次实现了长江鲟的子三代繁殖,具备年产长江鲟苗种100万尾以上生产能力。同时,基地还开展胭脂鱼、岩原鲤、长薄鳅、圆口铜鱼等30余种长江上游珍稀特有鱼类保种、人工繁育攻关、增殖放流工作,每年可向社会提供500万尾以上各种长江上游珍稀特有鱼类苗种,已经成为四川省在长江生态修复方面提升影响力和知名度的一张重要名片。为此,2021年11月基地被农业农村部授牌与四川省共建"农业农村部长江上游珍稀特有鱼类保护基地",并被列入四川省首批八个野外站中唯一研究鱼类资源与环境的台站—长江上游鱼类资源与环境四川省野外科学观测研究站。

（二）绿色水产产业持续扩大

一是推进稻渔综合种养。长宁聚焦全域扩面，做实丘陵山区稻渔综合种养连片发展，沿百里淯江绿色低碳产业走廊，目前已在竹海镇、龙头镇打造万亩稻渔综合种养核心区，力争示范带动全县推广10万亩稻渔综合种养。不仅实现农业资源的高效利用和农民收入的增加，促进农业可持续发展和保护生态环境，推进农业的经济效益、社会效益和生态效益的有效统一。二是推进标准化池塘改造。长宁有序推进50亩以上规模养殖池塘进行标准化改造，提高养殖效益，改善养殖环境，提高养殖安全性和养殖产品的品质和市场竞争力。目前已改造标准化池塘2 000亩，力争到2025年全县改造面积达6 840亩以上。三是推进绿色生态养殖。长宁推广"陆基圆池养殖+稻渔种养"模式，实现"池中养鱼，田里种稻"，单季亩综合产值逾万元；持续用好天然水库等大水面资源，采用"人放天养""轮捕轮放"等生态养殖模式拓展养殖空间。

（三）水产种业稳步发展

水产种业是指在水产养殖中使用人工繁殖技术培育各种水产动植物的产业。水产种业的发展可以提高水产养殖的产量和质量，促进水产养殖业的可持续发展。依托长江上游珍稀特有鱼类保护基地的科技支撑和示范带动，目前全县拥有规模化苗种繁育场站3个，品种涉及长江鲟、中华沙鳅、胭脂鱼、岩原鲤、长吻鮠、长薄鳅、圆口铜鱼等长江上游珍稀特有鱼类，铜鱼、中华倒刺鲃、白甲等长江上游经济鱼类，以及四大家鱼等品种，每年育种1 790吨，可提供各类淡水鱼苗3亿尾以上。

（四）旅游+水产融合发展

旅游与水产的融合发展是一种新兴的旅游模式，可以为水产产业注入新的动力，同时也为旅游业带来了更多的发展机遇。全县建有休闲渔业基地81个，依托各镇、村特色农业资源开展丰富多彩的系列节庆活动，如竹海镇小龙虾美食季、龙头镇苦笋采挖暨特色水产推介活动月、花滩镇农民丰收节等，展示当地的水产美食和文化，促进旅游+水产融合发展，实现旅游业和水产产业的互利共赢，推动区域经济的发展。

（五）新型经营主体不断壮大

在市场经济体制下，以实现经济效益、社会效益和生态效益相统一为目标的新型经营主体逐渐兴起，它们具有创新能力强、适应市场变化的能力强、资源配置效率高等特点，成为推动经济转型升级、实现高质量发展的重要力量。长宁通过大力培育四川中虾、兴荣公司等水产企业，引进新型经营主体，示范带动区域稻渔、名优水产发展。全县有水产类合作社20个，养鱼会员2 000余人；水产大户50余个；拥有县级渔业协会1个，镇级渔业协会4个。加快品牌创建，打造有"富兴冷泉鱼""蜀南竹海早虾"等区域公共品牌。

三、主要做法

（一）通过保护促发展，推动产业高质量发展

一是共抓长江上游珍稀特有鱼类保护。将长江上游珍稀特有鱼类驯养救护中心基地划转四川省农业科学院水产研究所，研究所主抓长江上游珍稀特有鱼类科研、救助和保护工作，政府提供各类要素保障服务，如对于珍稀特有鱼类，实施严格的限制捕捞措施，加强对长江上游地区的水污染和栖息地破坏的监管力度，共同打造院县合作共抓长江上游珍稀特有鱼类保护的示范标杆，并通过示范和推广，促进产业发展。二是坚定不移推广水产绿色健康养殖技术。充分发挥四川省农业科学院水产研究所的科技力量和人才优势，立足稳粮增收、以渔促稻目标，因地制宜推广稻渔综合种养技术模式；试验推广现代设施渔业，陆基高位池设施养殖、工厂化循环水养殖等模式相继实施，提高了水产养殖信息化、智能化水平；大力实施水产养殖用药减量行动，从源头上减少水产用药风险；利用物联网、云计算等技术，对水产养殖过程进行监测和控制，实现养殖过程的智能化和自动化，提高养殖效率和品质。三是抓实长江十年禁渔。扎实做好了全县52名退捕渔民安置保障，持续强化禁渔执法监管，有力养护生态环境和渔业资源，全力确保"一江清水出长宁"。

（二）注重规划政策引领，科学谋划发展蓝图

一是依托四川省农业科学院水产研究所，编制了《长宁县养殖水域滩涂规划》和《长江上游名特优水产种业园区规划》。科学划定了禁养区、限养区及养殖区范围，对不同功能区实施分类管控。统筹生产发展与环境保护，稳定水产健康养殖面积，保障水产养殖生产空间和高质量发展。二是优化水产养殖生产布局。开展水产

养殖容量评估，科学评价水域滩涂承载能力，合理限定养殖容量。紧扣国土空间"三区三线"规划，实行稻渔规划集中连片、整村整镇，科学谋划保障未来水产养殖业发展空间，实现"多规合一"。三是强化政策支持引导发展。突出特色水产养殖优势，出台水产产业高质量发展系列支持政策，整合各类财政资金，推进水产产业转型升级，向集约化、生态化发展。

（三）注重农业园区建设，示范带动产业发展

大力培育以"川南早虾"为主的稻虾园区和以长江上游名特优水产为主的种业园区，助力乡村振兴。一是强化科技支撑。与四川省农业科学院水产研究所、国家杂交水稻工程技术中心成都分中心、宜宾市农科院等科研院校机构合作，构建"科研院所+园区+企业+基地"产业模式，推进水产产业科技创新和科技成果转化，大力推动胭脂鱼、岩原鲤、中华沙鳅等名特优水产"繁育推一体化"发展以及"优质稻+川南早虾"技术示范应用，提高养殖效益和经济效益。二是带动农民增收。坚持政策、项目、资金向园区"三集中"，健全利益联结机制，发挥园区示范带动作用，带动周边2 800余户农户自主发展水产、稻渔2万亩，解决劳动力就业3 100余人，实现年人均增收2 000元。三是促进农旅融合。充分发挥国家旅游度假区"蜀南竹海"优势，将农业和旅游产业相结合，通过发展农业旅游，实现农业和旅游的互利共赢，促进农村经济和旅游业的发展。做到山上看风景，山下看产业，景园联动，园中有景，农旅充分融合。

四、未来展望

长宁水产产业发展的新局面是由"科研院所+地方政府"模式造就的，未来我们将继续深化和完善合作机制，进一步探索地方政府支持科技成果快速转化机制，有效实现研究与应用、管理与科技、政产学研用深度融合，最大限度发挥科技协同攻关的强大溢出效应。坚持共抓大保护、不搞大开发，坚持生态优先、绿色发展，以科技创新为引领，统筹推进生态环境保护和经济社会发展，加强政策协同和工作协同。坚定推进长江"十年禁渔"，加大生态环境监管力度，巩固好已经取得的成果。支持研究所加强基础研究，开展战略性、引领性集智攻关，针对一些技术瓶颈，加强联合攻关，研发一批具有自主知识产权、达到国内外先进水平的关键核心技术，提升科技前沿领域原始创新能力，以高水平保护促进高质量发展。继续完善

以市场为导向的科技成果转化体系，加快科技成果快速落地应用，促进品牌创建，打造"富兴冷泉鱼""蜀南竹海早虾"等区域公共品牌，构建"全方位、多层次、立体化"的科技支撑体系，促进科技创新和经济发展的深度融合，不断厚植长宁水产高质量发展的绿色底色和质量成色。

好山好水养好鱼　做优做强鱼子酱
——天全县鱼子酱产业发展经验交流

李军[1,2]　王枭[3]　杜军[1]

（1. 四川省农业科学院水产研究所，四川成都 611730；2. 四川润兆渔业有限公司，四川成都 610000；3. 天全县农业农村局，四川雅安 625500）

"十三五"以来，为做好鲟鱼及鱼子酱这个天府"名片"，天全县编制《天全县养殖水域滩涂规划（2017—2030年）》《天全县冷水鱼产业发展规划（2018—2027年）》，明确了不同区域、不同水体渔业发展重点、品种结构和养殖规模，基本形成高中低山区域结合、普通名优品种搭配、高中低端水产品齐备的发展格局。天全县依托好山好水，以省级五星级冷水鱼现代农业园区、国家级水产健康养殖和生态养殖示范区等为核心，建成了集鲟鱼繁育、养殖、加工、销售、渔旅融合于一体的核心区，形成了"一核心多组团"的产业布局，在川鱼产业正振兴、雅安冷水鱼产业正蓬勃的当下，打造了集繁育、养殖、加工、休闲为一体的全产业链模式，走出了一条"专、精、特、新"乡村振兴的示范引领之路。

一、基本情况

天全县位于四川盆地西部边缘，地处二郎山东麓，邛崃山脉南段，康巴文化线东端，属亚热带季风气候，平均气温15.3℃。天全县境内河流纵横密布，思经河贯穿全境，产量平均流量在7立方米/秒，水质清澈见底，透明度大于30厘米，溶氧含量大于6毫克/升，水温在4~23℃，最适pH值范围7.0至8.0，最适硬度为5.5度至8.5度。饮用水水源地监测及出境断面监测均显示，水质达标率为100%，所有监测项目均符合《地下水质量标准》3类标准和《地表水环境质量标准》3类标准，水质状况良好。好山好水养好鱼，因此成为天全县近年结合"两山"理论，发展壮大冷水鱼产业的底气。截至2022年，天全县已共有渔业养殖主体75个，水产养殖面积达 990 亩。年销售商品鱼 835 吨，年产值 2 060 万元；年加工鲟鱼子酱 24.1 吨，出口创汇 1 140 万美元，居西南第一位、全国第二位、全球占比达 12%。同年，天全县冷水鱼现代农业园区成功创建为四川省五星级现代农业园区，并培育出国家级水产健康养殖场 2 家。

图1　天全县五星级水产园区远景（一期）

图2　天全县五星级水产园区近景（二期）

（一）世界鱼子酱基本情况

传统的鱼子酱源自里海、黑海、咸海和亚速海等水域的野生鲟鱼卵。在以往的很长时间内，俄罗斯和伊朗主导着鱼子酱出口市场。但从20世纪80年代开始，野生鲟鱼资源受过度捕捞、生态环境被破坏等因素影响，产量急剧减少。除了竭泽而渔带来的破坏性后果，鱼子酱稀少的另一个原因在于，鲟鱼生长极为缓慢。从一条幼鱼到成熟产卵，需要十几年的时间，并且鲟鱼只有长到3岁时才可以鉴别雌雄，多种因素让鱼子酱物以稀为贵。鱼子酱是欧美饮食文化中的"奢侈品"，但是近几年，中国鱼子酱已经开始占领全球市场。据中国海关数据，我国鱼子酱出口数量较大，2021年浙江省鱼子酱出口数量为172 106千克，占中国鱼子酱总出口数量的70.52%；四川省鱼子酱出口数量为47 749千克，占总出口数量的19.5%。2022年上半年，中国鱼子酱出口数量为103.37吨，出口金额为2 978.1万美元。

从我国鱼子酱出口地区来看，主要出口至美国、德国及法国，其中2021年中国鱼子酱出口数量最多地区为美国，达82 274千克，占中国鱼子酱总出口数量的33.7%。据中国渔业统计年鉴统计，中国已成为全球鱼子酱的最大产地。2019年，中国鱼子酱的产量已占全世界的70%，浙江的鱼子酱出口量一度占到全国出口总量的80%以上，浙江衢州已建成了亚洲最大的鱼子酱加工厂，去年共生产约180吨的鱼子酱，超过全球鱼子酱总产量的1/3。

（二）天全县鱼子酱产业发展基本情况

1. 资源禀赋良好

雅安市全域水力资源蕴藏量1 601万千瓦，森林覆盖率超过69%，居全省第一位，全市水域总面积为43万亩，水温常年保持10℃左右，其中适宜开展冷水鱼养殖开发的滩涂水域总面积约13万亩，并且水质优良，出境断面水质达国家Ⅱ类标准。

2. 区位优势明显

雅安市位于川藏、川滇交通线路交汇处，距成都120千米，是四川盆地与青藏高原的结合过渡地带、汉文化与民族文化结合过渡地带，是古南方丝绸之路的门户和必经之路。也是中国优秀旅游城市、国家卫生城市和四川省历史文化名城，有"雨城"之称。

3. 规模优势突出

2022年全市鲟鱼及其产品产量达到6 400吨，综合产值达到19.2亿元。天全县已建成鲟鱼养殖基地约690亩，在建养殖基地约100亩；建成年加工80吨鱼子酱标准化工厂 1 个，并符合美国 FDA 和欧盟 EU 认证标准。2022 年，鱼子酱产量 50 吨，产量全省第 1 位、全国第 2 位、全球占比达 12%，远销欧美等 30 多个国家和地区，直供全球 50 多家顶级餐厅，鱼子酱及附属产品实现出口创汇近 1 140 万美元。荥经县正在加快建设 300 亩鲟鱼生态养殖与休闲渔业示范园区，目前一期鲟鱼生态养殖园区已建成投产面积 115 亩，引水工程基本完成建设。

4. 经营主体实力强

近年来天全县不断完善经营体系，围绕鲟鱼优势特色产业，持续强化经营主体培育，鼓励经营主体申报国家、省、市级龙头企业和示范社、示范场，积极探索利益联系机制，助力农民增收。目前成功培育天全润兆鲟业有限公司、四川润兆食品有限公司 2 个省级重点龙头企业；引进国家重点龙头企业杭州千岛湖鲟龙科技股份有限公司在荥经创建全资子公司四川卡露伽科技发展有限公司；不断培育天全县川泽渔业有限公司、四川润生三文鱼产业有限公司、雅安市雨城区荣楷大鲵人工驯养繁殖场等 47 家规模水产养殖企业。

5. 科技支撑有力

天全县与四川农业大学、省农科院水产研究所等科研院校合作组建专家服务团队，引进农业高层次技术人才 11 名，就冷水鱼养殖提供技术指导和服务，成功申请 31 项实用新型专利。四川润兆食品有限公司同四川省农业科学院水产研究所合作共同组建了"鱼子酱工程技术研究中心"，对鱼子酱加工前的鲟鱼种鱼养殖技术，鱼子酱及副产品加工技术进行了全面深入研究，"鲟鱼高效健康养殖及鱼子酱加工技术创新与应用"项目技术成果获得省科学技术进步奖二等奖。荥经县与四川农业大学等签订帮扶协议，就全县冷水鱼产业发展开展技术指导和咨询。引进四川省农业科学院水产研究所在荥经县建设四川省冷水性鱼类种质资源保育中心。四川卡露伽科技发展有限公司与四川省内江师范学院生命科学学院建立人才培养机制，创立"鲟龙班"，为鲟鱼产业发展培养后备人才队伍。芦山县与四川农业大学、四川省农业科学院水产研究所、"智兴天府"姜城智库等院校及通威集团等专家团队建立了合作关系，通过柔性引才、借智赋能，在养殖、加工、销售、品牌建设等方面为产业集群发展提供了强有力的技术支撑。

二、发展成效

天全县始终坚持"绿水青山就是金山银山"理念，深入学习贯彻党的二十大精神，按照现代农业高质量发展总要求，紧盯"川字头"，瞄准"国字号"，聚焦创建国家级水产现代农业产业园，致力于打造鱼子酱名片，不断提升天全鱼子酱的知名度和影响力，擦亮"川鱼"金字招牌，打造"川鱼"第一特色高端国际品牌。

表 1 天全县鱼子酱产业发展成效

时 间	成 效
2012 年	四川润兆渔业有限公司落户天全县，建立鱼子酱生产线，进军国际市场，建立符合欧美标准的鱼子酱生产线
2014 年	天全县现代水产园区一期投产运行
2014 年	四川润兆渔业有限公司获得农业产业化经营省级重点龙头企业称号
2017 年	天全县鱼子酱加工中心成立，获得欧盟 EU 与美国 FDA 标准论证
2019 年	四川润兆渔业有限公司获得国家高新技术企业荣誉称号
2020 年	四川润兆渔业有限公司获得四川省科技进步奖二等奖
2021 年	天全县现代水产园区二期投产运行
2022 年	天全县现代水产园区获得国家级水产健康生态养殖示范区称号
2020 年	天全县现代水产园区获得四川省三星级现代农业园区称号
2021 年	天全县现代水产园区获得四川省四星级现代农业园区称号
2022 年	天全县现代水产园区获得四川省五星级现代农业园区称号
2023 年	天全县思经乡获省级鱼子酱特色小镇荣誉
2023 年	天全县搭建"社会化服务中心+益农信息社"搭建公共服务平台

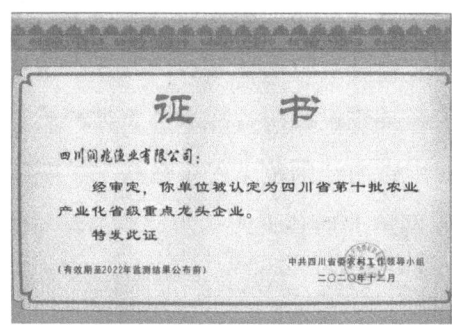

图 3 省级重点龙头企业证书

2023 年 4 月 22 日，黄强省长在央视财经频道《对话》栏目解码"天府之国"的高质量发展之路时对雅安市鱼子酱进行了推介，6 月 22 日，在全省推进六大优势产业提质倍增和三次产业融合发展电视电话会议上，黄强省长再次对天全县鱼子酱

图4 省级高新技术企业证书

品牌打造提出要求。雅安市委市政府、天全县委县政府高度重视黄强省长工作要求，以黄强省长推荐雅安鱼子酱为契机，多次召开专题会议研究打造天府鱼子酱产业集群，以天全县优质特色冷水鱼产业为依托，按照生产、加工、流通、休闲全产业链发展思路，着力从鱼子酱产业上下游入手补短板、强弱项，进一步促进产业横向跨度相融、纵向立体延伸，实现鱼子酱产业高质量发展，建成西部鱼子酱产业集群高地。

天全县通过"产学研游融合发展"建设模式，建成集冷水鱼繁育养殖、加工销售和休闲观光于一体的集约化核心区1 000亩，获评鱼子酱特色小镇、省级五星级现代农业园区和国家级水产健康养殖和生态养殖示范区等称号，已形成"一核心多组团"的冷水鱼产业综合发展布局，有效推进"鱼子酱+产业发展"可持续发展；通过"美丽渔村""竹林小镇""竹海渔乡"、国家3A级旅游景区打造，使"鱼子酱+乡村旅游"有机融合；挖掘发展培育新业态，开发全鱼宴等特色美食、冷水鱼文创产品以及民族文化活动，使"鱼子酱+特色文化"深度融合；采取"园区+基地+农户""社会化服务中心+益农信息社"模式，描绘了"鱼子酱+乡村振兴"美丽蓝图。

天全县致力于打造鱼子酱世界知名品牌，不断提升天全鱼子酱的国际知名度和影响力，让天全黑黄金享誉全世界，为中国川鱼贡献天全力量。

三、工作做法

(一) 坚持科技创新，为鱼子酱注入科技"内核"

天全县与四川农业大学、四川省农业科学院水产研究所等科研院校合作组建专家服务团队，引进农业高层次技术人才11名，就冷水鱼养殖提供技术指导和服务，成功申请31项实用新型专利，主持、参与了省部级科研项目10余项。四川润兆食品有限公司同四川省农业科学院水产研究所合作共同组建了"鱼子酱工程技术研究中心"，对鱼子酱加工前的鲟鱼种鱼养殖技术，鱼子酱及副产品加工技术进行了全面深入研究，"鲟鱼高效健康养殖及鱼子酱加工技术创新与应用"项目技术成果获得四川省科学技术进步奖二等奖。

建立了西南地区最大的"鱼子酱工程技术研究中心"，突破鲟鱼鱼子酱生产受季节的限制，实现全年可生产。研发鱼子酱加工设备4套，获得国家实用新型专利4项。建立了鱼子酱"筛、望、闻、尝、冰、揉、搓、调"八步制品法以及"冷、杀、冷"品质保存法，制定了鱼子酱加工规范流程，产品合格率提升至98%以上，鱼子的分散性从70%提升至92%，浅色率从18%提升至35%，优质率从78%提升至90%。四川润兆在继承鱼子酱国际传统生产工艺的基础上，应用超声波进行种鱼雌雄性别及发育程度鉴定，为生产和营销提供精准的技术数据支撑。建造了工厂化鱼子酱加工前处理车间，对种鱼净化池的水温、溶氧、盐度等关键指标实行全人工控制。借助数据分析，在加工环节采用机械代替人工压罐，减少了人工操作个体差异和失误对产品品质的影响，此举在国际鱼子酱加工行业均属重大技术革新和突破。

(二) 坚持种业创新，为鱼子酱注入种业"内芯"

天全县建立以"亲本群、商品鱼、繁育场、苗基地"为构架的规模化生产保障体系，构建了西南地区种类最全、规模最大的鲟鱼亲本种质资源库。针对国、内外市场，引进、构建了史氏鲟、西伯利亚鲟、俄罗斯鲟、欧鳇、达氏鳇等10余个鲟鱼品种亲本库；突破国外种质控制瓶颈，引进法国系、德国系西伯利亚鲟2万尾、构建了最大的西伯利亚鲟远缘亲本群体，建立遗传种质资源库1个，储备各种鲟鱼繁殖亲本约30万尾（250万千克），鱼子酱生产亲本约80万尾（700万千克），为鱼子酱的规模化生产奠定了基础。

图 5　四川省科技进步二等奖

(三) 坚持产业驱动,为鱼子酱注入产业"内功"

近年来,天全县不断完善经营体系,围绕鲟鱼优势特色产业,持续强化经营主体培育,鼓励经营主体申报国家、省、市级龙头企业和示范社、示范场,积极探索利益联系机制,助力农民增收。天全县实施国家级健康养殖和生态养殖示范区、省级农业园区及四川省"鱼子酱"产业链项目,项目总投资1.2亿元(其中,财政资金1亿元),目前成功培育天全润兆鲟业有限公司、四川润兆食品有限公司2个省级重点龙头企业;四川润兆渔业科技有限公司1个四川高新技术企业和四川农业产业化经营省级重点龙头企业,润兆渔业天全基地也获国家级健康养殖和生态养殖示范区、五星级农业园区、四川省优质品牌农产品评定、冷水性鱼类养殖示范基地等荣誉。

通过多年发展,天全县共发展渔业养殖主体75个,水产养殖面积达990亩。年销售商品鱼835吨,年产值2 060万元;中央电视台农业农村频道、四川卫视、四川日报等主流媒体均对项目组鲟鱼产业发展情况进行了报道。

(四) 夯实工匠精神,为鱼子酱注入品质"外援"

坚持实施以鱼子酱为核心的水产品加工发展战略。鉴于加工鱼子酱的雌体种鱼需要多年的精心饲养,导致养殖储备周期长,投入大,天全实行传统商品鱼养殖、苗种繁育与鱼子酱加工互补结合发展策略。2012年，建立鱼子酱生产线，进军国际市场，建立符合欧美标准的鱼子酱生产线；2013年，与通威水产食品合作，首次开展鱼子酱加工试生产；2014—2015年，由国外专家团队负责加工技术指导和把关；2016年，获得深创战略投资，收到国内众多知名PE/VC机构关注，全球营销中心成立，实现鱼子酱完全自主加工，成为国内为数不多的鱼子酱出口商；2017年，天全鱼子酱加工中心成立，加工中心在欧盟EU与美国FDA标准下运行，实现了养殖、加工、营销全产业链自主可控；2019年，获得国家高新技术企业荣誉称号；2020年，国内国外销售逆势双增长。

图6 天全县鱼子酱加工厂

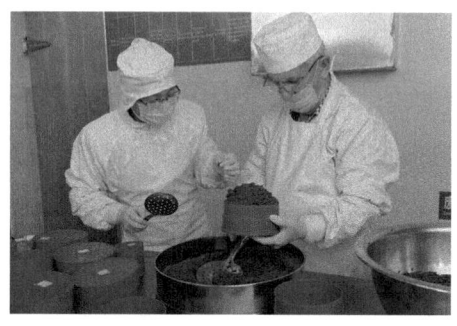

图7 伊朗大师调制鱼子酱

（五）夯实品牌建设，为鱼子酱注入品牌"外销"

通过全程质量控制体系的建立，采用"One-Up One-Down"理念，苗种、养殖、运输、加工全程质量可控，保障鲟鱼鱼子酱品质，鲟鱼鱼子酱及肉产品获得西南地区首家出口全套资质认证，创立西南地区首家具有自主知识产权鱼子酱品牌"芙思塔"，产品达到欧盟和美国标准，打破西方垄断，远销欧美等地，全球市场占有率达12%。在国际、国内注册产品商标"芙思塔"（Frosista）、"仙那都"，积极参加波士顿、布鲁塞尔、青岛等国内外大型专业会展，显著提升了品牌影响力。

图8　鱼子酱销售–参加国外展览会

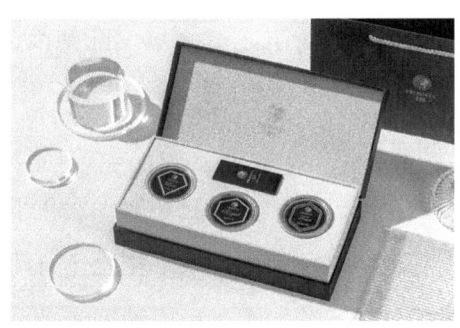

图9　鱼子酱–品牌（frosista）

开发了鲟鱼副产物利用，形成了鲟鱼油、龙筋、龙排、鱼头、鱼丝、鱼皮等10余种系列加工产品，实现鲟鱼产品的全利用；采用"互联网+品牌提升+市场融合+餐超并进"的销售模式，产品进入米其林餐厅、伊藤超市及国内知名超市，并远销欧美市场。

（六）夯实乡村振兴，为鱼子酱注入品格"外功"

目前天全县在鲟鱼养殖环节推行的"三资联动"（财政投资、集体融资、村民集资）、"三金同生"（股金、薪金、租金）、"三方共权"（村民、村"两委"、村集体经济组织）的"三三模式"，实现"一池生三金"，带动农户通过股金、薪金、租金"三金获益"，带动群众增收致富。其中，共享鱼池则是企业在助力乡村振兴环节中重要的一项举措。通过"鱼池共建、鲟鱼共养、红利共享"的"三共"合作，建设"共享鱼池"，村集体出资购买鱼池的所有权，润兆渔业进行租赁、经营、管理,每年向村集体经济支付租金以及不少于投资6%的分红,同时,村民还可以进入基地工作,赚取薪资。另外,通过"渔业+鱼子酱"为载体,在天全县打造全省最大的鲟鱼养殖基地和鱼子酱加工厂,将无农业基础、无旅游业态,无产业支撑的思经乡团结村打造为"渔业产业美、渔业文化美、渔村生态美、村民生活美"产村相融的美丽乡村。同时带动鱼泉乡、小河乡、兴业乡等周边乡镇3 000余户发展冷水鱼养殖,成立养殖企业2家、专业合作社3家,为贫困地区乃至带来了新的产业,增加了地方税收,为当地老百姓务工创造了条件。

四、鱼子酱产业发展存在问题

(一)供给能力后劲不足

欧美地区每年消费额增长达10%以上,同时随着国内市场的拓展,内部需求日益增加,目前我市鲟鱼养殖规模还远远不够支撑国际国内市场的鱼子酱订单需求,供给能力明显不足。

(二)加工工艺存在短板

目前天全鱼子酱主要用于外销,因鲟鱼只能取一次鱼子酱,无法实现鲟鱼卵多次取用,并且相关加工设施设备与国际先进水平相比还有明显差距,鱼子酱生产过程中的损耗比较明显,另外,鱼子酱加工过程中的副产品——鲟鱼肉还未得到有效的开发和利用。

(三)宣传推介有待加强

鱼子酱作为国内的一种的新兴消费品,仅为少部分高端消费者认可,大部分消费者对鱼子酱品牌、功效与作用尚不了解,国内大部分高档酒店、西餐厅、会所仍倾向于使用进口鱼子酱品牌,消费习惯和市场还未真正建立。

(四)联农带农有待提升

目前天全县在鲟鱼养殖环节推行的"三资联动",初步实现了村民、村集体与龙头企业紧密联结,带动了村集体和农民增收,但在鱼子酱全产业链发展过程中,联农带农有待进一步提升。

五、鱼子酱产业发展工作举措

下一步,天全县鱼子酱产业发展重点从"品质、品牌、生态、联农"四篇文章发力，书写鱼子酱产业发展新篇章，实现鱼子酱产业高质量发展，建成西部鱼子酱产业集群高地。

（一）做好品质把控文章

鱼子酱作为高端食材，品质是关键，我们要牢牢把握住这一定位，扎实做好品质把控文章，持续不断获得更多国内国际标准认证。目前"芙思塔·鱼子酱"已通过 ISO9001、ISO22000 质量体系认证以及欧盟 EU 和美国 FDA 认证，后续创建的鱼子酱系列产品也应当遵循这一市场竞争基本原则，积极引进国际先进全套生产线，进一步提升鱼子酱精深加工水平，推动鱼子酱产业化、标准化、高端精品化发展，实现鱼子酱产品质量安全全部可追溯，为全面打开全球市场奠定基础。同时，在鱼子酱产品前端的鲟鱼养殖环节也同样要做好品质把控，做到各环节、全链条质量可把控、可追溯。

（二）做好品牌建设文章

主要采取"企业自主品牌+区域公用品牌"双轨双标共推机制向外推广鱼子酱品牌。现阶段天全县已经启动"二郎山冷水鱼""二郎山虹鳟""二郎山鲟鱼"等商标注册，"芙思塔""仙那都"鱼子酱评为省级优质品牌农产品。为进一步打响雅安造鱼子酱品牌，建议围绕知名度较高的鱼子酱品牌为核心，整合天全、荥经、芦山等区县资源，聚力打造天府鱼子酱区域公共品牌，加强对品牌的宣传推介。鼓励和支持企业注册和打造自主品牌，实现天府鱼子酱区域公共品牌下，企业品牌多点开花，百花齐放。同时为避免出现"劣币驱逐良币"的极端情况，相关部门应当及时采取有效措施打击假冒伪劣产品，并支持企业通过正规途径开展维权。

（三）做好生态保护文章

要坚持"绿水青山就是金山银山"理念，坚定不移走生态优先、绿色低碳的高质量发展之路，全面提升天全县水产绿色健康养殖技术推广"五大行动"实施水平。天全润兆鲟业有限公司成功创建为 2022 年国家级水产健康养殖和生态养殖示范区，在天全县探索的"借水还水、以水养水"养殖模式可以进一步推广。同时市、县相关部门要加强对企业环保设施建设的指导服务，强化日常监管，确保加工废水和养殖尾水处理达标排放。确因生产需要，主动帮助企业联系高等院校、科技公司指导企业开展技术改革，着力将鱼子酱产业打造成为全链条、全环节体现绿色生态的特色产业，让天全鱼子酱令消费者买得放心，吃得舒心。

（四）做好联农带农文章

发展产业的最终目的仍然是带动一方经济发展，现阶段天全县思经镇已创建成全国唯一以鱼子酱命名的特色小镇，同时还积极探索发展"共享鱼池"经济，推行"三资联动""三金同生""三方共权"的"三三模式"，实现了村民、村集体与龙头企业紧密联结。荥经县坚持农旅融合，充分挖掘鲟鱼美食、体验、文化艺术价值，高标准打造冷水鱼产业融合项目，通过产业融合增值收益更好惠及农民。积极探索"村集体经济组织+专合社+农户"的发展模式，村集体经济组织通过股权量化的方式，入股当地冷水鱼养殖专合社，每年根据投资占股比例以及管理占股比例分红收益。同时，在鱼子酱的加工和销售环节也可以融入乡村振兴衔接资金、村级集体资金等，带动村集体和百姓一起发展，让天全县走出一条鱼带动一方百姓生出财富的特色发展之路。如，天全县下一步将利用量化到各村集体的乡村振兴衔接资金和各村集体自有村级集体资金，通过平台公司统筹起来，建设年加工300吨鱼子酱和年加工2 000吨鱼肉的现代化加工厂1座，加工厂加成后通过租赁或入股等方式与润食润品公司合作，开展鱼子酱和鱼肉加工，让村集体和老百姓共享产业发展红利。

通过持续深入写好"四篇文章"，到2025年底，预计天全县年产鱼子酱达150吨，成为全国第一，鱼子酱及相关产品综合产值可达50亿元，实现出口创汇3亿元以上，天府鱼子酱品牌影响力进一步扩大，雅安市将成为西部乃至全国的鱼子酱产业集群高地。

眉山水产种业集群发展概况

陈 兵[1] 彭建安[1] 刘雪漪[2] 周 剑[3] 龚 全[3] 杨育梅[2]

(1. 眉山市农业农村局,四川眉山 620010;2. 四川省水产局,
四川成都 610041;3. 四川省农业科学院水产研究所,四川成都 611731)

眉山位于四川盆地成都平原西南边缘、岷江和青衣江中游扇形地带,成都乐山黄金走廊中段。东临资阳,西望雅安,南瞰乐山,北联成都,是成都平原通联川南、川西南、川西、云南的咽喉要地和南大门,地理环境优越。全市辖眉山天府新区、东坡区、彭山区、仁寿县、洪雅县、丹棱县和青神县,面积7 148平方千米,总人口346万人,其中常住人口295.7万人。眉山中部是宽阔的岷江河谷平原,北部为浅丘陵地貌,地势较缓平,东部仁寿为龙泉山两翼深丘,西部丹棱、洪雅境内大部分地区为低山丘陵,地貌类型复杂多样,形成了丰富的水域资源,具有发展渔业生产良好条件。

一、眉山水域资源优势

眉山人杰地灵,物产丰富,雨量充沛,气候宜人。多年平均水温17.2℃,平均降水量1 049.6毫米,日常时数1 130小时,无霜期308天。全市水域资源丰富,江河、湖泊、水库众多,是四川省渔业主产区。境内水域总面积90.3万亩,主要由江河、池塘、水库、溪渠、河堰五大类组成。全市有大型水库2座,中型水库10座,小型水库278座,总蓄水量6.48亿立方米。全市可开发利用水面35万亩,另有冬闲水田120万亩以及三荒(荒滩、荒地、荒水)面积20万亩。境内分布有大小河流56条,流域总面积7 148平方千米,平均径流量675.8亿立方米。一是岷江由北向南穿越眉山天府新区、彭山区、东坡区、青神县,总长度95千米,年均流量8.6亿立方米,其灌溉流域是眉山市温水性鱼类主要栖息地和繁衍区、生长区、养殖区,在眉山市渔业经济中占据举足轻重的地位;二是青衣江由西向东穿越洪雅

县,总长度 58 千米,年均流量 1.5 亿立方米,其流域是眉山市冷水性和亚冷水性鱼类主要栖息地和繁衍区,渔业资源开发潜力较大;三是沱江一级支流球溪河由西向东穿越仁寿县,总长度 94.5 千米,其灌溉流域是眉山市大宗淡水鱼养殖、稻鱼综合种养的重要场所。四是都江堰黑龙滩水库灌区、通济堰大型水利工程灌区、东风渠灌区各类干支渠穿梭在东坡区、彭山区、仁寿县、青神县众多镇（乡）、村、社。仁寿县、丹棱县为丘陵地区,水资源和渔业资源相对贫乏,但在个别水资源相对较多的地方亦可大力发展温水性鱼类养殖。

二、水生生物资源优势

（一）传统养殖品种

全市共有水生生物物种 369 种,其中鱼类 8 目 19 科 119 种。另有饵料生物 138 种（浮游植物 77 种,浮游动物 61 种）,底栖动物 11 种,水生高等植物 21 种。养殖品种有传统青鱼、草鱼、鲢鱼、鳙鱼、鲤鱼、鲫鱼、鳊鱼、鲂鱼等。

（二）特有经济品种

特有养殖品种有：黄颡鱼、长吻鮠（江团）、中华倒刺鲃（青波）、翘嘴红鲌（翘壳）、齐口裂腹鱼、花䱻（土凤）、唇䱻、甲鱼、华鲮（青龙棒）、乌鳢、泥鳅、黄鳝、鲶鱼、中华绒螯蟹、大鳍鳠（石扁子）、光倒刺鲃（青竹鱼）、乌原鲤、桂花鲮等。

（三）国家保护品种

驯养繁殖开发的国家级保护品种有：大鲵、胭脂鱼、岩原鲤、四川白甲、隐鳞裂腹鱼（全国独有）、重口裂腹鱼、青石爬鮡、圆口铜鱼、长薄鳅、金沙鲈鲤等。

（四）国外引进品种

从 20 世纪 80 年代开始,眉山陆续从国外引进许多优良品种从事驯养繁殖、养殖技术研究、示范和推广,取得了较好的生产效果。主要品种有：斑点叉尾鮰、云斑鮰、大口黑鲈、大口胭脂鱼、美国青蛙、鳟鱼、鲑鱼、鲟鱼、丁䱌、蓝鳃太阳鱼、多瑙河六须鲶、革胡子鲶、俄罗斯鲤鱼、南美白对虾、克氏原螯虾、乌苏里拟鲿（牛尾巴）、大鳞鲃等。

三、发展现状及主要做法

（一）发展现状

眉山是中国西部地区重要的水产种苗和商品鱼生产基地。2022年，全市水产养殖面积20.75万亩，其中池塘养殖面积15.25万亩，水库养殖面积5.50万亩。另有稻田养鱼面积5.10万亩，设施渔业（工厂化养鱼）60余亩。水产品总产量14.43万吨。其中池塘养殖产量13.86万吨，占96%，平均亩产909千克；水库养殖产量0.32万吨，占2.2%，平均亩产59千克；稻田养殖产量0.17万亩，占1.2%。平均亩产34千克；工厂化养殖产量0.1万吨，占0.6%。平均亩产12 700千克。池塘养殖是眉山市主要的养殖方式，在渔业经济发展中占有绝对重要地位。

2022年，全市有水产种苗生产场722家。有亲鱼培育池6 850口，面积3.6万亩；有种苗培育池12 650口，面积4.23万亩；有工厂化育苗车间面积38万平方米。储备亲鱼60余万组，年繁育能力达到200亿尾以上。主导品种有：黄颡鱼、斑点叉尾鮰、云斑鮰、长吻鮠、胭脂鱼、中华倒刺鲃、加州鲈鱼、岩原鲤、四川白甲、唇鱼骨、华鲮（青龙棒）、美国青蛙、甲鱼、大鲵等。共生产水产种苗150亿尾以上，鱼种2.58万吨。其中黄颡鱼鱼苗112亿尾，居全国第1位。斑点叉尾鮰鱼苗3亿尾，居全国第2位。长吻鮠鱼苗1.02亿尾，居全国第2位。唇鱼骨、花鱼骨、胭脂鱼、岩原鲤、云斑鮰、中华倒刺鲃、四川白甲、美国青蛙等的繁育量长期处于四川领先水平。

（二）主要做法

1. 突出产业定位，强化政府引导

眉山建市以来，市委、市政府高度重视水产产业发展，先后把水产产业纳入全市"第五大农业拳头产品""10+3"特色农业产业、"东坡味道"优质产业等予以重点打造和支持，先后出台了《关于进一步加快全市水产业发展的意见》《关于明确责任进一步加快全市水产业发展的通知》等文件，强调要依托丰富的水域资源和渔业资源，加快推进水产产业发展步伐。各县（区）人民政府也相继出台文件，在水产园区建设、养殖尾水治理、良繁体系打造、稻鱼综合种养等方面加大支持力度。这些《文件》从政策支持、资金投入、税收优惠、经营机制及帮扶措施等方面为渔业经济健康发展注入了生机与活力，对促进全市水产种业健康发展发挥了重要作用。

2. 依托县域资源，抓好规划布局

全市在抓好渔业经济总体规划的同时，十分注重县（区）域渔业经济发展。在东坡区，针对该区自20世纪80年代起就有池塘培育鱼苗鱼种的历史和成功经验，全市将水产种业发展重点放在该区，积极帮助和引导水产养殖户开展优良品种的引进、试验、示范和推广，带动和引领水产种苗生产规模不断扩大。目前，该区水产种苗生产量占全市水产种苗产量的96%以上，全区形成了以名特优新优良水产品种为主的"四大水产种业集群"（松江镇、多悦镇斑点叉尾鮰、鲈鱼种业基地；二是松江镇、尚义镇黄颡鱼种业基地；三是思蒙镇、修文镇、万胜镇、多悦镇鲶鱼、长吻鮠种业基地；四是尚义镇、松江镇、多悦镇胭脂鱼、岩原鲤、鲟鱼水产种业基地）。在洪雅县，全市立足洪雅瓦屋山、七里坪等地丰富的冷水渔业资源，引进业主开发裂腹鱼、鳟鱼、鲑鱼、鲟鱼等冷水鱼养殖和种苗培育，效益显著；针对仁寿、青神、丹棱丘区实际，积极引导渔农民发展山坪塘蓄水养殖、低产下湿田休稻精养殖，开展鳝鱼、泥鳅、小龙虾等小水产繁育和养殖，取得了较好的经济效益。

3. 瞄准市场需求，抓好品种储备

眉山建市以前，全市水产养殖品种为本地鲤鱼、鲫鱼、草鱼、鲢鱼、鳙鱼、鳊鱼等传统品种以及少量的丰鲤、建鲤、荷原鲤、异育银鲫、彭泽鲫等杂交种。目的是为解决人民群众的吃鱼难问题，从水产品的数量供应上做文章。建市以后，全市水产工作重心转移到如何提高水产经营效益，大幅增加农民收入上来。水产良种示范工程、现代水产种业基地建设、水产良种引进等工作扎实推进并取得重要成绩。先后从国内外引进优质水产亲本50余万组、原种幼鱼100余万尾，从国外引进优良养殖鱼类品种20余种，开发了长江上游特有经济鱼类30余种，水产优良品种储备个数45个，许多品种已经形成规模化生产。

4. 挖掘品种潜力，抓好品牌培育

全市建有无公害水产品生产基地13个，产品43个，农业农村部国家级水产健康养殖示范场22个，国家级淡水鱼标准化养殖试验示范区1个，国家级生态鱼标准化健康养殖示范区1个，有机水产品生产基地1个，国家水产种业阵型企业2家，省级水产健康养殖示范场2个，省级水产（原）良种场8个。"眉山水产种苗""东坡淡水鱼""塘生牌生态甲鱼""黑龙滩水库生态鱼""荣森渔业""东坡缘通水产""青神江团""雅女湖生态鱼"以及眉山伟继水产种业科技有限公司生产的斑点叉尾鮰"江丰 1 号"、鲈鱼"优鲈 1、2、3"系列、黄颡鱼"黄优 1 号"等成为全省水产知名品牌。

5. 培育苗繁企业，抓好示范引领

全市共有水产种苗繁育场（户）722 家，有各类渔业专业合作经济组织 150 余个，以水产产业为主的家庭农（渔）场 60 余个。其中 50 亩以上规模水产养殖场 293 家等渔业新型经营主体等。我们在抓好渔业经济发展的同时，充分发挥新型渔业经营主体"一头连市场、一头连农户"的桥梁纽带作用，发挥引领示范效应，及时向省内外发布种苗生产信息和市场供求信息，指导农户有计划、有组织地开展生产。水产种苗繁育的成功实践，为把眉山市打造成为四川优质水产种业基地和中国西部地区最大水产种苗繁育生产基地创造了条件。

6. 依托院所优势，抓好繁育攻关

市、县（区）渔业部门以市、县（区）水产科技推广人员为主体，以水产科技示范户、水产种业龙头企业所属基地为依托，充分依靠四川省农业科学院水产研究所、四川大学、四川农业大学、内江师范学院、四川省水产学校、江苏淡水水产研究所、湖北省水产研究所等水产科研院校的成果、技术和设备优势，加强水产新品种引进、试验、示范和推广，开展优良品种的选育、培育和繁殖技术攻关，有效解决了特种水产种苗繁育的瓶颈问题。以黄颡鱼、斑点叉尾鮰、云鲴、胭脂鱼等为代表的水产种苗繁育走在全国全省前列，成为全省乃至中国西部地区最大的水产种苗繁育生产基地，成为四川开展现代水产种业示范和推广的优质水产种业基地。2022 年，全市生产鱼苗 150 亿尾，生产鱼种 2.58 万吨，实现水产种业效益产值 5.79 亿元。

7. 夯实种业基础，抓好园区建设

现代农业园区是聚集智力和创新要素、推动产业融合发展、实现农业现代化发展的重要载体。东坡区是全省渔业生产重点县、水产产业化示范县，全省最大的水产种苗繁育生产基地县，是闻名全国的水产种苗之乡。2020 年，省农业农村厅将眉山市东坡区列为全省唯一的水产种业予以培育打造。园区以尚义镇、修文镇、思蒙镇、多悦镇为核心，规划面积 6 000 亩，集群名优水产种苗繁育单位 526 家，20 余种，年繁育名优水产鱼苗达 140 亿尾以上。园区先后与四川省农业科学院水产研究所、江苏省淡水生物研究所、中国水产科学院珠江水产研究所、四川大学、四川农业大学、内江师范学院、西南大学、华中农业大学等科研院所建立了技术合作关系，共建水产种业示范工程、健康养殖技术推广创新基地。应用推广了工厂化养殖系统、封闭式循环水育种和保种、陆基推水式集装箱生态循环水养殖、受控式集装箱养殖、高低位池塘生态循环水养殖等先进养殖模式。园区培育建立了眉山伟继水产种业科技有限公司、眉山市东坡区苗相旺水产种苗繁育场、眉山市东坡区鱼太子种苗繁育场、东坡区彭氏特种水产种苗场、东坡区盛丰家庭农场等产学研基地。园区拥有完备的产孵设施设备，水产繁育规模、设施和技术水平在中国西部领先。

8. 提升产品质量，抓好产品营销

市、县（区）渔业部门始终把水产品质量安全监管放在突出位置，常年坚持对辖区内渔药、鱼饲料经销点、水产种业基地、水产种苗繁育户不定期地开展质量安全检验和渔业水域环境、产地检测，对水产亲本及水产种苗实施产地检疫，对水产养殖病害开展监测和预警。全市开展了年度水产养殖用投入品专项整治，实施了水产养殖用投入品白名单制度、眉山市水产健康养殖8项记录制度、水产品产地证明可追溯等。在渔业生产季节，市、县（区）渔业主管部门组织人员加强对重要渔业生产场、重点渔业乡镇和产区水产品生产源头进行水产投入品使用安全专项治理和监督检查，在检查和整治的过程中对违规使用国家禁用渔药、滥用渔药的行为进行严肃查处。全市通过培养和壮大一大批水产种苗及商品鱼营销队伍，进一步拓展水产品及水产种苗销售市场，目前全市从事水产品营销的人员达2 000余人，水产品运输车辆400余辆。全市共注册水产电商企业65家，专业水产营销公司36个，网络直播平台18家，产品销往全国20个省、自治区、直辖市并出口韩国、日本、东南亚及中国香港和中国台湾，这一做法大大提高了眉山水产知名度。

四、发展短板

1. 亲本种质退化严重

以黄颡鱼、斑点叉尾鮰、大口黑鲈、长吻鮠为典型，名优水产品亲本主要依靠自行选育，种质退化严重，表现为后代生长速度下降、个体变小、疾病增多，急需更新为原良种亲本。

2. 种苗生产设施简陋

孵化间普遍为玻纤瓦房盖，孵化池为普通水泥池，控温设施只有一部分具有控温设备，与现代化繁育车间相差甚远。需要逐步建设较为现代化的种苗生产设施。

3. 种业发展资金不足

尽管上级财政在水产良种体系建设方面有一定的投入，但眉山名优水产品种苗生产基地建设的主体是渔农，投入不足，需加大财政支持力度。

4. 质量监管难度较大

全市从事种苗生产的渔（农）户720余户，数量众多，分散于多个乡镇，对水产品种苗质量的认识不足，监管难度很大，需财政加大水产种业安全生产监管资金投入，进一步提升水产种业监管水平。

五、发展展望

眉山处于成渝经济区域合作核心地带，地理环境、地势地貌、交通位置优越，有丰富的渔业水域资源和鱼类资源。眉山水产养殖历史悠久，养鱼技术水平高，渔业发展氛围十分浓厚，许多养殖技术和科研成果在全国、全省处于领先地位，特别是名特优水产种苗繁育和优质商品鱼养殖具有浓郁的地方特色和发展规模。眉山在四川乃至中国西部渔业经济发展中必将起到重要的推动作用，将成为我国西部渔业经济发展的重要组成力量。

眉山是全省渔业生产大市，是我国中西部地区最重要的水产种业基地和成都市优质农产品配送基地。具有众多的水产品种储备、得天独厚的水域资源优势和适宜的气候、水质条件。我们将在确保四川第一水产种苗生产大市、我国中西部地区最大水产种苗繁育基地的基础上，进一步加强水产养殖投入品安全使用监管，加大水产育种联合技术攻关、水产优良品种选育、良繁体系建设、水产种业阵型企业壮大、水产优势品种亲本更新、水产种业品牌创建等工作力度，力争到2030年，把眉山市建成中国西部规模最大、科技含量最高、良繁体系最优、资源品种更全的水产种业第一生产大市和优质水产种业良繁基地，进一步奠定眉山市水产种业在全省全国的龙头地位，为全省全国渔业经济的持续健康发展作出应有贡献。